JN218601

TOTALLY OUT OF CONTROL

クリス・ケナー
エキセントリック・
マジック

CHRIS KENNER
クリス・ケナー [著]
角矢幸繁 [訳]

東京堂出版

クリス・ケナー
エキセントリック・マジック

東京堂出版

1977年以来、カウフマン＆カンパニー社はもっとも古く、定評のある素晴らしいマジック専門書の出版社として知られています。もし、私たちが出版してきたすべての本についての情報をお知りになりたい場合はインターネットでwww.richardkaufman.comまでアクセスしてください。特別セール、ユニークな特売情報などもあります。

謝辞

クリス・ケナーは以下の皆さまへ感謝いたします：

朝4時にいたずらを仕掛けて大笑いさせてくれる、友人のホーマー・リワッグへ。彼の助けなしにこの本は出版できませんでした。素晴らしいイントロダクションを書いていただいたデヴィッド・カッパーフィールドへ。"最高にクールな地元のマイメンたち"、毎晩演技をする場所を与えてくれたパット・ベイカーとジム・タッカー。私を偉大な存在にしてくれるマッキントッシュ・コンピューターへ。

また、ゲータン・ブルーム、リンキング・リング、ハリー・ブラックストーン・Jr.、マック・キング、株式会社テンヨー、カード・イン・フライ、ジプシー・スレッド、ターベル、ゾンビ・ボール、ジョニー・エース・パーマー、グラントのテンプル・スクリーン（3枚屏風）、スーパーX、ブレンドーオー（ブレンド・シルク）、支那の水牢（ウォーター・トーチャー・セル）、ジョナサン・ペンドラゴン、中国の冬景色（スノー・ストーム・イン・チャイナ）、ダイ・ヴァーノンの素晴らしいマンガを描いていただいたダン・フェルリにも感謝します。

初出

「4枚を4枚に」『ザ・ライト・スタッフ（The Right Stuff）』（ジョン・メンドゥーサ著、プレスト・プレイス刊、1985年）、『マジック・マン・エグザミナー』（1991年）

「ダイエット」『ザ・ライト・スタッフ（The Right Stuff）』（ジョン・メンドゥーサ著、プレスト・プレイス刊、1985年）、『マジック・マン・エグザミナー』（1991年）と『ワールド・レクチャー・ツアー・ノート』（1991年。日本語版は『クリス・ケナー91』柳田幸繁訳、マジックランド刊、1991年）

「メナージュ・エ・トロワ（別名、スリー・フライ）」『マジック・マン・エグザミナー』（1991年）と『スリー・フライークリスケナーの頭から生まれた素晴らしいコインの飛行（Three Fly, Killer Coins Across from the Mind of Chris Kenner）』ダン・ギャレット著、ダン・ギャレット・マジック刊、1991年）

「ロング・ゴーン・シルバー」『ワールド・レクチャー・ツアー・ノート』（1991年。日本語版は『クリス・ケナー91』柳田幸繁訳、マジックランド刊、1991年）

「失われた環（Missing Link）」『バンド・アクロス・ザ・グローブ（Band Across the Globe』（1991年。日本語版は『バンド・アクロス・ザ・グローブ』柳田幸繁訳、マジックランド刊、1991年）

「イントゥー・ザ・ウッズ（別名「喫煙する丸太おばさん」）『マジック・マン・エグザミナー』（1991年）、『ワールド・レクチャー・ツアー・ノート』（1991年。日本語版は『クリス・ケナー91』柳田幸繁訳、マジックランド刊、1991年）

「クロス・アンド・ペンス」『ワールド・レクチャー・ツアー・ノート』（1991年。日本語版は『クリス・ケナー91』柳田幸繁訳、マジックランド刊、1991年）

本書はピッチフォード・メディア・マジック・アンド・エンターテインメント社（Pitchford Media, Magic and Entertainment）の助力なしには出版されませんでした。

For Zoë Elizabeth Kenner

ゾーウィー・エリザベス・ケナーへ捧ぐ

おことわり：
本書には内容の一部に現在では不適切と思われる表現が含まれますが、作者の意思と著作権の歴史的価値を考慮して原著のとおり翻訳、記載しております。ご了承ください。

Contents

もくじ

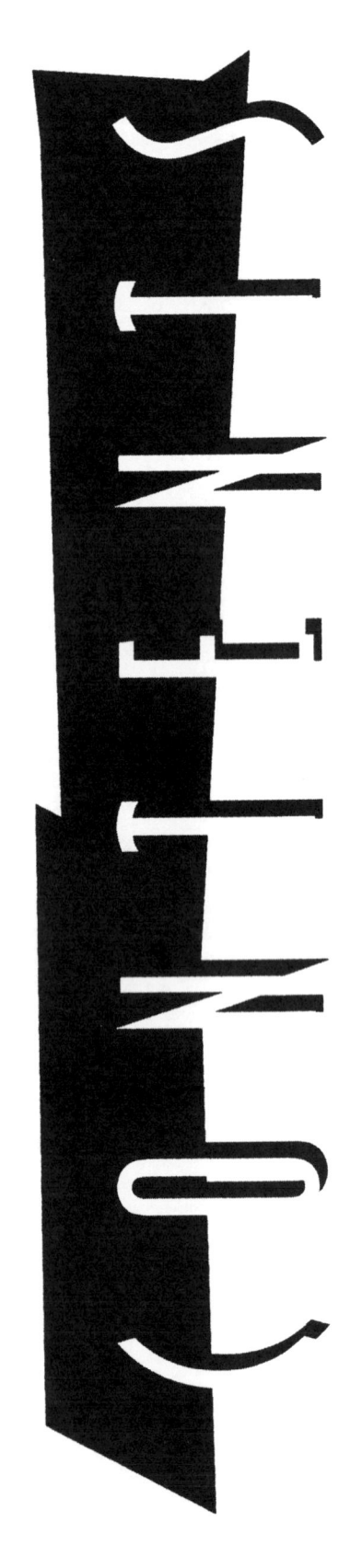

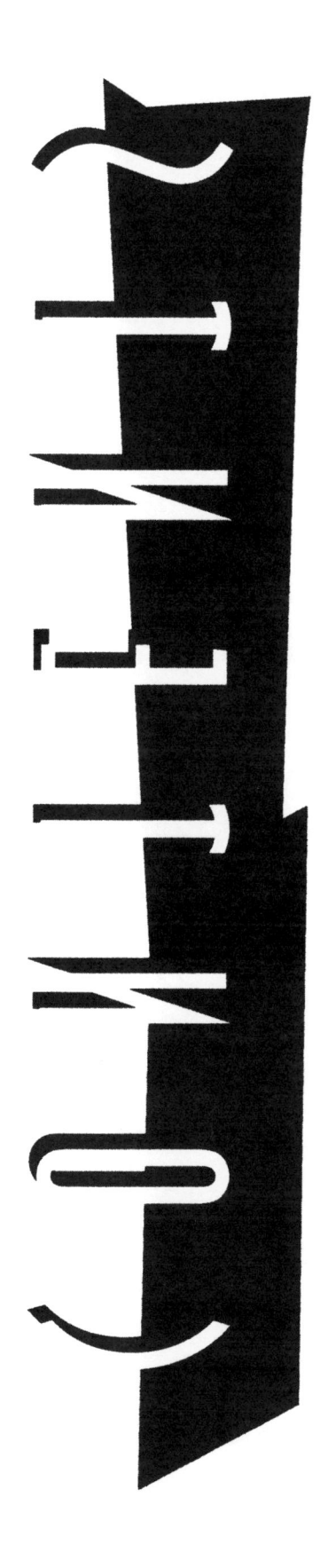

マジック・マン・エグザミナー　1

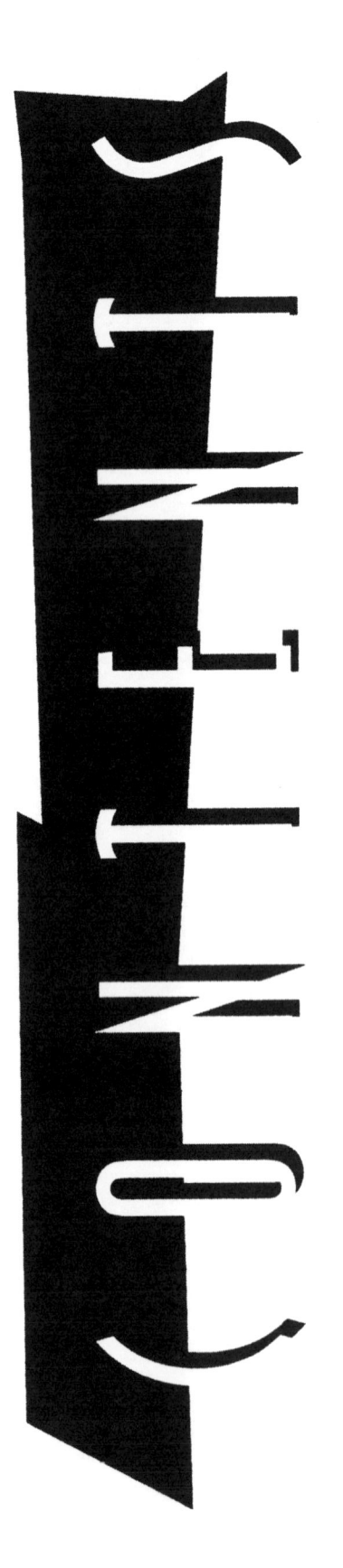

イントロダクション

　初めてクリス・ケナーに出会った時に見せてくれたコインマジックは、本当に特別な作品でした。彼は4枚のコインをそれぞれが数インチ離れるように床に並べてから、それらの上に手をかざすと、それまで見たことがない美しさでコインが消えたり出現したりしたのです。これは驚くような現象で、本当に魔法のような瞬間でした。以来これに並ぶようなコインマジックは見たことがありません。どんなマジシャンにとっても最大の挑戦というのは、誰かを心の底から驚かせるような瞬間を生み出すことです。それ以来、クリスが演じるすべての作品が本当に魔法のようだと気づきました。

　クロースアップ・マジックが大好きでしたので、私が出演するテレビの特番では少なくとも1作品を番組に加えようとしていました。列車の窓を貫通するカード、復活する糸、お札の変化、復活するハート形の紙、風船の中に入るカード、つながる輪ゴムなどです。クロースアップ・マジックは観客との親密性を高めるために"大いなる"原動力となったのです。

　友人として、クリスが持つ素晴らしい2つのセンスの質は本当に凄いと気づきました。それは独創的で実用的なマジックを考えるセンスと、常軌を逸した風変わりなユーモアのセンスです。彼はアイデアを取り上げ、それがもっとも魔法のように見えるような応用法を思いつくことができます。私がこう書いている間にも、私が毎晩行っているライブショウに彼のアイデアを使い続けています。

　クリスはいつもマジックについて考えています。彼がマジックを演じたり、考案したりしていないときは、今もっともイケてる最新のマジック専門誌『マジック・マン・エグザミナー』を発行しています。

　もし、あなたがクリス・ケナーのマジックに初めて触れるのならば、彼はマジックの世界において凄すぎる作品の数々を作り続けてきたとハッキリ断言できます。彼のアイデアの多くは他のマジシャンたちの間での評価を高める基礎になってきました。この本はさらに多くの観客たちから彼の作品への賞賛を集めることになるでしょう。

　おたのしみあれ。

デヴィッド・カッパーフィールド　1992年

はじめに

　この前書きをどの友達に頼もうか決めかねていたら、あと2時間以内にこの本を印刷所へと渡さなければならなくなり、もう自分自身で書こうと決めました。

　普通ですと、ここには筆者がマジックはどう行って演じるべきか?という自身の行動基準を書き連ねることになっています。こんなこと、私の本意ではありません。私が何をしている誰なのかを少しお話ししたいと思います。

　私はマジックを生業にしています。インディアナ州カーメルにある"イリュージョンズ"^(後注1)というレストランで定期的にマジックを演じています。過去4年間、運がいいことに毎週6日、クロースアップとステージでマジックを毎晩演じてきました。これは私自身の演技をする上での個性を作り上げ、技術を磨き、新しい演目を磨いていく大変良い機会となりました。この多様な状況のおかげで、パーティー会場を歩き回ってマジックを演じる仕事から企業のイベントで何千人の観客の前でマジックを演じる仕事まで対応できるようになりました。

　いろいろな物事から私のマジックと演技のスタイルは影響を受けました。私はクリエーティブなことが好きです：製品がデザインされ広告される方法、映画監督や作家が彼らの構想や夢を具現化させていく方法、それに日常生活の中に潜む単に変わったものごとも含みます。

　本書に解説されている多くの作品は、私のレパートリーから直接抜き出してきたものです。これらの手順はマジックをできるだけ単純に、そして実用的にするための諸問題を解決し続けてきた結果です。本書はあなたの独創性と懸命な努力に刺激と勇気を与えることでしょう。

　ひとつだけ忘れないでください：踏みならされた道を車で走る必要はないし、フクロウは見かけと違います^(後注2)。

　おたのしみあれ。

クリス・ケナー
1992年

＊後注1：「ILLUSIONS」は1988年に開店したマジックをテーマにした大型レストランで、数々の有名マジシャンが出演したことでも知られていました。残念ながら2003年に閉店しています。
＊後注2：この部分はケナーさんが大好きだったドラマ『ツイン・ピークス』（デヴィッド・リンチ他監督、1990 〜 1991、2017年）のセリフ。この後もこのドラマ絡みの文章がいろいろ登場します。

y
OUT OF CONTROL

クリス・ケナー　エキセントリック・マジック

この本の読み方

　もしあなたが注意深く本書を見ていたら、この本は「アウト・オブ・コントロール」と「トータリー・アウト・オブ・コントロール」の半分ずつに分けられていることに気づくでしょう。本書を途中まで読み進めたら、本を閉じて天地をひっくり返してください。これで読み続けられるはず。

　この本の後半を上下逆さまのまま読み続けないでくださいね。こうして本書を読み続けたことによる副作用について、いかなる方法においても著者は責任を取りかねますのでご了承ください(後注1)。

　おたのしみとして、この本の中にはいろんなお遊びを入れてあります。ところどころで『コレなんだ？（NAME THAT TOON）』と題したクイズが登場します。遊び方を実演するために『コレなんだ？』のサンプルを隣のページに置いておきました。このクイズはあなたがこの本を学んでいく上で妨げにはまったくならないはず。もし答えが分からなくても、もちろん先を読み進めていけますよ。これはマジックやマジシャンについての単純な雑学クイズです。

　このクイズを全問正解した皆さんには賞品があります……えっと、考え直してやっぱりやめた。難問もあれば、簡単な問題もあります。隣のページの最初の例を見てください。中国の人が吹雪の中で立っているマンガがありますよね。ここで解答マスを見ると、文字数がわかります。この場合ですと16文字になります。別のヒントとして、右下にヒントが書かれています。この時点で、答えが「中国の冬景色 (Snowstorm in China)」だと分かりますよね？

　これは簡単でした。じゃあ2つめの例題に行きましょう。最初にマンガを見てください。何が見えます？　これ、先生でしょうか？　違います。じゃあ、おしゃべりなクモザル？　違います。じゃあ、教授（プロフェッサー）？　なんか正解に近いた気がしますよ。じゃあ、教授かな？　解答マスの数を見てくれる？　なんてこと‼　違う、そうじゃない！　でもちょっと待った！　教授（プロフェッサー）って誰だっけ？　違います、マジック・マンじゃないです。答えは近代クロースアップ・マジックの父、ダイ・ヴァーノン (Dai Vernon) でした！

　楽しくなかったですか？　さあ、ここからはニンジンを使ってあなたができる10のことについて話し合いましょう！　冗談はさておき、ちょっとだけ考える力と基本的なマジックの知識があれば、『コレなんだ？』を解くことができますよ。

＊後注1：これは原著がそのような仕様になっていました。この日本語版ではこの仕様はありませんので、
　　　　　そのまま読み続けてください（一部分、本を横に倒して読むところがあります）。

(タイトル)

Title bar

（例題　その1）
Sample One

(マンガ)

Cartoon

(描いた人)

Who drew it.
Who thought of it.

(考えた人)

(ヒント)

Clue

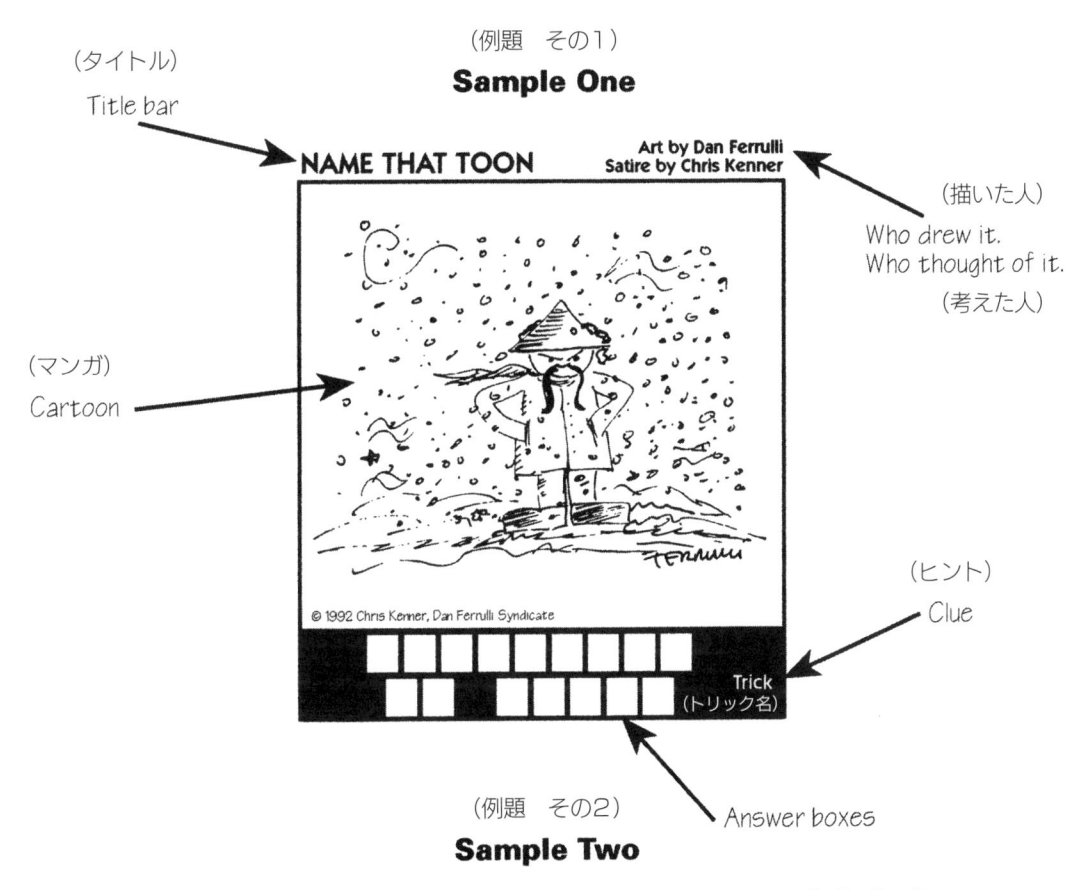

Answer boxes

（例題　その2）
Sample Two

現象

大きな輪ゴムと小さな輪ゴムをスタジオの観客に調べてもらいます。不渡り手形を出した人[後注1]たちは、本物で丈夫な「ゴム」だと確認します。この2本の輪ゴムを両手の指に引っ掛けて伸ばし、伸びたゴムの筋同士をくっつけます。その瞬間、不思議なことに大きな輪ゴムと小さな輪ゴムがつながっているように見えます。どんな不正をも晴らすため、両手の間に引っ張って伸ばした小さな輪ゴムの中を大きな輪ゴムが本当につながってぶら下がっているのを見せて、さらに小さな輪ゴムの上を滑らせてみます（言ったでしょ、本当にぶら下がってるって！）。大きな輪ゴムは完全に小さな輪ゴムとつながっているんです。最後に2本の輪ゴムは溶けるように外れます……そして、"ミラクル・ホイップ"のようにマジで脳みそがドロドロになった状態の観客は放っておきましょう。

方法

今まで考案してきた作品の中でも、一番強烈な作品です。このマジックを週に5日、毎晩20回以上4年半に渡って演じてきました。素人の観客だけではなく、マジシャンをも騙してビックリさせられます。輪ゴムを使ったマジックの流行を作ったのは自称「クリエイティブな天才」ダン・ハーランで、レッドウッド国立州立公園からメキシコ湾流のあの海辺までこの輪ゴムは伸ばされてきたのです……そう、この輪ゴムはみんなのものなんです[後注2]。

このトリックの改案はいろいろ発表されてきました。許諾されているものもされていないものも中にはあります。許諾されていない中で一番有名なのは、マイケル・ウェーバーの著書『ライフ・セイバーズ（Life Savers）』（カウフマン＆グリーンバーグ刊、1991年）の139頁に解説された「ストレッチ・イット（Streach It）」です。

もし、私のトリックをウェーバーの本や他

クリス・ケナー　エキセントリック・マジック

のところで覚えたとしても、次のマジックへとページをめくらないで。今回初めて、すべての（本当だよ、全部だよ！）ハンドリングや細かいコツをこれでもか！というくらい詳しく説明する予定なので。

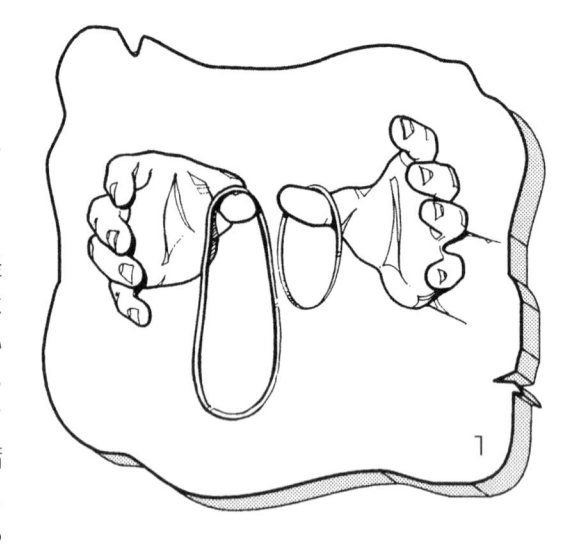

　大きな赤い輪ゴムを使うように変えたことで、このマジックを奇跡のようなクロースアップから一度に数百名が観られる作品へとステップアップさせました。大きな輪ゴムを使うことで、ありあまるくらい大量のイケてるジョークを使えるようになりました。この大きな輪ゴムは太さ3ミリ×1ミリ、直径12.5センチのサイズです。小さな輪ゴムはサイズ19号の天然ゴム製のものを使っています。今まで見た中でベストな伸びを見せる輪ゴムは、オフィスメイト社が製造販売しているものです。この輪ゴムはどこの文房具店でも入手可能です。正しい輪ゴムを使うことがこの手順をより観客の目を欺くようにするための重要な要素となります（図1）。

　最大級にヴィジュアルな現象を見せるために、小さな輪ゴムはあらかじめできるだけ伸ばしておきます。輪ゴムを使う前に、椅子の背に小さな輪ゴムをひっかけておきます。こうすることで輪ゴムの表面に残ったカスを落とし、小さな輪ゴムの伸びを最大限まで引き出すことができるのです。

　このトリックはセットがすべてです。2本の輪ゴムをセットするのに1.5秒以上かけてはいけません。説明を読みますと、長く険しいチュニジア砂漠を旅しているような絶望感に襲われるかもしれませんが、マスターしてしまえばゴム製のオアシスがあなたの手の中に現れるはず！

準備
　はじめに大きな輪ゴムを両手の小指の間に、小さな輪ゴムを左親指と人差し指の間にそれぞれひっかけます（図2）。左手首を手前に返して、左親指の先を下側にある輪になっている輪ゴムの中に差し込みます（図3）。同時に、右人差し指を伸ばしてピストルを構えているようにします（図3をもう一度見てください）。上側にある輪ゴムの2本の弦を右人差し指でひっかけて、両手を離すようにして輪ゴムが千切れる寸前まで上側の小さな輪ゴムを引っ張ります（図4）。ここからは小さな輪ゴムをずっと強く引っ張り続け、輪ゴムの筋によじれができないようにすることが大切になります。この時点で、左親指と人差し指の先をくっつけます（図5）。この2本の指をくっつけたまま、左手を手前に回転させ、人差し指にかかっている小さな輪ゴムの端を親指の先に移し替えてしまいます（図6）。親指の先にかかっている小さな輪ゴムの端でできた空間の中に左人差し指を再び差し込みます。左親指を小さな輪ゴムから完全に放し、左人差し指から完全に大きな輪ゴムが外れるようにします（図7）。上部にある小さな輪ゴムは両手の人差し指にかかっている状態で二重になっていて、ねじれて輪になった小さな輪ゴムの中央やや左寄りには×印ができています。

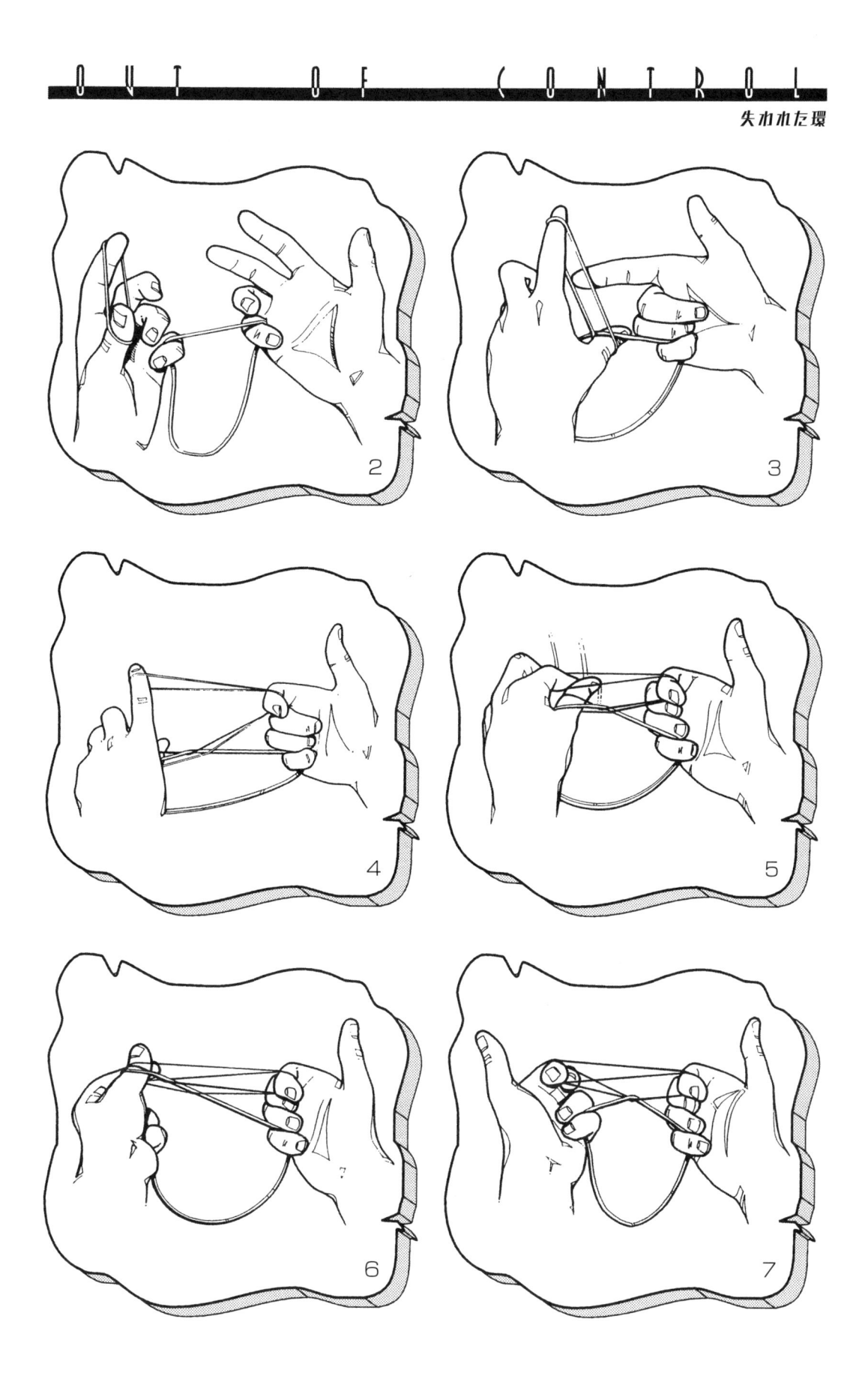

クリス・ケナー　エキセントリック・マジック

　曲げていた右中指と薬指を伸ばして下側にある大きな輪ゴムの左側（今下側にある大きな輪ゴムでいびつな三角形が形作られていて、その左側斜辺の外側）をつかみ（図8）、この2本の指を元どおり曲げて元の右手を握った状態に戻します（図9）。

　左親指の先を左人差し指の上に置くのですが、このとき左人差し指の第一関節にかかっている二重になった輪ゴムの上に置くようにします（再び図9）。ここで上側の小さな輪ゴムの中央付近にできている×印の右側の空間に曲げていた左中指と薬指を伸ばして向こう

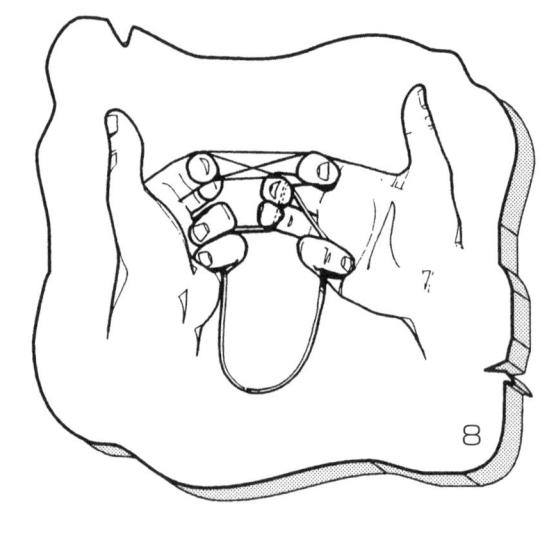

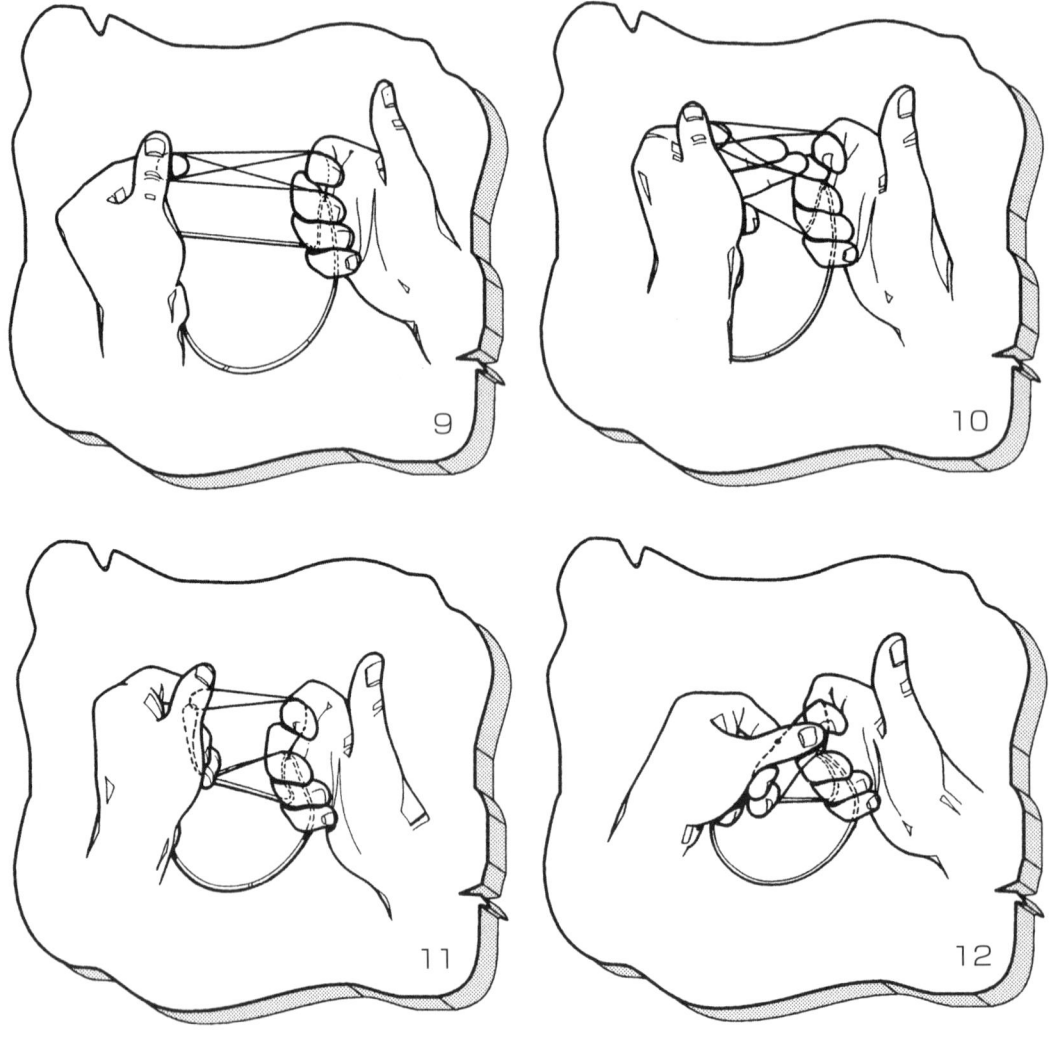

側から手前に差し込みます（図10）。左中指
と薬指を曲げて元どおり握りこみながら、左
人差し指にかかっている輪ゴムをすべて外し
てしまいますが（図11）、このとき左親指の
先で二重になった小さな輪ゴムの「両端」を
外れないように人差し指の側面に押さえ続け
ています。左親指と人差し指でこの絡まった
輪ゴムの「両端」をさらに丸め込んで小さなゴ
ムの玉を作ります（図12）。

　完全に二重になった小さな輪ゴムの中
に再び左人差し指を差し込み、さきほど
作った小さなゴムの玉を左人差し指の
第一関節に引っかかるようにします（図
↓

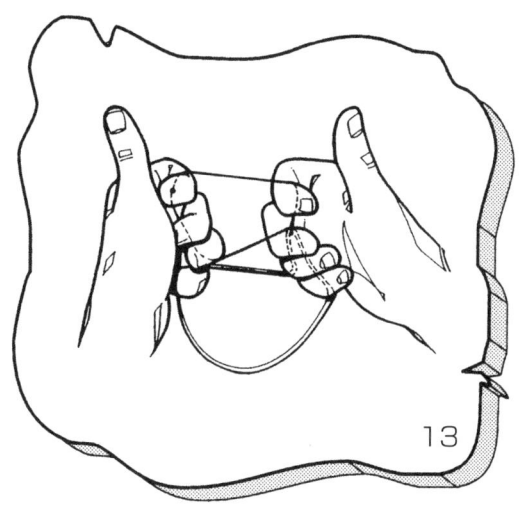

13

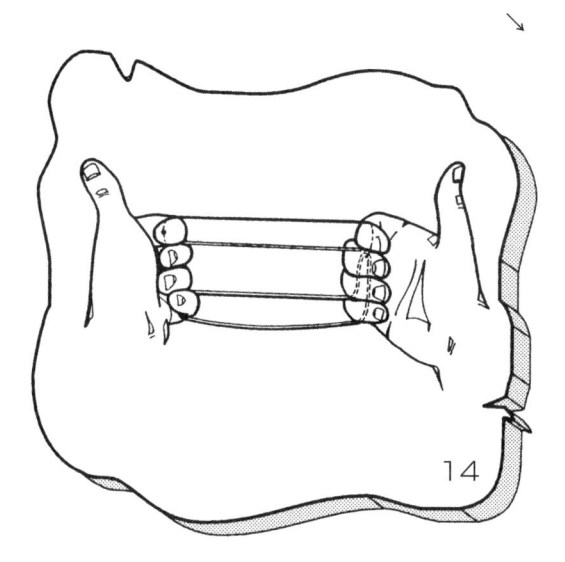

14

13）。上側にある二重になった輪ゴムから
左中指と薬指を外して元どおり左手を握った
状態に戻すと、ダン・ハーランが有名にした
「2本の輪ゴムをつなぐ」ポジションそっくり
に2本の輪ゴムをセットしたことになります
（図14）。上側にある小さな輪ゴム（実際は二
重になっている）は両手の人差し指の間で強
く引っ張り、この輪ゴムの張りが最強になる
ようにします。

・**今の状況**

　上側にある小さな輪ゴムは二重になって下
側にある大きな輪ゴムにひっかかっている状
態です。二重になった輪ゴムの両端は玉状に

絡まっていて左人差し指の第一関節にひっか
かっています。二重になった輪ゴムと大きな
輪ゴムが引っかかっている部分（後で観客に
はつながっているように見える）は、右中指
と薬指で握られて隠されています。

　このセットは2秒以下で行わないといけま
せん。一度何をやっているのか？を理解でき
たら、大変簡単になります。私自身は、両手を
腰の高さに下ろし、観客の視線に対してすべ
ての輪ゴムの筋が一直線に並ぶように水平に
してこのセットを行っています。こうするこ
とでこのセットの様子を実際に見るのを難し
くします。あなたはセリフを話し続け、観客
はあなたの顔を見続けているようにしなけれ
ばなりません。セットするときに一瞬観客に
背を向けて「ちょっとあなたの視線からはず
させてもらいますよ……」なんてブツクサつ
ぶやいたりしないでくださいね。特にこれを
西ヴァージニア州訛りで喋りながらしちゃっ
たりしたら最悪です[後注3]。

・**輪ゴムをつなぐ**

　両手の間に伸ばされた2本の輪ゴムを観客
の前に差し出します。上側にある小さな輪ゴ
ムの下側の筋の中央に右親指の先を上から当
てます（図15）。右親指を押し下げ、この筋
を下側にある大きな輪ゴムの上側の筋にくっ
つけた瞬間、同時に右中指と薬指を開いて

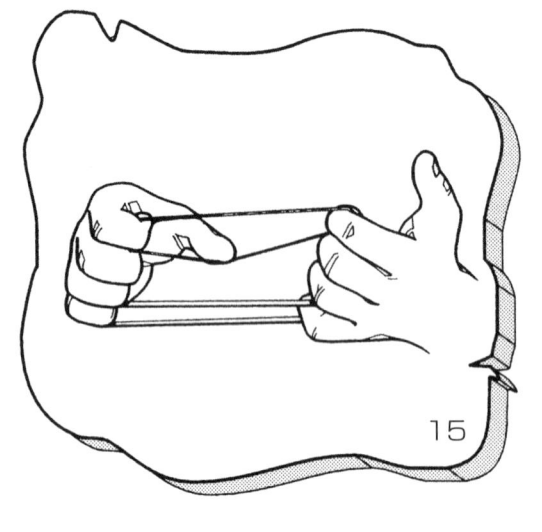

15

握っていた輪ゴムを放します（図16）。こうすることで、2本の輪ゴムがつながっているポジションを観客に示すことができます（図17）。しばらく間をとって、この目も覚めるような現象を観客の心にしみこませます。

　下側にある大きな輪ゴムを両手の小指から放します。こうすることでバカでかい輪ゴムが小さな輪ゴムの中央につながった状態でひっかかっているようになります（図17）。この時点でその場にいるすべての観客が驚きのあまり漏らして、はいているオムツを汚してしまうことになります。

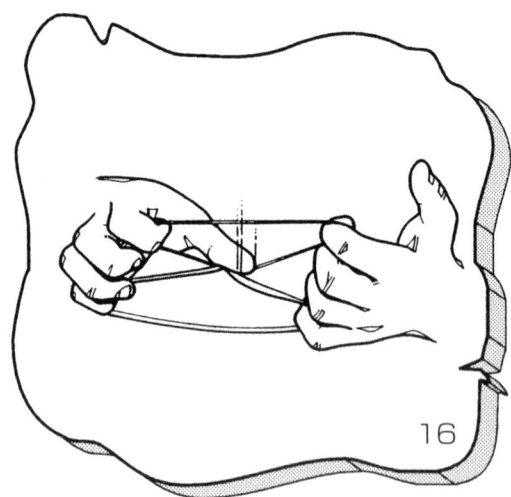

16

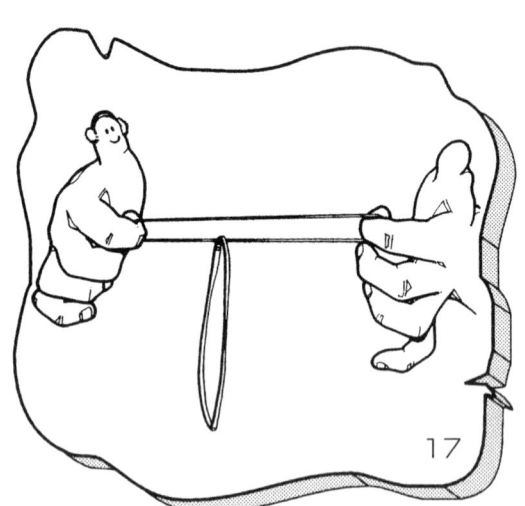

17

　さあ、ここからとびっきり凄いつながった輪ゴムの示し方を行います。両手の間隔をさらに開いて、両手のひらを下に向けます。小さなゴムの玉（上側にある二重になった輪ゴムの絡まった両端）は左人差し指の第一関節を軽く曲げて挟み込むように保持しながら行うと、不可能にしか見えないつながった状態を示すことができます（図18）。ここで輪ゴムを示している間、上側にある小さな輪ゴムを両手の間でめいっぱい強く引っ張り続けないとダメです。この輪ゴムの示し方は、高木重朗さんのアイデアです^{（後注4）}。

　両手を手のひらが平行に向き合って、元どおり両手の指の関節が観客の方に向くように

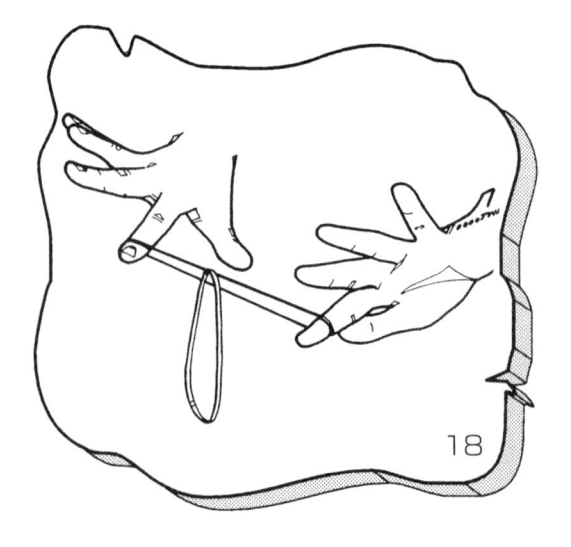

18

したら、つながってぶら下がっている大きな輪ゴムを数回左右にすべらせて示します（図19）。

・輪ゴムをはずす

　上側の二重になった輪ゴムの張りをゆるめますが、このとき左人差し指の第一関節にひっかけている輪ゴムの小さな玉を左親指で上から押さえています。右中指、薬指、小指を伸ばして、下側にぶら下がっている大きな輪ゴムの中央部分をつかみます。同時に左人差し指にかかっていた二重になった輪ゴムを外します（図20）。両手でこの2本の輪ゴムを引っ張って伸ばします（図21）。大きな輪ゴムの中央部分をつかむ理由は、こうして2本の輪ゴムを引っ張ったとき、両方が同じ長さだけ伸びているように見せないといけないからです。もし大きな輪ゴムの下の方をつかんでこうしたら、小さなの輪ゴムとの伸びが不均衡になってしまいます。

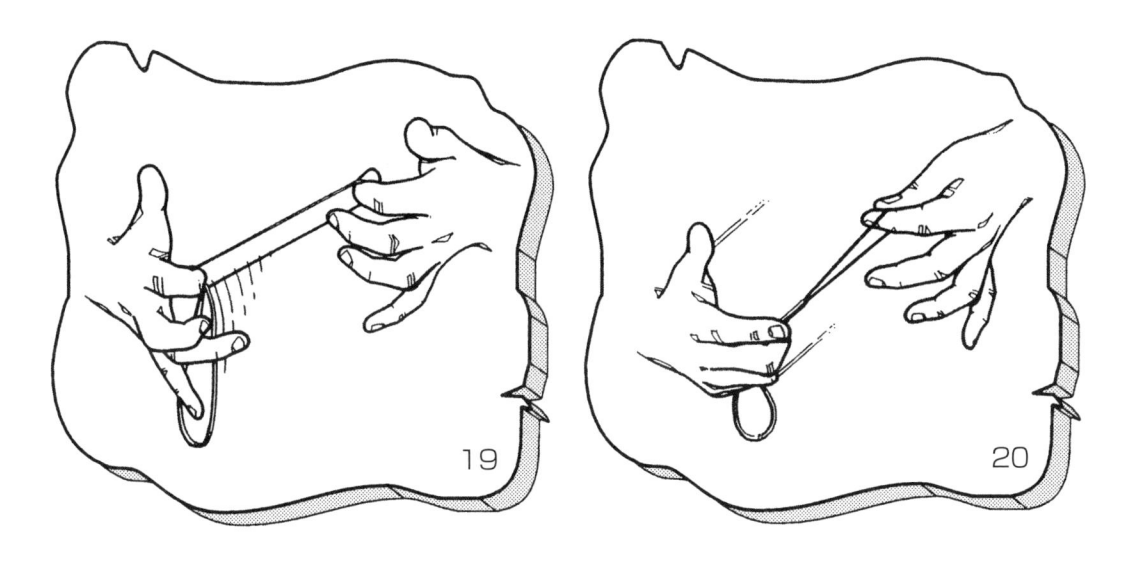

NAME THAT TOON

Art by Dan Ferrulli
Satire by Chris Kenner

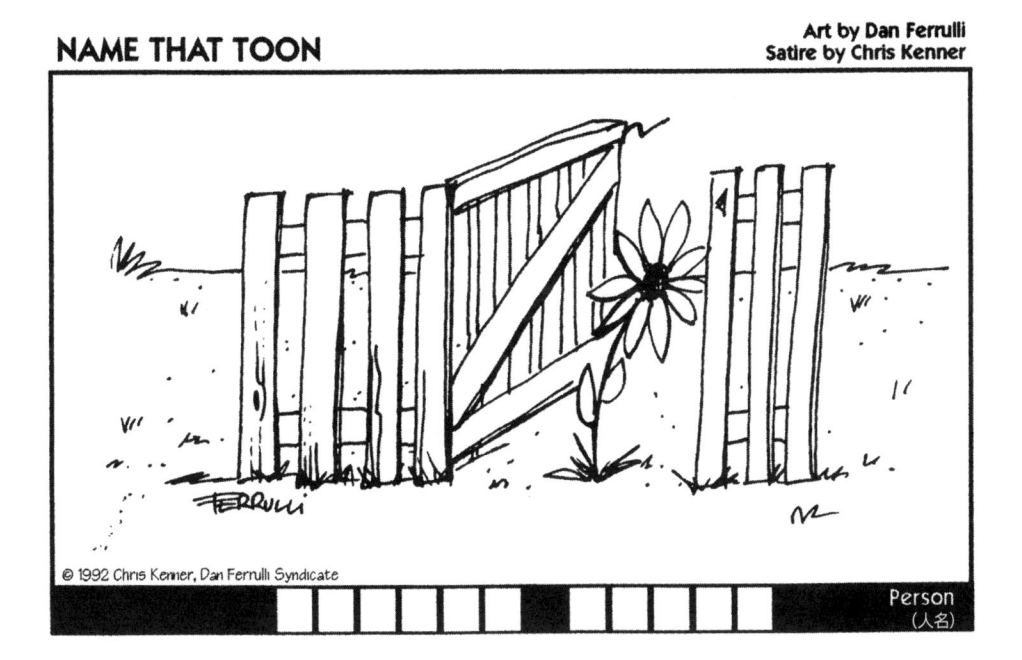

© 1992 Chris Kenner, Dan Ferrulli Syndicate

Person
(人名)

クリス・ケナー　エキセントリック・マジック

こうして輪ゴムを伸ばしたら両手を素早く近づけ、右手に持っている輪ゴムを放して2本ともが左手の中に入るようにします（図22）。絡まった状態の輪ゴムは左手の指先の中に隠されていて、二重になった輪ゴムは左親指で保持しています。このとき2本の輪ゴムをパチン！と左手の中に飛ばしちゃダメです。

右親指と人差し指を左手の中に近づけ、どれでもかまわないので小さな輪ゴムの筋を1本つまんで右方向へ引っ張って伸ばします（図23）。すべての動作は左手の指先の裏で隠されています。左小指を下側にある大きな輪ゴムの中に差し込みながら、右親指は小さ

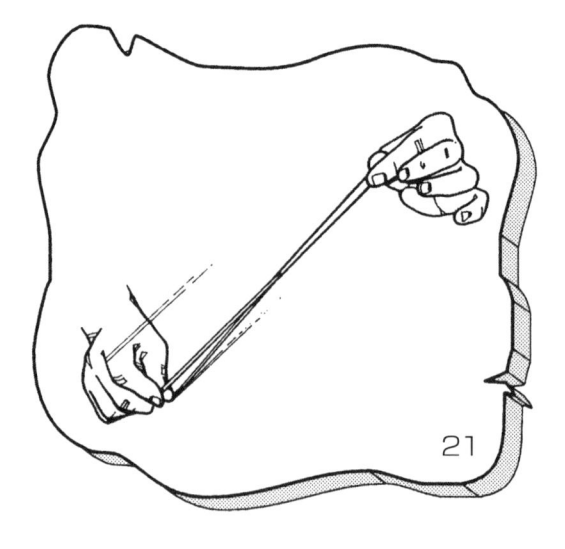

21

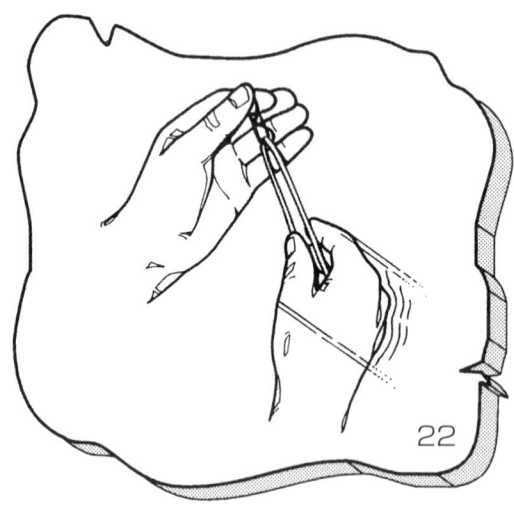

22

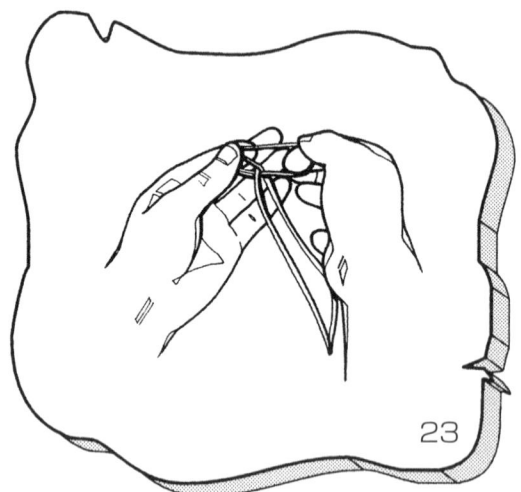

23

NAME THAT TOON

Art by Dan Ferrulli
Satire by Chris Kenner

AIR FRANCE

© 1992 Chris Kenner, Dan Ferrulli Syndicate

| R | | H | | | | P |

Secret Move
(技法名)

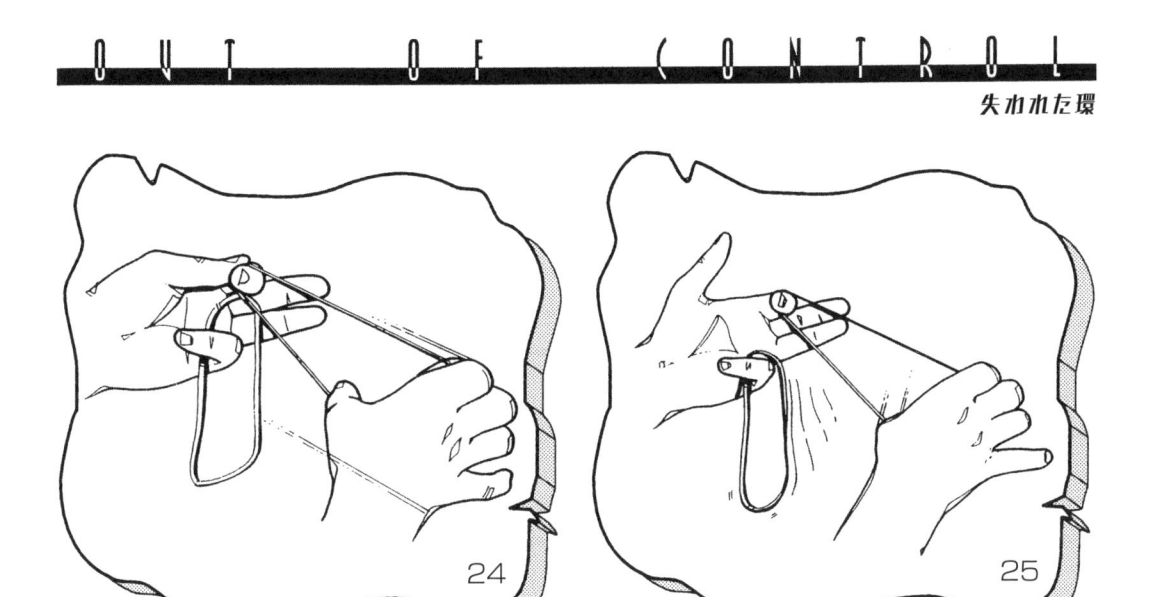

な輪ゴムの下側の筋に当てています（図24）。そのまま右親指を押し下げていきますと、大き
な輪ゴムがポロン！と上側にある小さな輪ゴムから外れます（図25）。両方の輪ゴムをそれぞ
れの手の親指に引っ掛けて、観客に示します（図26）。

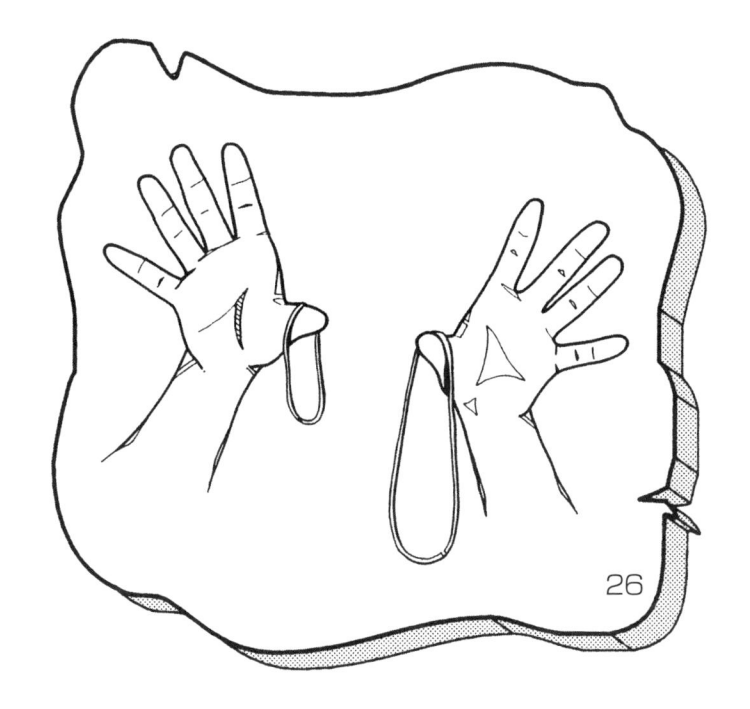

・最後に

　信じられないと思いますが、輪ゴムを調べさせるのも含めて1分もしないうちに演技は終わっ
てしまいます。このマジックだけでも十分通用しますが、『ターベルコース・イン・マジック』の
第7巻に解説されているボブ・ジャーディンによる輪ゴムの貫通現象[後注5]と完璧にマッチして
います。

クリス・ケナー　エキセントリック・マジック

・演出

　お客さまにお願いがあるんですが……この輪ゴムを調べてもらえますか？　これで公式に「不渡手形を振り出した人」になれますよ（小さな輪ゴムを手渡す）　念のために大きな「ゴム」も持っています。ご近所にも自慢できるくらいのね（大きな輪ゴムを手渡す）　よく見ててください、めっちゃクールなことが起こるからね（このセリフを話している間に輪ゴムをセットする）こうやって2本の輪ゴムをくっつけると……つながっちゃうんです（「輪ゴムをつなげる」を行う）。

　本当につながってるんですよ！（「とびっきり凄いつながった輪ゴムの示し方」を行う）　奇跡じゃね？　2本の輪ゴムをはずすには千切るしか方法がないんですけど（2本の輪ゴムを両手でひっぱる）、この「ゴム」は品薄でここしばらくちょっと高いんですよね。もしもっと私がうまかったら、こうやってポン！とこいつらを引き離すことができるんですけどね（2本の輪ゴムをはずす）。

＊後注1：「Rubber Checker」で、輪ゴムを調べる人と不渡り手形を出した人、コンドームを調べる人というダジャレになっている。ここには書かれていませんが、セーフセックスが言われ始めた90年当時の氏のジョークには「90年代にはかかせない"ゴム"を使ったマジック」というセリフがありました。

＊後注2：アメリカの名フォーク歌手だったウディ・ガスリーの名曲『我が祖国』のパロディ。

＊後注3：これはマイケル・アマー氏が当時実際に演じていたセット方法で、著者は気に入っていませんでした。アマー氏はアメリカ西ヴァージニア州の出身。

＊後注4：『The Amazing World of Shigeo Takagi』リチャード・カウフマン著、カウフマン＆グリーンバーグ刊、1990年。日本語版は『高木重朗の不思議な世界』二川滋夫他訳・編、東京堂出版刊、1992年。

＊後注5：『Terbel Course in Magic Vol.7』ハリー・ロレイン著、ルイス・タネン刊、1972年。日本語版は加藤英夫訳、株式会社テンヨー刊、1981年。若い世代の読者には、マイケル・アマーの『クレイジーマン・ハンドカフ』と言ったほうが通じることでしょう。

エルヴィス・プレスリーの例にしたがって、大切な決断をしてみよう！

どっちのアマーが好みか、好みの方にチェック印を入れてね。

ヤング・アマー

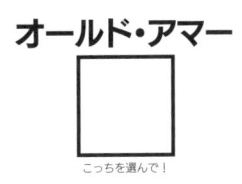

オールド・アマー

こっちを選んで！

＊1993年に発売されたエルヴィス・プレスリーさん唯一の記念切手が企画された際、1992年に『Decide which Elvis is King（どちらのエルヴィスがキングか選んでください』という投票が行われ、若いエルヴィスと亡くなる直前のエルヴィスの切手図案のどちらかにチェック印をつけてアメリカ合衆国郵便公社に送るという一大キャンペーンがありました。それをパロディにしています。ちなみに、この時は若いエルヴィスの図案が圧勝しました。

クリス・ケナー　エキセントリック・マジック

SPELLBOUND

ヘルバウンド・スペルバウンド

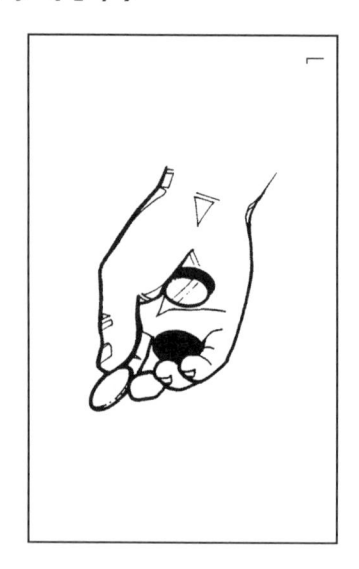

1

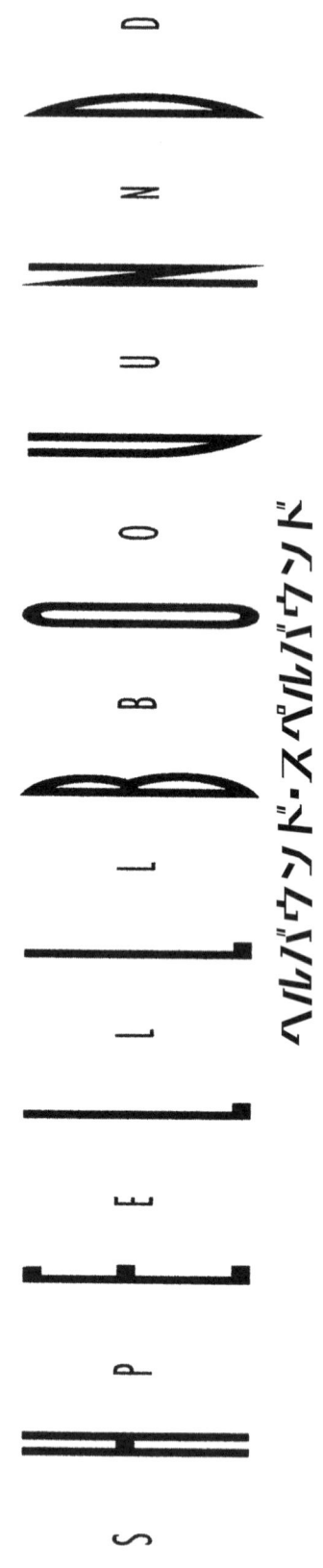

見えていること

マジシャンは古典的な「スペルバウンド」（コインの変化現象）を見せようと言います。指先に持った銀貨を示して、もう一方の手を銀貨の上で振ると銅貨に変化します。もう一度銀貨の上で手を振ると銀貨に戻ります。マジシャンが「よし、お客さんをだましたぞ！」と思った瞬間、指先に持っていた銀貨をうっかり手の中に落としてしまい、手の中からなにやらガチャン！と音がします。2枚のコインを使っているんだと観客は怪しみます。しかし、マジシャンはこの2枚のコインが銀貨であることを示します。この2枚のコインが手から手へと1枚ずつ飛び移っていきます。観客がマジックが終わったと思った瞬間に2枚の銀貨は2枚の銅貨へと変化してしまい、両手はそれ以外空っぽに見えます。奇跡だよ、奇跡。絶対に奇跡だって！

見えてないこと

誰かに「何か演じてびっくりさせてよ」と頼まれたとき、大切な演目としてこの手順を使っています。多くのマジシャンは今も僕が銀貨と銅貨のダブル・フェイスコインシェルを使っていると思い込んでいます。必要なのは2枚のアメリカ50セント銀貨（以下、銀貨）と2枚のイギリス1ペニー銅貨（以下、銅貨）だけです。

最初に銀貨と銅貨をそれぞれ1枚ずつ右手にクラシック・パームします。銅貨が手のひらに当たるようにしてください（銀貨は銅貨より少し小さいので、こうすると両方のコインをしっかり保持できます）。同じ手に銅貨をフィンガー・パームして、右手の指先で残りの銀貨を持ちます（図1）。右手の指先に持っているコインを左手の指先に渡しますが、古典的な「スペルバウンド」を行う位置に持ちます（訳

注：左手のひらを上に向け、指先も上に向けます。コインの縁を左親指と中指の先でつまむようにして、指に対して垂直に持ちます。左手に右手の指先を近づけ、右親指でフィンガー・パームしているコインを平らに伸ばした右手の指の裏に押し付けます（図2）。右手を下げ、右親指を使って左手フィンガー・パームの位置に銀貨を押して左手の指先で左手に落とします（図3）。右手の指先で左手に

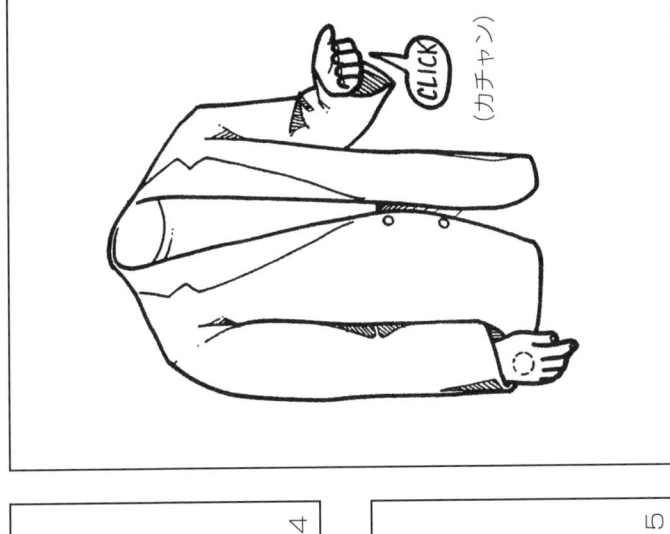

（カチャン）

CLICK

右手を下ろしながら、左手をちょっと上げます（後注1）。

偶然を装って、左手の指先に持っている銀貨を右手の中のフィンガー・パームしている銀貨の上に落として"ガチャン！"と大きな音をたてます（図6）。戸惑った様子で左手を開いて2枚の銀貨を示しますが、このとき左手を上下にゆすって2枚のコインが小刻みにゆれ

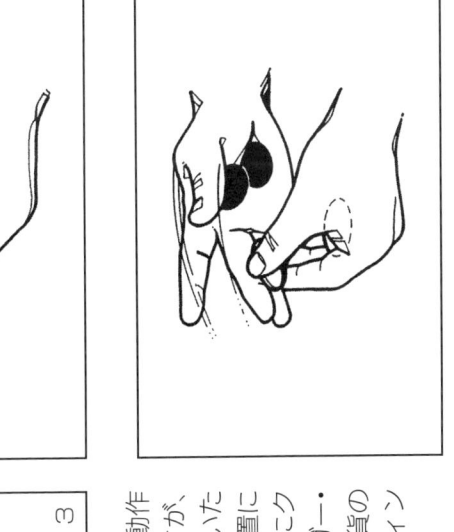

右手を再び上げて左手を再びおおい隠しますが、今回は右親指を左側にある銅貨の裏側に通してしまいます（図4。まいったね、こりゃ。今電話が鳴らないことを祈るよ）。右手を右に引きますが、このとき右手に見えていた銅貨を右手に引き込み、このときサム・パームして、同時にフィンガー・パームしている銀貨を左手の［スペルバウンド］を行う位置に残します（図5）。

持っていた銀貨の表面を軽く拭くような動作をして、すぐに右手を右方向に引きますが、このとき右手にフィンガー・パームしていた銅貨を左手に［スペルバウンド］を行う位置に持ちます。右手を体の脇におろし、右手にクラシック・パームしている銀貨をフィンガー・パームの位置に落とします。銅貨より銀貨の方が小さいので、簡単に銀貨だけをフィンガー・パームの位置に落とせます。

再び両手を軽く握りますが、このとき右手に持っている銀貨を静かにクラシック・パームして、あらかじめパームしている2枚の銅貨に重ねてしまいます。両手は同じように握らないとダメです。そうすれば、両手とも動作が統一されます（図9）。この時点では、右手の銀貨はまだ完全に右手のひらに押し付けてパームを完了させていません。次の動作まで待っています。

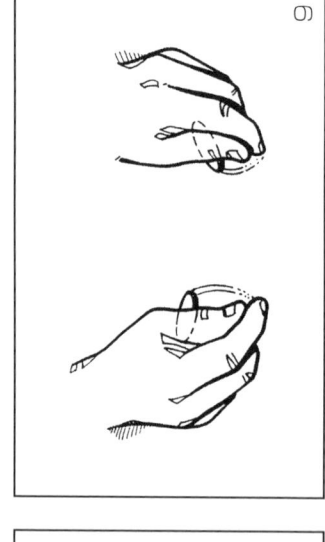

9

これから天海ペニーのテクニックをカジュアルな動作の中で行います。元々の技法との差は、両方のコインを左右対称になるように示さない点です。左手を開いて、手のひらの真ん中に銀貨があることを示します。右親指と人差し指でこの銀貨の前の縁をつまみ、左手の指先まで引っ張っていき、このコインを手前に返して裏面を示します（図10）。この時に右手に隠し持っている銀貨を完全にクラシック・ケナー

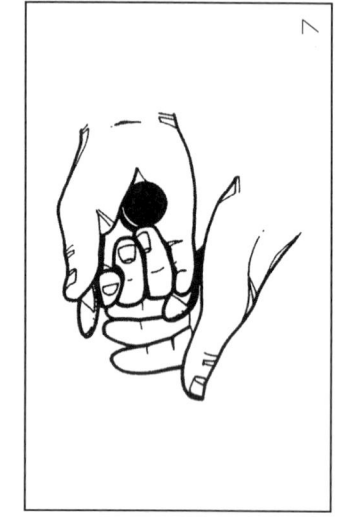

7

8

（カチャン）
CLICK

でチャリチャリと音がつたつようにします（うん、この「小刻みにゆれる」って言葉をものすごく深い意味で使ってるよね、今）。

左手でパラパラと2枚のコインを見せている間、右手にサム・パームしている銅貨をフィンガーチップ・レストの位置に落として、すでにクラシック・パームしている銅貨に重ねるようにこの銅貨もクラシック・パームします。

両手で1枚ずつ銀貨を取って指先に持ってその両面を改めますが、右手にクラシック・パームしている銅貨はマリーニ・サトルティを使って観客に見せないようにします。右手に持っている銀貨を左手の中に落としながら、ピンバー・バニッシュをクリンプ・パスとして行います。この目を欺く技法は、ハーヴェイ・ロゼンクールのものです。

この難しい技法を行うには、まず右手を左手の上へ移します。軽く握った右手の指先がちょうど左手の指の上に乗っているコインの真上にくるようにします。左手の指先は軽く曲げ、ちょっとしたカバーを作り、右手の小指をその陰で伸ばします（図7）。右手の指先で持っている銀貨を左手の中に落とすと、これが1回転半して、伸ばした右小指の上に落ちます（図8）。このとき、落ちたコインの縁が左手の指の上にある銀貨に当たって大きく「カチャン」という音が

するようにします。ここで左手を握りながら、右手の小指を曲げてその上に載っているコインを右手の中へと引き込みます。これは同時に右手を右方向に引きながら行ってください。両手を軽く握り、両方のこぶしにオマジナイをかけます。両手を開いて、それぞれの手に銀貨があることを示します。この時、右手は再びマリーニ・サトルティを使ってパームしているコインが見えないようにしている

で腕時計を指さします（図12）。ここで、右手に握っている（？）もう1枚の銀貨を示すために、右こぶしを時計回りに返して手のひらを上に向け始めます。しかし、左親指と人差し指を伸ばして、はさんでいた銀貨を右手の指先に落とします（図13）。この動作の流れで、伸ばした左人差し指で右手の指先にある銀貨をトントン叩きます。このとき、右手にクラシック・パームしている3枚のコインは

マリーニ・サトルティを使って見えないようにしています。両手を軽く握ります。このとき、両手のこぶしを軽く弧を描くように回転させ、右手にクラシック・パームしていた銀貨を指先に落として "ガチャン！" と音をたてます。先ほどと同様に銀貨は銅貨よりも小さいのでこれは簡単にできます。注意：皆さんがコインズ・アクロス（コインの飛行現象）を行う時にやりながら、両手のこぶしを腰の高さまで下ろして、そこでクラシック・パームしているコインを落として "ガチャン！" と音を立たせる動作は止めてください。個人的にひどく見えますし、演技スタイルというものをおよそ感じません。

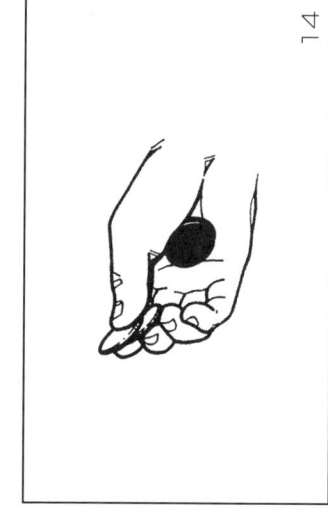

14

右手を少しだけ手のひらが上を向くようにして開き、2枚の銀貨を示します（図14）。この2枚の2枚の銀貨を右手フィンガー・パームの位置にくるように落とします。左手にこの2

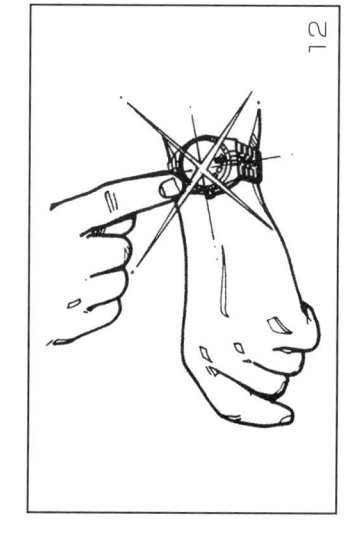

12

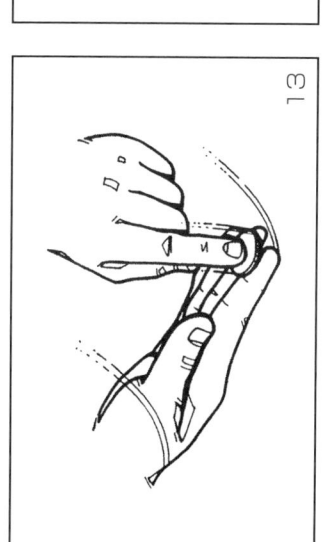

13

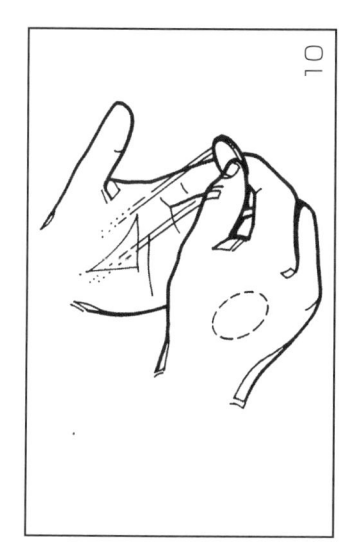

10

11

パームします。右手は持っていた銀貨を放し、右手を握った状態でどけます（右こぶしの握った指の関節は下向きになっています）。

同時に左手を握り、持っている銀貨を親指と人差し指の間にはさみます（図11）。両手の拳は握った指が下を向いていないとダメです。左手にある銀貨で……右手にある銀貨で「これが左手にある銀貨で」と言います。右人差し指

33

クリス・ケナー　エキセントリック・マジック

＊後注1：ちょっと上げるという部分は"Kibble and bit"と原著にはあり、これはコカインのことなのですが訳出できないのでそのままにしてあります。これがあるので、その後左手を動かして昔を立てるところで「ヤク中の人はやはり小刻みに手が震える」というニュアンスを入れて「意味深」な言葉遣いだと言っています。

枚の銀貨を投げ入れたように見せますが、実際には2枚の銀貨はフィンガー・パームしながら、クラシック・パームしている2枚の銅貨を左手の中に投げ込みます（図15）。右手はラムゼイ・サトルティを使ってフィンガー・パームしているコインを隠しながら、それぞれの銅貨をそれぞれの手の指先に持って両面を改めます（図16）。ギャラリーの銀行小切手をもらって、この街を去ります。

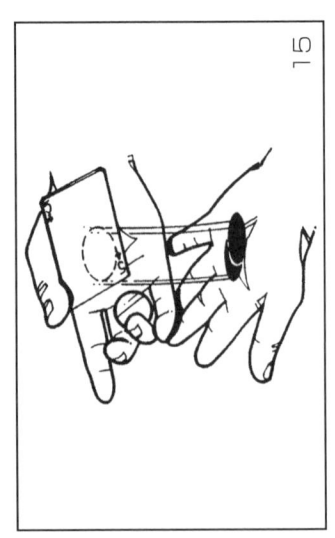
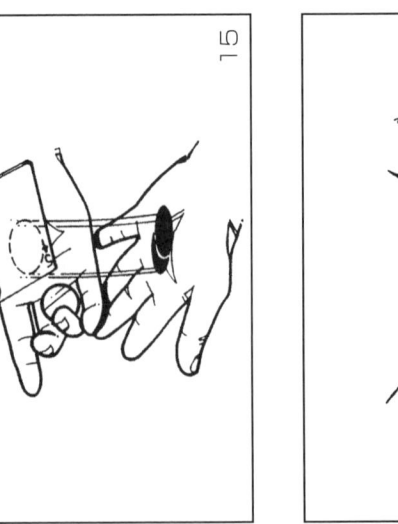

15

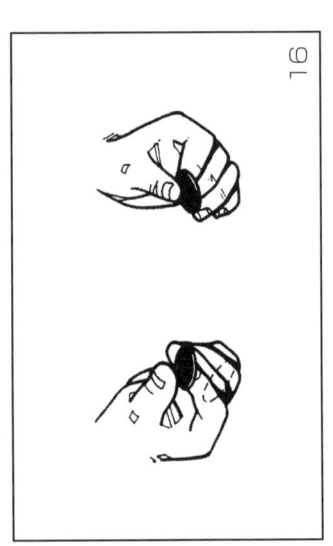

16

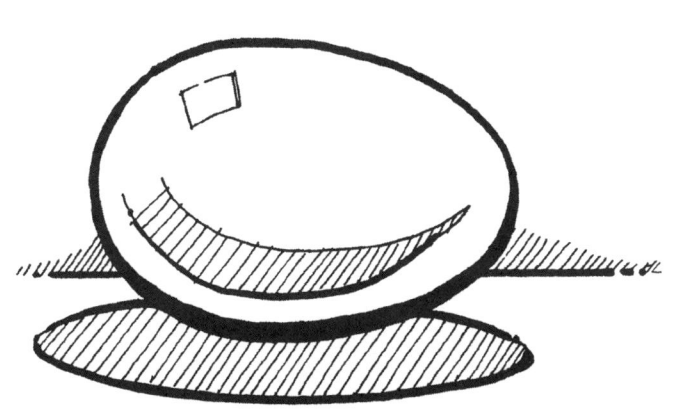

THIS IS YOUR BRAIN
（これは、あなたの脳みそ）

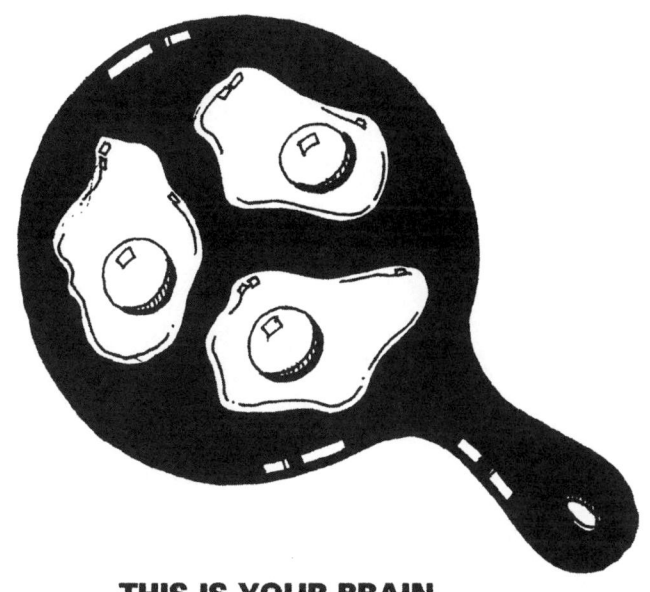

THIS IS YOUR BRAIN
ON
THREEFRY
（これは、スリー・フライを
見た後のあなたの脳みそ）（後注1）

クリス・ケナー　エキセントリック・マジック

繊細かつ優雅で穏やかに、3枚の銀貨を1枚ずつ純粋かつキリッと消していきます。彼らが未知の世界を旅するよりも早く、キラリと光る銀の円盤を1次元の世界から再び呼び集めます。毅然としたアンコールとして、この3つの小さな銀の原子から生まれた物体を銅へと同位された3枚のコインへと変化させるのです。めっちゃすごくない？

マジシャン仲間を完全にぶっとばすために「ヘルバウンド・スペルバウンド」に続けてこの手順を演じます。この全体の流れは、後でお教えする「ロング・ゴーン・シルバー」で使っている消失と出現の動きをマネしたものです。最後に銀貨が銅貨に変化するなんて、マジシャンにとっては絶対に予期できないものです。すべての銀貨を消しながら、3枚の銅貨をパームし続けるなんて可能だとは思えませんからね。

最初に3枚の銅貨（イギリスの1ペニー銅貨）をクラシック・パームした右手の指先に3枚の銀貨（アメリカの50セント銀貨）を持って示します（図1）。右手は銅貨をクラシック・パームしながら、指先の3枚の銀貨をロール・ダウンして、T・ネルソン・ダウンズが考えたコイン・スターを行います（冗談です）。

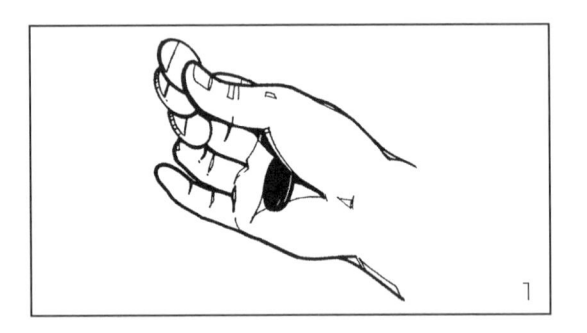

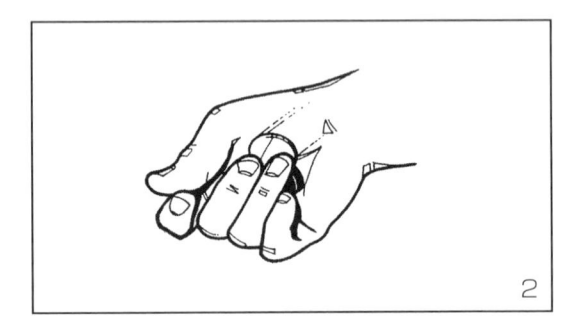

3枚の銀貨をファン状に広げて示します。このとき、一番下にある銀貨は右中指の先に触れています。右手のひらを下に向けるように返したら、この手を左にサッと振り慣性の力を使って上の2枚のコインを左手に投げ込みます。エド・マルローのおかげで、一番下にあるコインは皮膚との摩擦によって右中指の上に残ります。詳しくは「ロング・ゴーン・シルバー」の図2を見てください（70頁）。左手にコイ

ンが飛び込んできたらすぐに握り、右手を身体の脇におろします。

　左手のこぶしでオマジナイとしてのマジカル・ジェスチャーを行ってから開き、2枚の銀貨しかないことを示します。このとき、右手は静かに銀貨を3枚の銅貨の上に重ねてクラシック・パームします。この動作を静かに行うには、右手中指と薬指の先に載っている銀貨を親指の付け根にそってすべらせて前に動かします（図2）。最初にこの銀貨をすべらせて3枚の銅貨の上に重ねて、それからクラシック・パームしている手の力を抜いて、これから4枚すべてのコインを再びクラシック・パームします。これは右手を左手に向けて動かしながら行います（図3）。

3

　右手の指先で2枚の銀貨を取り上げてファン状に広げて持ちます。一番下のコインは右手の指先に触れています。「ロング・ゴーン・シルバー」で解説したクリック・パスを行います（70頁の図3、4）。右手を左に向けてサッと振り、軽く握った左手に上側のコインを投げ込みます。下側のコインは右手の指先に残ります。この左方向への手の動きで、クラシック・パームしている銀貨を落として、指先に残ったコインの上に当てて“カチャン！”と音を立てるようにします。これは左手に投げ込んだコインが左手に着地したのと同時に行ってください。「ロング・ゴーン・シルバー」で行うクリック・パスとの違いは、ク

クリス・ケナー　エキセントリック・マジック

ラシック・パームしているコインの中から銀貨だけを落とさなければならない点です。銀貨の直径は銅貨よりも小さいので簡単にできます。右手を左に振る動作で、勝手に銀貨はポン！と右手から離れて落ちます。左手は飛んできたコイン（1枚だけ）を握ります。同時に、右親指で2枚の銀貨を指先から引いてフィンガー・パームの位置に移します。

　左手を開けて最後の銀貨を示します。ここでラムゼイ・バニッシュに似たカジュアルにコインを消す技法を行います。右手を伸ばして、左手に残ったコインを指先でつまんで取り上げます。手のひらをあなた側に向けている左手をコインに近づけます。コインが左手の指先の裏に隠れたら、左親指でコインを内側に回転させて右手の中に隠します（図4）。コインを取ったかのように左手を離します。すぐに左手を開いてコインがないことを示しながら、右人差し指と中指の間に隠し持っているコインを右親指を使って上に押し出してコインを出現させます。このコインの消失と出現はちょっと冗談っぽく演じます。政治家が有権者を子供扱いしてだます手口くらい今の右手は汚い状態になっていますから。

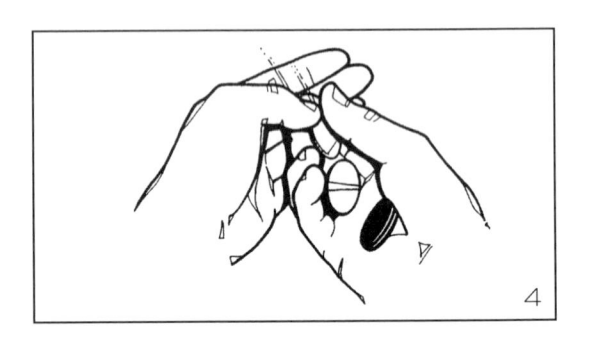

4

　続くコインの出現は「ロング・ゴーン・シルバー」からの方法です。右手に出現したコインを手のひらを上に向けた左手のフィンガー・パームができる位置へ落とします。右手でこのコインを左手から取り上げるように見せかけて、右親指でフィンガー・パームしている2枚の銀貨を伸ばした右手の指先の裏に押しつけながら左手のコインを取り上げたふりをします（73頁にある「ロング・ゴーン・シルバー」の図13を参照してください）。左手（まだ銀貨をフィンガー・パームしています）は右手にある銀貨のうち下

側の1枚をつかんで、コインが2枚に分裂したように見せます。この2枚のコインを右手の指先にファン状に広げて持ち、左手は右肘の下からパームしているコインを取り出したように見せます。3枚すべてのコインを右手の指先にファン状に開いて持ってください。

　観客はこれでマジックが終わったと思います。でも、そうじゃないんだぜ、兄弟！　この3枚の銀貨を右手フィンガー・パームの位置に落とします。このコインを左手に投げ込むと見せかけた動作で、クラシック・パームしていた3枚の銅貨（思い出した？）を構えている左手の中に投げ込みます（図5）。右手で3枚の銅貨をファン状に広げて何気なく見せますが、フィンガー・パームしている3枚の銀貨はあなたのお友達のラムゼイ・サトルティで隠して見えないようにします（図6）。不思議さのあまり炎上する観客を砂で消火してあげたら、彼らの足を上にあげて血行を良くしてあげてください。

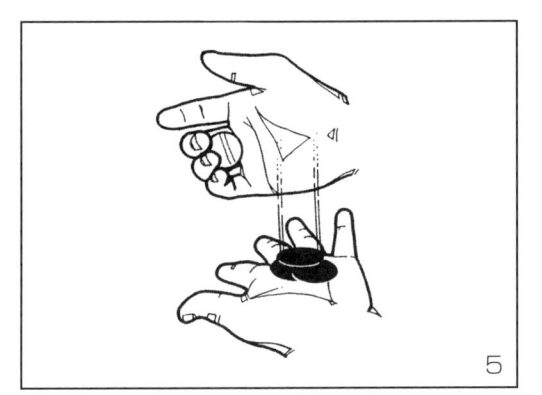

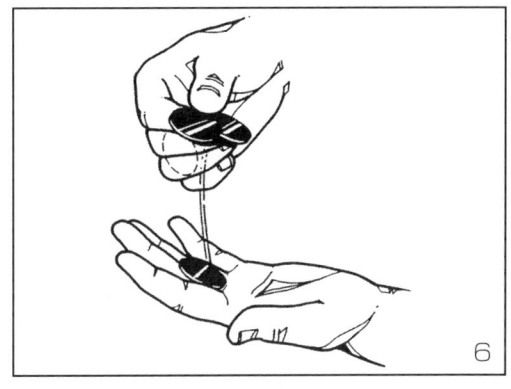

NAME THAT TOON

Art by Dan Ferrulli
Satire by Chris Kenner

© 1992 Chris Kenner, Dan Ferrulli Syndicate

					G					S	

Trick
（トリック名）

※後注1："Your brain is fried" というのは「頭がおかしくなりそう」という意味です。「目玉焼き」のfried egg と掛けたダジャレです。

クリス・ケナー　エキセントリック・マジック

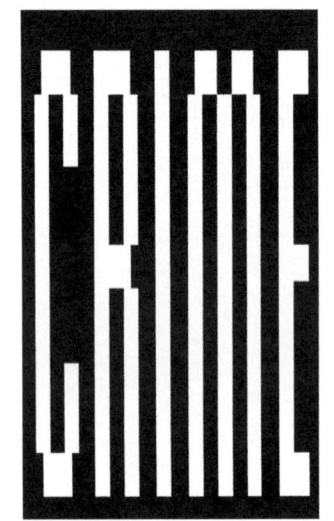

　ビックリするクライマックスが待ち構える素敵でシャレた手順です。マジシャンは観客にデックの中ほどにあるカードを覗き見してもらいます。マジシャンは「この選ばれたカードは"落ち着きがない"」と話します。デックを両手の間に広げると、選ばれたカードだけがデックの中央で表向きになっています。このカードをハッキリと裏向きにしてデックの中央に戻しても、また表向きになって現れます。マジシャンは最後にもう一度だけやってみようと言い、選ばれたカードをデックの中ほどに半分だけ差し込みます。しかし、デック全体が一瞬にして表向きになり、選ばれたカードだけが裏向きのまま残り、観客はさらに混乱します。シャレてない？

　ジェームズ・ルイスが彼のオリジナル作品「インバージョン (Inversion)」を『アンコールII (Encore II)』(マイケル・アマー著、ザ・コマンド・パフォーマンス刊、1981年)に発表した当時は話題になって、かなりの物議をかもしだしました。私はこれも言っておきたいのですが、リチャード・カウフマンの方が同じプロットの作品を1979年にいち早く発表していて(「世界最速リバース (World Fastest Reverse)」を参照してください。『カード・マジック (Card Magic)』リチャード・カウフマン著、カウフマン&グリーンバーグ刊に収録。日本語版は『世界のカード・マジック』壽里竜訳、東京堂出版刊、2008年)、ルイスのハンドリングで主となる追加事項は、観客のカードをデックから突き出して行うことだけです。基礎となる現象の中に、驚きが3つも素敵に重なるよう手順を組み合わせました。かなり上級者向けの本格的なテクニックの練習ができ、あなたの腕を磨くためにも良い手順です。

　最初の段落は、マルロー・フューチャー・リバース(『フューチャー・リバース (Future Reverse)』(エド・マルロー著、マジック・インク刊、1945年)です。デックを左手ディーリング・ポジションに持ちます。スペクテイターズ・ピークを行い、いつも通りの方法で左

パーヴァージョン（倒錯思考）

小指を使って観客が覚えたカードの下にブレークを作ります。

両手を腰の高さまで下げて、右手をデックの上からかけて、ビドル・グリップで持ちます。右手がデックをカバーしている間に左手の指先を使ってデックの右側を約1センチ下げます。左手の指先を曲げてこのデックの隙間に差し込み、選ばれたカードの右上隅を右薬指と小指の間ではさめるようになるまでこの指先を使って外へ引き出します（図1）。選ばれたカードの右上隅を右薬指と小指ではさみます。選ばれたカードの左側が下方向にピョンと飛び出してくるまで、デックの下半分（選ばれたカードの下にあるカード全部）の右側を下げます（図2）。この動作が行われている最中、デックの上半分は絶対動かさないでください。左手の指先を曲げてこの飛び出してきた選ばれたカードの表に当てて、このカードが表向きになってデックの下半分の上に載るように押し倒します（図3）。このカードをひっくり返す技法を終えるには、左手の指先を使って右側が開いたデックを閉じ、両手でデックを揃えます。「あなたのカードを忘れないでね」と言いながらこの技法を行いますが、1秒くらいで終わらせないとダメです。一瞬間をとって、右手の指をパチンと鳴らします。選ばれたカードは「落ち着きがない」と言って、

デックを両手の間に広げて、裏向きのデックの中で選ばれたカードだけが広がったカードの中ほどで表向きになっていることを示します。観客にこの手順はもっとすごくなっていくと話します。

第2段はジェリー・サドウィッツが考案した数々の天才的な技法の中にある1つから着想を得ました。右手で表向きになった選ばれたカードを抜き出し、表向きのままデックのトップに置きながら、両手でデックを揃えて左手ディーリング・ポジションに持ちます。次に行う一連の動作は、デックのトップにある選ばれたカードを裏向きにしてからデックの上半分を右にカットし、左親指を使って今裏向きにしたカードをデックの下半分の上に引いて取り、このカードがデックの前端から半分突き出した状態にして右手に持ったデックの上半分を揃え、選ばれたカードがちゃんとデックの中ほどに差し込まれているように見えます。しかし、実際は右手は選ばれたカードをパームしてしまい、左親指は関係のないカードをデックの中央に引き取るのです。こうやります。

デックのトップ・カードを左親指を使って右に押し出し、このカードを右手で取りますが、右親指がカードの上、残りの指先がカー

クリス・ケナー　エキセントリック・マジック

ドの下に触れるようにしてください。本を閉じるように選ばれたカードをデックの上に裏返しますが、このとき左親指の付け根に載せてグリーク・ブレークを作ります（図4）^(後注2)。右手を上からかけてデックの上半分をビドル・グ

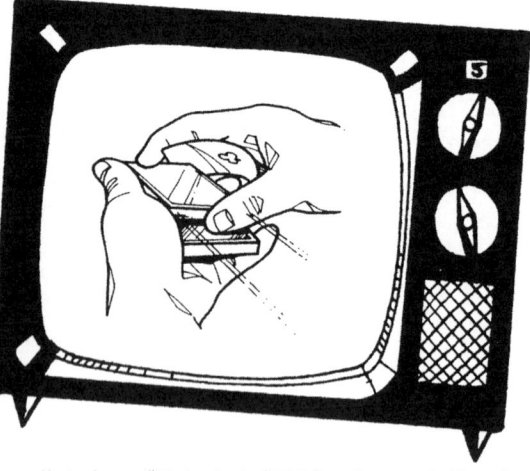

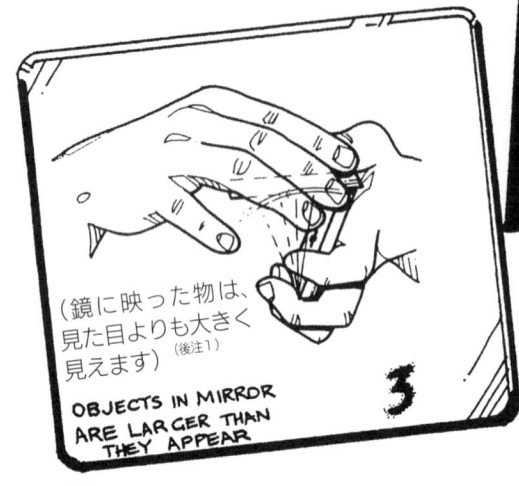

（鏡に映った物は、見た目よりも大きく見えます）^(後注1)

OBJECTS IN MIRROR
ARE LARGER THAN
THEY APPEAR

3

分を右へずらします（図6）。ちょっと待った、もう少しやらなければいけないことがあります。デックの上半分を下半分の上に持ってきて重ねます。左親指を使ってデックを両手の間に広げ始めますが、カードをパームしている右手を手のひらが上を向くように返しながら

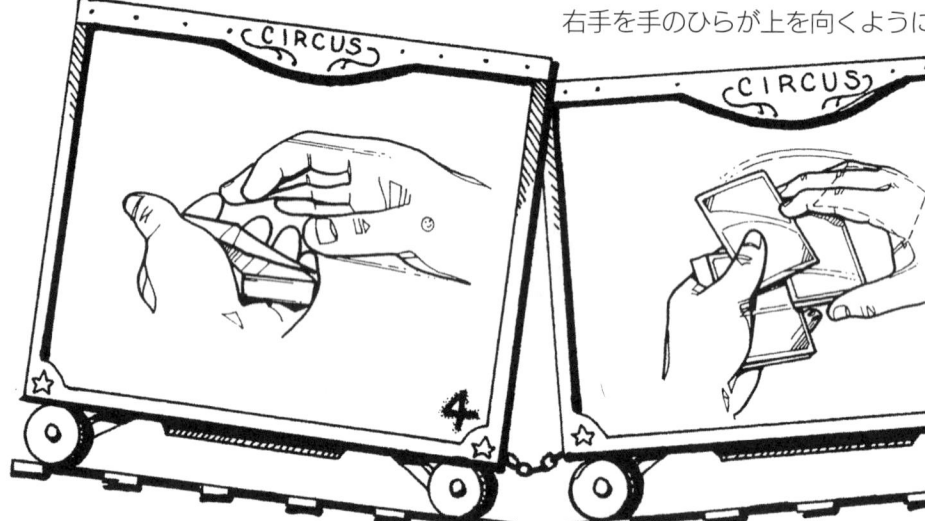

リップでつかみ、デックの半分くらいを前に突き出します。このデックの上半分を前に動かしているときに、選ばれたカードの右上隅を右小指の腹で前に少し押し出してから押し下げます。この動作によって選ばれたカードは右手の中にハネ上がってパームできるようになります（図5）。デックの上半分を前に半分だけ押し出しながらパームを行います。この動作に続けるように左親指をデックの上半分のトップ・カードに当てながら、デックの上半

左親指で押し出されたカードを受け取ります（図7）。パームしているカードがチラリと見えないように注意してください^(後注3)。この時点で、パームされたカードは左手の指の下に当てて平らになっています。両手の間にデックを弧を描くように半円状に広げることで、パームされたカードは表向きになって広がったカードの下に隠れます（図8）。この時点で選ばれたカードは右手で広がったカードの下で支えられていますが、もうパームされていません。両

手は手首から外側へ向かって広がるように回転していることに注意してください。こうすることで表向きになった隠されたカードを隠す手助けになります。両手をこのように位置付けることで選ばれたカードはデックから突き出たカードと平行に並ぶことになります。手首を回転させないように、そのまま右手を直接左へ動かして広げたカードを閉じながら、選ばれたカードをデックの中央付近にある突き出ているカードの近くにすべり込ませます（図9）。ここまでの動作は一歩ずつ解説してきましたが、これは流れるような一連の動作です。デックを揃えて左手に持ち、右手でアウト・ジョグされたカードをデックの中に押し込みます（図10）。どうしてカードを半円状に広げたのか理解するのが重要になります。こうカードを広げると、広げたカードの下に隠れている選ばれたカードがデックの中央に差し込まれたカードと平行になるように傾けることができるのです。こうすることでモタついたり、カードがチラッと見えたりせずに選ばれたカードをデックの中央付近へと流れるような動作の中でクリーンに差し込むことができます。右手

の指をパチンと鳴らし、デックを両手の間で広げ、またカードが「落ち着いていない」ことを示します。

さあ、紳士淑女のみなさま、お待たせしました。やっと最後の段です。

選ばれたカードをデックから抜き出して、表向きのままデックのトップに置きます。トップにある2枚の下にあるすべてのカードをひっくり返さないといけません。右手をデックの上からかけ、ビドル・グリップで持ちます。トップの2枚（表向きになっている選ばれたカードと裏向きの関係ないカード）をほんの少しだけ持ち上げますと、右手はひそかにこの2枚だけを保持することができます。左人差し指を曲げてデックのボトムに当て、トップ2枚を除いたデックは左人差し指と中指でつかみます。左手の指先を使ってデックの右側を下げ、左人差し指を伸ばします。こうすることでトップの2枚の下にあるデックが表向きにひっくり返ります（図11）。すべてを揃えて、選ばれたカードを右手に配ります。右手は選ばれたカードを裏向きにして、デックの中央付近に半分だけ差し込み、左に傾けます（図12）。裏向きの関係のないカードがデックの

トップに載っていますので、すべてのカードが裏向きのように見えます。デックをパラパラ弾くと、目の前で選ばれたカードが魔法のようにひっくり返って表向きになると話します。デックを右手ビドル・グリップで持ち（アウト・ジョグされたカードのために自然にこうせざるを得ませ

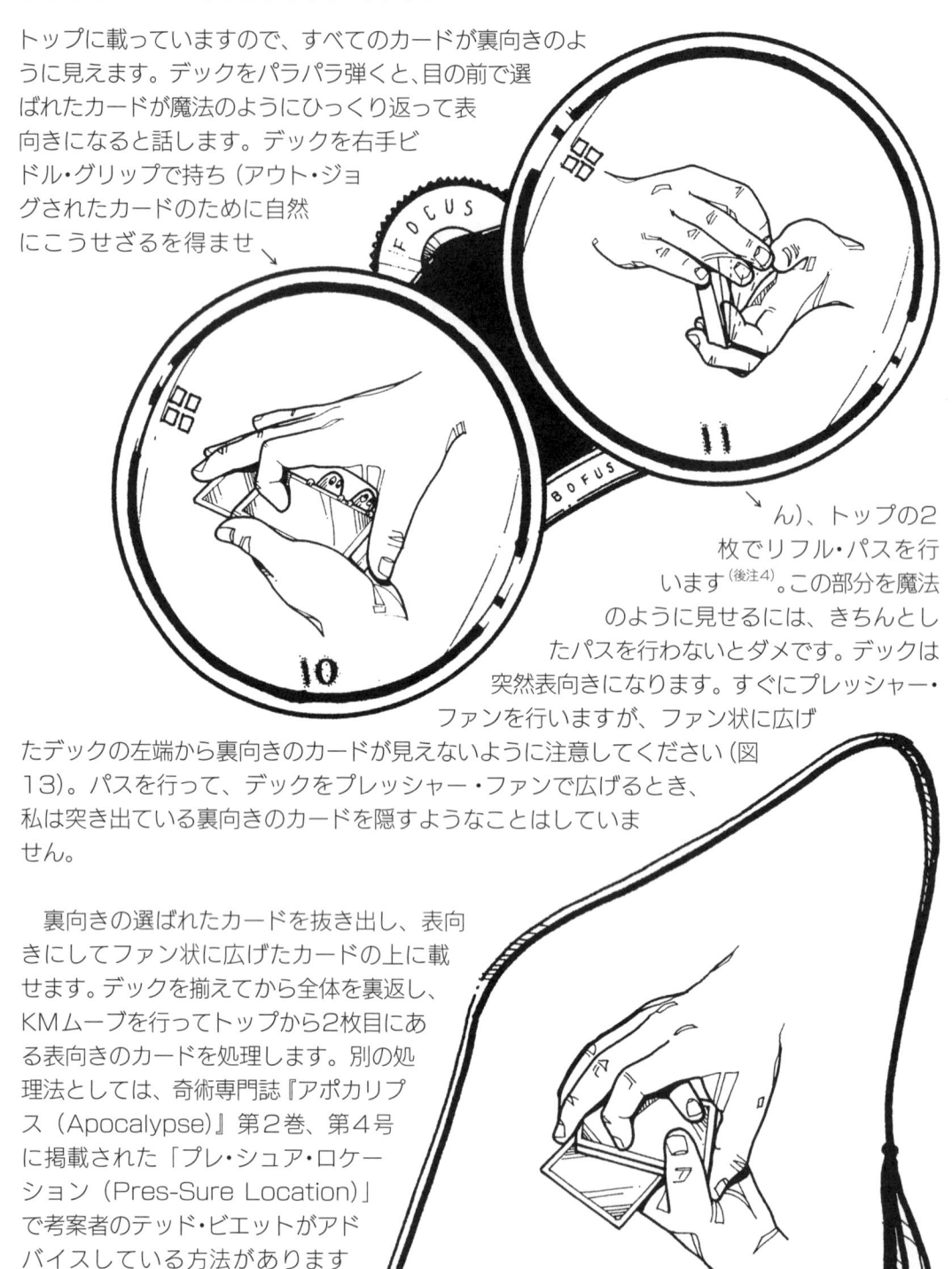

ん）、トップの2枚でリフル・パスを行います（後注4）。この部分を魔法のように見せるには、きちんとしたパスを行わないとダメです。デックは突然表向きになります。すぐにプレッシャー・ファンを行いますが、ファン状に広げたデックの左端から裏向きのカードが見えないように注意してください（図13）。パスを行って、デックをプレッシャー・ファンで広げるとき、私は突き出ている裏向きのカードを隠すようなことはしていません。

　裏向きの選ばれたカードを抜き出し、表向きにしてファン状に広げたカードの上に載せます。デックを揃えてから全体を裏返し、KMムーブを行ってトップから2枚目にある表向きのカードを処理します。別の処理法としては、奇術専門誌『アポカリプス（Apocalypse）』第2巻、第4号に掲載された「プレ・シュア・ロケーション（Pres-Sure Location）」で考案者のテッド・ビエットがアドバイスしている方法がありますよ。デックを床に落として、散らかったカードを拾いながら平然とひっくり返っているカードの向きを直すんです……。

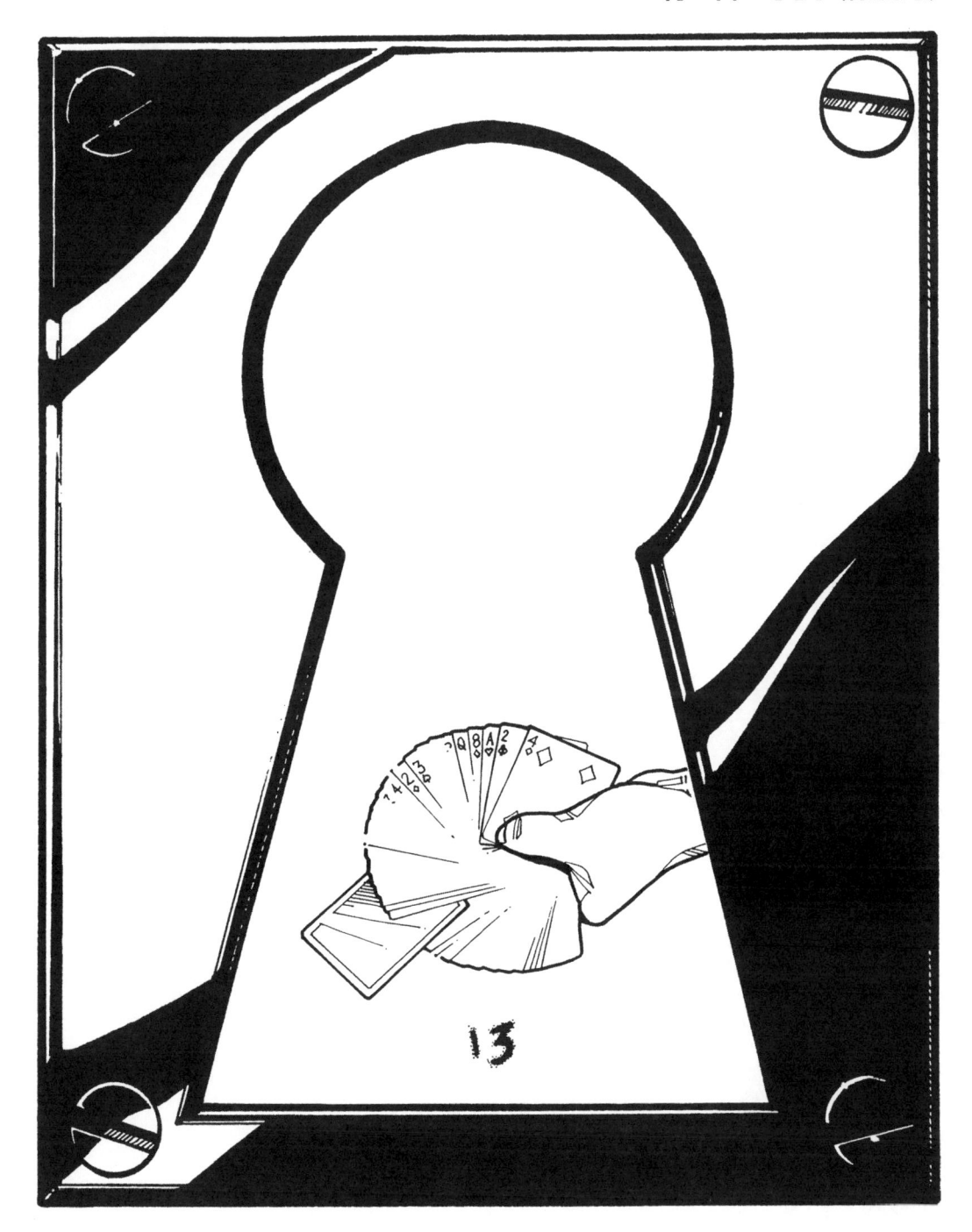

*後注１：アメリカなどで販売される車やバイクのサイドミラーに印字されている「OBJECTS IN MIRROR ARE CLOSER THAN THEY APPEAR（鏡越しに見えるものは見かけよりも近くにあります）」という注意書きのパロディーです。

*後注２：本来は「ヒール・ブレーク」。原文では(Jimmy the) Greek breakとあり、当時人種差別コメントをしてテレビ局からクビにされたスポーツコメンテーターでブックメイカーだったJimmy "The Greek" Synderさんのことと「こじ開けるようにブレークを作る」ことをかけています。

＊後注３：『ルポールのカード・マジック（原著：The Card Magic of Paul LePaul)』（ポール・ルポール著、G.E.マクダモット刊、1949年、日本語版は高木重朗訳、東京堂出版刊、1991年）の「有効な疑念解消法（A Useful Acquitment)」も参照してください。

＊後注４：『デレック・ディングル　カード・マジック（コインマジックもあります）（原著：The Complete Works of Derek Dingle)』リチャード・カウフマン著、カウフマン＆グリーンバーグ刊、1982年、日本語版は角矢幸繁訳、TON・おのさか編集、東京堂出版刊、2009年）を参照してください。

SPT 92 ○ **WASHINGTON** ○

TRAVLRS 1

トラベラーズ・1 ○ **TWIN PEAKS** ○ SHERIFF'S DEPARTMENT

旅

古典的な様式の中で、できるだけクリーンに3枚のエースを1枚ずつ消していき、リーダーのエースの元へと見えない飛行をさせていきます。それぞれのエースが魔法のように「見えなく」なって、リーダーのエースの上に再物質化されていきます。ドラマチックで息を呑むようなクライマックスとして、デックの中に向きを逆にして入れた最後のエースは完璧にそこから消えて、観客の汗ばんだ手の下にある残りの3枚のエースの中へと飛行します。

地図

この手順はラリー・ジェニングスの古典的な「オープン・トラベラー」という従来型のプロットを後追いしたものです。この種の多くの手順では余分なカードを使います。そして、これを隠さなければならないために、結構な量のデリケートな操作や不必要な2枚重ねのあらためを過剰にしています。この手順ではカードは大変自由に扱われ、余分なカードは見えません。この方法を知らない限り、この作品は誰もをだまします。

この手順が強力に汚れを落とす洗浄剤「ミスター・クリーン」並みのクリーンさを誇る秘密は、余分なカードの表に小さく切った透明両面テープを貼り付けているからなんです。このテープはちょっと特殊な方法で貼り付けています。注意して、約1センチ引き出したらこれを切って、表向きにしたカードの中央に貼り付けます。あなたの爪を使ってこのテープをこすって、テープがカードからはがれないようにしてください。テープを貼り付ける前、スチールウールを使ってカードの表面、テープを貼り付ける部分を軽くこすっておくこともあります。そうしたら、テープの表面に指先を数回押し付けて、テープの粘着力を少し弱めます。テープはあなたの指先に優しくくっつき、でも指先からは落ちない程度の粘着力にしてください（図1）。この余分なカードをスペードのA

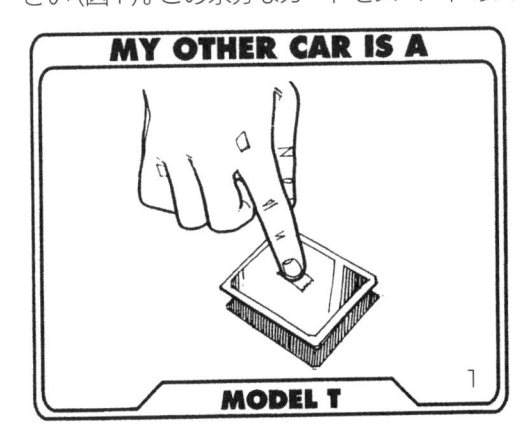

MY OTHER CAR IS A

MODEL T

クリス・ケナー　エキセントリック・マジック

の上に重ね（エースが見えてないとダメです）、これをデックの中に入れたら準備完了です。

　尋常じゃないくらい魅力的な魔法の旅が見られると言って、観客を集めます。観客はあなたに感謝するでしょう。デックを広げて、4枚のAを抜き出します。デックをテーブルの脇にどけますが、演じる場所から離れすぎていない場所に置きます。4枚のAを表向きにしてファン状に広げて両手で持ちますが、このとき表向きになったカードの上からスペード、クラブ、ダイヤ、ハートの順に並んでいるようにします。余分なカードはイビキをかいて寝ていない限り、スペードのAの後ろ側に静かにくっついて隠れています。ダイヤのAをイン・ジョグして（図2）、それから広げた4枚のAを揃え、このパケットを本を閉じるようにひっくり返して左手に持ちます。右親指でイン・ジョグされたカードを持ち上げ、右

手はビドル・グリップでパケットの上2枚を2枚重ねにして取り上げます。右手を返して表がダイヤのAであることを示したら、この2枚重ねを裏向きにしてテーブルの上に軽く落とします（図3：2枚重ねがずれないように神に祈ること）。

　残りのカードの右下隅を右手でつかみますが、右親指が上、右人差し指と中指が下になるようにします。左親指でトップ・カードを引き、左手ディーリング・ポジションに取ります。次のカードを左手に取るために右手に近づけながら、右親指で2枚重ねの右下隅を押し出しくっついているテープをはずします。こうして2枚重ねをはずしたら、左手ディーリング・ポジションに上側にあるカードを取ります（図4）。左手は残りのカードを右手から取って、持っている2枚のカードの上に載せます。トップ・カードを取って、フィンレーのテント・バニッシュを行う位置に持ち替えます。右手で

MY OTHER CAR IS A
PINTO　2

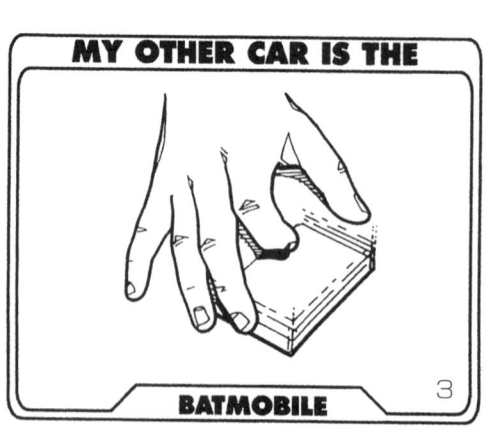

MY OTHER CAR IS THE
BATMOBILE　3

MY OTHER CAR IS THE
MUNSTERMOBILE　4

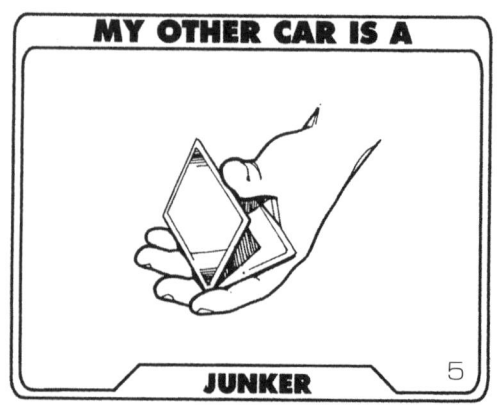

MY OTHER CAR IS A
JUNKER　5

NAME THAT TOON

Art by Dan Ferrulli
Satire by Chris Kenner

© 1992 Chris Kenner, Dan Ferrulli Syndicate

				Y			L												Person

（人名）

トップ・カードを取り、親指の先とパケットの右側で支えて持ちますが、この角度が45度になるようにします（図5）。この斜めになったカードを右手でパームするように一瞬隠します（図6）。カードが右手で完全に隠れたら、このカードをパケットの上に落として揃えてしまいます。カードを右手にパームしたように見せます。一拍間をおいて、右手のひらを上に向けて「見えなくなった」カードを示します。

このエースを再び物質化させるには、右手をテーブルにおいてあるカードに近づけます（図7）。このとき右手の付け根をテーブルに置いてある2枚重ねの右側に当てます。右手

をテーブルの上に伏せながら少しだけ左から右へ動かし、2枚重ねをずらします（図8）。

MY OTHER CAR IS A

STUDEBAKER

7

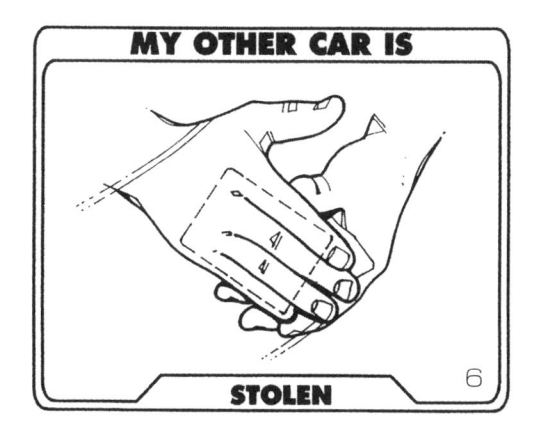

MY OTHER CAR IS

STOLEN

6

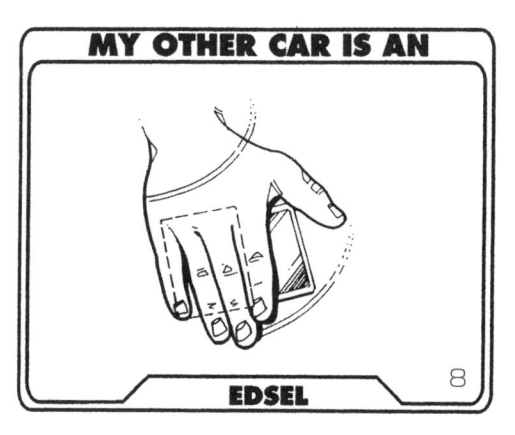

MY OTHER CAR IS AN

EDSEL

8

クリス・ケナー　エキセントリック・マジック

右手を上げて、エースが旅をしたことを示します。

　ここで今の状況を確認してみましょう。左手には裏向きになった3枚のカードがあるはずです。上から1枚のカードとテープでくっついた2枚重ねです。この2枚のカード（？）を表向きにして、それぞれを1枚ずつ両手に取ります。表向きのスペードのA（1枚）を表向きのクラブのA（2枚重ね）の上に載せ、再び裏返して左手に持ちます。左親指を使ってこの2枚重ね（上側）と1枚（下側）を少しずらします。そして、右手でこのカードすべてを取り上げます。このとき、右親指が上、右手の他の指先が下になるようにカードの右下隅を持ちます。右中指で下側にあるクラブのAを支えます。左手でテーブルにある2枚のカードを取り上げて表向きにして左手に持ちます。右手に持ったカードを使ってこの左手にある2枚のカードを裏返しますが、この

ときひそかにクラブのAを2枚の赤いAの上に加えてしまいます。右手で左手に持ったパケットを裏返しはじめます（図9）。2枚のカードがひっくり返って裏向きになって左手の中に落ちた瞬間、スペードのAを右手から左手の上に落として重ね、同時に右親指と人差し指はテープでくっついている2枚重ねを左へずらします（図10）。左手にあるカードが完全に重なっているか確認してください。

　右手のカードをテーブルの右側に少し開いた状態で置きます。空いた右手を左手のパケットの上からかけて、ビドル・グリップで持ちます。左手の指先を使って、右手に持っているパケットのボトム・カードを左へ1.8センチずらします。このパケットをテーブルの上に注意して置きます（図11）。　先ほどテーブルの右側に置いたカードを取り上げ、裏向きのまま左手ディーリング・ポジションに持

MY OTHER CAR IS A

TUCKER　9

MY OTHER CAR IS

CHITTY CHITTY BANG BANG　11

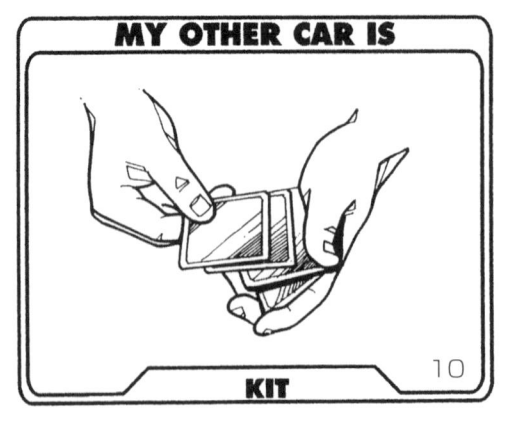

MY OTHER CAR IS

KIT　10

MY OTHER CAR IS A

LOTUS　12

ちます。この2枚のカードをギュッと押さないでください。予定よりも早くくっついてしまいます。両面テープがついたトップ・カードを取り上げ、テント・バニッシュを行う位置に持ち替えます。先ほどと同じように右手でこのカードをパームして取るように見せて、このカードをクラブのAの上に落として重ねてしまいます。右手にある「見えないカード」を観客に示して、先ほど説明したようにテーブルの上に再物質化させます。こうしている間、左手は静かに2枚のカードを揃えて、左人差し指を曲げてこのカードの下に当て、左親指で2枚のカードをギュッと押し付けると2枚が再びくっつくでしょう。右手でこの2枚重ねを取り上げて、左手に投げて、ハッキリと1枚のカードであるように見せます（図12）。

右手はテーブルの上にある3枚のカードを取り上げて表向きにして3枚のAであることを見せながら、左手は持っている2枚重ねを何気なくテーブルに置きます。観客に手を出してもらいテーブルの上に伏せて置いてもらいます。もし誰もいなければ、あなたの犬や他のペットをお手伝い代わりにしてください（図13）。2枚重ねを右手で取りますが、右親指が上、残りの指先が下になるようにしてください。手を伸ばして、テーブルの上にある3枚の表向きになったAを右手に持っているカードを使ってひっくり返して裏返します。この2枚重ねを裏向きになった3枚のAの下に差し込み、この3枚をすくい取って観客の手の方へ動かします。こうしている間、右親指で2枚重ねの上側にあるカードを手前に引いてずらします。右手の指先は下側にあるカードを斜めに押し出して、このカード（クラブのA）を3枚のエースの下に加えてしまいます。

(後注1)

13

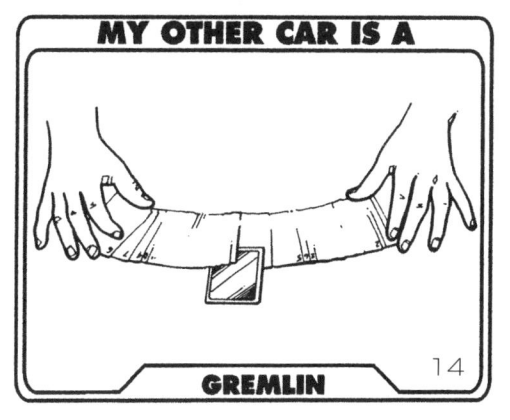

14

クリス・ケナー　エキセントリック・マジック

右手は両面テープのついたカードを持ち続けてください。Aのパケットを観客の手の下にすべりこませたら、右手に持ったテープ付きのカードを手前に引きます（図13）。

　デックを取り上げ、表向きにリボン・スプレッドします。テープ付きのカードを裏向きのまま、表向きになっている広がったカードの中央付近に差し込みます（図14）。両手でカードを揃え、Aだと観客に思われているテープ付きのカードをデックの中に押し込みます。デックを裏向きにしますが、このとき左親指でデックを少し押します。魔法をかけるジェスチャーをしてから、裏向きにしたデックをリボン・スプレッドして、最後のエースが消えたことを示します。テープ付きの余分なカードは他のカードにくっついて重なり、見

えません（図15）。観客に手を上げてもらい、4枚目のカードが旅したことを示します。この話の教訓だって？　車に乗るように誘ってこないうちは、知らない人からキャンディーをもらっちゃいけないってこと。

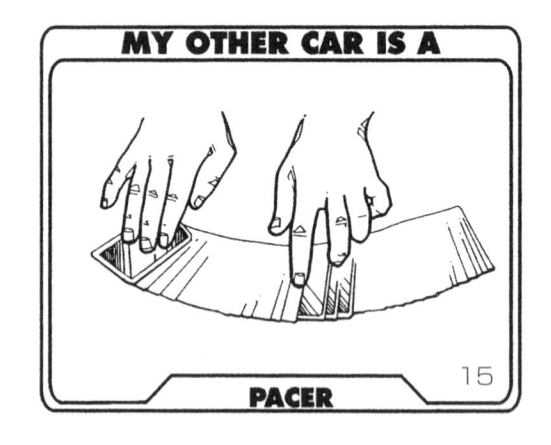

＊後注1：51頁のナンバープレートの意味は、上からマイケル・ウェーバー、マイケル・アマー、デビッド・ハーキーの各氏を揶揄しています。

※233頁

よく見て

　4枚のカードをしっかり示して、このカードを裏向きにしてデックのトップに載せます。実際は意図的に仕組まれた極悪非道かつ巧妙でなんの怪しさもな

for 4 for

4枚を4枚に

い策略を使って4枚のカードをデックのトップにあった別の4枚にして並べて置いたのです（つまり、すり替えたってこと！）。もし正しく演じられたなら、このすり替えは本当に騙されてしまうのでなんのストレスも残りません。チャールズ・T・ジョーダンがこのすり替えのヒントを与えてくれました（『ザ・コレクテッド・トリックス・オブ・チャールズ・ジョーダン（原著：Charles T. Jordan Collected Tricks）』カール・ファルヴス著、1975年）。この技法から無駄をなくして合理的にしたことで、本当に用途の広い、実用的な技法になりました。説明のために、4枚のキング（以下、K）を4枚のエース（以下、A）にすり替えることにします。

よく聞いて

　4枚のAをデックのトップにセットしておきます。デックを左手ディーリング・ポジションに持ちますが、4枚のAの下に左小指でブレークを作っておきます。表向きにした4枚のKをファン状に広げて右手に持ちます（親指が上、残りの指先が下）。左親指と中指で広がった4枚のKのうち左側半分（下側2枚）のKを取ります。このとき、ブレークを無くさないように注意します。

　アスカニオさんがよくやっていた感じでカードを"クネクネ"動かします（図1）。右手に持っている2枚のKを左手に持っている2枚のKの上に重ねたら、すべてのカードを右手に取ってしまいます。右手に持っている4枚のKをデックの上に動かし、両手の親指

の先がくっつくようにします（図2）。この時点で、デックは床に対して45度の角度に傾いていないとダメです。両手の親指の先が触れた瞬間、左薬指と小指を一緒に強く押して、4枚のAが開くようにします（図3）。4枚のエースは約3.7センチ開いて、床に対して垂直に

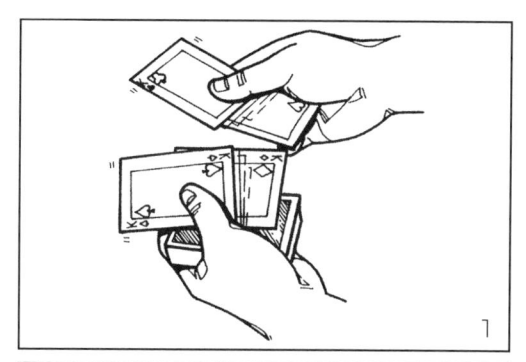

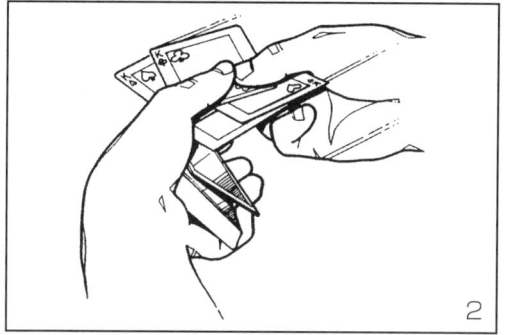

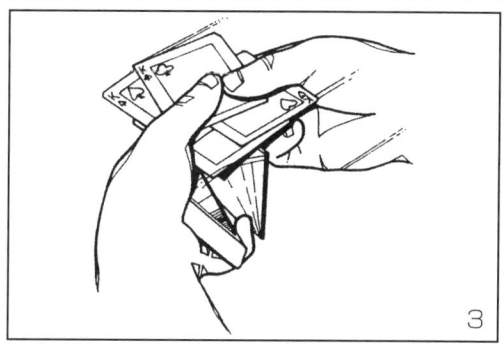

クリス・ケナー　エキセントリック・マジック

なっていることが大変重要です（図4　ハッキリ見えるように右手は省いています）。左人差し指が4枚のAのガイド役を果たしています（図5：これも右手省略）。

　今からの説明は、一連の動作です。右手はKをAとデックの間にできた隙間にすべり込ませます（図6）。キングがギャップ（洋服屋的な意味で）に入ったら、店の中にある秋の新

作の組み合わせをチェックしましょう。動作を続けて、本を閉じるようにすべてのカードをデックの上に裏返します（図7）。同時に左手を反時計回りに回転させて、デックが床に対して水平になるようにします。右手をデックの上からかけて揃えたら、左親指でデックのトップ4枚を押し出して右手に取ります。これですり替えは完了しました。

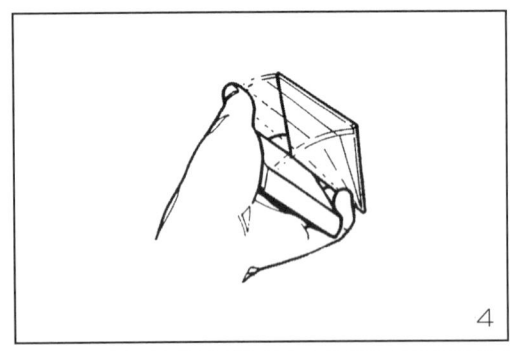

4

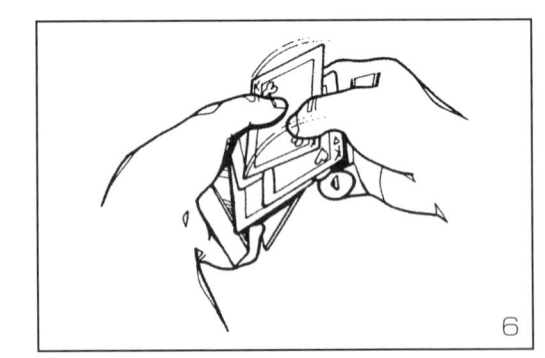

6

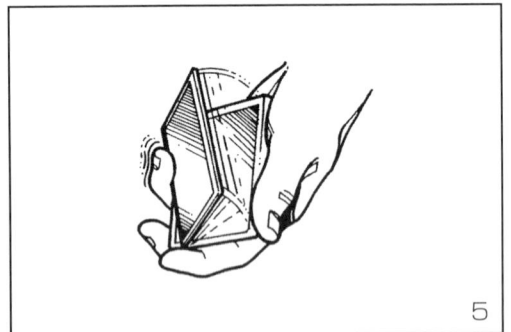

5

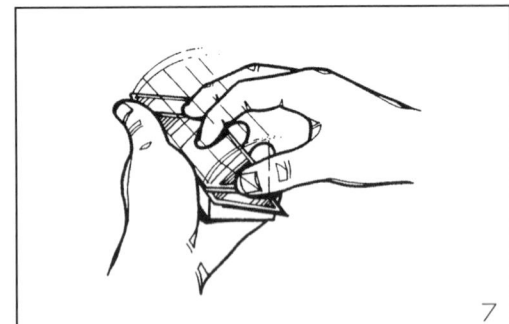

7

まやかし

古典的な「人喰いカード（カニバル・カード）」の要領で、キング・バルーの4人の仲間がエサを奪い合ってしまうために、エサとなる若い処女のトランプを探すことにしました。不幸なことに、私たちはガッカリしてしまうことになりますが、若き人喰い人種の一人がちょっと食べ過ぎなんじゃないか？と気づいてしまいました。幸運なことに胃腸薬のミランタがトラブルから救ってくれ、彼らはボブを探す

間違いなくちょっと食べ過ぎなようで、4枚の8へと変化してしまいます。制酸薬が消化器を和らげ、誰もがブラックロッジを探すグループを立ち上げるでしょう[後注1]。

本当のこと

裏向きのデックを以下のようにセットします。トップから8、8、関係ないカード2枚、8、8、残りのカード。デックの表側を自分に向けて、両手の間にデックを広げます。4

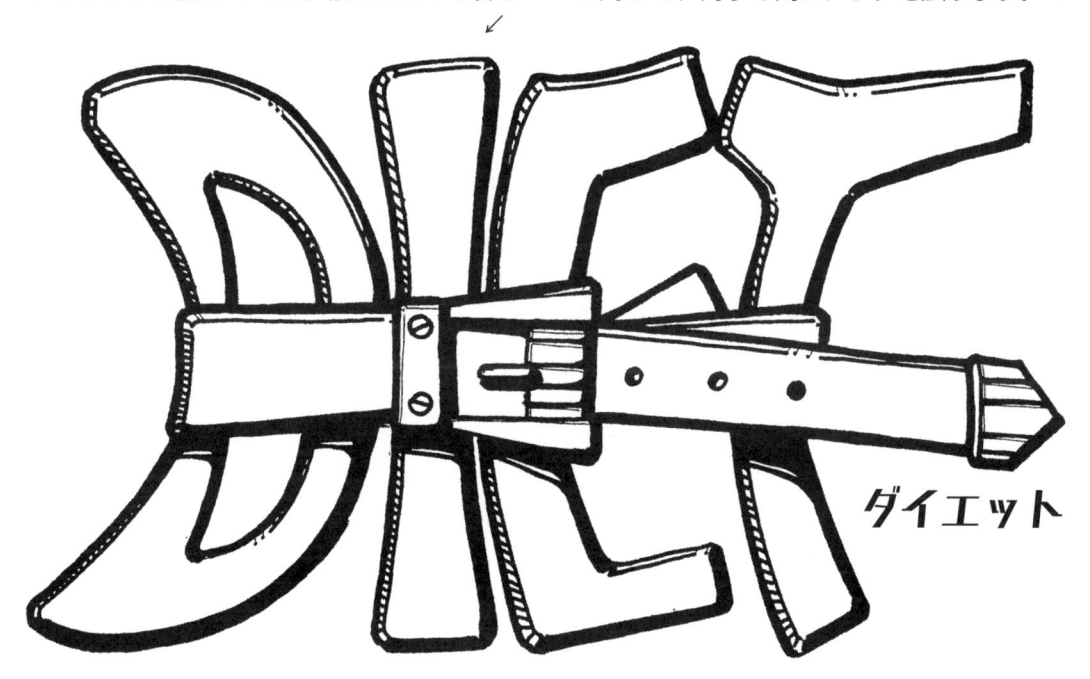

ダイエット

旅を続けることができましたとさ。

もう前に『マジック・マン・エグザミナー』の何号かに書いた現象の説明をまったく同じように書いてみました。ひどい文章をもう一回書くのは難しいよね。基本的にこの手順は「人喰いカード」的なテーマを扱っています。私の最初の本『ザ・ライト・スタッフ（原著：The Right Stuff）』（ジョン・メンドゥーサ著、1985年）に発表して以来、ハンドリングを合理的に改良し続けてきました。もし上の現象の意味が分からなかった場合に備えて、私が読み解いてみましょう。4枚のキングが2枚のカードを飲み込んでいきます。しかし、4枚のキングにとって2枚のカードは

枚のKを半分だけアップ・ジョグしていきます。最初の8が出てくるまでデックを広げ続けます（これは後ろから数えて6枚目です）。この8をダウン・ジョグしたら、デックを閉じますが両側だけ揃えるようにします。デックを本を閉じるように返して裏向きにしますが、ジョグされているカードが揃わないように注意します。アウト・ジョグされている4枚のキングを右手でデックから抜き出します。右手にとったカードを表向きにして4枚のKであることを示します。こうしている間にトップにある6枚のカードを使って「4枚を4枚に」を行う準備をします（53頁）。イン・ジョグされたカードがあるので、左小指でブ

クリス・ケナー　エキセントリック・マジック

レイクを取るのは簡単です。「4枚を4枚に」を行って、すぐにトップにある4枚のカードを押し出しますが、トップから3枚目のカードをイン・ジョグして、この4枚が広がった状態で右手に取ります（図1）。観客に「この4枚のカードの隅に書かれているKの意味って知ってる？」と質問します。「これはカニバル（Kannibal）、つまり人喰いの意味なんです……少なくとも、カニバル・レクター博士ってことです」と話します[後注2]。

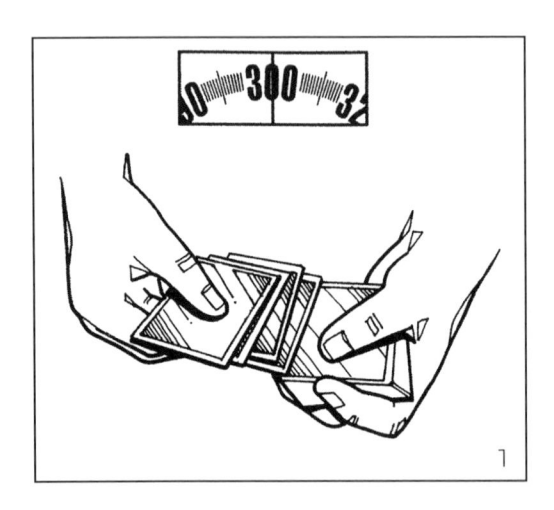

左親指でデックのトップにある2枚のカードをテーブルの上に1枚ずつ押し出して配ります（図2）。一拍間をおいて、観客の心に6枚のカードを使うことを印象付けます。この手順を再構築してみようとしたとき、観客は6枚のカードを使っていたと思うことでしょう。一拍間を外して、右手に持っているカードを左手の付け根を使って揃えます。このとき、イン・ジョグが消えないようにしてください。動作を続けて、右手に持ったカードをデックの上に重ね、右親指でイン・ジョグされたカードを押し下げて上2枚だけを右手ビドル・グリップで取り上げます（図3）。左手は手のひらを下に向け、デックが表向きになるようにテーブルに置き、処理したトップ・カードが見えないようにします。2枚の8（観客は4枚のKだと思っています）を左手ディーリング・ポジションに持ちますが、カードを深く持って2枚のカードがなくなったことに気づかせないようにします。

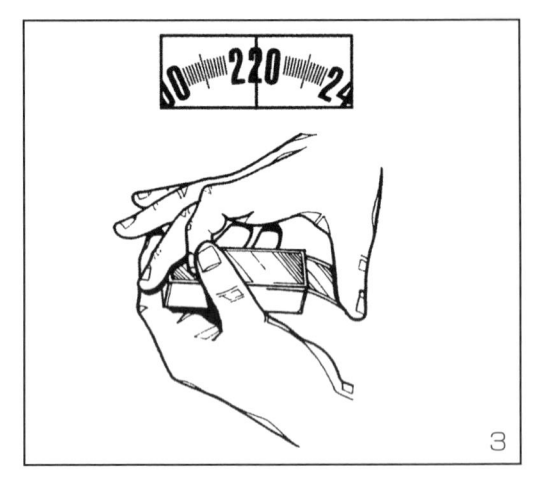

この時点で4枚のKを持っていて、2枚の関係ない、それでも社会に寄与しているカードが置いてあるように見えます。実際には、2枚の8がテーブルの上に置いてあり、2枚の8を左手に持っています。観客にディナーの時間がやってきたことを話します。もし手が空いていたら、空いている手でドアポーチにかかっているディナーを知らせる鐘を鳴らしてください。関係のない（と思われている。実際は8）を1枚右手で取り上げます。表を見せないように注意してください。このカードを左手に持っている2枚のカードの中央に差し込みます。そのとき、左小指でプル・ダウン、

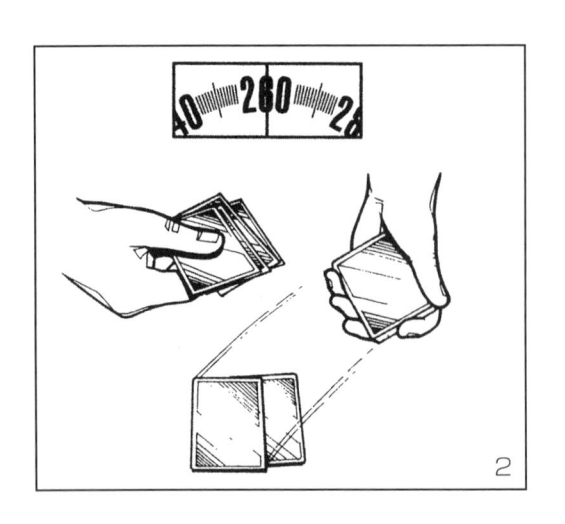

もしくはバックルを行ってください（図4）。右手をカードの上からかけて、ビドル・グリップで持ちます。左手を近づけて、パケットの下にあるカードを調整しながら、右手の指先でパケットの両端を押して、カードが上下にキュッと曲がるようにして「バケモノの口」を作り、これをパクパク動かします（図5／完璧な体重！）　カードをムシャムシャムシャと食べているように見せます。

　カードを揃えたら3枚を4枚に見せるエルムズレイ・カウントを行い、4枚のカードに見せます。テーブルから2枚目の関係ない（？）カードを取り上げ、これを今やったように「人喰いキング」の中に差し込みます。カードを左手ディーリング・ポジションに持って、両側を押してパケットの中央部分が凸状になるようにして「見て！　お腹が出てきました！」と言います。次に両手の指先でパケットを持ち、カードを曲げたり伸ばしたりして、カードがペキペキと音がたつようにしながら、「ほら、よく聞いていると、骨を砕いている音が聞こえますよ」と話します。

　ここでエルムズレイ・カウントを行って、4枚のカードに見せます。エルムズレイ・カウントが必要ないことくらい知っていますが、これでマジシャンは混乱します。実際、時々ここで4枚を5枚に見せるエルムズレイ・カウントを行って、まだカードが5枚あるので失敗したかのように見せることもあります。観客の心に疑念が湧いた頃合いで、アスカニオ・スプレッドを行います。もしアスカニオ・スプレッドができなければ、手には4枚以上のカードがあるように振舞ってください。同じことです。

　皆さんに「人喰いたちはちょっと食べ過ぎました。食べた、食べた、食べた、食べた」とこの古典的なギャグを言いながら[注3]、4枚の8をもっともクリーンで魔法のような方法で示します。これは素晴らしいマジックです。身体検査をして、検視解剖をしましょう。
　原案の「カニバル・カード」は1950年代にリン・シールズが考案しました。「食べ過ぎ」のギャグは、ドン・イングランドのものです。

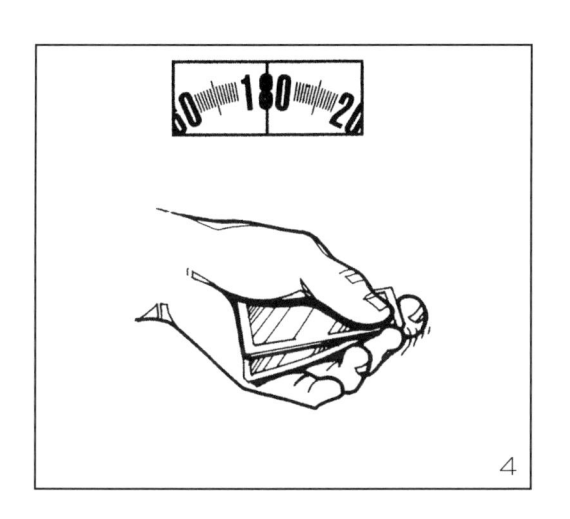

4

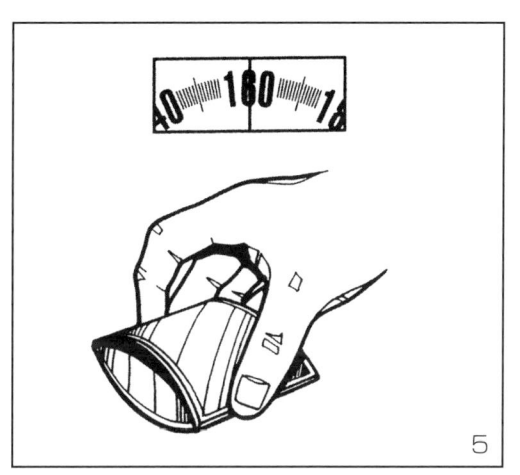

5

＊後注1：ボブとは、テレビドラマ『ツインピークス』に登場する殺人犯で、ブラックロッジはボブが誕生した場所です。マジックとはまったく関係ありません。
＊後注2：映画『羊たちの沈黙』で一躍有名になった、殺した人を食べる犯人ハンニバル・レクター博士のことです。
＊後注3：これは「食べた（ate）」と「8（eight）」をかけたダジャレです。日本には合わないでしょう。

クリス・ケナー　エキセントリック・マジック

見せる

これはすごく意外な展開を見せるコイン・アセンブリーです。4枚の50セント銀貨が1枚ずつ伏せたカードの下へと飛行していきます。しかし、最後のコインがカードの下へと飛行しようとすると、もうカードの下へと飛行した他の3枚のコインが手に戻ってきてしまいます。4枚のコインが手から出てくる光景は、ウェス・クレイヴン監督が撮るホラー映画のように誰に対してもショッキングです。

左手でデックを持って、フィンガー・パームしているコインを隠すように1枚のカードを右手に配ります。右手の指先でパームしていたコインを引く昔ながらの手法を行いながら、カードの表を示します（写真1）。このカードでシェル付きコインをおおいますが、ひそかに隠しているコインを加えます。こうするときに、コイン同士がぶつかって音を立てないようにします。カードの後側を右手で持ち上げ、左親指と残りの指先をカードの裏

話す

問題：ポール・ハリスが所有しているセスナ機の排気口にジャガイモを詰めたら、何がもらえる？　答え：エンジンがバックファイアを起こして自由飛行するチャンスがもらえます[後注1]。

5枚の50セント銀貨（以下、コイン）とそれにピッタリはまるエクスパンデット・シェル（以下、シェル）が1枚必要です。観客は単に4枚のコインを使っているとしか思いません。シェルが被さったコインをあなたから見て左外辺りに、残り3枚のコインは重ねてあなたの前にそれぞれ置きます。5枚目のコインは右手にフィンガー・パームしておきます。これは4枚のコインを四角形になるように置いても演じることはできますが、私は3枚のコインを重ねて置いておく方が好みです。

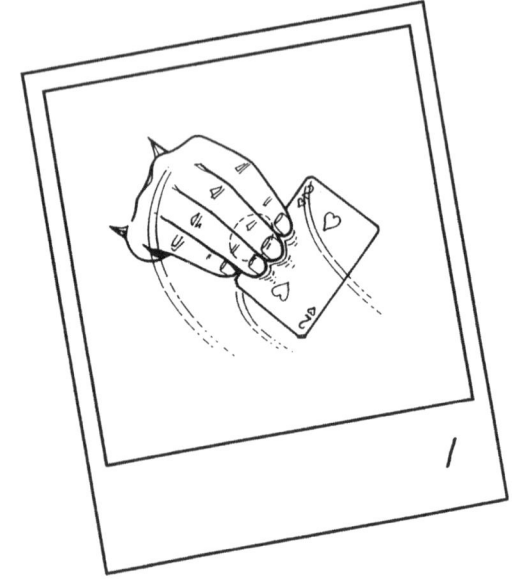

にすべり込ませてシェルを取り上げ、カードの下から引き出して示します（写真2）。観客に、このリーダーのコインは全体が見えるように置いておきますと話します（注：右手で

持ち上げているカードを再び伏せますが、このシェルはカードの左下隅からはみ出すように置きます）。

ここでジョン・カーニーの技法を改良した方法を使って最初のコインを消します。重なったコインから1枚を取り上げ、左手の指先に載せます。手のひらを上に向けた左手に、手のひらを下に向けた右手を近づけます（写真3）。右手の指先でこのコインを取り上げながら、両手を時計回りに回転させます（写真4）。この

とき、左手の指先は手の中に握っていることに注意してください。手のひらを下に向けるときは、毎回必ず指を手のひらに向けて握ります。実際に技法を行うときのために、こうして両手の動きに統一感を作り上げます。この両手の間で片手ずつコインを取り上げ、コインをひっくり返す動作を数回繰り返します。コインを消す準備ができたら、左手はまず右手の指先からコインを取り上げるフリをし、両手を半時計回りに回転させます（写真5）。両手を回転

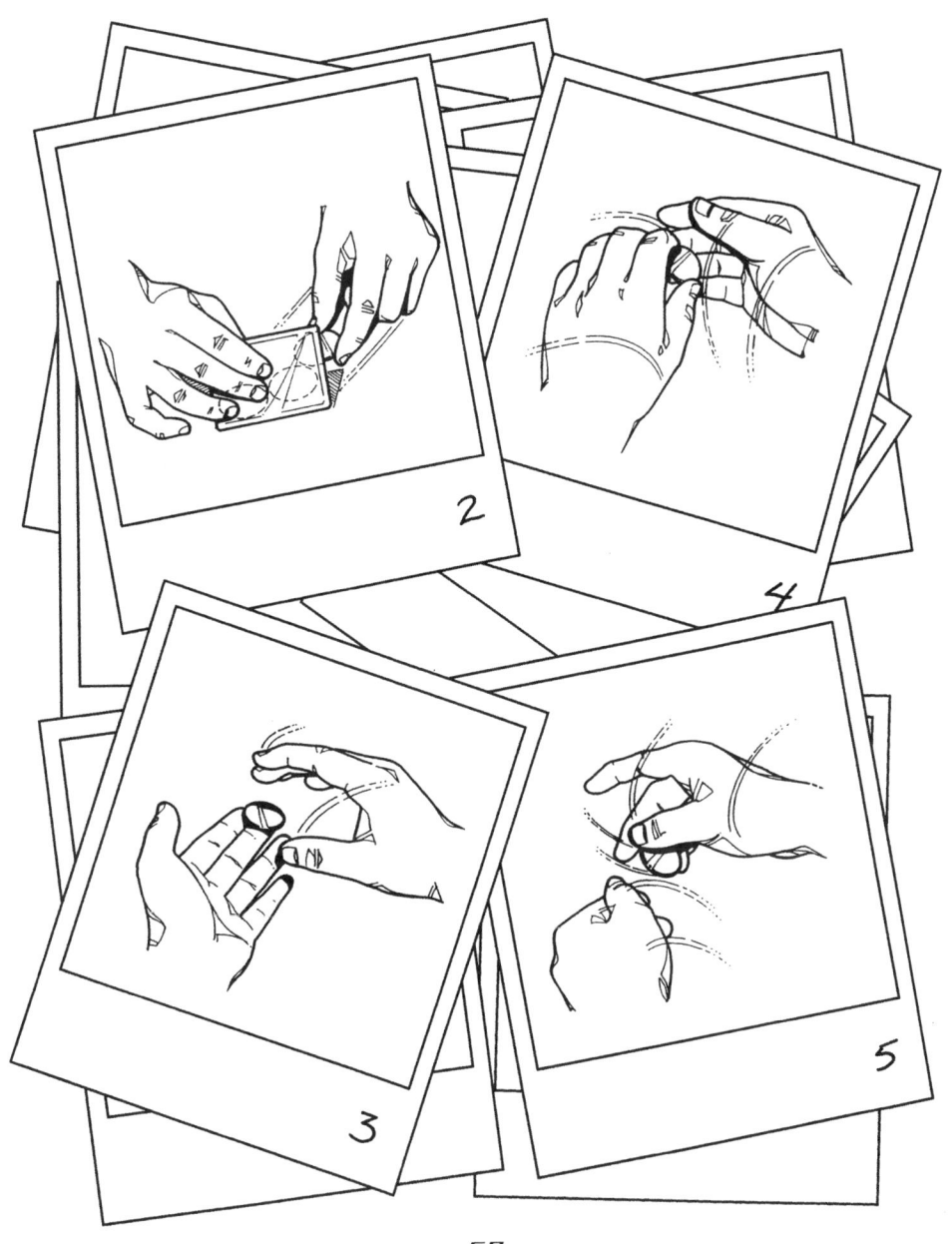

クリス・ケナー　エキセントリック・マジック

（写真8）。右手はカードの下にある3枚のコインの中で一番右側にあるコインを使ってピックアップ・ムーブを行います（写真9）。ピックアップ・ムーブは基本技法なので、簡単に参考文献が見つかるでしょう。

再びカードで2枚のコインを覆いますが、カードの裏に隠されたコインも一緒に加えます。次のコインを取り上げ、基本的なリテンション・バニッシュを行って、このコインは右手の指先にフィンガーチップ・レストの位置に載せます。左手の指先をパチン！と鳴らして、手が空であることを示します。

ここでカードを取り上げて、その下にある3枚のコインを示し始めます。しかし、こうしながら右手フィンガーチップ・レストの位置に載せているコインを静かにクラシック・パームします。これは「スリー・フライ」の図2に描写しています（36頁）。今2枚のコインを右手にクラシック・パームしていて、2枚のコインとシェルがカードの下に隠れていて、最後のコインがテーブルに置いてある状態です。右手でカードを取り上げ、そこにある3枚のコインを示します。ここから両手を同時に動かします。左手の指先でシェルの縁をつかみます。右手でコインの上にカードをかぶせ始めますが、右親指で1枚のコインを押して持ち上が

させながら、右手はコインをクラシック・パームします（写真6）。このリズムを続け、右手のコイン（？）を左手に取るフリをします（写真7）。こうしてコインが消えてなくなる

まで両手の指先でくるくる回してもてあそぶ動作を続けます。もし、あなたがクラシック・パームを上手くできるなら、劇的効果をねらって両手の指先を開きます

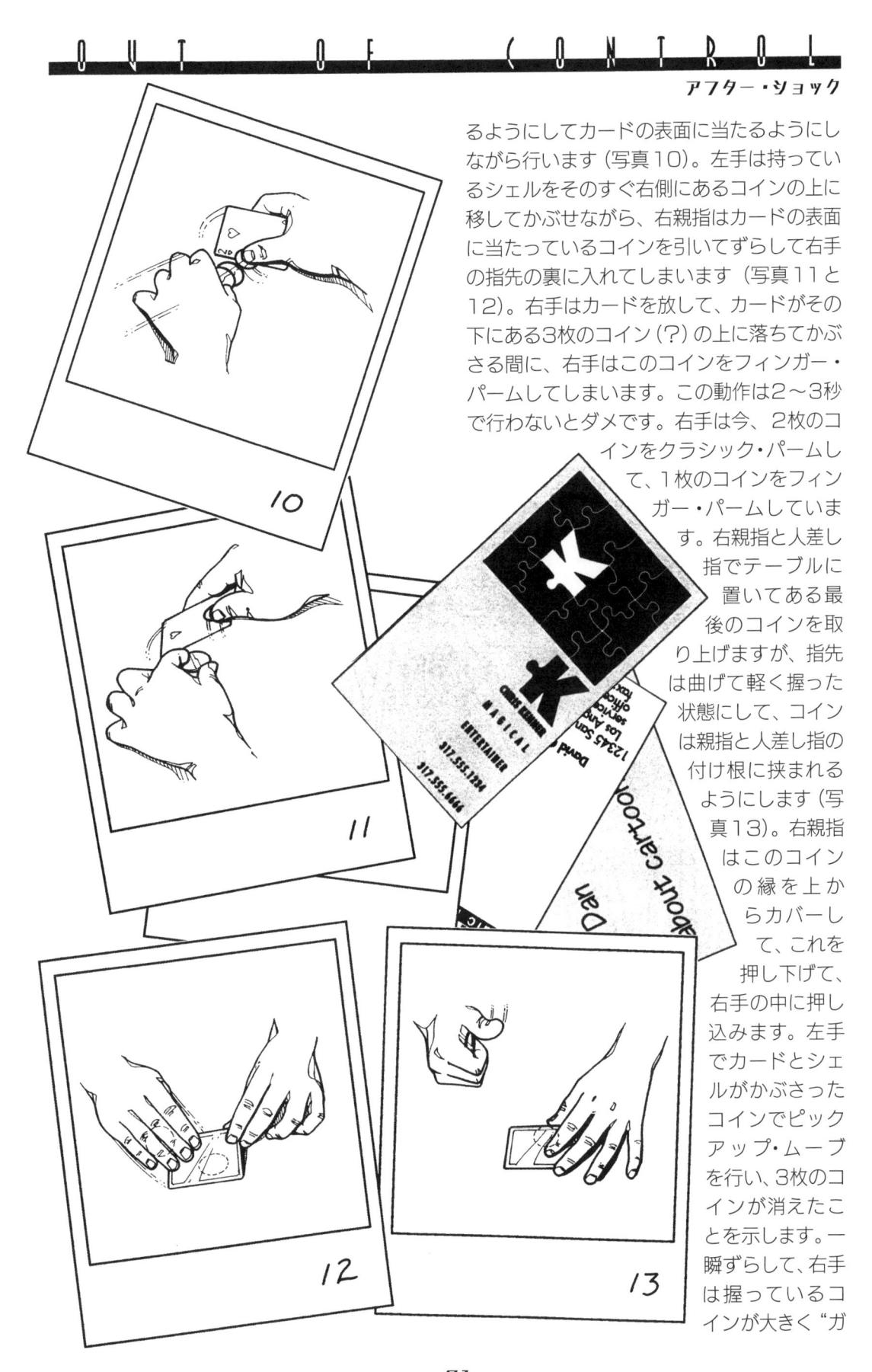

10

11

12

13

るようにしてカードの表面に当たるようにしながら行います（写真10）。左手は持っているシェルをそのすぐ右側にあるコインの上に移してかぶせながら、右親指はカードの表面に当たっているコインを引いてずらして右手の指先の裏に入れてしまいます（写真11と12）。右手はカードを放して、カードがその下にある3枚のコイン（?）の上に落ちてかぶさる間に、右手はこのコインをフィンガー・パームしてしまいます。この動作は2～3秒で行わないとダメです。右手は今、2枚のコインをクラシック・パームして、1枚のコインをフィンガー・パームしています。右親指と人差し指でテーブルに置いてある最後のコインを取り上げますが、指先は曲げて軽く握った状態にして、コインは親指と人差し指の付け根に挟まれるようにします（写真13）。右親指はこのコインの縁を上からカバーして、これを押し下げて、右手の中に押し込みます。左手でカードとシェルがかぶさったコインでピックアップ・ムーブを行い、3枚のコインが消えたことを示します。一瞬ずらして、右手は握っているコインが大きく"ガ

クリス・ケナー　エキセントリック・マジック

チャン！"と音を立てるように強く握って、それから手を開き4枚のコインがマットの上に滝のように落ちるようにします（写真14）。これは間違いなくショッキングな瞬間です。

クリーンに演技を終えるために、左中指をカードの下に移してコインとカードを左人差し指と一緒にはさみます。このとき、中指が下にきます。左親指をカードの上に移し、人差し指をカードの下に移します。この動作で

カードを回転させ、観客にはカードの裏が見えている状態でその下にはシェル付きのコインが隠れています。右手で4枚のコインをテーブルから拾い上げ、雑に重ねて左手のカードの上、ちょうど隠れたシェル付きコインの真上にくるように投げます（写真15）。右手でカードを抜き取り、シェル付きコインを雑に重なったコインの下に加えます。カードを観客にしっかり示し、左手のコインはチラリと見せます。お辞儀をして終わります。

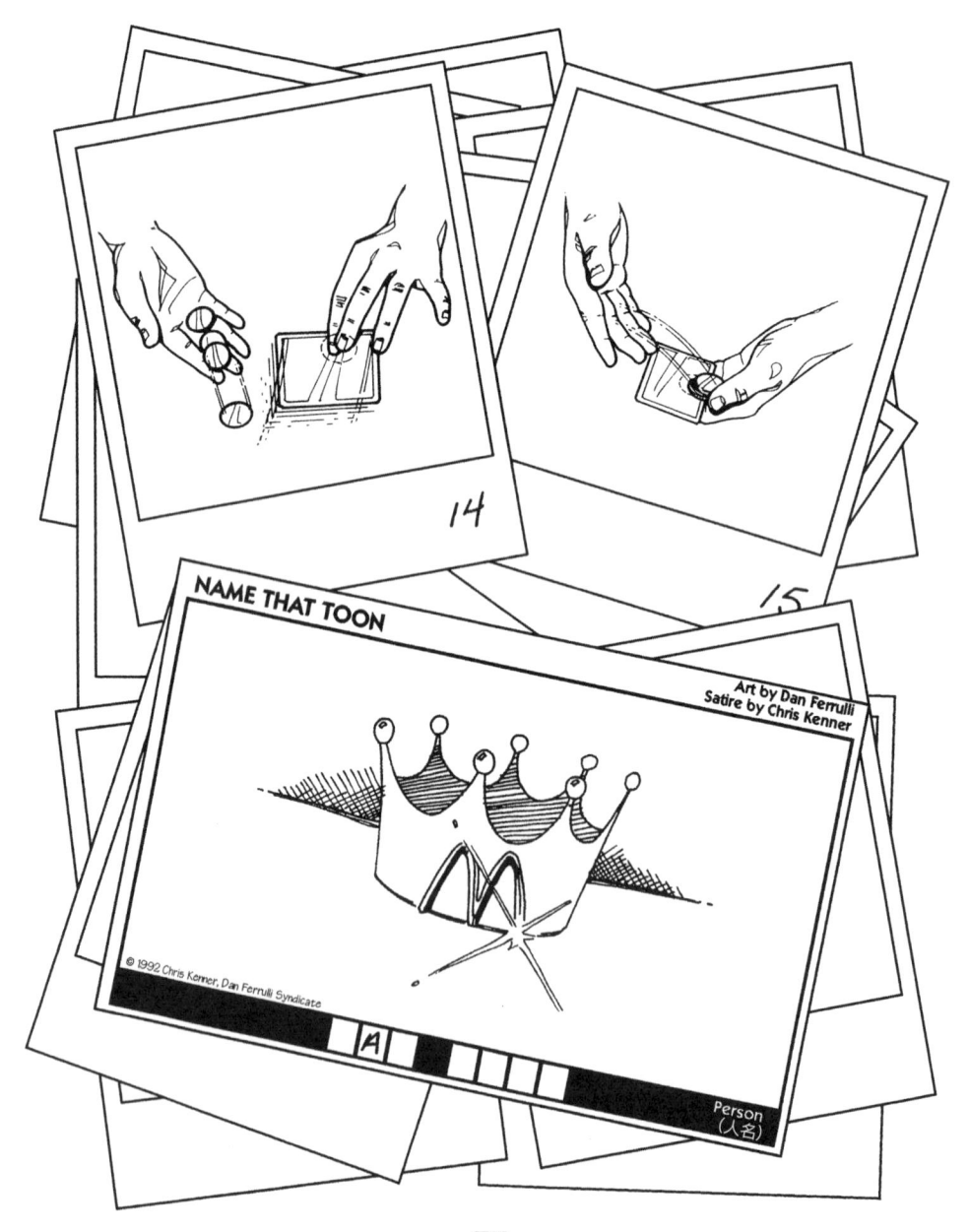

NAME THAT TOON

Art by Dan Ferrulli
Satire by Chris Kenner

© 1992 Chris Kenner, Dan Ferrulli Syndicate

A

Person
(人名)

＊後注1：これは「Version of Free Flight with a backfire」で、ポール・ハリスの作品「フリー・フラ
イト (Free Flight)」(『Paul Harris Reveals Some Of His Most Intimate Secrets』
ポール・ハリス著、ザ・レインボー・マジック・マシン刊、1976年収録。のちに『The Art of
Astonishment vol.3』(A-1 マルチ・メディア刊、1996年) に再録。日本語版は『ポール・
ハリス レクチュア・ノート』(二川滋夫訳、マジックランド刊) に観客の裏をかくエンディング
を組み合わせた作品、という意味とかけています。
　　　車の排気口 (マフラー) にジャガイモを詰めるのは海外では有名ないたずらで、エンジンの中で
逆火が起こって大音量とともにジャガイモが飛び出します。絶対にやってはいけません。

クリス・ケナー　エキセントリック・マジック

やあ、どうだい？

　今日の話は、2枚の黒い10が2枚の赤い10に何度も魔法のように変化していくお話です。最初に2枚の黒い10の表同士をこすり合わせます。2枚のカードはキスをしたように、2枚の赤い10へと変化します。2枚の赤い10をデックの上に裏返して載せます。なんの前触れもなく、1枚の黒い10がデックのトップに出現します。もう一方の黒い10も遅れを取らずに、デックから飛び出して来て左手の中に着地します！　最後にふさわしく見る目のある熱心なファンのために、2枚の黒い10をデックで作った段になっている安い桟敷席のように置いて全体がよく見えるようにして示します。この上で手をかざすと、2枚の黒い10が魔法のように溶けて2枚の赤い10へと変化します。これに続いて、熱い拍手喝采が巻き起こります。

プッシー・キャット

　もし短くてヴィジュアルで見ながら何も考えなくても良い手順が必要なら、この手順がピッタリ。4枚の10を抜き出して、2枚の黒い10をテーブルに置きます。2枚の赤い10は表同士を合わせて、デックのトップに置いておきます。この現象は、ダーウィン・オーティスの最初のレクチャーノートに解説された作品が元になっています。

　デックを左手ディーリング・ポジションに持ちます。トップ2枚の下に左小指でブレークを作ります。デックの左上隅を左親指で押せば良いだけです。ナチュラル・ブレークができているおかげで、トップにある2枚の右下隅が持ち上がって隙間ができます（リン・シールズのテクニックです）。右手で黒い10を取り上げてデックのトップに表向きにしておきます。これにより、左手で作っているブレークはトップから4枚目のカードの下にできていることになります。右手をトップの4枚の上からかけてビドル・グリップで取り上げます。右手に持ったパケットを右に動かしながら、左親指でこのパケットのトップにあ

iN TEN city

イン・テン・シティ（後注1）

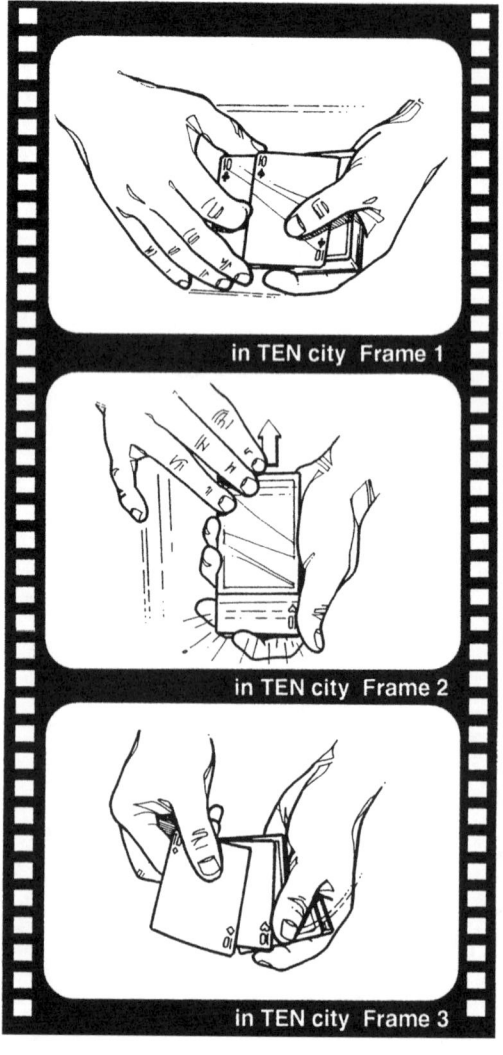

in TEN city Frame 1

in TEN city Frame 2

in TEN city Frame 3

る黒い10を引いてデックのトップに重ねます（図1）。カードが図1の状態になったら、右手は残った3枚のカードの持ち方を変えます。右親指はカードの上、残りの指先はカードの下に当たるようにします。この3枚重ねをデックのトップ（と表向きになっている黒い10）の上にひっくり返して載せます。動きを続けて、右手の指先でトップ・カードを手前にまっすぐ引いて、デックのトップにある赤い10を見せるようにします（図2）。右手は手のひらを上に向けて、もう1枚の赤い10を示します。これは本当にクールに見えます。

　デックのトップ・カードである赤い10を押し出して右手に持っている赤い10の下に取りますが、少し左にずらして広がるようにします。この2枚の赤い10を示している間、先ほど解説した方法を使って、表向きになって隠れている黒い10の下に左小指でブレークを作ります。両手を近づけ、右手に持った2枚の赤い10を右から左へひっくり返してデックのトップに裏向きにして載せるのですが、このとき左親指でトップの2枚を一緒に押し出し（ブレークを作ってあるので簡単にできます）下側にある赤い10の下に加え（図3）、右手は4枚すべてのカードをひっくり返して裏返してしまいます。これは一連の流れるような動作です。見た目は、あなたが単に2枚の赤い10を裏向きにひっくり返しただけのように見えます。この賢いテクニックは、ハーブ・ザローが考案しました。

　最初の黒い10を出現させるにはトップ・カードを光の速さでリフル・パスします。そうすると表向きになった黒い10をデックのトップが出現します。もう1枚の黒い10はデックのボトムに移動します。

　次に行う技法は、ボトムにある黒い10をデックから左手まで弾き飛ばすものです。この妙技を行うには、左手の指先でまずボトム・カード（黒い10）を約1センチ右へずらします（図4）。このカードは右小指と親指の腹で保持していないとダメです。右小指を押し下げ、右親指にカードを押し付けて曲げるよう

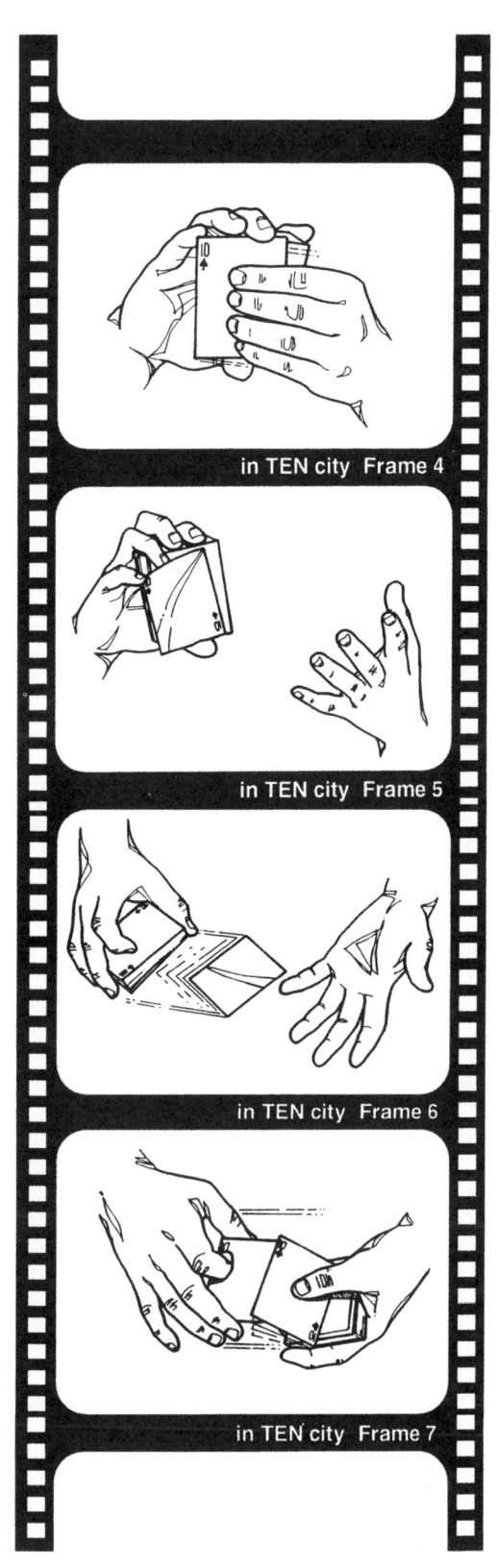

in TEN city　Frame 4

in TEN city　Frame 5

in TEN city　Frame 6

in TEN city　Frame 7

クリス・ケナー　エキセントリック・マジック

にします（図5）。もし右親指の力を抜くと、黒い10は親指から外れて待ち構えている左手の指先まで飛んでいくでしょう（図6）。両手の距離が離れている状態でうまくカードを受け取るには何回か試さないといけません。だいたい15〜20センチ飛ばせば十分です（カードを）。

　左手で受け取ったカードが黒い10であることを示し、これを表向きにしてデックのトップに置きます。この時点でデックのトップには2枚の表向きになった黒い10の下に裏向きになった2枚の赤い10があることになります。デックを左手ディーリング・ポジションに持ち替えます。左親指を使ってトップ3枚を少しだけ押し出して、左小指でピンキー・ブレイクとかいうヤツを作ります。右手をデックの上にかけてトップの3枚をビドル・グリップで取り、カードを右に動かしながら左親指はパケットのトップにある黒い10を引いて右手に持っているカードを使ってデックのトップに裏返すようにひっくり返します（図7）。右手に残った2枚重ねをデックの上に落とします。トップにある10を右手に配り、これを裏向きにしてデックのボトムへ移します。これは一般的なアドオンの技法です。デックを表向きに返して左手に持ち、デックをプレッシャー・ファンします。このファン状に広がったデックを閉じることで次に行うカードのパームをきちんとカバーします。右人差し指を使ってデックを閉じます（図8）。カードを揃えながら、左手の指先でデックのボトム・カード（赤い10）を右手の中に押し出します（図9）。これはサイド・スチールの動作に似ています。

　これに続く動作は、衝撃的な2枚同時に行うカラー・チェンジです。デックに注目を集めながら、右手はテーブルにおろします。左親指と残りの指でデックを持ち上げて手のひらから離すようにして持ちます。ちょうど、シャーリエ・パスを行う要領です。左親指と残りの指先でデックの両側をギュッと押し、デックが手のひら側に向かって凸状にたわむ

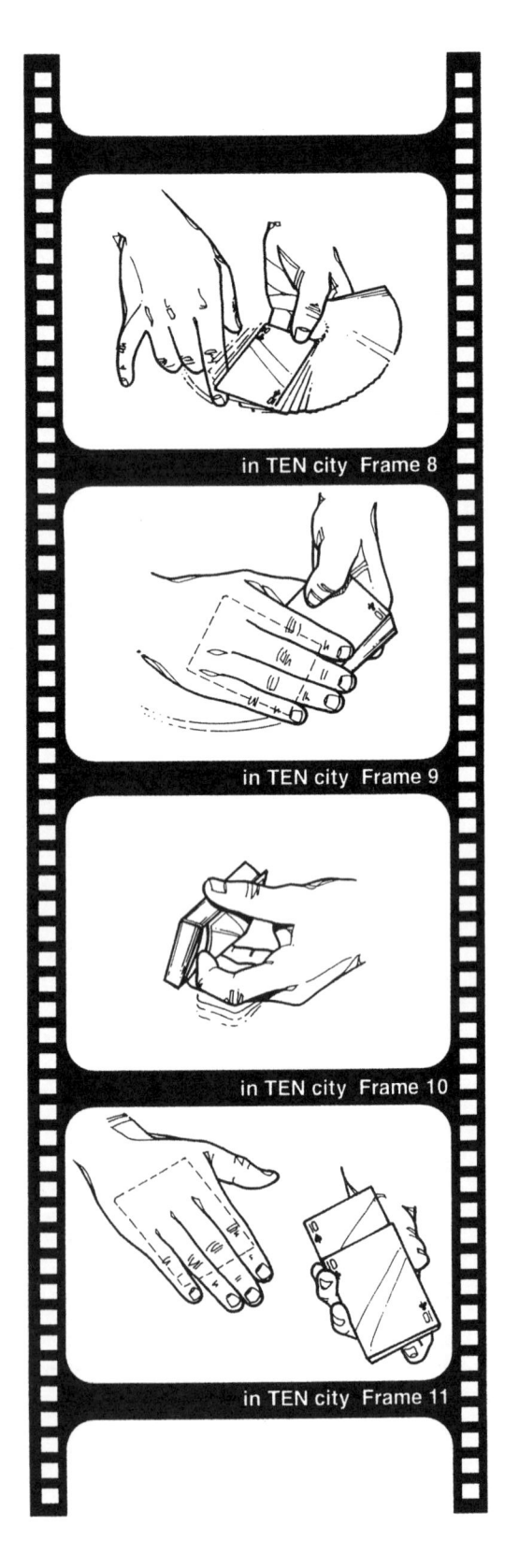

in TEN city　Frame 8

in TEN city　Frame 9

in TEN city　Frame 10

in TEN city　Frame 11

ようにします。こうすることで左人差し指を
内側に曲げて、デックの一番下にあるカード
（黒い10）を手前に押し出すことができます
（図10）。これから行うミラー・チェンジの準
備として、このカードを3分の1くらいデッ
クの端から突き出すようにします（図11）。
左人差し指を使ってこの次のカードも押し出
すのですが、まだしないでください。右手で
デックをおおいますが、パームしている赤い
10をデックの表に上に落とします（図12）。
この瞬間、先に突き出ていた黒い10にきっ
ちり重なるまで、左人差し指で素早く一番下
から2枚目のカード（赤い10）を押し出しま
す。右手をどけて2枚同時にカラー・チェンジ
を行ったことを示します（図13）。この2枚
同時のカラーチェンジは、マジックの中でも
大変美しいものです。両方のカードが同時に
色変わりするのは不可能に見えます。が、そ
んなにあなたの技量が必要なわけではありま
せん。この種の演技は、まさに「見た目には
魅力的」なものです。

NAME THAT TOON

Art by Dan Ferrulli
Satire by Chris Kenner

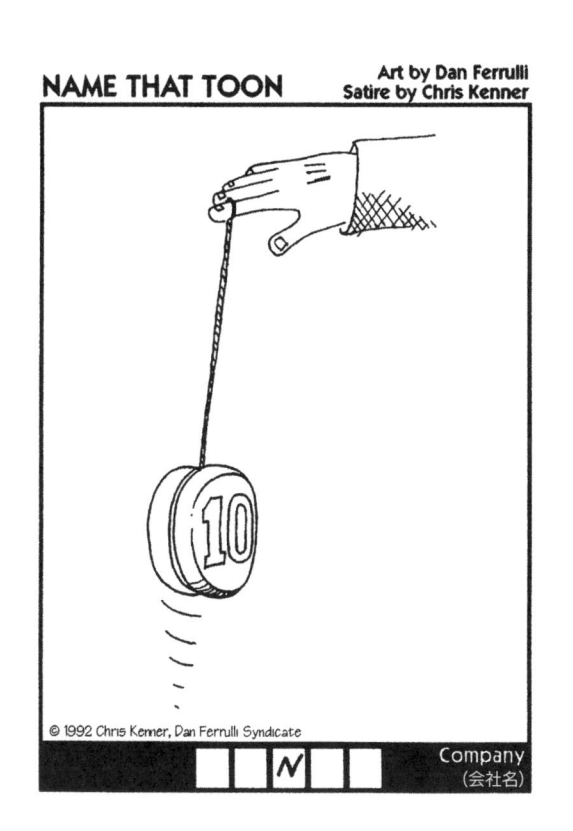

| | | N | | | Company （会社名） |

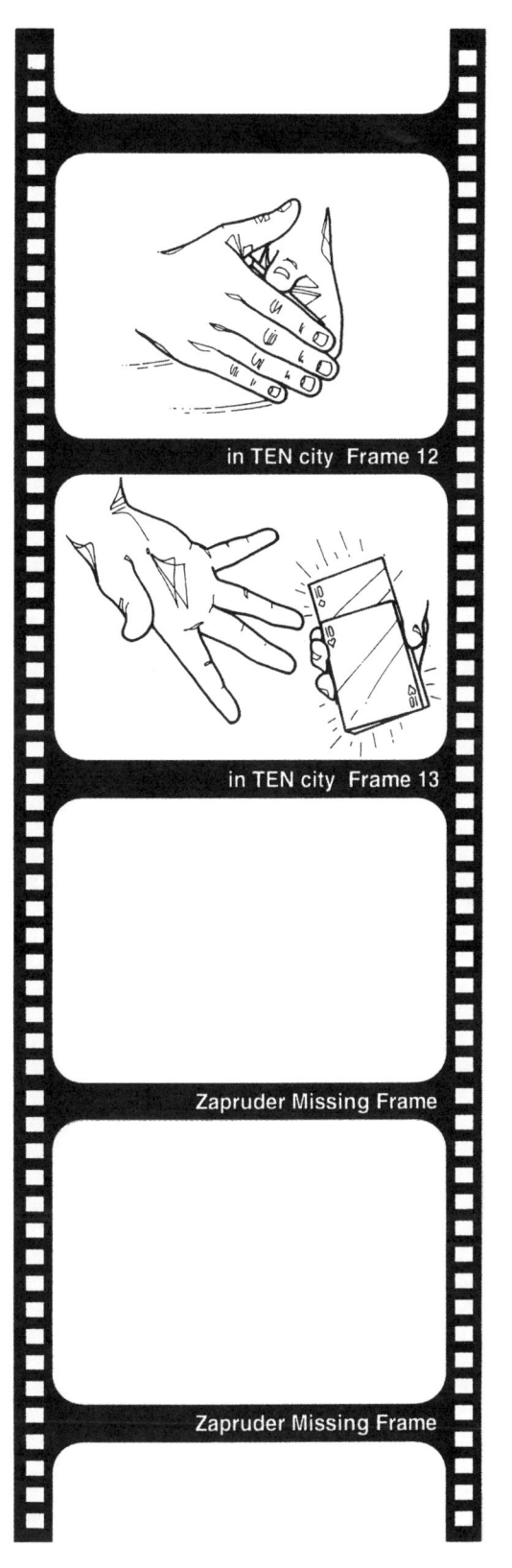

in TEN city Frame 12

in TEN city Frame 13

Zapruder Missing Frame

Zapruder Missing Frame

クリス・ケナー　エキセントリック・マジック

＊後注1：In TEN cityとは、intensityを強調する言葉。実際はバンド用語で「観客が熱狂するようなバンド」を意味して、そういったバンドに対して「Intensity, in ten cities!」と言って「強烈だったぜ！」と褒める時に使うようです。このマジックの「強烈さ」を強めています。

NAME THAT TOON

Art by Dan Ferrulli
Satire by Chris Kenner

© 1992 Chris Kenner, Dan Ferrulli Syndicate

Trick
（トリック名）

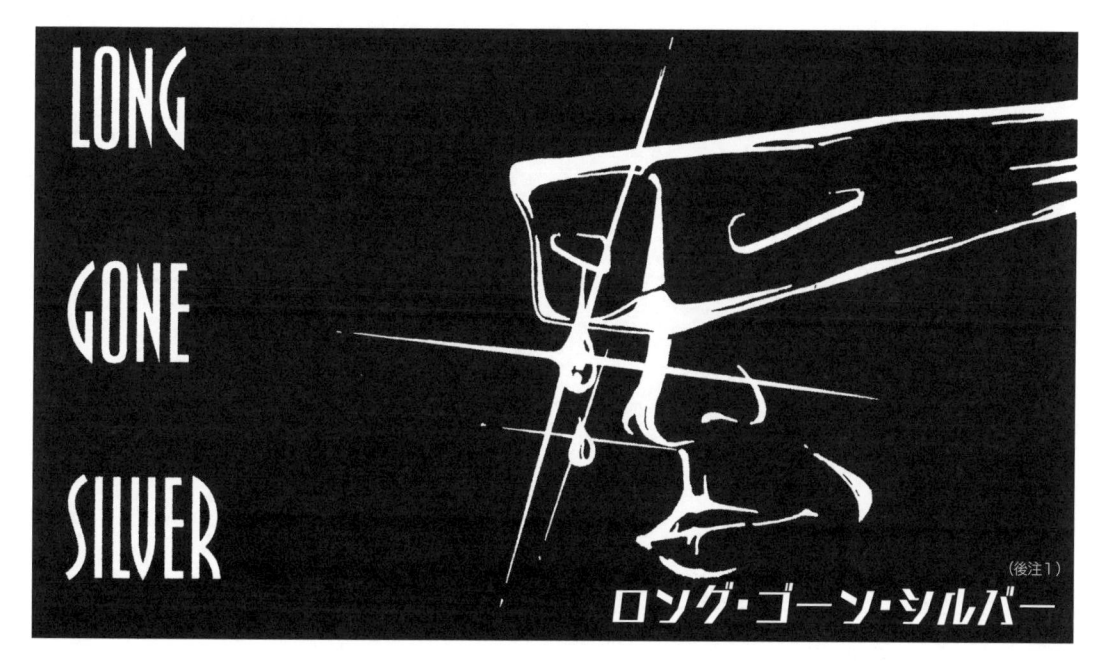

LONG

GONE

SILVER

(後注1)

ロング・ゴーン・シルバー

伝説

これは目にも楽しく、耳にも心地よく、手にも楽しさがいっぱいの手順です！　あなたの観客をウットリさせる3枚のコインの消失と出現のマジックです(後注2)。油分は30％カット、コルステロールは入っていません。天然由来のガス以外、何も加えていません。

現実

3枚のコインを消していくマジックは興味深い問題です。この難問に対する数多くの解答なら、マジックの歴史の中のどこからでも見つけることができます。この3枚のコインを消していくマジックは、論理と戦略、そして想像力を鍛えるために大変良い練習になることが分かりました。ギミックやテーブル、角度や行き過ぎたハンドリングへと方向を進める危険を冒す代わりに、この手順は単純さを心がけて発展させました。この手順は大変ダイレクトで的を射たものです。この手順はまた、目と同時に耳も騙すようにも設計しました。

ウォンド（少なくとも長さ30センチのもの）と、表面が擦り切れてすべすべになった1ドル銀貨（以下、コイン）が3枚必要です。これらのコインの表面がすべすべになってい

て、重なった時にザリザリ音がしないことが重要です。比較的水平な場所に立って演じてください。

最初のコインを消します。観客の前に対峙していると思ってください。ウォンドを左脇にはさみ、3枚のコインをファン状に広げて

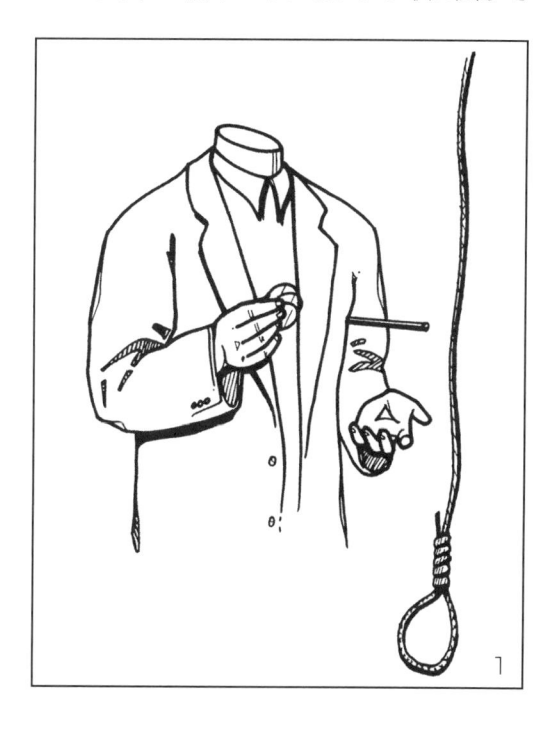

1

クリス・ケナー　エキセントリック・マジック

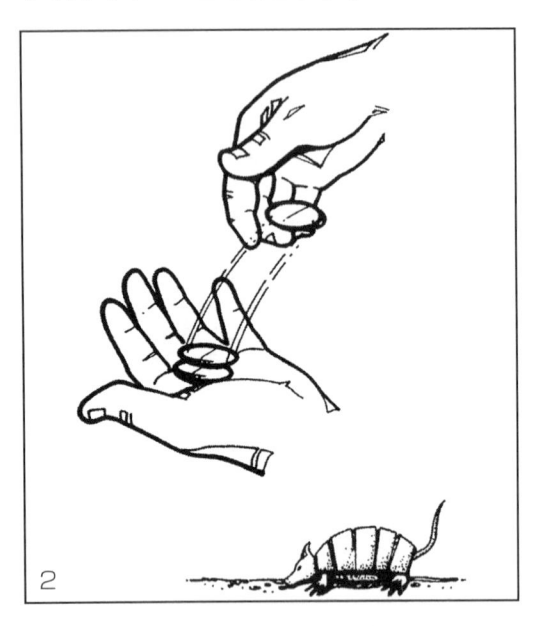

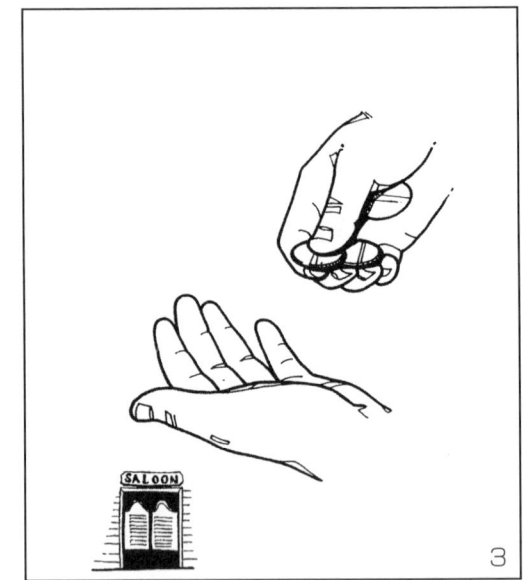

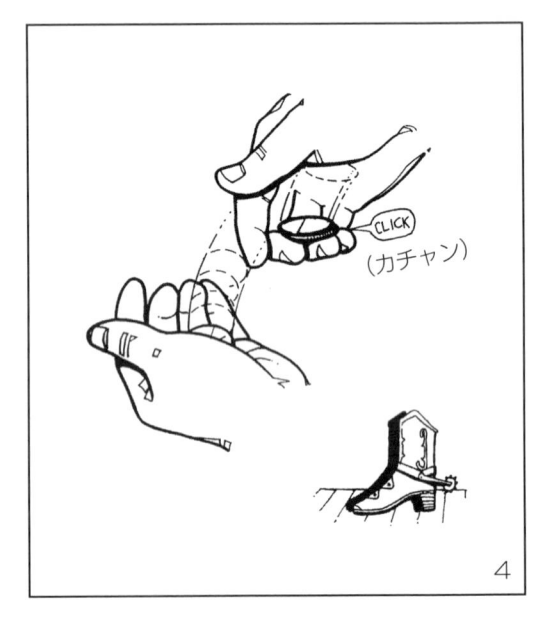

右手の指先で持ちます。一番下のコインが指先に近くなるようにしてください（図1）。ウォンドの多くの部分が左脇から前に突き出ています。右手を手のひらを下に向けるように返し、上2枚のコインを待ち構えている左手の中に飛ばし、摩擦を使って一番下にあるコインを右手の指先に残します（図2）。2枚のコインが手のひらに落ちた瞬間、左手を握ります。右手をウォンドに伸ばしながら、コインをクラシック・パームします。ウォンドの中央をつかみ、ウォンドを左手の上で振ります。左手を開いて2枚のコインしかないことを示しながら、右手は持っているウォンドの端でこのコインをトントン叩きます。ウォンドを左脇の下に元どおりはさみますが、この時右手にクラシック・パームしているコインがチラリと見えないように注意します。

　2枚目のコインを消すために、めちゃくちゃ目を欺くような"クリック・パス"を行います。いい名前が思いつかないので、これをアエリアル・ステルス・サブターフューズ（Aerial Stealth Subterfuge──ステルス策戦）、略してASSと呼ぶことにします[後注3]。このハンドリングは、ロジャー・クラウズの技法を基にしています。左手から2枚のコインを右手にとって、指先にファン状に広げて持ちます。一番下側のコインが指先に触れているようにします。手のひらが下を向くように右手を返して、待ち構えている左手にこのコインを投げ込もうとします（図3）。左手に向けて投げ込む動作をして、上側のコインだけを12センチくらい投げて軽く握った左手の中に放り込み、下側のコインは摩擦で右手の指先に残るようにします。コインが左手の中に落ちる1秒前にクラシック・パームしているコインを指先に残ったコインの上に落として、大き

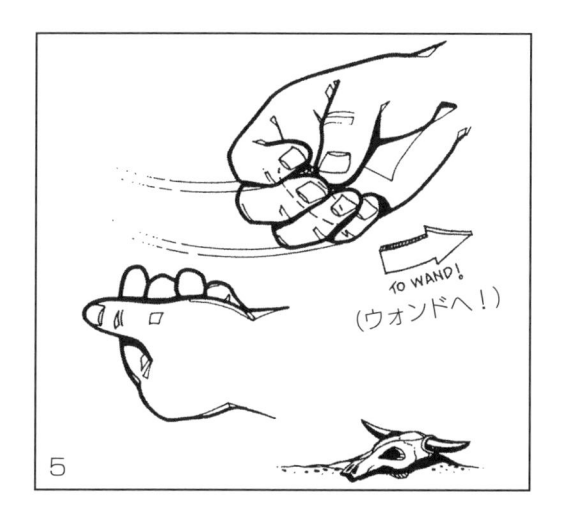

5

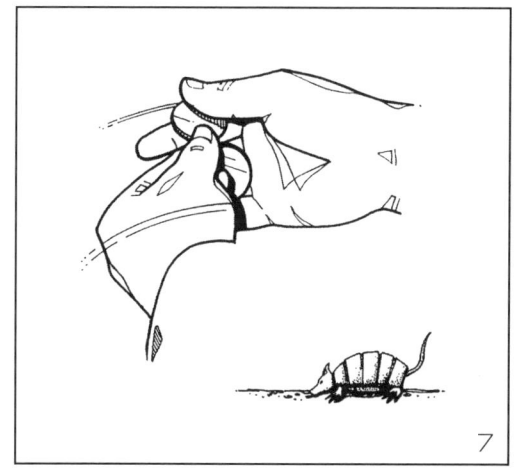

7

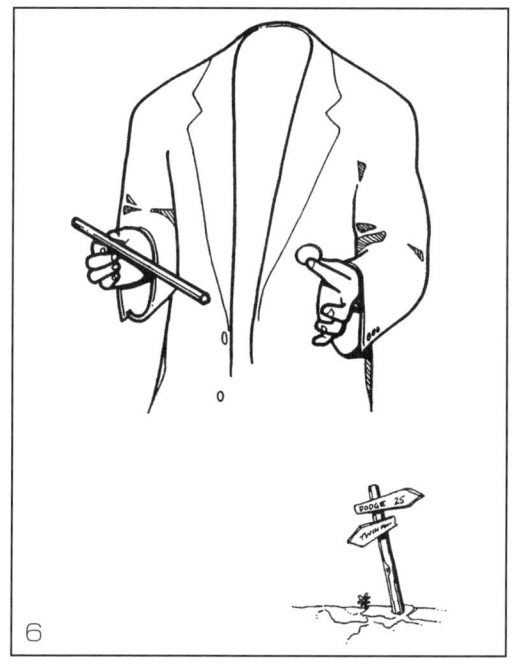

6

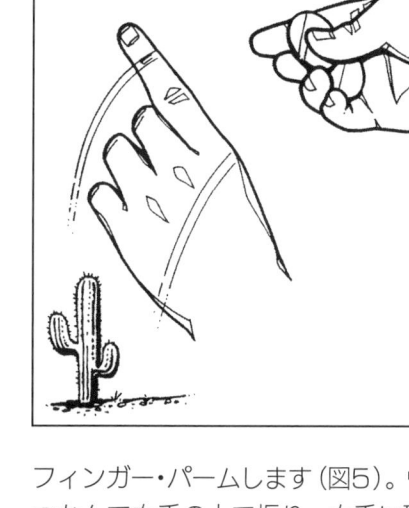

8

く"カチャン！"と音がたつようにします（図4）。観客には音は左手の中から出てきたと思います。ここではタイミングが重要になります。空中を飛んだコインが左手に落ちた瞬間、この"カチャン！"という音がしないとダメです。この技法は目も耳も騙します。観客はコインが飛んでいくのが見えますし、同時に2枚のコインが"カチャン！"と音を立てるのが聞こえますから。ウォンドを取りに行くために右手を左脇に動かしますが、ウォンドに手が届く直前に右親指で2枚のコインを押して

フィンガー・パームします（図5）。ウォンドをつかんで左手の上で振り、左手に残った最後のコインをウォンドの端でトントン叩きます。今こそウォンドを持った手でラムゼイ・サトルティを行うタイミングです（図6）。この角度でも、一番左側にいる観客でもフィンガー・パームしているコインは見えないでしょう。

　最後のコインを消す時がやってきました。ウォンドを左脇に元どおり戻します。1人残されたコインを右人差し指の付け根に移します（図7）。これは大変オープンなサム・パームです。次の操作で、このコインを大変静かに残りの2枚の上に重ねます。左手をラムゼイ・サトルティを行うようにしてから少し上げて、ちょっとしたジェスチャーをします（図8）。同時に右手を下げて、右親指を使って1人残

クリス・ケナー　エキセントリック・マジック

9

11

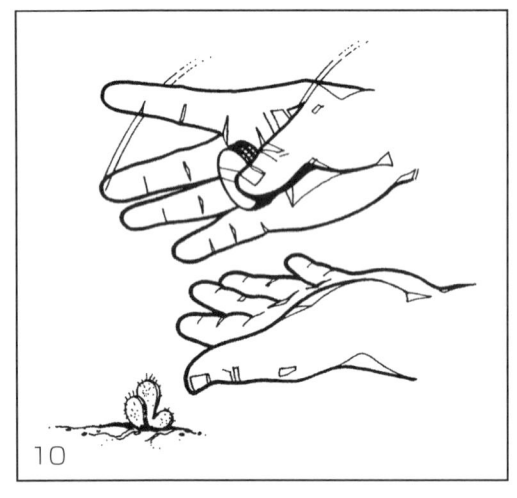

10

されたコインを重ねてあったコインの上に静かにすべらせて重ねます（図9）。これは、後で「3、2、ゴーン」の中でもっと詳しく説明します（145頁）。この3枚重なったコインを待ち構えている左手の中に投げ込むように見せます。実際は、右手の親指を伸ばして、重なったコインの左縁を押さえて引き上げ、右指の付け根を支点にして立ち上げます（図10）。こうすると、コインを軽く握った左手に投げ込んだと見せかけながら、右手の指先を少し

開いて見せることが可能になります。右手をウォンドに伸ばしながら、親指でコインを元の位置に戻して、3枚重ねのコインをフィンガー・パームし直します。左手の上でウォンドを振り、左手の中が空であることを示します。すぐにウォンドを身体の前で右手から左手へ投げ、受け取ります。両手を上げて、冗談っぽくラムゼイ・サトルティを入れたジェスチャーをします（図11）。

　右手で最初のコインを左ひじから取り出すために、左手はウォンドをテーブルに置きます。単に右人差し指と中指で左ひじあたりの洋服の生地をつかみ、一番内側にあるコインを右親指で押し出します。生地の後ろに隠します（図12）。コインをつまんだ後で、ゆっくりと手を引いて銀貨が見えるようにします。正しく演じたなら、コインが左ひじから引っ張り出される錯覚は信じがたいものがあるでしょう。この動作はなるべくコインの音を立てずに行います。このコインを左手フィンガー・パームの位置あたりにくるように落とします。

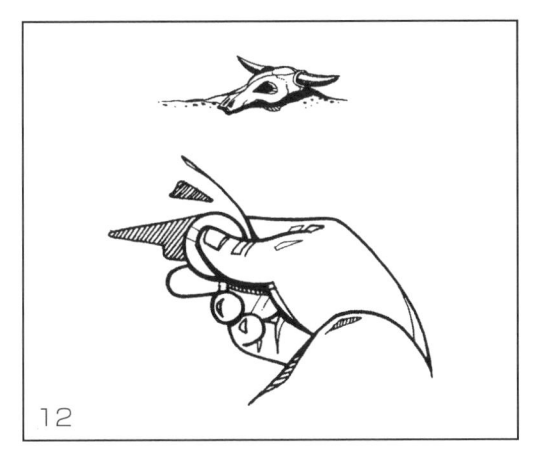

12

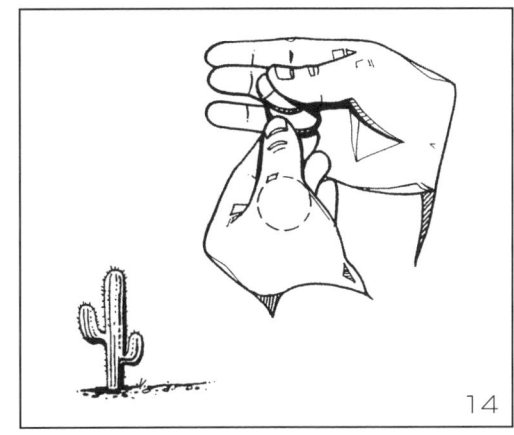

14

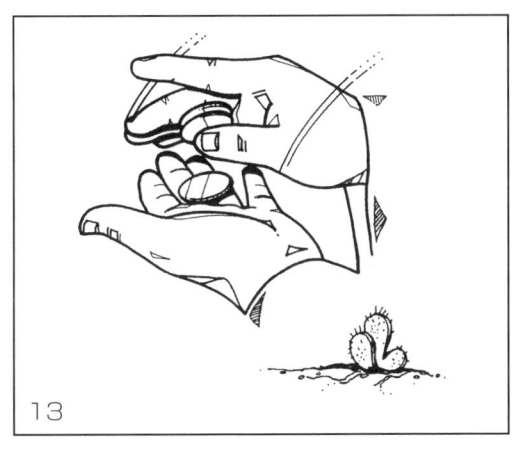

13

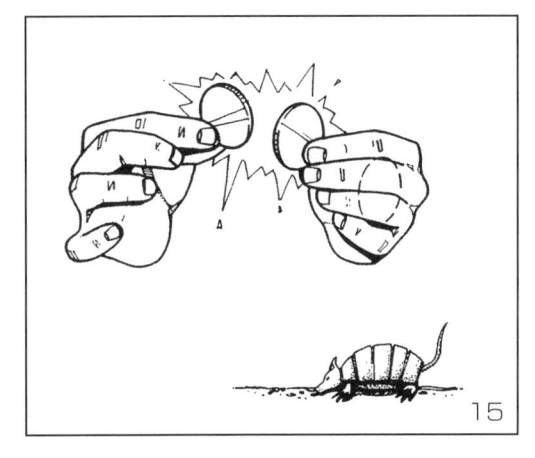

15

今からこのコインを分裂させて2枚にしたように見せます。右手を左手のひらに近づけて、見えているコインを取ろうとします。右手が左手の約5センチ上にきたら、右親指で隠し持っているコインを押さえ、右手の指先を伸ばします（図13）。左手に持っているコインをフィンガー・パームしながら、両手を少し手前に返します。動作を続けて、右手は左手の指先にパームしているコインを1枚残し、分裂させるような動作でもう1枚を右手の指先に出します（図14、15）。両方のコインを左手の指先に広げるように持ちますが、下側のコインが指先に触れるようにします。1枚のコインがフィンガー・パームされたままになっています。右手を前に伸ばし、何かをつかみとるジェスチャーをします（図16）。観客があなたの視線を追って右手を見ないとダメです。同時に左中指を内側に曲げて、フィンガー・パー

NAME THAT TOON

Art by Dan Ferrulli
Satire by Chris Kenner

© 1992 Chris Kenner, Dan Ferrulli Syndicate

Trick
（トリック名）

クリス・ケナー　エキセントリック・マジック

16

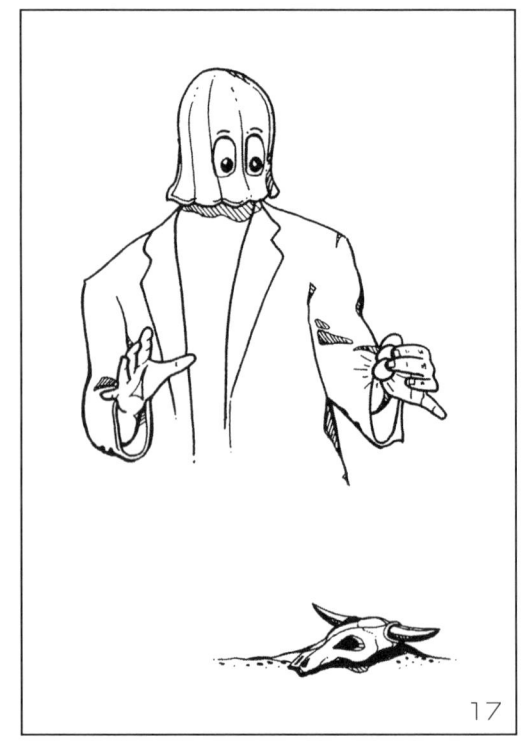

17

ムしているコインの裏面に当て、このコイン
を前に押し出す準備をします。このテクニッ
クは「メナージュ・エ・トロワ」で詳しく解説し
ています（79頁）。右手に何もコインがない
ことに戸惑うフリをします。あなたの視線を
左手に向け、二度見てビックリする直前に、
左中指で隠れていたコインを押し出して観客
に見えるようにします（図17）。コインが出
てこなくて不満そうな観客もこの3枚目のコ
インの出現には本当にビックリするでしょう。

　この手順は大勢の観客の前でも演じられま
す。この手順が持つ特性によって、テーブル
も、秘密の助手も、角度の問題も関係なくな
ります。

　コインは軽く扱うようにして、多少乱暴に
扱うことを恐れないでください。この手順を
演じるとき、私のすぐ左右にいる観客にパー
ムしているコインがチラリとみえることはあ
りません。両手と観客の間にある視線をよく
研究してください。観客たちはビューフォー
ド・パッサーの棍棒で頭を一撃されたくらい
の衝撃を受けるでしょう[後注4]。

＊後注１：タイトル『ロング・ゴーン・シルバー (Long Gone Silver)』は、1976年に日本で放送された
アメリカのアニメ『わんぱくブレディ』（日本でも人気だったアメリカのドラマ『ゆかいなブレ
ディ家』のスピンオフアニメです）の第4話「ローン・レンジャーがやって来た」の原題です。テ
レビドラマ『ローン・レンジャー』のファンクラブの銀のバッチに魔法をかけたら、ローン・レン
ジャーの相棒の白馬シルバーに変化してしまい、ローン・レンジャーが消えたシルバー探し出す
ことから始まるドタバタです。なので、このイラストもローン・レンジャーのような西部劇をモ
チーフにしています。

＊後注２："your audience in spellbound position"――これはマジック的な意味の「スペルバウンド」
の位置に持つという意味とウットリさせるという意味をかけていますが日本語にはなりません。

＊後注３：ASSには「尻」という意味があります。ダジャレです。

＊後注４：アメリカで実在した保安官のこと。街の悪を糺すために棍棒一つで渡り歩いたことで知られる。
実話を基にした映画『ウォーキング・トール』（1975年）で有名になる。

クリス・ケナー　エキセントリック・マジック

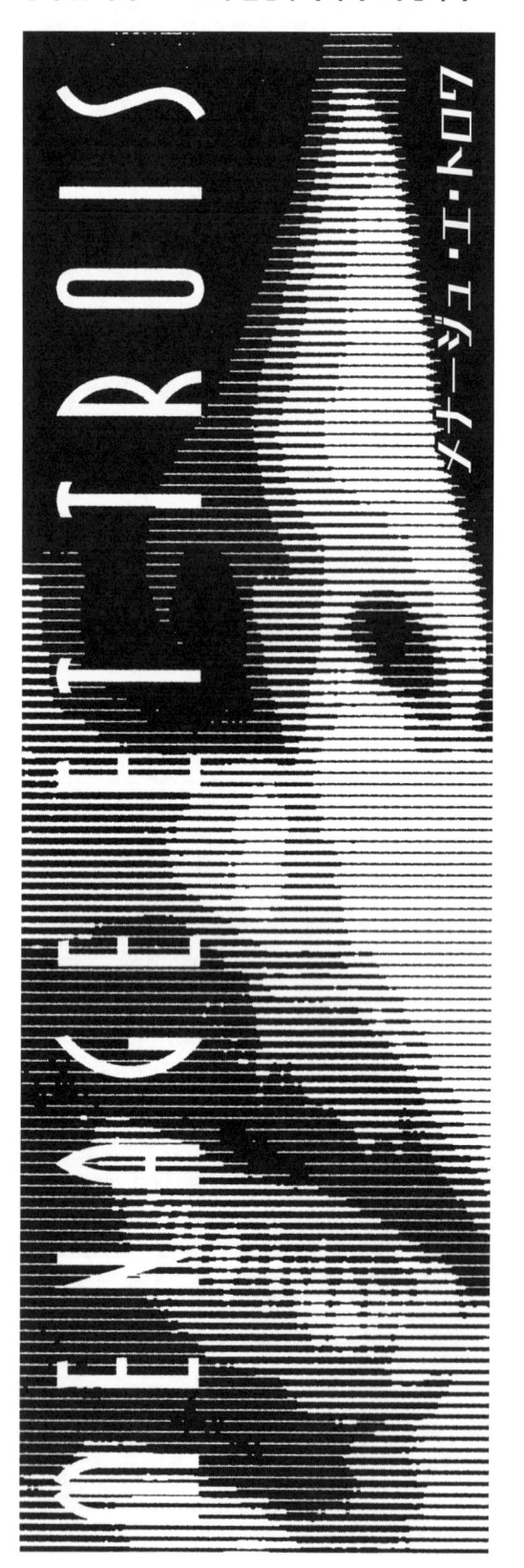

ゲーム

　信じられない！　鼻先で行うコインの飛行です。3枚のコインを左手の指先にファン状に開いて持ちます。コインはあなたの視界から外れることなしに1枚ずつ消えていき、もう一方の手の指先へと飛行していきます。ダイレクトで的を射た現象です！　コインはシュールで幻覚を見ているような方法で飛行していきます。コインはすべて視線の高さで持っているので、観客はこのマジックだけでなくあなたのことも忘れないと思われます。これは私のクロースアップでのショウで演じる時のお気に入りの手順です。インディアナ州カーメルにあるレストラン「イリュージョンズ」で過去5年間に少なくとも一晩で10回は演じ続けてきました。

　この手順は従来のありがちなコイン・マジックの方法を踏襲していません。もったいぶったようなリテンション・バニッシュも、従来からあるシャトル・パスも、過剰なハンドリングも使っていません。こうしてコインを扱うことで、100人もの観客の前でも演じることができます。こうしてコインを示すことで、ほぼ角度は問題にならない演技が可能となりました。テーブルも上着も不要です。ハンドリングは軽くカジュアルで、見た目は単純です。この作品は以前『マジック・マン・エグザミナー』と小冊子『スリー・フライ』に発表されましたが、重要な小技（フィネス）やハンドリングのいくつかをここで初めて公開します。ジョナサン・タウンゼントがこの手順を思いつくヒントを与えてくれました。

戦略

　4枚の使い古して表面がツルツルになった1ドル銀貨（以下、コイン）が必要です。たとえ普段あなたが1ドルコインを使わなかったとしても、大きいコインを使った方がより簡単に演じることができます。4枚のコインを手近なポケットや小銭入れ、出血多量にならない程度の開口部に突っ込んでおきます。

　コインをしまっておいた場所から右手で取

り出します。軽く曲げた右手の指の中にコイン
は重なっていて、さらにこの時点で観客に
コインの枚数を気づかせてはダメです。

　ここからアル・ベーカーのスチールを行い
ます。重なった4枚のコインのうち3枚を左
手に投げ込むのです。重なっているコインの
あなたに一番近い側にあるものの上に右親指
の腹を当てます。一番上にあるこのコインを
上に押し上げ、その下にある3枚のコインが
見えるようにします。コインを左手に投げる
動作で、下側にある3枚のコインが一かたま
りで左手の中に自動的にほうり投げ出されま
す（図1）。すべての動作は、前のマジックが
終わって緊張が緩和された間に行います。

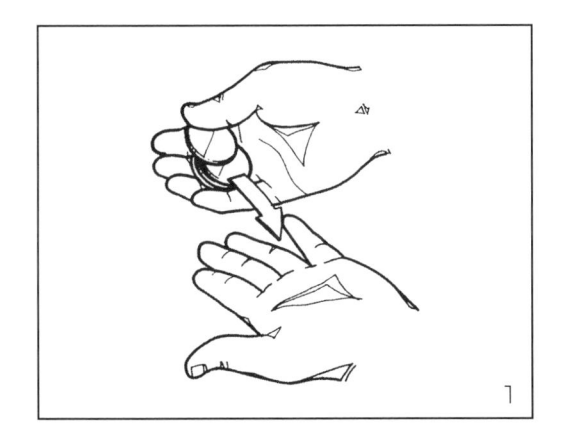

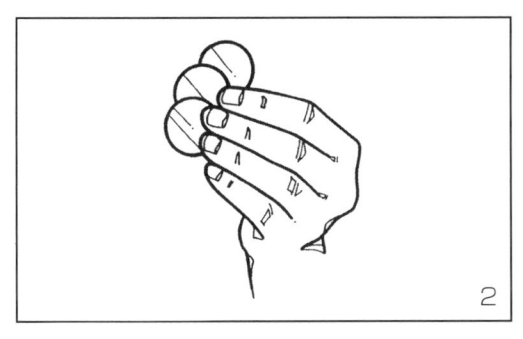

　右手を左手に近づけて重なったコインを左
手の指先にファン状に広げるのを助けなが
ら、右手は残ったコインをさりげなくフィン
ガー・パームします。ファン状に広げたコイン
の持ち方が、ものすごく重要になります。左
指先に持ったファン状に広げたコインの一番
下側にあるコインは指先に当たっているよう

にします（あなたから見て、一番身体から離れ
ている状態です）。左親指と人差し指だけで上
側にある2枚のコインをつかんでいます。一
番下のコインは左中指の先で押さえているだ
けです（図2）。

　その間に、右手は残ったコインをフィン
ガー・パームします。休ませている時の手の見
た目を学習してください。コインをパームし
ている手の形はまったく一緒に見えなくては
なりません。両手を上げて、基本的な演技中の
ポーズをとります（図3）。もし演技中にこの
基本ポーズをとり続けていたなら、唯一マズ
い角度はあなたの真後ろだけになります。手
順の最中、コインの表面をずっと観客に向け
続けることも重要になります。両手の指先は
45度の角度で少し上向きにしています。こ
れは思っている以上に本当に重要なディテー
ルで、他のどこにも発表していないものです。
手をこの位置にしていなければダメな理由は
すぐ説明します。この時点で、今説明した手
の角度とは少し変わってしまいますが、右手
のひらを観客の方に向けてラムゼイ・サトル

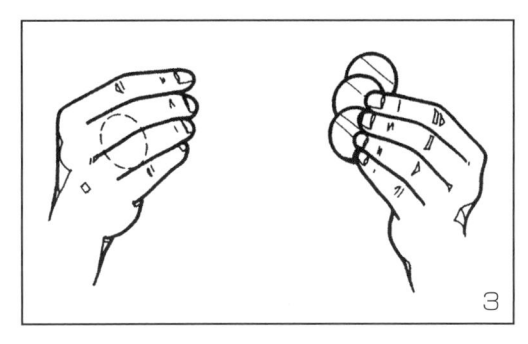

クリス・ケナー　エキセントリック・マジック

ティを使いたくなるかもしれません（図4）。このサトルティを使いすぎてはダメです。完全にネタバレになる可能性があります。

　それぞれのコインの飛行は、両手の渾然一体となった動きによって成立します。「今からこのコインをそれぞれ消して、再び出現させていこうと思います……魔法みたいにね。コインはここから（左手でジェスチャーをします）、ここへ（右手でジェスチャーをします）飛んでいくのです」と話します。最初のコインの飛行を行いますが、基本的に右手にあるコインを出現させて、左手にあるコインを1枚手の中に落とします。両手を急激に左右に5センチ、それぞれ外側へ動かします（両手は横に並んでいるようにしています）。この動きは主に両手首だけで行っています。慣性の法則を使って、左中指の力を抜いてファン状に開いている3枚の一番下にあるコインを左手フィンガー・パームの位置までずらします（図5）。同時に右親指はコインを右手の指先に押し出します（再び図5）。ここから大変重要なポイントをいくつかお話しします：手の中にコインが落ちてくるとき、左手の指先は動いたり、"ピクピク動かしたり"しません。

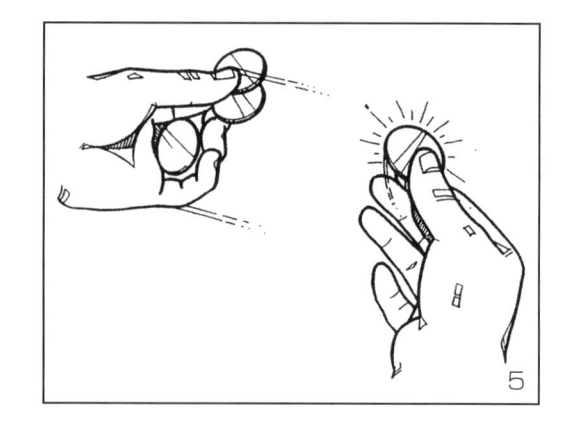

実際、一番下にあるコインを押さえて支えている力を抜く一番の方法は、左親指と人差し指を使って上側2枚のコインの下側の縁を一番下側にあるコインに対して曲げるようにするのです。指先を45度上に向けるように傾けている理由は、コインをフィンガー・パームの位置までずらすときに重力でこの動作を補うためです。もし正しく演じたなら、観客は両手を見ているでしょうがまったく関係ありません。3枚のコインのうち1枚が溶けるように消え、もう一方の手の指先に現れます。この時点で「これが最初のコイン」と言います。

Art by Dan Ferrulli
Satire by Chris Kenner

NAME THAT TOON

© 1992 Chris Kenner, Dan Ferrulli Syndicate

Publication
（書名）

（後注1）

この時点で右手のコインはその指先に持って見せていなければなりません。左手は左親指と人差し指でファン状に広がった2枚のコインを持っています。そして、1枚のコインを左手にフィンガー・パームしています。

さあ、ここで大胆ですが、ものすごく観客の目を欺くすり替えを行います。理論上、これはシャトル・パスの範疇に入るすり替えです。実際は、近代的な解説に見られるような一般的な動作とはまったく似ても似つかないものです。シャトル・パスは高いですしエコロジーの観点からしても安全ではないので、これをバス・パスと呼ぶことにします[後注2]。これから行う動作は、右手に持っているコインを数センチ宙に放り投げてから受け取り、このコインを使って左手に持っているコインをカチカチ叩いて示す動作に似せています。実際には、右手に持ったコインをパームして、左手に隠されているコインをつかみます。こう行います：右手で持っているコインを真上に10〜12センチ放り投げます。コインは手のひらを上に向けた右手に落ちてくるようにしますが、コインをフィンガー・パームできる位置に直接落とすようにします。これをミスディレクションにして、左手は何気なく腰の高さまで下ろし、左中指を内側に曲げて、この指先をフィンガー・パームしているコインの裏側に当てます（図6）。このコインは今、2枚のコインを左中指にはさまれて保持されています。こうしてコインのすり替えを準備

します。投げ上げたコインが右手の指の上に落ちてきた瞬間、右手を上に動かし、コインをまだフィンガー・パームしている左手に直接近づけ、両手を目の高さまで元どおり戻します（図7）。左中指でフィンガー・パームしているコインをグイッと押し出して、ファン状に広げたコインの元の位置まで戻します。両手を上にあげる動作を続けながら、右手の指先でこのコインをつかみ、2枚のコインに当てて"カチャン！"と大きな音を立てるようにします（図8）。この技法は1秒くらいで行わないとダメです。最初のコインの飛行に観客がまだ驚いている間に行います。この動作に注目を集めないでください。これは見た目も鮮やかに観客を欺き、大変自然に見えます。あなたは基本のポーズをとり続けていないとダメです。

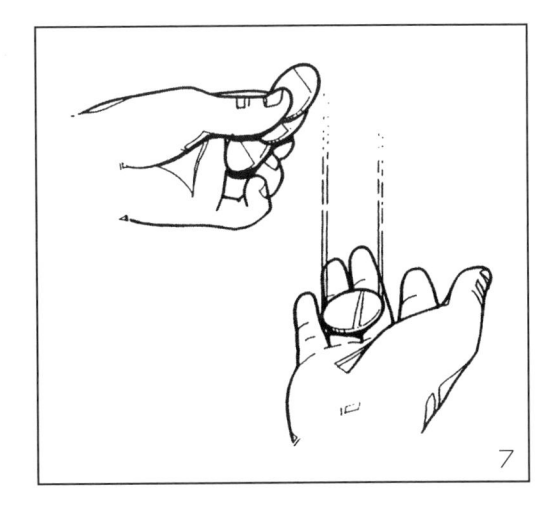

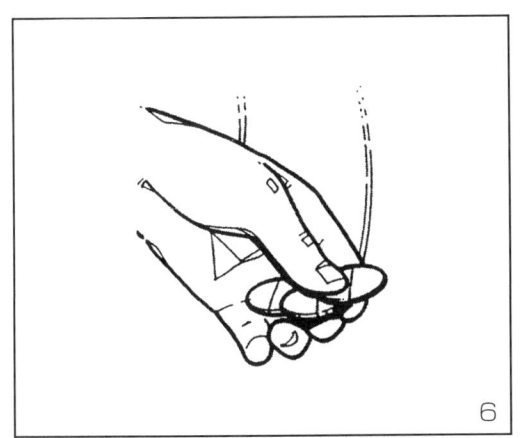

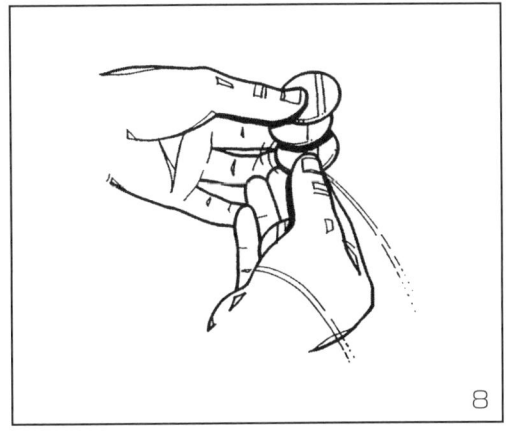

クリス・ケナー　エキセントリック・マジック

NAME THAT TOON

© 1992 Chris Kenner, Dan Ferrulli Syndicate

| | O | M | | | | A | | |

Trick
(トリック名)

　さあ、2枚目のコインの飛行です。観客からはあなたの右手に1枚のコイン、左手に2枚のコインを持っているように見えていないとダメです。左手の指先を少し調節して、2枚のコインのうち下側にあるコインを左中指だけで支えているようにします。右手には今1枚のコインをフィンガー・パームしています。「もし注意して見ていたら、2枚目のコインが飛んでいくのが見えますよ」と言います。両手を少し上げて、表情で少し緊張を高めます。2枚目のコインの飛行をカバーするために、この表情で緊張感を高めることによって、緩和の状態を作り出そうとするのです。リラックスして、「あぁ、でもコインが消える方か出現する方かどちらを見ていいのか分からないですよね？」と話します。ここで一拍間が外れるでしょう。両手をサッとお互いを離すように動かします。こうしながら、左中指の力をゆるめると下側にあるコインがフィンガー・パームの位置まで飛んでいきます（図9）。同時に右手の指先は持っているコインを放して指の

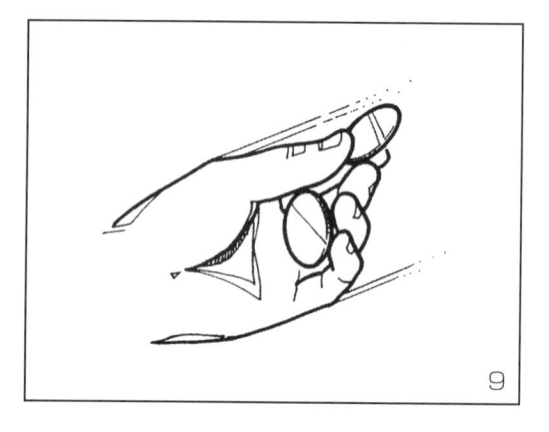

9

中に落とし、、フィンガー・パームしているコインの上に当たって "ガチャン！" と音が立つようにします（図10）。すぐに右中指と親指を内側に曲げて2枚のフィンガー・パームしているコインをつかんで、2枚のコインを押し出しながらファン状に広がるようにして指先に持ちます。これは後ろ側にあるコインに右親指を当てて押し出して行います。観客には左手の指先に1枚のコインが、右手の指先には2枚のコインがあるようにしか見えな

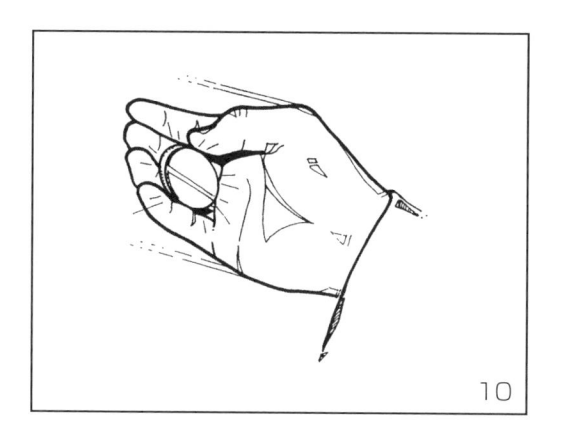

10

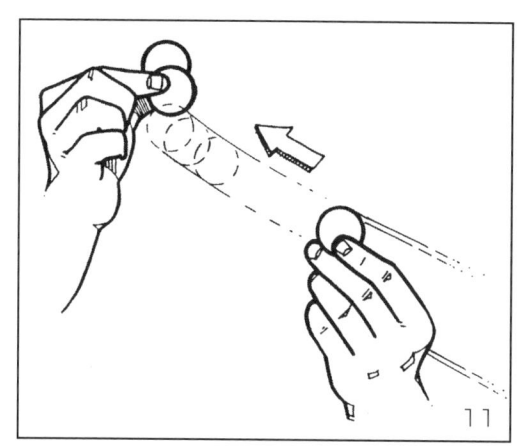

11

いようになっていないとダメです。

　この時点で、観客はあなたの両手をタカの目のようにするどく注目しています！なので、ここで機能的な所作によるギャグ（Functional Sight Gag F.S.G）を加えます。グルタミン酸ナトリウムと混乱しないでくださいね。もう一度表情を使って緊張感を高め、最後のコインの飛行をできるだけドラマチックなものにします。ポーズを決め、表情も最高に奇妙なものにします。左手に見えているコインを小刻みにゆらし、ゆっくりと右手に向けて動かし、左手に持っているコインを右手に持っているファン状に広がった2枚のコインの一番下に加えてしまいます（図11）。両手を離し、右手には今ファン状に広がった3枚のコインがあり、右手から離れていく左手には何も持っていないように見えます。ここまで緊張感を最大に高めていますので、このギャグは笑いを起こします。この緊張が緩和している状態のとき、右手に持っている3枚のコインのうち一番下にあるコインをフィンガー・パームして、左手はパームしているコインを出現させます。これは1枚目のコインの飛行で行った動作とまったく同じなのですが、左右の手が違っています（図12、13）。これを行うとものすごく二度見されます！　「ただの冗談ですよ」と話します。

　今右手にはコインをフィンガー・パームしていて、この手の指先には2枚のコインを持っています。左手には1枚のコインが見えています。

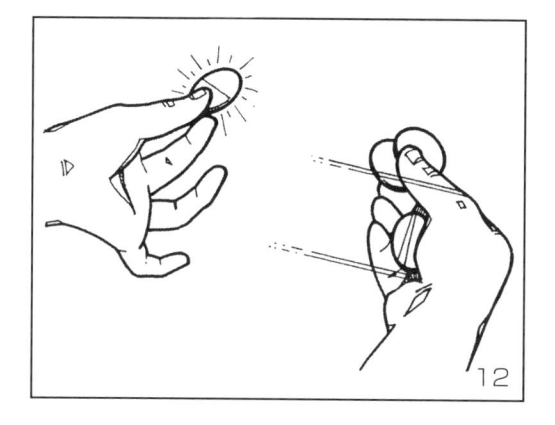

12

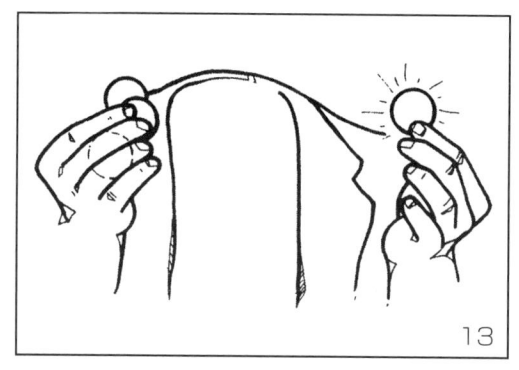

13

左手に持ったコインを本当に美しくヴィジュアルな技法を使って消してしまいます。左手の指先を使って、持っているコインをフレンチ・ドロップを行うように持ちます（図14）。前腕の部分は床と平行になって、左ひじは自然に体の脇に浮いているようにします。この手を少しだけ上に投げ上げるような動作を見せますが、これは左手首だけで行います。この投げる動作（最大でもこの動作は7.5〜10センチくらい

クリス・ケナー　エキセントリック・マジック

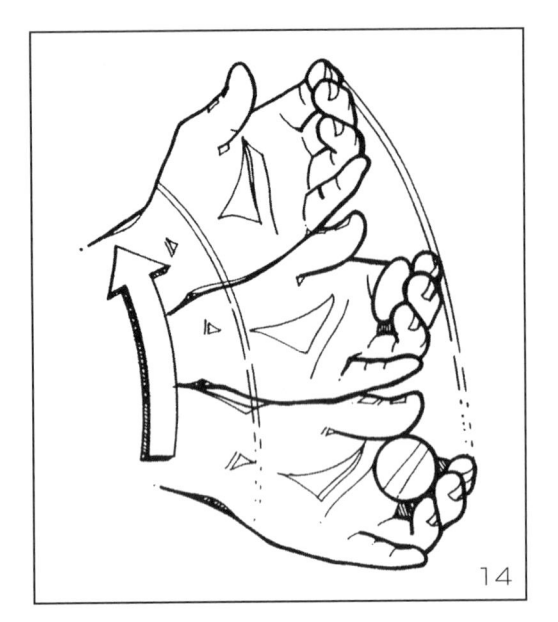

14

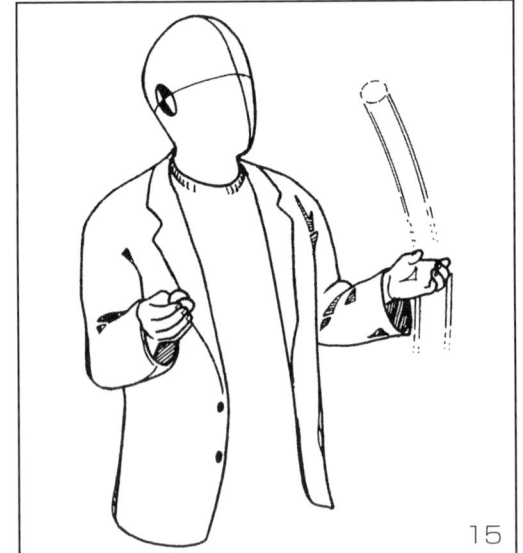

15

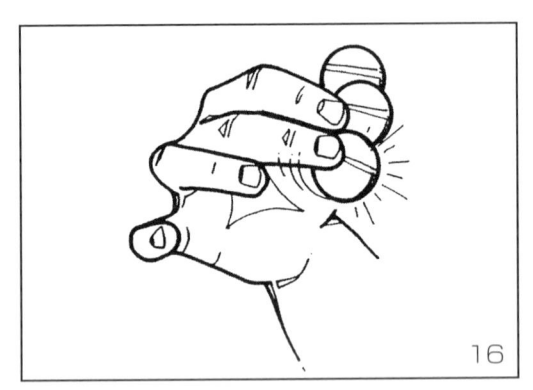

16

17

です) を行う間に、上に投げ上げる動作をしな
がら左親指は押さえているコインの縁を放し、
手をグイッとと少しだけ手前に動かします。こ
の手前への動きは本当に小さいものです。慣性
の法則によって、コインは左中指の先を支点に
してコインは手前に倒れてハイのフィンガー・
パーム (指先に近い位置でのフィンガー・パー
ム) の位置にピタッと落ちてきます (図14)。
これらすべての動作は、単純に上へ向けて何か
を投げるような動作に隠れます。コインは単に
溶けるように消えてしまったように見えます。
コインの残像を高めるために、消す前に左親指
と中指を軸にして、左人差し指を使ってこのコ
インを横にクルリと1回転させます。この消失
法を人の目を欺くように行うには少し練習が
必要です。

　左手でこの投げるような動作をした後、あ
なたの目と頭はコインが飛んでいく軌道を追
いますが、これは左手から半円の軌道を描く
ように頭を動かし、最終的に視線を右手に落
とします (図15)。目に見えないコインが右
手に到着した瞬間、右手を前にグイッと突き
出すようにして3枚目のコインを取り出しま
す。これは最初のコインが飛行した後に行う
シャトル・パスと同じ動作で行いますが、今回

は反対の手で行っています（図16）。今、"3人家族"を手にしています（図17）^(後注2)。ここで"アリーバ、アリーバ！（がんばれ、がんばれ！）"と叫んでも構いません。タコベルで演じるときには任意でそうしてください。

クリーンに終わらせるために、右手は手のひらを下に向けて上2枚のコインを左手に落とします。一番下にあるコインは摩擦を使って右手の指先に残します。手のひらを上に向けた左手はそこにある3枚のコインを示しながら、右手を身体の脇に下ろしながら残った余分なコインをクラシック・パームします。右手を上にあげて、左手にあるコインの両面をしっかり示します。こうすることで巧妙に右手が空のように見せられます。右手が空であることをさらに確固たるものにするため3枚のコインを右手に投げますが、クラシック・パームしているコインを右手の指先の上に落とします。この4枚目のコインの上に飛んできた3枚のコインが落ちるようにします。右

手を手のひらが上を向くように返し、重なったコインを一瞬示します。この動作で右手の中にコインを隠し持っているのでは？という疑念を一掃します。

オセロゲームのように、この手順はすぐ覚えられますがマスターするには一生かかります。この手順は大変大胆ですが、上手く見せるには繊細なディテールと策略を集中して理解することが必要でしょう。今でも、ちょっとしたタイミングやディテール、演出などを改良し続けています。いくつかキーポイントをお教えしましょう：コインはその表面を観客に向け続けるようにします。コインは本当に縁ギリギリを持つようにして、コインの表面ができるだけ見えるようにします。コインは軽く、カジュアルな感じで扱います。演じる最中は身体の上半身の力を抜きながら素早く動かし続け、リラックスしたポーズを作り上げます。

これでおしまい。急いで逃げましょう……。

＊後注1：ラ・ブレアはロサンゼルスにある、タール（天然アスファルト）が溜まった池がある場所。

＊後注2：シャトル・パスを"シャトル（shuttle：往復定期バス。空港などで使います）"を利用する時のパスと技法のシャトル・パスを掛けてダジャレです。シャトル・パスは普通公共バスよりも値段は高めに設定されています。

＊後注3："Menage et Trois"は3人家族の意味とエッチな意味がかけられていますが、ここでは出しません。

クリス・ケナー　エキセントリック・マジック

お菓子をくれなきゃ……

　小屋の客電が暗くなり、客席の後ろから放たれる無数のスポットライトが舞台を照らします。我らがマジシャン、ジャンビが古典的なマジックを現代的な解釈で演じ始めると客席には静寂という名の網が張られていき、観客はそれに包まれます。3枚の1ドル銀貨と大きなシルクが示されます。このコインをシルクの中央に置き、四隅を取り上げて袋状にしてその中に包まれるようにします。観客はシルクで作られた袋の中にコインがあることを確認します。魔法のジェスチャーをかけてシルクを一振りすると……そこには何もないことを示します。シルクを使ってちょっとしたお遊びをした後、シルクの四隅を合わせて再び袋状にします。最初の2枚のコインを取り出し、このシルクで作った袋の中へと入れます。最後のコインは観客に取り出してもらいます。観客に見えないコインをつかんでもらい、これをシルクの袋に向かって投げてもらいます。するとこのコインがシルクの袋の中で物質化されて、中にあったコインに当たって"ガチャン！"と音を立てます。とめどない叫び声が客席からあふれ出し、観客たちはあなたを畏敬してひざまづきます。舞台の電気が消え小屋の客電が再び明るくなると、信者となり恍惚の表情を浮かべた観客たちがそこにいるのです。

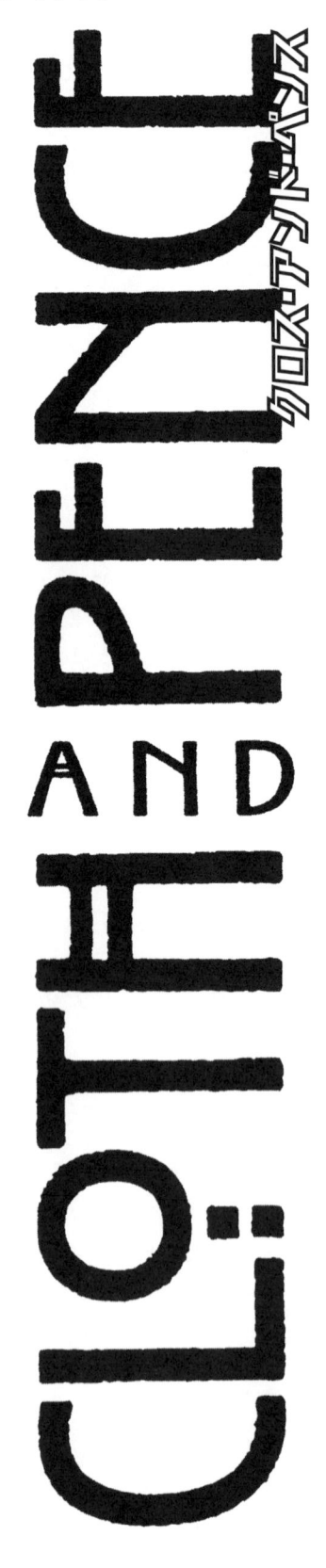

CLOTH AND PENCE　クロス・アンド・ペンス

いたずらするよ

　シルクと銀貨（ここでは「布とペンス」ですけど）はマジックの中でも古典で、フレッド・カップスが有名にしたマジックです。様々な改案がマジックの歴史の中に登場してきました。この改案はもう何年も前に開発したものです。この手順は長年にわたる思索、試行錯誤とこのマジックにおいてもっとも単純で実用的な作品を作りたいという飽くなき欲望の最終結果です。この手順を1980年代初頭に初めて演じて以来、このマジックは私のお気に入りであり続けています。

　このマジックを学ぶとき、ここに明かされているすべてのディテールに注意を払うことが極めて重要になります。観客を"ビックリ"させるためにディテール、手腕、タイミングが重要な役目を負います。このマジックは説明に時間がかかりますが、演技は大変シンプルです。型破りな方法と多くの道具が必要だからといって恐れないでください。この解説を数回読んで、実際に試してみてください。もしこの改案を演じてみたのなら、この手順がどれだけ強力かお分かりになると思います。詳しい説明を掘り下げていく前に、覚えるのを簡単にするために方法の骨子（Bare-bone）を最初にお伝えしておきましょう。詳しい説明を読む前に、あなたの頭の中にあらかじめだいたいの

方法をイメージしておいてください。全体像が見えることで、覚えることがより簡単になります。

さあ、あなたをお手伝いしましょう……[1]。3枚のコインを1枚ずつシルクの中に入れます。シルクの中でコインはブル・タック[2]のおかげでくっついてひと塊りになります。この塊になったコインをシルクから抜き取ります。シルクの両面を見せながら、この塊のコインを上着の左ポケットの中に処理してしまいます。この時点でコインは本当に消えてしまっています。シルクを使ってちょっとした小芝居を行ったあと、別に用意しておいた3枚のコインをクリップから抜き取ります。シルクの四隅を合わせて袋状にします。コインを1枚ずつ取り出して、袋状になったシルクの中に落としていきます。しかし、最後のコインはひそかにシルクを持っている手にロードします。観客に最後のコインを取り出してもらうフリをしてもらったら、それをシルクに向けて投げてもらいます。隠されたコインをシルクの中に落として、最後のコインを出現させます。第1級のカッコよさです。

道具：（図1）　6枚の使い古されて表面がツルツルになった1ドル銀貨（以下、コイン）

が必要です。そのうち2枚の表面には豆粒大のブル・タックを押し付けておきます。60センチ角の透けないシルク、黒いスポンジ・ボール、3枚のコインを隠しておくためのクリップ。私は口の両側を押すとばね仕掛けで開くタイプの小銭入れ型クリップを使っています。これは"ユニバーサル・クリップ"という名前で販売されたりしています。このクリップは安全ピンを使って上着に取り付けても良いですし、ハンガーの針金を曲げてベルトのところに引っ掛けてぶら下げておいても良いでしょう。また、上着を着ていなければなりません。任意で腕時計をつけてください。

セット：3枚のコインをクリップに半分だけ差し込み、右尻ポケットの辺りにベルトから吊り下げておきます（図2）。上着を着ますが、このときコインの縁が上着のヘリの真上にくるようにします。右手を身体の脇に降ろし、単に後ろに5センチ振るとすぐにコインを取れる位置にします。黒いスポンジ・ボールを上着の左ポケットに入れますが、ポケットの上部の前隅にボールをかませて、手順の後半でコインを処理するときのためにポケット

クリス・ケナー　エキセントリック・マジック

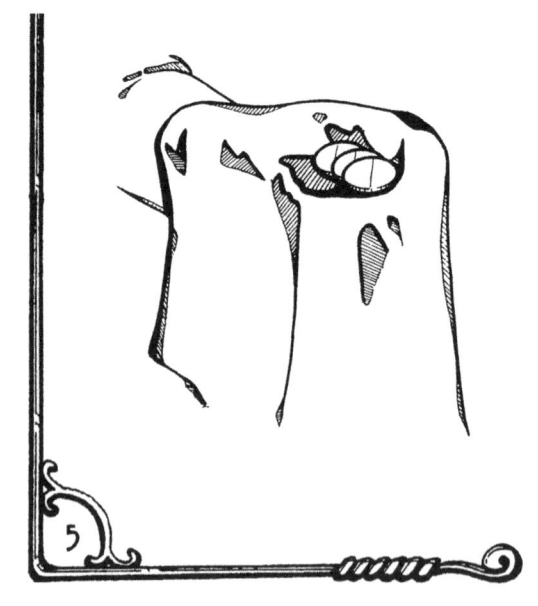

の口が開きっぱなしになるようにします。

　コインを右手の指先にファン状に開いて示します。一番下にあるコインは指に触れています。上側2枚のコインにブル・タックが付いていて、この付いている面が手前に向いています。シルクを両手の間で伸ばして広げます（図3）。左手で持っているシルクの隅を放し、右手でこのシルクを手のひらを上を向けて開いた左手の上にかけられるようにします（図4）。観客にこのシルクを袋状にしてこの3枚

のコインを包むと言います。コインを1枚ずつシルクの上に落としますが、一番下にあるコインから落としていきます。重なったコインの順番は下から普通のコイン、くっつくコイン、くっつくコイン。くっつくコインは両方ともブル・タックがついた面が下を向いています（図5）。左手の指先を握ってコインをつかんだら、手のひらを下に向けるように返し

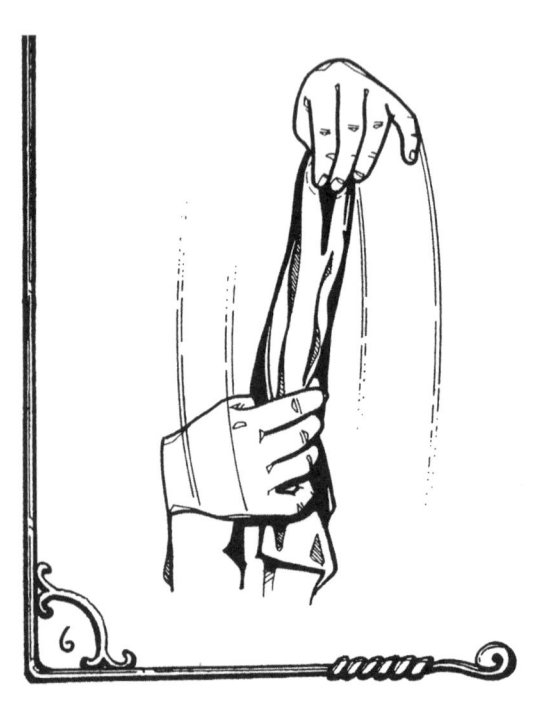

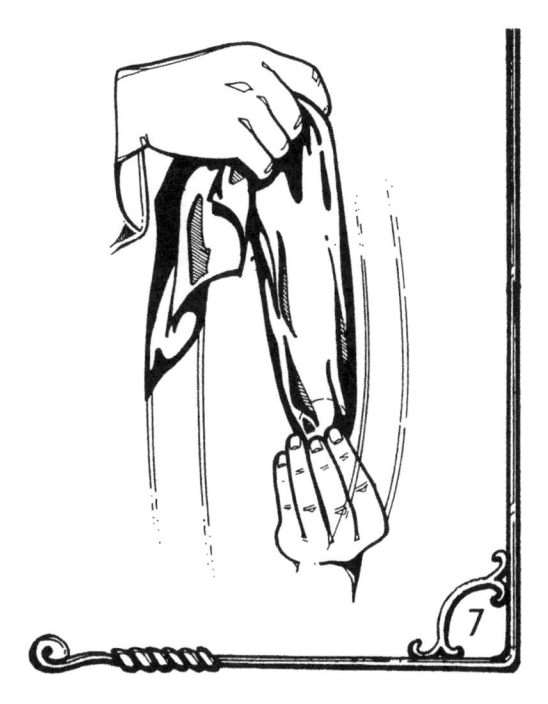

ます。右手は垂れ下がったシルクをしごいて揃えるようにします（図6）。両手の間で持っているシルクを半時計回りに回転させて上下逆さまにします。こうしてシルクの4隅が上、コインがたまっている部分が下を向くようにします（図7）。コインを持っている左手を放し、すべてを持った右手を右側にいる観客に伸ばします。観客にこのシルクの袋の中にまだコインがあることを確かめてほしいとお願いします（図8）。左手の指先で再びコインをつかみますが、このときコインをギュッと押

して、3枚のコインがしっかりとくっついてひと塊りになるようにします。シルクを時計回りに回転させ、右手が下になり、左手が上にくるようにします（図9）。

　ここでコインのスチールを行います。左手はシルク越しに塊になったコインをつかんでいて、シルクの端は下に垂れ下がっていないとダメです。右手で垂れ下がったシルクをしごきますが、右小指と薬指の側面を使ってシルクをはさみます（図10：隠れているコインの輪郭は無視してください）。3回目にシ

クリス・ケナー　エキセントリック・マジック

ルクをしごくとき、左手はひと塊りになった
コインを離します。コインは2.5センチほ
ど落ちて、右小指と薬指でシルクをはさんで
いる部分で止まります（再び図10）。動き
を続けて右手はシルクを下にしごき、シルク
の中から出てくるまでコインの塊を右手と一

緒に下にすべらせていきます（図11）。こう
してスチールすることで、コインの塊は直接
右手フィンガー・パームができる位置へと落
ちてきます。シルクをしごきながらコインを
スチールする方法はまったく気づかれないで
しょう。これは観客の目を大変欺きます。

JUST
SAY NO!

（ただ
ノー！と言おう）
（後注3）

すぐに両手の位置を入れ替え、右手でまだシルクの中に残っていると思われているコインの塊があった位置をつかみ、左手を放します。こうして左手でシルクの1隅をつかめるようにします（図12）。左手でシルクをさっと下へ一振りして右手からシルクを取り、3枚のコインが消えたことを示します。左手でつかんでいるシルクの隅と横並びになっているシルクの隅を右手ですぐにつかみ、両手の

間にシルクを広げて示します（図13：分かりやすくするためにゾンビは取り除いてあります）。右腕が左腕の下を通るようにして両手を身体の前で交差させています（図14）。こうすることで右手を上着の左ポケットの真上に移すことができます（図15）。すぐにコインの塊をポケットの中に落とします（スポンジ・ボールを使って、ポケットの口は開きっぱなしになっています）。両手は素早く動かしているので、コインの塊をポケットに落とすというよりむしろ投げこんでいるような感じです。身体を少し左へ向けることですぐ左にいる観客にこの処理が見えないように防ぎます。動作を続けて両腕を元どおりの位置に戻して組んでいた腕を外したら、再び腕を組み直しますが、今回は右腕が左腕の上を通るようにします（図16：シルクの裏面を見せます）。組んでいた腕を再び外し、シルクの左隅を放します。右手を使ってシルクが垂れ下がるように左腕にかけます。この時点で、観客はあなたの両手をじっと見つめています。あなたの両手が完全に空であることを示すちょうど良いタイミングです（図17）。この時点

クリス・ケナー　エキセントリック・マジック

18

19

であなたはものすごくクリーンな状態になっています。

　3枚のコインはまだここで出現させません。ここはちょっとしたミスディレクションが必要な場面です。シルクでフォールス・ノットを作って、結び目を消します^(後注4)[後注4]。最後に古い足を消すギャグを行います。このギャグはこの手順には本当に重要なものです。このギャグで3枚のコインをスチールするための緩和した状態を作り出すのです。両手でシルクの隣り合った隅をそれぞれつかみます。両足が隠れるまでシルクを下げます。膝の下側の端が隠れるくらいまでシルクを持ち上げます。1本の足が消えたように見えます（図18）。もちろんこれは片足を膝から折り曲げてシルクの裏に隠すことで行います（図19）。誰もがブーイングやシーッと言い始めたら、再び両足で立っている状態に戻し、シルクを左手だけで持ち、右側にいる観客に向かって傾きます。前に傾きながら、観客とアイ・コンタクトを取り、右手は上着の下に隠れている3枚

のコインをスチールして右手でフィンガー・パームします（図20）。

　　コインを再び出現させます：両シルクの上

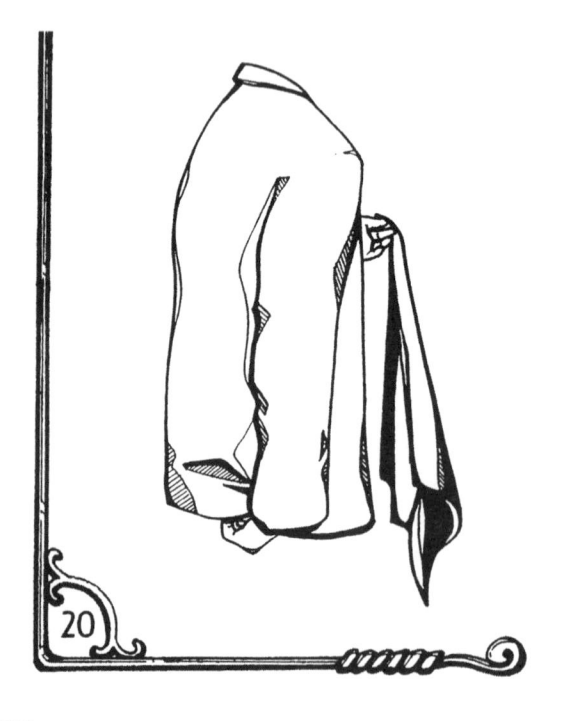

20

クロス・アンド・ペンス

部にある並んだ2つの隅を両手でそれぞれ持ちます。右手には3枚のコインをフィンガー・パームしていることを覚えておいてください。両手を近づけて、シルクの中央部を外側に曲がるようにしてシルクを縦2つに折ります。シルクの折り目を左手で持ち直します（図21）。シルクを押し上げてシルクの上半分が両手の上にかかって向こう側に垂れ下がるよ

うに4つ折りにします（図22）。シルクの折り目から両手の指先を抜き、右手はシルクを放します。この時点でシルクの四隅は下に向かって垂れ下がっています。シルクの中央部分を右手で持ち、シルクの四隅を左手のひらの上に載せます（図23）。左人差し指を一番上にあるシルクの隅の下にすべり込ませて、

クリス・ケナー　エキセントリック・マジック

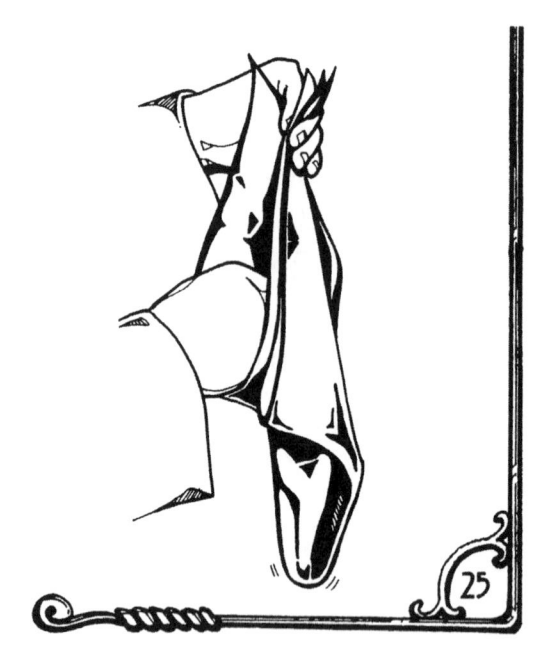

25

26

―CLICK―

（カチャン）

左親指といっしょにこの隅をつかみます。残りの3つの隅は、左人差し指と中指の側面で挟みます。左手を上げ、右手をシルクから放します。左人差し指は一番上にあったシルクをまだはさみ持ち続けています（図24）。左ひじの裏側に右手を伸ばし、1枚目のコインを取り出します。これは右親指を使ってパームしている重なったコインの一番上にあるものを押し出して指先に見えるようにして行います。このコインを示したら、左人差し指で離している最初の折り目の中にこれを落とします（図25）。シルクで作った袋の中にコインは落ちることになります。1枚目と同じように右手を適当な場所へ伸ばして2枚目のコインを取り出します。2枚目のコインを示して、これをシルクの折り目の中に入れ、最初のコインの上に落として"ガチャン！"と大きな音をたてるようにします。今回右手はシルクの袋の奥まで突っ込んでいることに注意してください（図26）。右手をシルクの中から引き出す動作を続けながら、密かに最後のコイン（右手にフィンガー・パームしています）を左親指と人差し指の間にひそかに差し込みます（図27）。すべての動作は右手をシルクの袋から引き出す間に行います。最後の

コインを取り出すには、観客の1人に空中から「見えない」コインをつかむようにお願いします。コインをつかんだら、それをシルクに向けてほうり投げてもらいます。コインを投げるために観客の腕が前に動き始めたら、左親指と人差し指ではさんでいる隠れたコインを放します。こうするとコインは落ちて"ガチャン！"と大きな音を立てます（図28）。

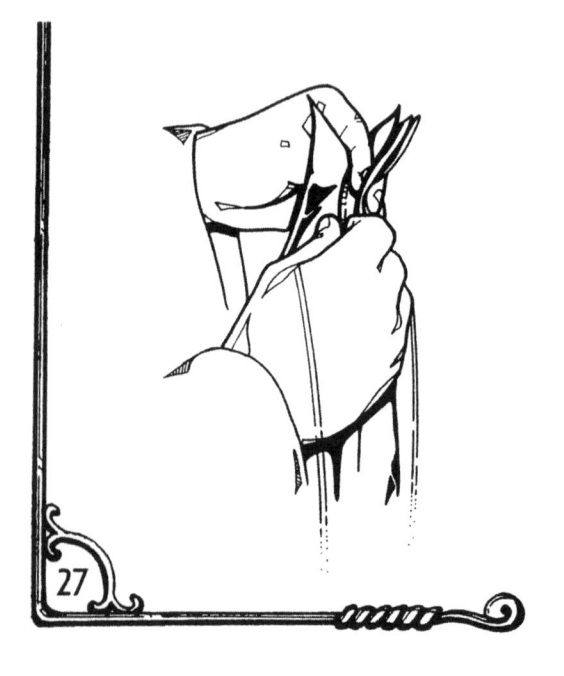

27

28

（まだシルクの中にある）コインを右手のひら
の上に降ろします。左手は一番手前にある隅
以外のシルクの隅をすべて放して、シルクが
開いてそこにある3枚のコインが見えるよう
にします（図29）。コインの下にあるシルク
を引き抜き、コインをひっくり返します。お
辞儀をして終わります。

あなたはこの手順を完全に身綺麗な状態で
終えられます。この作品は見るも美しくシン
プルです。大げさなスチールやコインの受け
渡しはありませんし、長期間にわたって“好ま
しくない”状態で居続けなくてもいいのです。
この手順の技術的な要素は難しくありません。
しかし、タイミングと手順の進行が非常に重
要で、マスターするまでにはかなりの練習が
必要です。ここに解説したコツの数々は練習と
演技を通して学んできたものです。多くの道
具を使うからといって恐れないようにしてく
ださい。この数々の道具によってこの手順の見
た目がよりクリーンになるのです。この手順
を見たマジシャンたちは方法を再構築するた
めに長くつらい時間を費やすことになります。

29

クリス・ケナー　エキセントリック・マジック

＊後注1：「Roll the bone」とあり、先にBare-bone（骨子）を使っているので、それに絡んだダジャ
　　　　レです。

＊後注2：商品名でポスターなどを貼るとき様のゴム粘土。最近はインターネットを通して購入可能です
　　　　が、コクヨから発売されている「ひっつき虫」も同じ効果があり、こちらの方が入手が容易です。

＊後注3：アメリカでは有名なドラック撲滅キャンペーンのスローガン。1980年代から使われました。

＊後注4：シルクの結び解けは『奇術入門シリーズ　シルクマジック』（松田道弘著、東京堂出版刊、1987
　　　　年）や『カズ・カタヤマのシルクマジック大全』（カズ・カタヤマ著、東京堂出版刊、2011年）
　　　　などを参照してください。

※原書が上下さかさまにして
読む仕様でしたので、上下を
ひっくり返して読むとしての
矢印です。

クリス・ケナー　エキセントリック・マジック

Print Shop

プリントショップ

現象

　今日の話はこうです。我らが魔法使いが、マジックに驚いている観客へ名刺を渡そうと思いました。残念なことに印刷屋さんが名刺に彼の名前と住所を印刷するのを忘れていることに気づきました。名刺にはロゴしかありません。こんな不幸にも動じず、私たちのマジシャン、キャプテン・コンフィデンスは印刷されていない名刺に指をパチンと鳴らします。一瞬で、名前と住所と電話番号がすべての名刺に印刷されるのです。我らがご近所さんのマジシャンは、ジェフ・マックブライドの流儀にならって彼の名刺を数十メートル離れた観客に向けてビュンビュン飛ばして配り始めます。

方法

　この方法を使って多くの名刺を配ってきました。あなたの名刺を使ってこの現象を演じたら、あなたの観客に強烈なインパクトを残すことができるでしょう。このトリックのために私の名刺をデザインしました。もしこのマジックを演じたいなら、私のロゴの部分をあなた自身のロゴに置き換えて、もちろん住所と名前も変えてください。私のロゴは単色で印刷して、名前と住所は別の色で印刷して

CHRIS KENNER

MAGICAL

ENTERTAINER

317.555.3333

317.555.6661

1

います（図1 ^{（後注1）}）。あと、名前と住所が印刷されていない名刺をひと束印刷する必要があります（図2）。これは単に2色目のインクを使わなければ作ることができます。

　すべてが印刷された名刺が10数枚と名前と住所が印刷されていない名

2

刺が1枚必要です。小さくちぎった透明な両面テープを全てが印刷された名刺の1枚の裏面にくっつけておきます。このテープ付きの名刺は表向きにした名刺の束の一番下に、名前と住所が印刷されていない名刺を一番上にそれぞれセットします。これで始める準備ができました。

いたずらっぽく名刺の束を取り出して観客に示し、誰か要りますか？と尋ねます。名刺の束を両手の間に広げます。十分に広げますが、印刷されている名前と住所が見えないようにします。一番上のカードに名前と住所が印刷されていないので、すべての名刺が一部印刷されていないように見えます（図3）。印刷屋さん

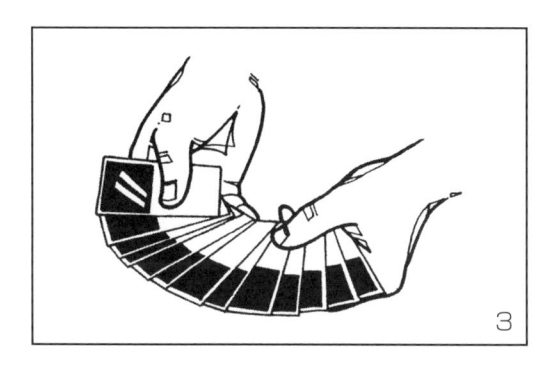

3

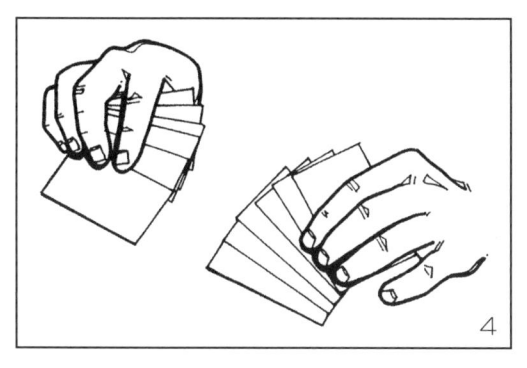

4

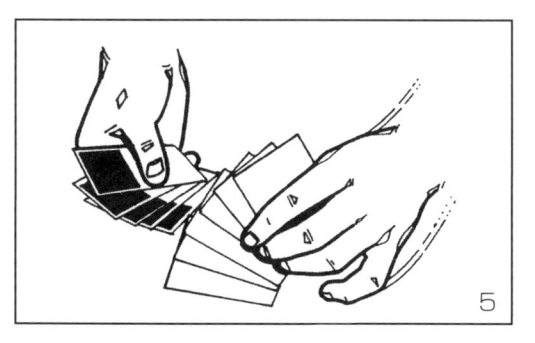

5

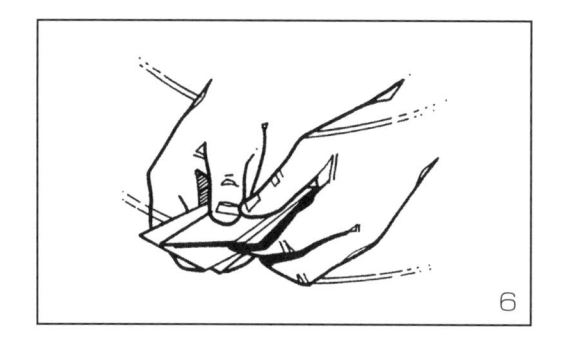

6

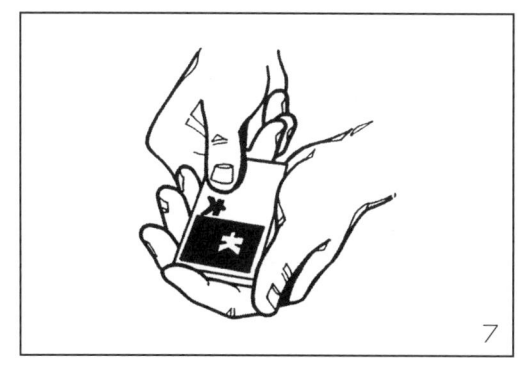

7

が名前と住所を印刷し忘れたと軽く触れます。

両手で広げた名刺を半分ずつ持ち、両手を手のひらが下を向くように返します（図4）。広げた名刺を分けるとき、名前と住所が印刷された名刺がチラリと見えないように注意してください。名刺の裏面には何も印刷されていないことを話します。両手を再び手のひらが上を向くように返し、右手に持っている広げた名刺を左手に持っている名刺の下に加えて閉じます。これは素早く行います（図5、6）。広げた名刺の束を揃えたら、右親指で名前と住所が書かれた部分を押さえて観客から隠します（図7）。この時点で名前と住所が印刷されている部分がチラリと見えないようにしてください。こうしますと、名前と住所が書かれていない名刺は両面テープが貼ってあるカードの真後ろにくることになります。

右親指と人差し指で持っている名刺の束を右から左へ裏向きになるように返して、左手に置きます（図8）。ここでクールで気の利いたマジカル・ジェスチャーを行って、右手で名刺の束をつかみますが、右親指が下、右手の指先が上に当たるようにしてください（図

クリス・ケナー　エキセントリック・マジック

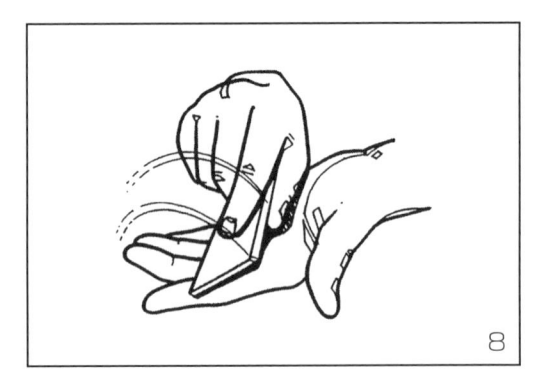

8

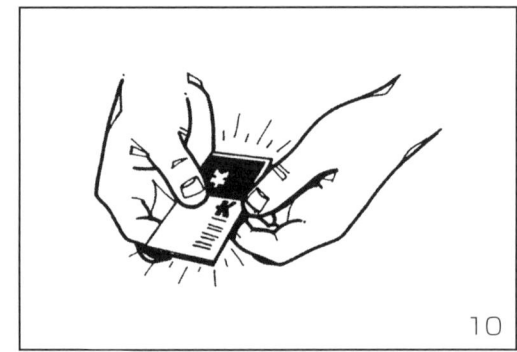

10

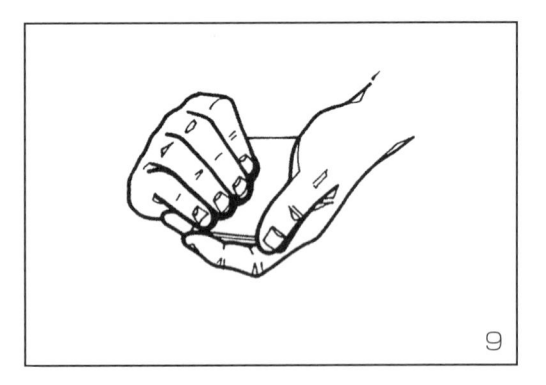

9

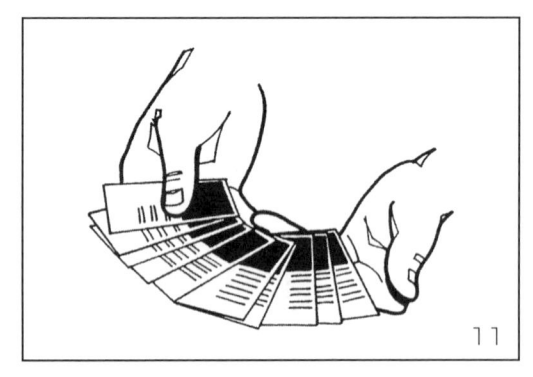

11

9）。ここで名刺の束をギュッと押さえて、名前と住所が印刷されていない名刺が両面テープにしっかりくっつくようにして、両面テープがついた名刺とちゃんと2枚重ねになるようにします。右手は手のひらが上を向くように返して、名刺の束を縦方向にひっくり返して表向きにします（図10）。印刷されたことをすぐに見せて、必要だったあなたの名前、住所、電話番号がそこにあることを見せます。すぐに両手の間に名刺の束を広げて、すべての（?）名刺に印刷されたことを示します（図11）。名前と住所が印刷されていないカードは、1枚の印刷されたカードの裏に重なって

います。

これでおしまい。単純で簡単でしょ！　この手順はほとんどどんなロゴでも使うことができます。あなたの名刺にするためには、デザインを少し変えないといけないかもしれません。覚えておいてほしいのは、ただ名刺を手渡すよりもこれは潜在的により強力です。こうしたトリックはあなたの名刺を「話の種」にします。名刺をもらった観客は高校の頃から使われないまま入っているコンドームと一緒に財布の中にしまっておくことでしょう。

＊後注1：1992年当時、ケナーさんの名刺はクラフト紙のような色の紙にロゴは緑、文字は黒で印刷されたものでした。今はパソコンや便利なアプリがありますので、簡単に作ることができます。

スペシャルな

観客を驚かそうとして慌てている我らが人気マジシャンのティップは、今からJ.G.トンプソンの著書『ザ・リビング・エンド』(ミッキーヘイズ・エンタープライズ刊、1972年)に解説されているカード当てをすべて演じ始めようとしていました[後注1]。40もの信じられないカード当てを見せた後、我らがマジシャンは観客の後ろに広がる水平線の上に小さな赤い点が浮いていることに気づきます。マジシャンのティップはこの赤い点が急激にだんだん大きくなり始めていることに気づきます。数秒後にこの赤い点は本当に大きくなり、彼の視界をおおい隠します。グシャ！っという大きな音とともにこのトマトはティップの顔に当たって、"スレッジ・オ・マティック"のようにすべての観客にトマトの果汁が降りかかります[後注2]。最後の必死の試みとして、ティップは最後のカード当てを演じます：『アート・オブ・マジック』や『アウト・オブ・コントロール』という古典を勉強する中から学んだライジング・カードです。カードがデックの中央からゆっくりと上がってくる現象を観客たちに見せつけます。民衆たちはボブを探す旅の中で恐ろしいパンチボウルに列を作り、これはあり得ない現象だと結論づけます[後注3]。

ソース

このライジング・カードはフレッド・ロビンソンの"アンビシャス・ライザー"を基にした、エリック・メーソンの技法を私なりのハンドリングにしてみました(両方とも奇術専門誌『パビュラー(Pabular)』に発表されています)。

選ばれたカードをフォースしたりコントロールするために、ブリーザー・クリンプを使います。ブリーザー・クリンプは長年の間使われ続けていて、『ダイ・ヴァーノン　ザ・ヴァーノン・クロニクルズ　第1巻(Dai Vernon The Vernon Chronicles vol.1)』(スティーブン・ミンチ著、L＆Lパブリッシング刊、1987年)の中でも解説が見られます。ブリーザー・クリンプはカードにつけた独特な曲げグセのことです。この曲げグセは×印につけられ、デックのトップやボトムへと非常に簡単にカットして移動させることができます。

1枚のおかしなカード(デックの中にある目立たないカードなら何でも良いです)を取り上げ、これを裏向きにしてその左下隅を左手で持ちます。右手でこのカードをつかみますが、右親指が上、右人差し指と中指が下に当たるようにして、左手に持っているカードの隅近くを持ちます(図1)。右親指は下側にある2本の指の間にくるようにして、カードに圧力をかけます。

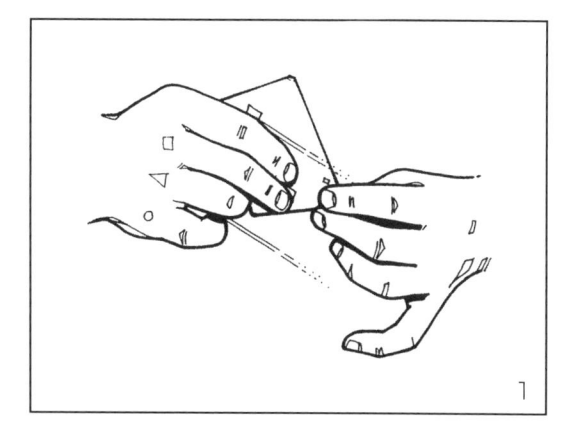

1

このまま右手の指先をカードの右上隅まで斜めにカードの表面をすべらせていきます。右親指で力をかけているので、カードの左下隅から右上隅まで軽い曲げグセがつきます(図2)。カー

クリス・ケナー　エキセントリック・マジック

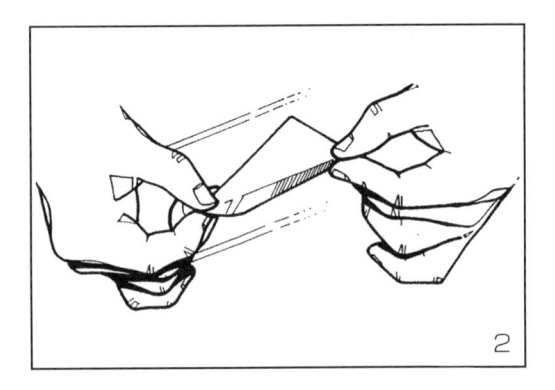

2

3

ドを回転させてその左上隅を左手でつかみ、右手で先ほど行った曲げグセをつける操作を繰り返します。結果として完成したものは、表面に×状の曲げグセがついたカードです（図3：わかりやすくするために大げさに描いています）。×印の交差している点はカードの中央にきていないとダメです。もしカードを裏向きに持ったとしたら、曲げグセは下向きに凹状についています。もし凸状に曲げグセをつけたなら、デックをカットするとこのカードはデックのトップにきてしまいます。このカードの曲げグセは長く持ちますし、このカードによってデックを軽く扱うことが可能になります。シャーリエ・カットやどんな種類の普通のカットを行ってもこのカードをボトムへ移すことができます。デックをカットするとき、右手をデックの上からかけてビドル・グリップに持ち、カードを持つ力を抜いてください。カードはブリーザー・クリンプのところから2つに分かれるはずです。必要なのは軽いタッチだけです。もし選ばれたカードをデックに戻したときにブリーザー・クリン

プがその上に来るようにしたなら、デックをブリーザー・クリンプからカットすると選ばれたカードはデックのトップにきます。だいたいどういうことかお分かりになったと思います。

この現象ではブリーザー・クリンプがついたカードが選ばれます。つまり、ブリーザー・クリンプがついたカードをフォースするのです。私がカードをフォースするときはいつもドリブル・フォースを使っています。フォースするカード（ブリーザー・クリンプがついたカード）をダイヤの3としましょう。はじめは、ブリーザー・カードをデックのボトムへ置いておきます。デックをスイング・カットしてブリーザー・クリンプ・カードをデックの中央に移動させて、このカードの下に左小指でブレークを作ります。ドリブル・フォースを行いますが、右手をデックの上からかけてビドル・グリップで持つときに、ブレークを右親指の腹に移し替えます。カードをバラバラと左手の上に弾き落とし始め（図4）、観客にストップと言ってもらいます。タイミングのカギは観客の唇を見ていることです。観客の唇が「ス」と言うために開き始めたら、ブレークから下にあるカードをすべて弾き落とします。右手を上げて、持っているパケットのボトムにあるカードを観客に示します。このカードはブリーザー・カード（フォースするカード）のはずです。右手を下げて、持っているカードを左手に持っているカードの上に

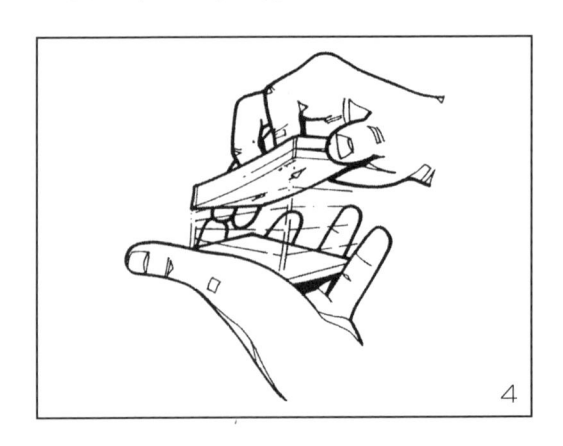

4

バラバラとすべて弾き落としてしまいます。素早くカードをシャッフルしてもらうために、観客にデックを手渡します。観客にデックをシャッフルしてもらっても、カードについている曲げグセを邪魔することはありません。最悪、曲げグセが消えてしまっても、どのみちあなたはもう選ばれたカードを知っていますからね。デックを観客から取り返して、デックを表向きにプレッシャー・ファンをします。広がったカードの中から選ばれたカードを見つけます。ファン状に広げたカードを閉じ、デックを裏向きにして左手に持ちます。選ばれたカードがあるだいたいの場所をしっていますので、だいたいどこでカードをカットすればブリーザー・カードがデックの中央よりも少し上にくるか分かるでしょう。言い換えますと、もしフォース・カードがボトム近くにあったなら、デックの中央付近でデックをカットします。もしフォース・カードがデックの中央にあれば、トップにある10数枚のカードをカットしてボトムへ移します。現象を最良な状態で演じるには、フォース・カードがデックのトップから3分の1の付近にくる

ようにします。

　右手をデックの上からかけてビドル・グリップで持ちますが、右親指でデックの内端を少し持ち上げます。カードはブリーザー・カードの下で分かれます。ここに左小指でブレークを作ります。右手でデックを持っている間に、右薬指を使ってブリーザー・カードの右内隅をデックから約5ミリ引き出します（注：左薬指をブレークの中に差し込んで、その先をブリーザー・カードの表に当てて押し上げるようにしながらこの指を抜くとカードの角が外に出てきます）（図5：分かりやすくした図）。左手でボトム数枚のカードを右方向

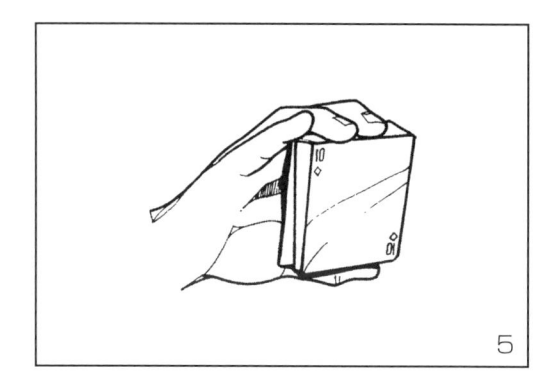

5

NAME THAT TOON

Art by Dan Ferrulli
Satire by Chris Kenner

（世界一ラッキーな男になったご気分は？）

HOW DOES IT FEEL TO BE THE LUCKIEST MAN IN THE WORLD?!

LOTTO $200,000,000
200 MILLION DOLLARS

（宝くじ2億ドル）

© 1992 Chris Kenner, Dan Ferrulli Syndicate

J _ _ _ Y   A C E   P A L _ R

Person（人名）

（後注5）

に少し押し出して広げ、ジョグされている選ばれたカードをカバーするようにします（図6）。右手でデックの持ち方を変える間、デックの左下隅を左手で一瞬だけつかんで持ちます。

　左手は持っているデックを右手に渡しますが、右薬指の第2関節に突き出ている選ばれ

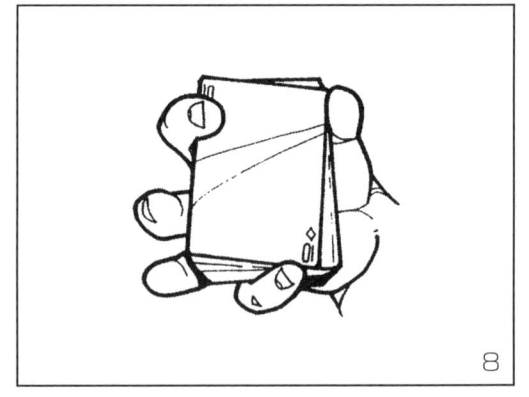

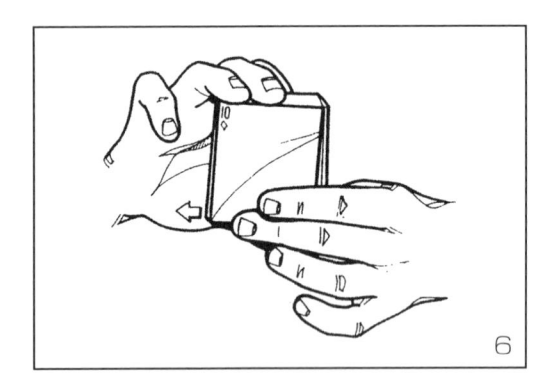

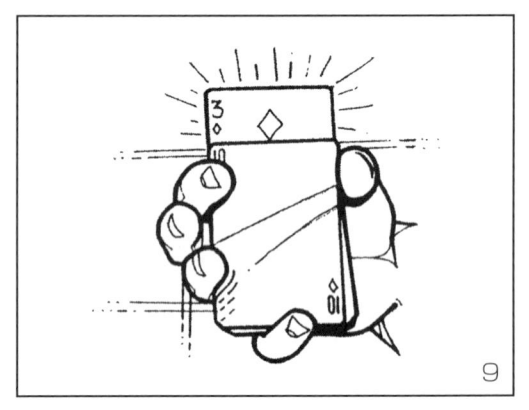

たカードの隅を載せるようにします（図7）。右手でデックを次のように持ちます：右親指と人差し指でデックの両側の上部をはさむようにつかみます。薬指は下に伸ばし、斜めに突き出ているカードの隅をその第2関節に当てます。右小指でデックのボトムを支えます。右中指は自由な立場なので好き勝手に考えや信念を叫んでいてください（図8：ママ見て！指が5本見えてるよ）。

　カードを上げるには、まず右手を少し左右に振ります。同時に、右薬指をデックの横側

に沿って上にあげていき突き出しているカードを押し上げると、このカードがゆっくりとデックから上がって出てきます（図9）。一度右薬指をできるだけ上げきったら、小指を下げて右手の指先を少し下げることでカードを半分くらいまで上げることができます。選ばれたカードが本当にデックの中央付近から突き出ていることをハッキリ示します。

　この現象はあなたのお好きな「アンビシャスカード」や複数枚のカード当ての中で完璧な目玉の部分になります。ブリーザー・クリンプを巧妙に使うことで、本当に簡単に演じることができ、一般客だけではなくマジシャンをも騙すことができます。そして、みなさん覚えておいてください。その意見に心当たりがあれば、自分のことだと思ってください
（後注4）。

＊後注1：この本にはカード当ての方法を200以上解説されています。退屈なものも多くて……。

＊後注2：アメリカのコメディアン、アントニー・ギャラガーの有名なネタで、大型ハンマーで様々な野菜
　　　　や果物、ケーキや歯磨きのチューブなどをぶち壊していきます。もちろん、その破片は客席に
　　　　まで飛び散り、そのたびに観客は大騒ぎします。YouTubeなどで"Sladge-O-Matic"と検
　　　　索をかけると、さまざまな動画を観ることができます。腐ったトマトや卵を投げつける行為は
　　　　紀元63年から記録されていて、演説などをするために舞台に立っている人物に「つまらないか
　　　　らもう引っ込め！」という意思表示となります。

＊後注3：これはドラマ『ツイン・ピークス』を観ていないとまったく理解不可能だと思います。

＊後注4：「If the shoe fits, so does the sock」（もし靴がぴったり合うなら、靴下もぴったり）と
　　　　なっていて、これは「If the shoe fits, wear it」というイディオムをダジャレにしています。

クリス・ケナー　エキセントリック・マジック

ツイン・ピークス

TWIN PEEKS

ドーナッツ

　カードが自由に選ばれ、デックの好きな場所に返してもらいます。カードを揃えて、公平に何も隠し立てがないように扱います。マジシャン、ミスター魔法使いがデックの表にざっと目を通して1枚のカードを抜き出しますが、これが選ばれたカードなのです！　彼は"カード当て"の狂気の世界へとさらに旅を続けます。観客にカードを1枚ずつテーブルの上に伏せて配っていくようにお願いします。観客は好きな時にカードを配るのを止めることができます。止めたところのカードを覚えて、観客の手でこのカードをデックの中に入れて混ぜ込んでもらいます。デックを受け取り、涼しい顔で魔法使いは選ばれたカードを奇妙な方法で見分けてしまいます。

コーヒー

　私が長年演じ続けている2枚のカードを使った単純なカード当てです。マジシャンに向けて演技をするときにこのマジックを使うのが好きです。もともと、この作品は頭の中で再構築するのが非常に難しいです。好きなデックをつかんで、試してみてください……これ、技法使ってないんだぜ！

　夜が更けていく間にデックの表をざっと見て、1つのスート13枚を抜き出します（ここではハートを抜き出したとします）。これをAからキングまで順番に並び替え、裏向きにした時にAがデックのトップにくるようにして

デックの上に載せます。フォールス・シャッフルを数回して、演技の準備ができました。

　両手の間にカードを広げますが、最初のカードはひとかたまりで押し出します。こうしてセットした13枚のカード以外のカードが確実に選ばれるようにします。観客がデックの下3分の2のどこかからカードを選んだら、観客がそのカードを覚えている間に、カードを揃えて左手に持ちます。デックをカットしてデックの上下を入れ替えますが、デックの上半分と下半分の間に左小指でブレークを作ります。セットした13枚のカードをデックの中央付近に移したことになり、この上にブレークがあります。カードを両手の間に広げていきますが、ブレークの位置を目で追い続けます（図1：あり得ないくらい十分機能しないようにブレークは大きく描いてあります）。ブレークの位置まで広げたら、両手の間にハートのカードをかなり広がるようにして、観客が知らないうちに選ばれたカードを

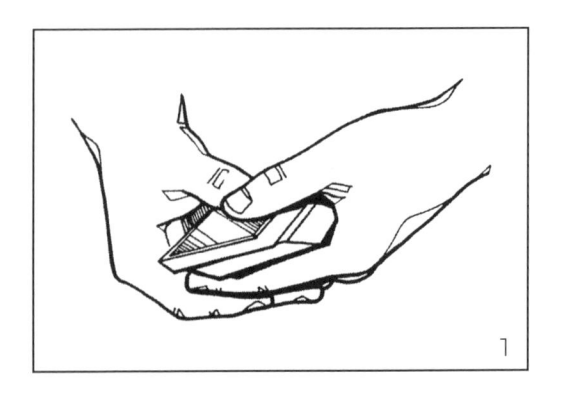

1

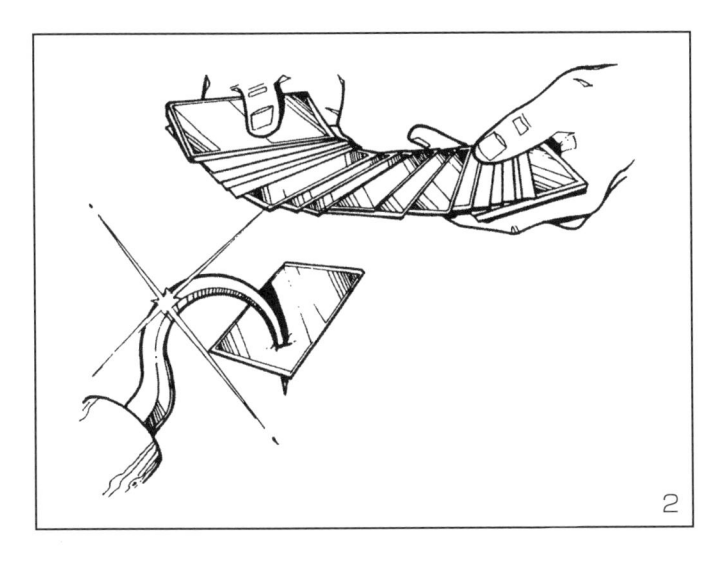

2

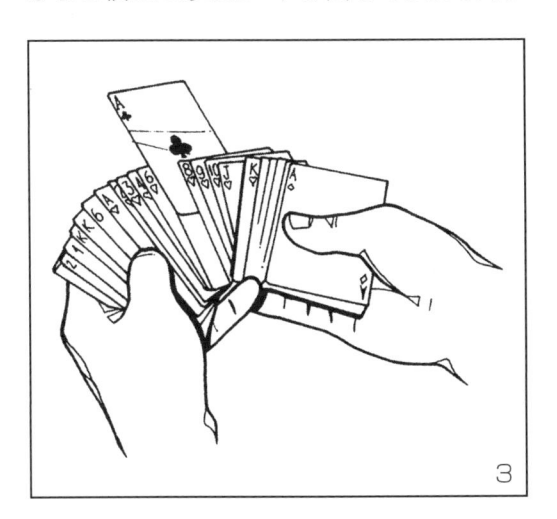

3

の間にカードを広げ続けます。ここから広げたデックを分け、左手は広げたカードの左半分を持ったまま上にあげ、アウト・ジョグされているカードをつかみます（図4）。左手で選ばれたカードをテーブルの上に伏せるように置きます。デックを揃えますが、右手に持っているカードを左手に持っているカードの下に重ねます（図5）。こうすることでセットした13枚のハートのカードの上に5枚の余分なカードを加えてデックのトップへ移したことになります。

　観客にカードの名前を聞きます。選ばれたカードを示します。これで公式に観客をうまく騙したことになります……。

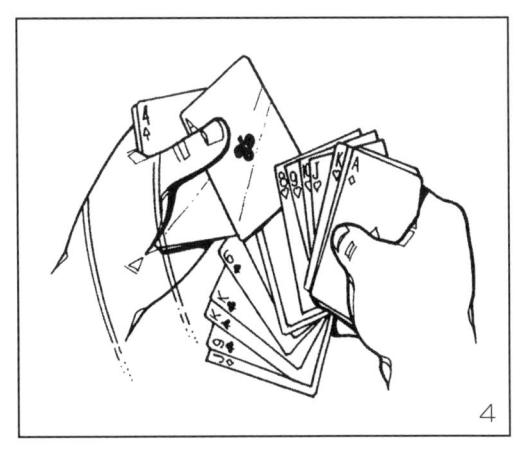

4

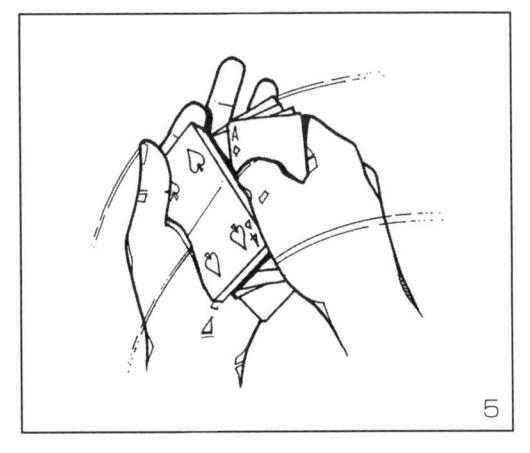

5

ハートのカードの中に差し込めるようにします（図2）。大変クリーンにデックを揃え、コントロールや何らかの操作をする余地が不可能であることを示します。カードを数回バラバラと右手から左手の上に弾き落とし、ブレークやクリンプを作っているような疑念を一掃します。このカードを探して、同時に次の現象の準備をするために、カードの表があなたの方を向くようにして両手の間にカードを広げていきます。選ばれたカードは簡単に見つかります。ハートのカードの中にまざっている関係ないカードがそうです（図3）。この選ばれたカードをアップ・ジョグしますが、ハートのA（セットしたカードの中で最初のカード）から5枚左にあるカードが出てくるまで両手

クリス・ケナー　エキセントリック・マジック

選ばれたカードをデックの下半分に返します。デックを紳士の観客に手渡し、カードを1枚ずつゆっくりとテーブルの上に裏向きになるように配ってもらうようにお願いします。観客がカードを配る間、あなたはゆっくりと心の中で1、2、3……と心の中で数えていきます。最初のカウント5は、デックのトップにセットした関係のないカード5枚です。彼が4枚目のカードを配ったら「どこでもいいので、お好きな時に配るのを止めてください」とお願いします。観客が5枚目のカードを配ったら、次からはA、2、3、4……と再びカードを数え始めます。もし観客が4で配るのを止めたら、そのカードはハートの4です。もし7枚目で止めたら、それはハートの7です。だいたい何を行うかお分かりになったと思います。配るのを止めたところのカードを覚えてもらったら、観客にすべてのカードを揃えてもらい、心（ハート）が納得するまでデックをシャッフルしてもらいます（ダジャレじゃありません）。

デックを取り戻し、あなたが望む方法を使って選ばれたカードを見つけます。これは間違いなく観客を騙すマジックです。

話は変わりますが、このマジックには興味深い"アウト"が組み込んであります。あなたが言葉を正しく選んで観客に指示していたらほとんど起こることはないですが、もし観客がセットしていたカードを超えてカードを配り続けた場合でもカードを見つけることができます。観客に止めたところのカードを覚えてもらいます。配られたカード（セットしたハートが含まれています）も含めて残りのデックを取り返し、セットしたハート13枚の位置を見失わないようにデックを揃えます。単に選ばれたカードをセットしたハートの中に戻し、このマジックの最初にお教えした方法を繰り返してカードを見つけます。唯一の差は、カードを配ってしまったのでセットが逆順になっていることです。これで第2段に続けます。お楽しみあれ。

（オレゴン州、ユージン湖）

OVER FIVE THOUSAND IN PRINT（後注1）
（5000部以上発行されました）

＊後注1：クリエイターのデヴィッド・ハーキーが出版した『シンプリー・ハーキー（Simply Harkey）』
（クランデスティン・プロダクション刊、1991年）は、当時破格の発行部数である5000部を
発行したと広告に載せたために、非常に大きな物議を醸しました。

クリス・ケナー　エキセントリック・マジック

中華料理店に行ったとき、友達にいたずらを仕掛けたいですか？　もしそうなら、このギャグがあなたにピッタリ。マイケル・ウェーバーがこのギャグを演じているのを見たことがあります。

最初に、この頁をコピーしてください（他の頁をコピーしちゃダメです！　**これは法律で決まっています**。分かりました、良いですよ。アマーの切手の頁は許可しましょう。でも、そこだけですからね！）。特別なお告げが印刷されたおみくじの紙と鼻メガネを切り取ります（後注1）。あと、注意深く中からおみくじだけを抜き取ったフォーチューン・クッキーが必要です。古いおみくじを新しいおみくじに差し替えて、鼻メガネを組み立てて、すべてを手の届く位置に置いておきます。これで準備完了。

好きな中華料理店に出向いて、フォーチューン・クッキーが提供されるまで待ちます。ここで大事なすり替えの時を迎えます。何かを落としたり、水をこぼしたり、カップと玉のセットの下からヒヨコを取り出したりなど、友達の注意を引くようなバカなことをして彼らの気を散らします。彼らがよそを見たらすぐに観客のクッキーをすり替えます。あとは、観客が仕込んでおいたおみくじを読んでいる間に鼻メガネをつけるだけです。ここから話を続けます。

What's with the funny nose and glasses?
（どうしてそんな鼻メガネをつけた人と一緒にいるのだ？）

A
B

A

B

Fortune Cookie Madness

フォーチューン・クッキー・マッドネス

＊後注1：原著ではほぼ実物大だったのですが日本語版ではサイズが違いますので、適宜拡大コピーをしてください。もちろん、本物の鼻メガネを使っても構いません。

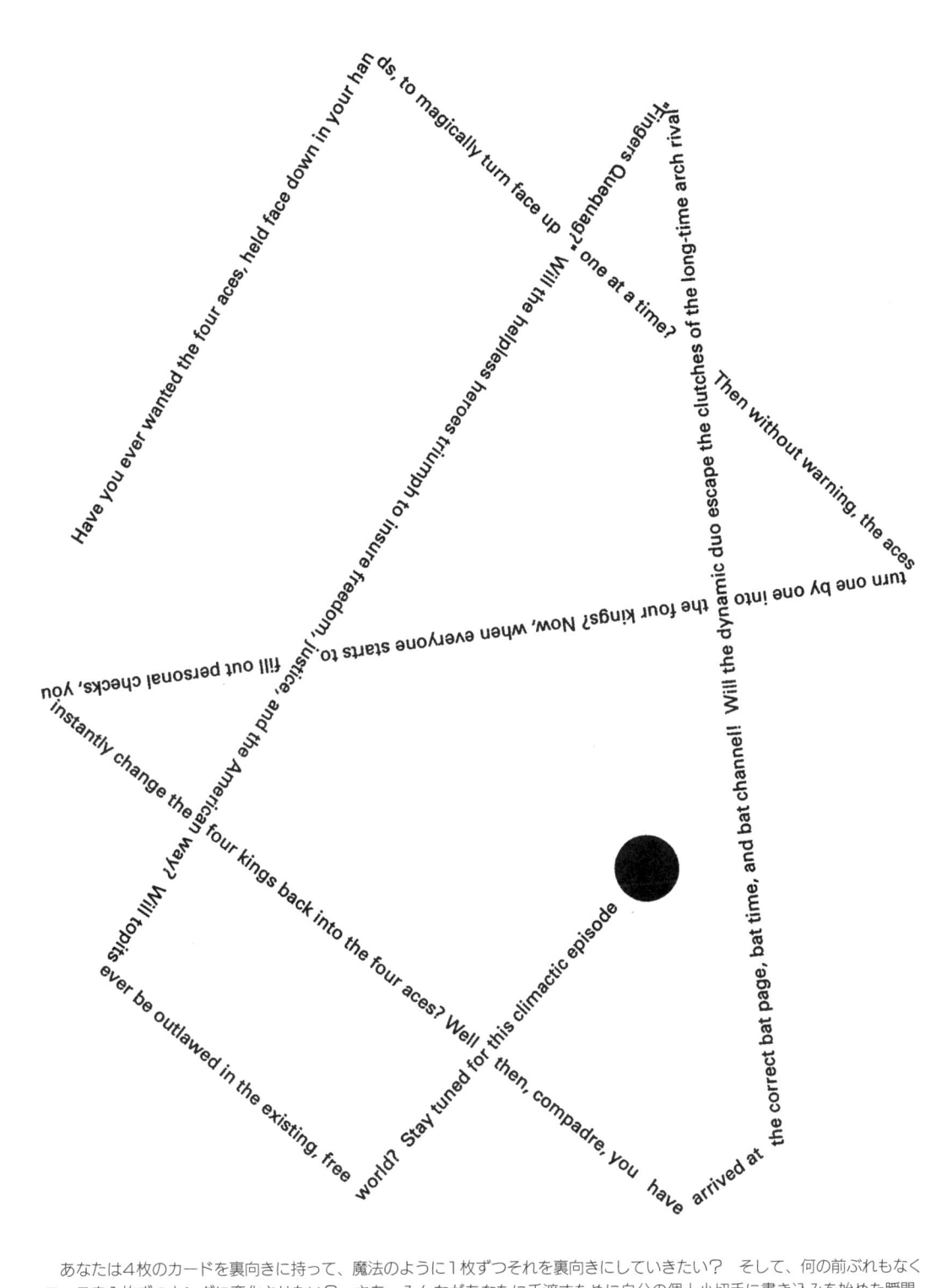

あなたは4枚のカードを裏向きに持って、魔法のように1枚ずつそれを裏向きにしていきたい？　そして、何の前ぶれもなくエースを1枚ずつキングに変化させたい？　さあ、みんながあなたに手渡すために自分の個人小切手に書き込みを始めた瞬間、あなたは一瞬にして4枚のキングを4枚のエースに変化させたい？　うん、じゃあ兄弟、いま正しいページ、バットマンが始まる同じ時間とチャンネルにたどり着いたってわけさ。このダイナミックな二人組は長年の宿敵「フィンガーズ・クイークェッグ」の手中から脱出できるのか？　絶体絶命のヒーローは自由と正義とアメリカの生活を守ったと高らかに勝利宣言できるのか？　トピットがこの自由世界の中で存在するのは非合法なことなのか？　今回の放送をお楽しみに、チャンネルはそのままっ！

クリス・ケナー　エキセントリック・マジック

すように動かし、左親指は右手にあるパケットのトップ・カードを引いてデックの上に載せて揃えます。右手は持っているパケットを左に動かし（図3）、デックの上にある今引き抜いた赤いAをパケットの下に取り上げるかのようにパケットの左側を左親指の付け根にぶつけるようにします。実際は、ブレークを保っているパケットの一番下にある

ツイスター

　これは古典的な「ツイスティング・エースス」とブラザー・ジョン・ハーマンの「アンダーグラウンド・トランスポジション」を合理化して実用的に組み合わせた手順です。デックをつかみ取って、あなたの好きな姿勢でいると仮定しましょう。好きな姿勢といっても、正常位とか韓国風の座位は除きます。赤と黒のキング（以下、K）を1枚ずつ、合計2枚と4枚のエース（以下、A）をテーブルに置きます。

　裏向きにしたデックを左手ディーリング・ポジションに持ちます。デックのトップには2枚のK、赤いKと黒いKがそれぞれ1枚ずつ載っていることを覚えておいてください（AたちはKたちとの文化の違いを学ばなければなりません）。表向きにした4枚のAを上からハート、クラブ、ダイヤ、スペードの順に並べて取り上げます。この4枚のAを表向きの状態で右手で取り上げながら、デックのトップから2枚目の下に左小指はブレークを作ります（図1）。4枚のAをデックの上で揃えると、左小指はトップから6枚目のカードの下にブレークを作っていることになります。右手をデックの上からかけてブレークから上にあるすべてのカードを右手にビドル・グリップでつかみますが、ここで右親指の腹を使ってこのパケットの下にもう1枚のカードを加えてしまいます。このとき、このカードの上にも右親指の腹でブレークを作ります（図2）。パケットを右にずら

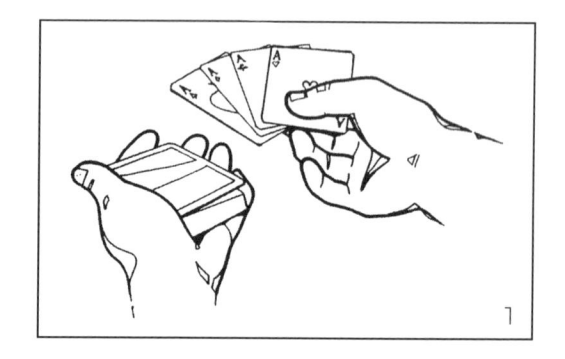

1

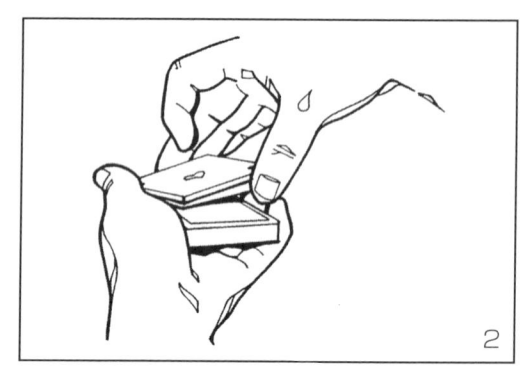

2

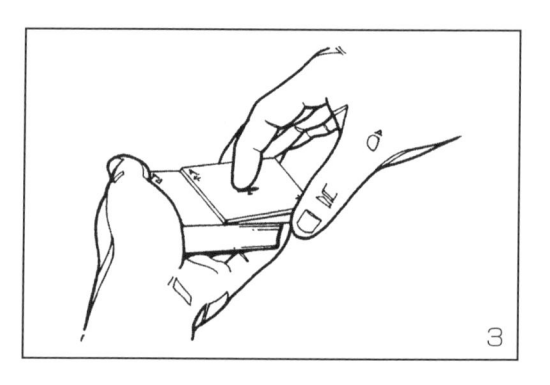

3

関係ないカードをデックの上にある最初のA
の上に落としてしまいます（図4）。2枚目の
Aをデックの上に引き取って右手のパケット
の下に取りますが、最初のAで行った動作に
似せるようにします。3枚目のカードも同じ操
作を行い、最後のAはパケットの上に残した
ままにします。手のひらを下に向けるように
左手を返し、もう使わないのでデックを脇にど
けるように置きます。今右手には、上から表
向きの黒いA、2枚の裏向きのK、表向きの黒
いA、最後に表向きの赤いAを持っています。

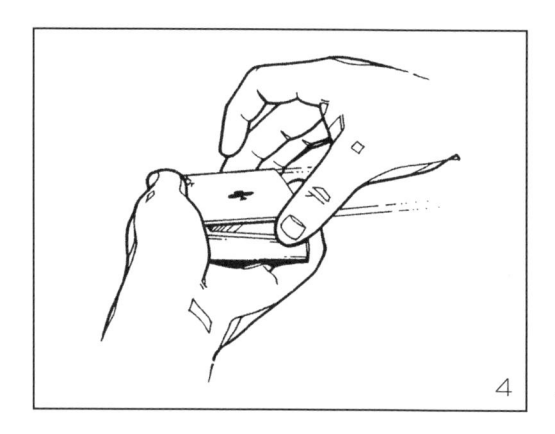

4

　パケットを裏返して左手に持ちます。エル
ムズレイ・カウントを行って、裏向きのカード
が4枚あるように見せます。ここで左手に持っ
ているパケットをひそかにひっくり返す必要
があります。私が行っている方法は、左手を上
げてかけているメガネを調節します（図5[後注
1）]）。左手を下げながら左親指をパケットの左
側からその下に差し込み、全体をひっくり返
します（図6）。もし、あなたがメガネをかけ
ていなかったら、あなたの上着のえりを引っ
張ったり、鼻をかいたりしてください。

5

　あまりに冗長で使われすぎているパチンと
指を鳴らす動作や、いつも使われているダグ・
ヘニングがやっていたような何かに手をかざ
して影を投げかける動作などでもいいので、と
にかくオマジナイの動作を行って1枚目のA
が表返ったことを知らせます（どうしてかっ
て？　そんなの知らないって）。5枚のカード
を使ったジョーダン・カウントを行って、最初
のA（クラブのA）が表向きにひっくり返った
ことを示します。

　オマジナイを再びかけます。違うって……
そのかけかたじゃないです。2枚目のカードが
ひっくり返ったことを知らせるために、次の
ように修正版のエルムズレイ・カウントを行い
ます。右手でパケットの右側をつかみますが、
右親指が上、そのほかの指先が下に当たるよ
うにして行います。左手を近づけて、最初の
カードを取り、次のカードも左手の上に取り
ます。3枚目のカードを取るとき、右親指でパ
ケットの上2枚のカードを2枚重ねで左手に押

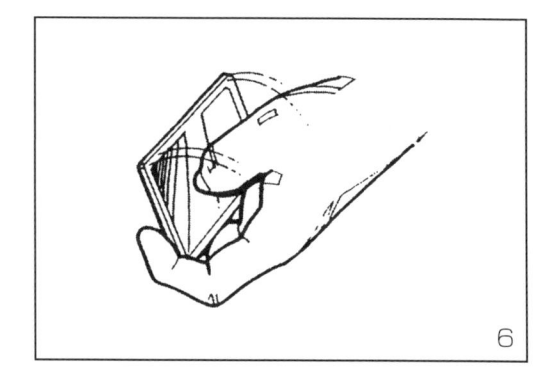

6

し出します（図7）。最後に左手で残った最後
のカードを取ります。こうしますと、表向き
になった2枚の黒いAが裏向きになった2枚の
カードの間にはさまれているように見えます。

クリス・ケナー　エキセントリック・マジック

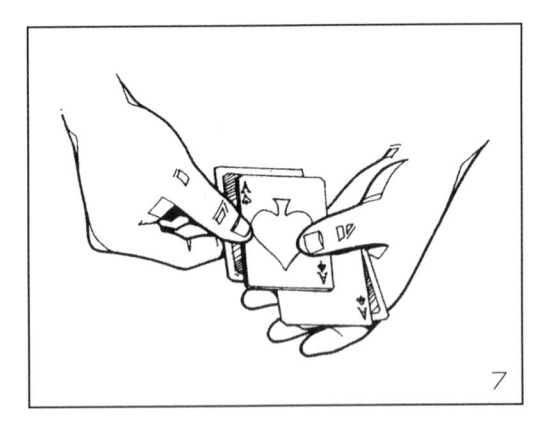

7

次の"イマジケーション"[後注2]を観客に告げたらカードを両手の間に広げますが、最後のカードは左手の中で2枚重ねにします（図8）。広げたカードを中央から分けて右手は右側の2枚を持ち、これを左手のカードの下に重ねます。この時点でのカードのセットは、上から表向きのダイヤのＡ、表向きのクラブのＡ、2枚の裏向きになったＫ、表向きのスペードのＡになっています。

エルムズレイ・カウントを行いますが、最後の2枚はパケットの右に広がった状態になるように重ねます。トップにあるダイヤのＡを右手に取ります。左親指を使って次のＡ、スペードのＡを押し出して、右手に持っているダイヤのＡの表面に載るように配ります。右手はこの2枚のカードを左手に持っているカードの下に移します。パケット全体を裏向きにひっくり返して左手に持ちます。今のパケットの並びは、上から下へ裏向きのダイヤのＡ、スペードのＡ、2枚の表向きになったＫ、裏向

きのクラブのＡになっていないとダメです。

ここからＫを変化させる一連の流れ（King Transformation Sequence 略してKTS）を始めます[後注3]。左人差し指を使ってパケットの右外隅を内側に向かって押し下げて、ボトム・カードをバックルします（図9）。右手を上からかけてブレークから上にあるすべてのカードをビドル・グリップで持ち、このパケットのトップ・カードを左手に残ったボトム・カードの上に引き取りますが、その途中で右手のカードを使ってこのカードを表向きにひっくり返します（図10）。こうすることでダイヤのＡを示すことになります。右手に持っているパケットを表向きになったＡの上に降ろし、このカードの長さの3分の1のあたりに置いてイン・ジョグします（図11）。右手に持っているパケットに上からそっと力をかけると、右手はトップ・カードだけを持っている状態になります（図12）。イン・ジョグしているパケットを見えているＡにぴったり重ねて、左手で

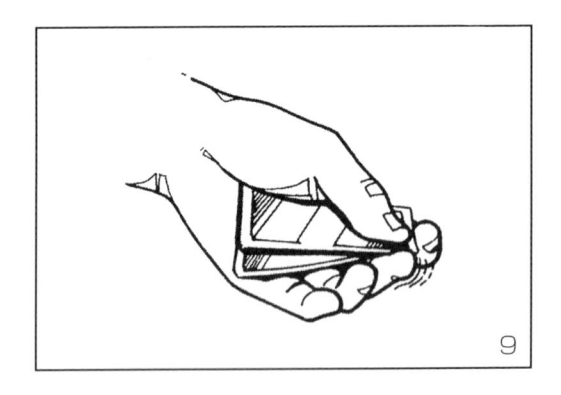

9

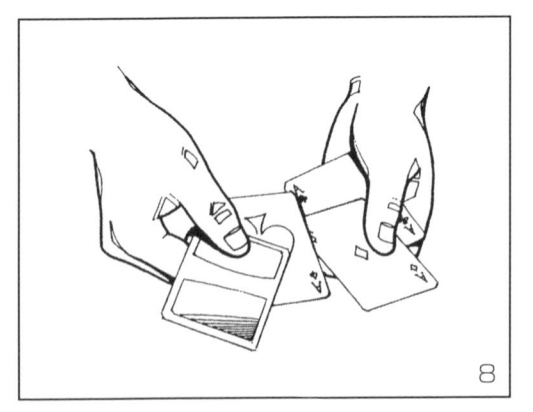

8

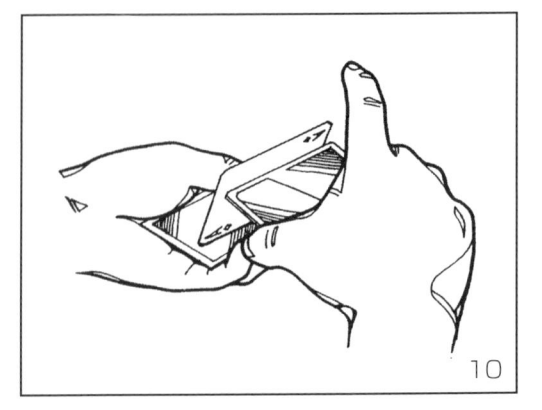

10

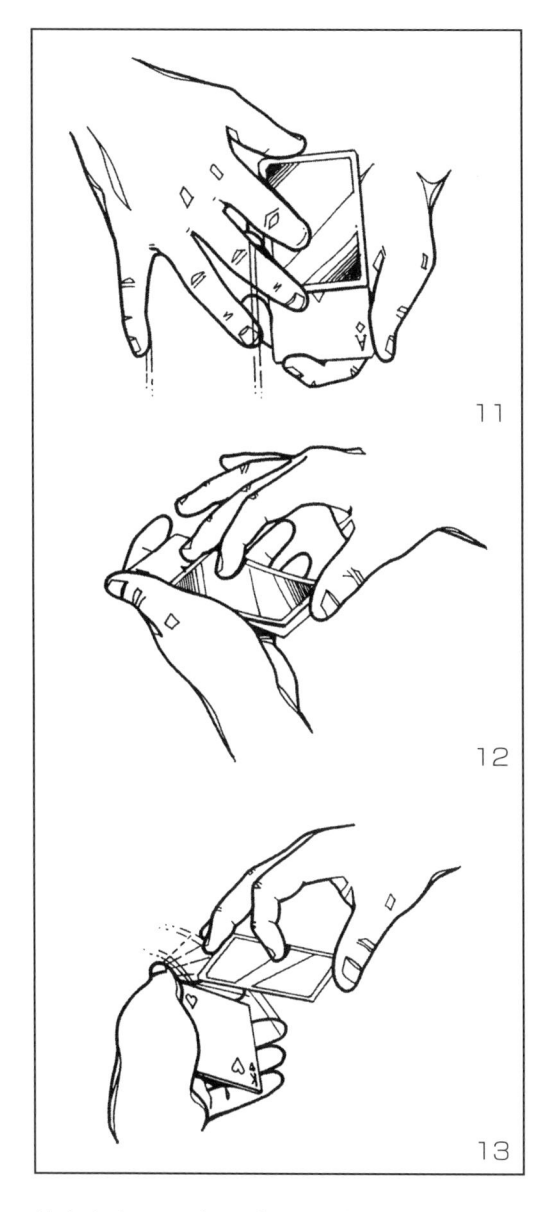

11

12

13

Kに思われている3枚重ねを右手の指先を使って裏向きにひっくり返せるようにします（図14）。左親指を使ってこのカードをテーブルの上に配ります。右手に持っているスペードのAを裏向きにして、すべてのカードの上に載せます。4枚のカードを使って、ブラザー・ジョン・ハーマンのマルチプル・リフトを行います。詳しい説明は『ブラザー・ジョン・ハーマン カード・マジック（原著名：The Secret of Brother John Hamman）』（リチャード・カウフマン著、カウフマン＆グリーンバーグ刊、1988年。日本語版はTON・おのさか和訳、東京堂出版刊、2007年）にあります。こんなことをしています：左親指でボトム・カード以外のすべてのカードをブロック・プッシュオフします。右親指と左中指でお互いパケットの右上隅をはさんで押し合います（図15）。左中指がストッパーの役目を果たしますので、左親指はそのままトップ2枚をブロック・プッシュオフし続けることができるので、トップ2枚を重なった状態で右手に送ります（図16）。

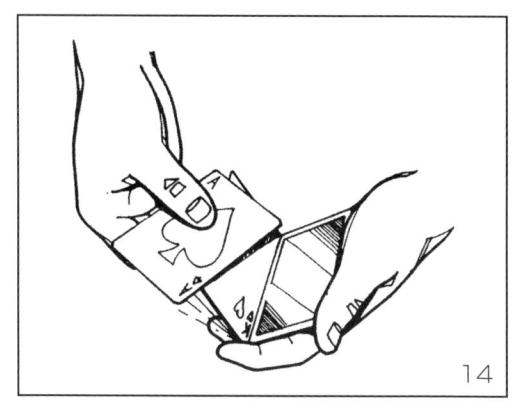

14

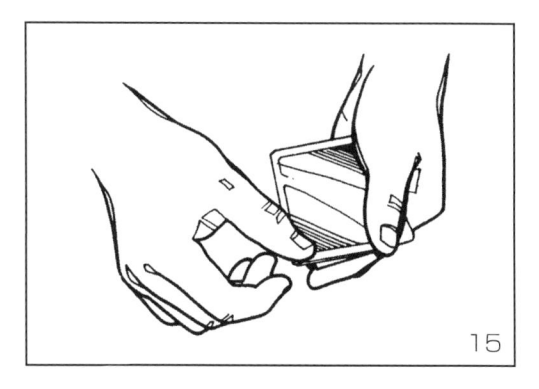

15

持ちます。ここからびっくりするようなカラーチェンジを行うには、左手を手首からグイッと素早く手前に動かし、また再び元に戻ります（図13）。右手から放れたパケットは、手前方向に働く慣性の力によって左手のパケットの上にきっちり重なります。左人差し指は上からすべって前へ動くパケットを止める役目を果たしています。

　右手に持っているカード（スペードのA）を右親指を使って表向きに返します。左親指を使ってブロック・プッシュオフをして、1枚の

クリス・ケナー　エキセントリック・マジック

この2枚重ねを表向きにしてKであることを示します。同じテクニックを使って2枚重ねのKを裏返し、これをテーブルにある最初のカードの上に配ります。

　右手をパケットの上からかけてビドル・グリップでつかんで、トップ・カードを左手に引き取ります。右手を手のひらを上に向けるように返し、クラブのAを示します（図17）。この2枚重ねを裏向きにして左手にあるカードの上に載せます。今からこの2枚（？）のカードを表向きにひっくり返して、2枚のKであることを見せます。パケットの右側を右手でつかみますが、右親指が下、残りの指先が上に当たるようにします。パケットの左下隅は左親指の付け根にギュッと押し付けていないといけません。右手の指先を少し曲げて、トップ・カードを少しずらしてパケットと分離させます（図18）。左親指の付け根を支点にして、手のひらを上に向けるように右手を返して2枚のKを示します（図19）。2枚重ねになっているKを左手ディーリング・ポジションになる

ようにつかんで右手は残りのKだけ持てるようにしてから左手のカードの上に移し替えます。パケットを裏向きになるようにひっくり返して、これを最初の2枚（観客は2枚のKだと思っています）の上に落とします。

　ここで最後のお願いがかなうように祈ります。パケットを取り上げて表向きに返します。エルムズレイ・カウントを行って、Kが"リセット"されて元のAになったことを示します。あなたが持っている奇術専門誌『グッド・ターン』を捨ててください。

　ご参考までに：この手順の最初に解説したカードのすり替えはアレックス・エルムズレイのものです。奇術専門誌『ペンタグラム（Pentagram）』1956年9月号に発表された「スティル・テイキング・スリー（Still Taking Three）」の2つ目の方法の中で解説されています。のちにエド・マルローがアトファスとして、エルムズレイのことに一切触れずに発表しました。

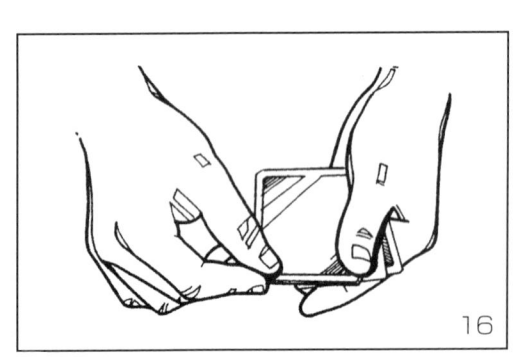

16

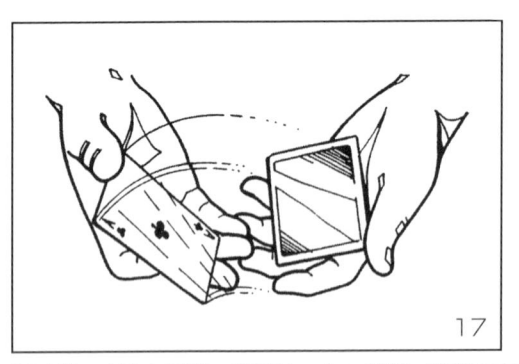

17

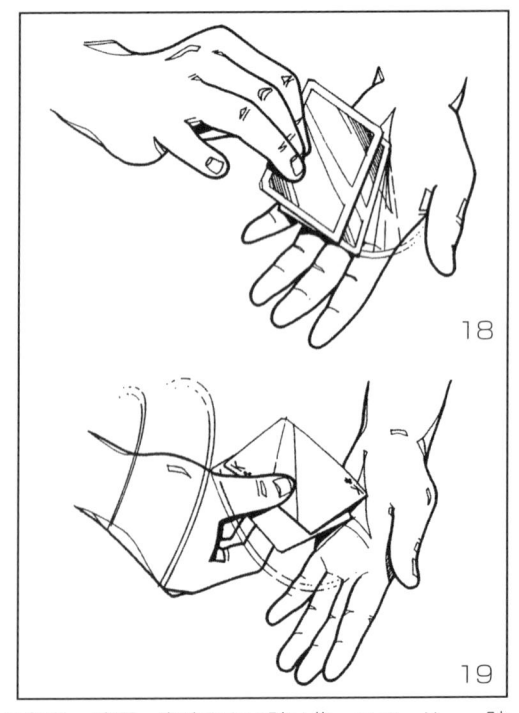

18

19

埋め草、余計な言葉、重要じゃない情報、隙間を空ける部分、隙間、意味のない詰め物、スペーサー、詰め物、もう気にしないでっ!!

＊後注１：ミハエル・ゴルバチョフ元書記長（1931年生）の頭になっています。本書が出版された1990
年代初頭、ゴルビーの愛称で親しまれていました。
＊後注２：『イマジケーション（Imagication）』（T.G. マーフィー著、マーフィーズ・マジック・マーケッ
ト刊、1988年）の中で定義された言葉。「1. 相関関係にあるイマジネーションをマジックと
いう芸術に応用したものという意味の合成語　2. カード・マジックの本」という意味。
当時ケナーさんはこの中に収録されている、とあるフラリッシュをよく演じていらっしゃいまし
た。ちなみますと、このマーフィーズはマジック製品の大卸として有名なマーフィーズ・マジッ
クとは無関係です。ここでは単に「次に何が起こるか？」という意味です。
＊後注３：KTSとはノット時（時速に換算すると時速1.852km）の略称をかけたダジャレ。

クリス・ケナー　エキセントリック・マジック

見せる

　グラシー・ノール[後注1]から戻った我らが魔法使いは、観客たちを不思議と謎の両方に魅了することで摩訶不思議な空想の世界を旅し続けていました。黒魔術にあふれた仙境の奥深くで、今回の旅は4枚の聖なる銀貨から始まります。私たちの次元を超えたパワーを使って、銀製の聖なるコイン4枚を片手から非物質化して、もう一方の手に1枚ずつその存在を明示していきます。偉大なる魔術師は魔法陣にある門を通り抜けて消えることでこの典礼を終えます。取り巻きたちはどうなっているのか考えあぐねるままにされ、今日の教訓を学びます。

　OK、これはよくあるコインの飛行なんだ！でも、めっちゃ良い手順だよ！　手順の最中はほとんど両手は手のひらを上に向けたままだよ。余計なコインもギミックも必要ありません。さあ、あなたの注目を集めたところで、一緒にこの手順を通して練習していきましょう。

告げる

　この手順は独自に作り上げたものですが、1967年にハーヴェイ・ロゼンタールが作り上げた未発表の手順と似ています。ハーヴェイの手順は、ラリー・ジェニングスの作品にヒントを得たものでした。4枚の50セント銀貨か1ドル銀貨（以下、コイン）と2つの手（できればあなたのものを使ってください）、あなたを助けるちょっとした技が必要になります。この手順ではディープ・バック・クリップを使うため、演技にベストな状況は、観客の誰もが立っていてあなたを囲んでいるウォーク・アラウンド・マジック（パーティーなどの会場を歩き回って演じるマジックの形態）です。ディープ・バック・クリップはヴァーノンの影響を受けています。

　重ねたコインを右手フィンガー・パームの位置に見えるように置いて示します。手のひらが下を向くように返しますが、4枚のコインが重なって軽く曲げた右手の指先に載るようにします。「1回しかシャトル・パスを使わないコインの飛行」でお教えするデヴィッド・ロスの技法（173頁）を使って、一番上にあるコインを右手にクラシック・パームします。このパームをする動作をしている間、左手でなにかしらのジェスチャーを行って、右手に集まっている観客の注目を外します。マルローのフリクション・パームを行い、上2枚のコインを左手の中に投げ込みます（図1）。左手は2枚のコインをつかんだらすぐに握ります。2枚のコインが右手には残っています。1枚はクラシック・パームされていて、もう1枚はフィンガーチップ・レストの位置にあります。

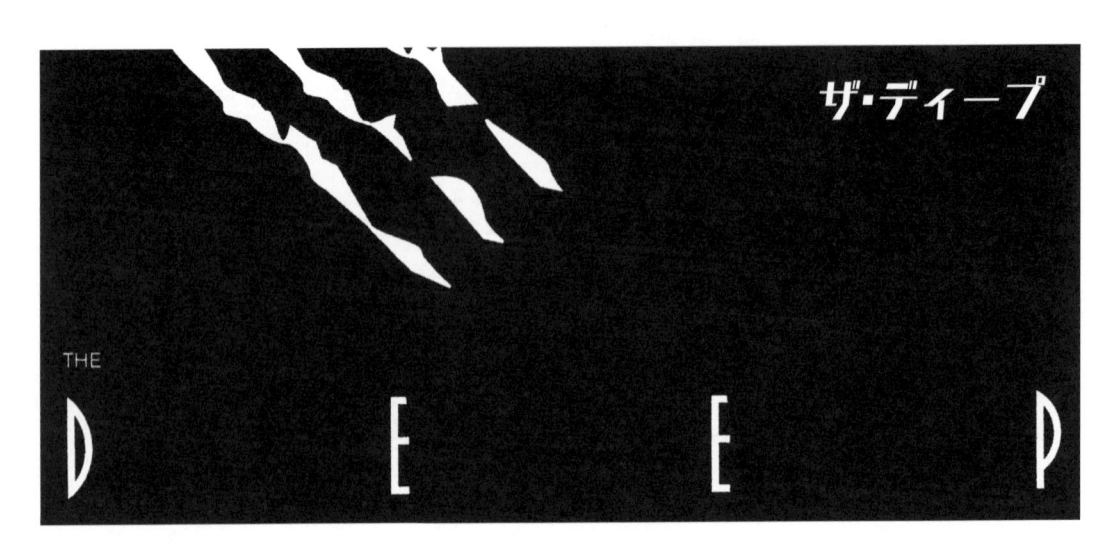

THE

D E E P

ザ・ディープ

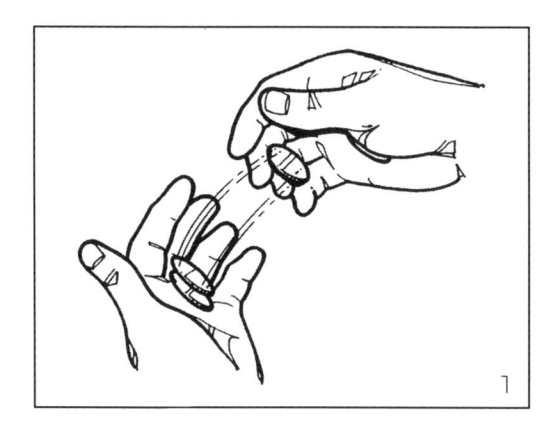

1

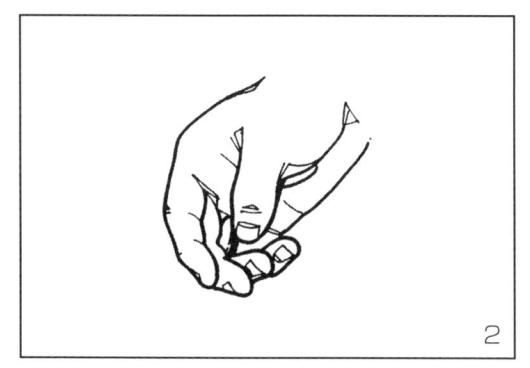

2

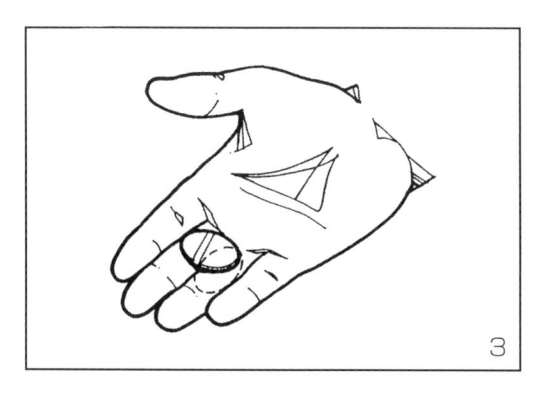

3

上部を押しながら、同時に右中指を少し上げます。こうすることでコインは回転して、中指と薬指の間にはさんだ位置に移すことができます（図2）。動作を続けて、右中指と薬指の間からコインの縁が少しだけ見えるようになるくらいまで右親指でコインを押し下げます。コインは指先の付け根近くに、中指と薬指の間に軽くはさむように保持しています。もしあなたの指が痩せていたなら、指の関節近くでコインをはさむようにした方が良いかもしれません。このバック・クリップの技法は、横にある左手で何かしらのミスディレクションをかけながら行います（他のコインを見せたり、この場合でしたら握った左手でジェスチャーをしたりします）。コインをバック・クリップしたら、すぐにクラシック・パームしているコインを静かに指先の上に落とし、少しだけ指の間から突き出ているコインの縁を隠します。すべての動作はほんの数秒のうちに行います。

　すぐに右手は手のひらを上に向けるように返して、最初のコインが飛行してきたことを示します（図3）。握った左手を少しゆるめて中のコインを振ってチャリチャリ音を立てて、そこにまだ3枚のコインがあることを観客の潜在意識に訴えかけます。バック・クリップをしたコインをベストな状態で隠すには、観客の視線は真上からではなく、斜め上45度から見下ろしているので、見えているコインを隠れているコインの少し前（指先に向けて）にあるようにします。

　2枚目のコインの飛行を見せますが、ここではかなり大胆ですが、めちゃくちゃヴィジュアルな技法を使います。2枚目のコインは右手のひらの上にヴィジュアルに突然出現します。握った左手を軽く振ってから手を開き、指先の上に2枚のコインだけが載っているのを示します。右手は指の間にはさんでバック・クリップしたコインを放しながら、手首を支点にして素早く上に2.5センチほど動かします。こうすることで見えているコインを手の

　ここでフィンガーチップ・レストの位置にあるコインをディープ・バック・クリップします。この詳しい説明は『デヴィッド・ロス・エキスパート・コイン・マジック（David Roth's Expart Coin Magic）』（リチャード・カウフマン著、カウフマン＆グリーンバーグ刊、1985年、102頁）に収録されています。最初に右親指をフィンガーチップ・レストの位置にあるコインの上側の縁に載せて、コインが指の第2関節に到着するまで指先の付け根に向けてすべらせます。右親指でコインの

クリス・ケナー　エキセントリック・マジック

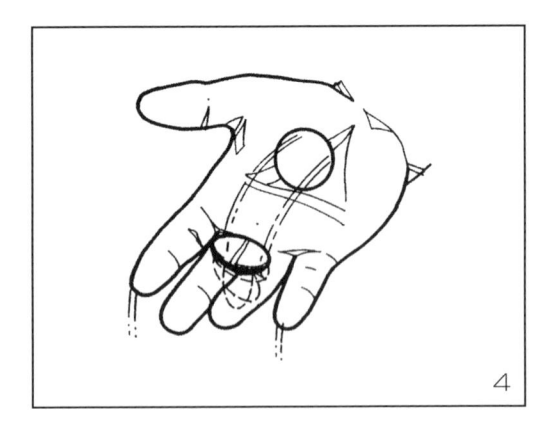

4

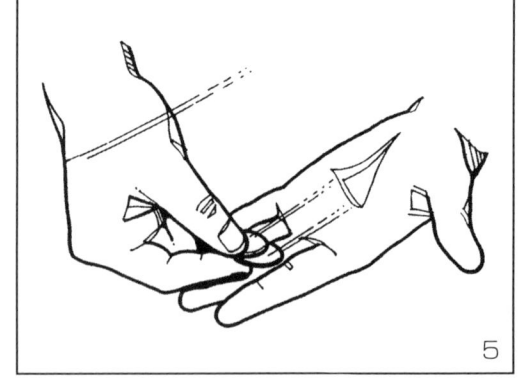

5

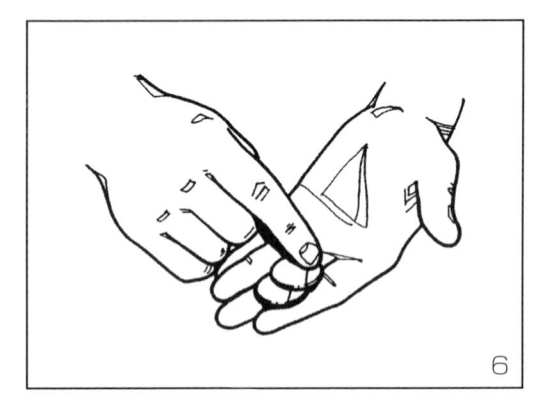

6

ひらの上に飛ばして、隠れていたコインを指先の付け根に突然出現させます（図4）。正しく演じたら、コインが手のひらの上に魔法のように出現したように見えます。もともと隠れていたコインが見えていたコインのあった場所に現れたのです。繊細さがここでは重要になります。他のコインがどこからともなく飛んできたように見えているのに、指先に載っているコインはもともとコインがあった場所から動いていないようにしか見えません。この技法は最初ホーマ・リワッグが私に見せてくれ、またギャリー・カーツも独自に考案していました。

　ここで天海ペニーに似た技法を行って、観客の考えの2歩先を進みます。両手を手のひらを下に向けるように返しながら握りますが、右手は持っている2枚のコインをクラシック・パームします。左手を開いて手のひらにある2枚のコインを示し、右親指と人差し指で2枚のコインの前側の縁をつまみます。この2枚のコインを指先に向かって引きずっていき、左手の指先の上にひっくり返して載せます（図5）。コインをひっくり返し終わるとき、上側のコインは下側のコインよりも少し前にあって段になってないとダメです（図6）。左親指を上側のコインの上に置き、手のひらが下を向くように手を握りますが、この2枚のコインを左親指と人差し指の間にはさむようにします（図7）。コインを段にする理由は、このコインを右手に移し替えて示す動作を楽にするからです。右手を手のひらを上に向け

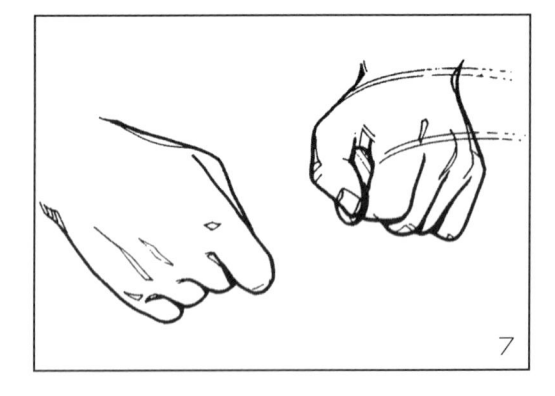

7

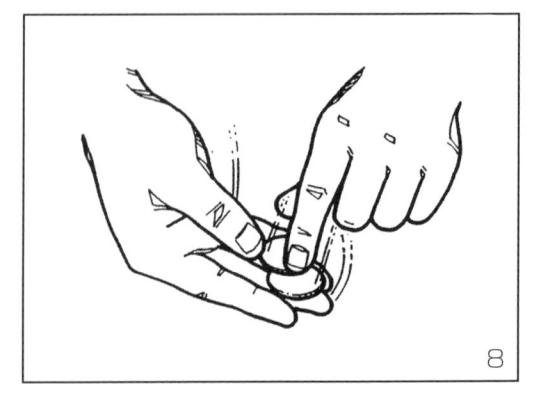

8

るように返しながら、右手の指先を開き始めます。指の中が見え始めたら、左親指と人差し指を伸ばして2枚のコインを指先の上に段状になるように置きます（図8）。動きを続けて、左人差し指でこの2枚のコインを指さしします。右手にクラシック・パームしているコインはマリーニ・サトルティのおかげでまだ隠されています。今、両手にある2枚のコインをそれぞれ示したように見えます。今、あなたは観客の2歩先（2枚先）を進んでいます。

　3枚目のコインを飛行させるには、右手は一番下にあるコインをバック・クリップしながら、手のひらが下を向くように両手を少し返します（図9）。これは左親指を上側のコインの上に載せていること以外は1枚だけバック・クリップする動作と同じです。握った左手で何かをちょっと投げ上げるようなジェスチャーをします。その1秒後、クラシック・パームしている2枚のコインを指先の付け根にあるコインの上に落として"チャリン！"

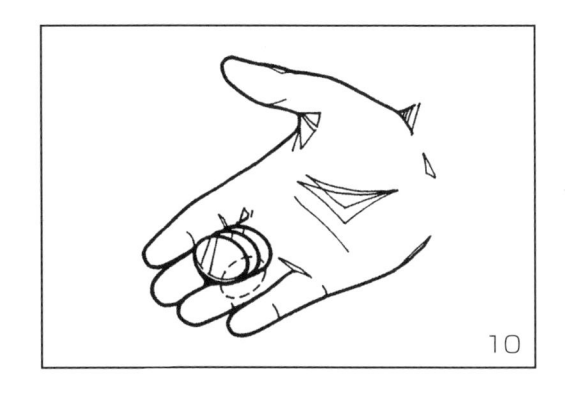

10

と音が立つようにします。3枚のコインを示すために右手を開きます（図10）。

　長い間をあけないようにして、左手でジェスチャーをしてから手を開いて何も持っていないことを示します。右手を素早く2.5センチほど下げながらバック・クリップしているコインを放し、4枚目のコインをすぐに出現させます。こうすることで、隠れていたコインは他の3枚のコインに加わって一緒に手のひらまで飛んでいきます（図11）。テッテレー！

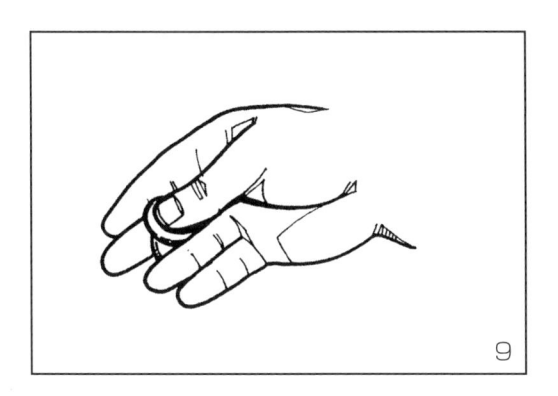

9

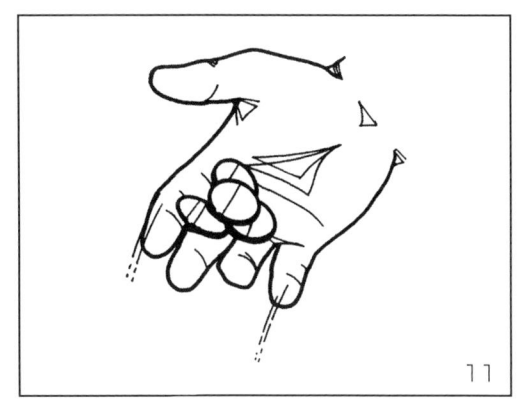

11

*後注1：テキサス州ダラスのディーレイ・プラザにある芝生の丘。ここからケネディー大統領を狙ってライフル銃が打たれたという説があります。

クリス・ケナー　エキセントリック・マジック

into the WOODS

イントゥー・ザ・ウッズ

何が起こる

どこかに車体に木板を張ったステーションワゴンはない？　誰かいないの？……誰か……執事はおらぬか？……誰もいない？場内放送に応えて、高校のカフェにいるガンズ・アンド・ローゼスのファンたちが作った小さなサークルのためにマジシャンは古典的な葉巻を使ったマジックを改良した作品を演じ始めます。我らが若きマジシャンはタバコの葉入れ用の小さながま口を取り出し、その中から奇跡のように木製の葉巻を引っ張り出します。安い劇場にいる不機嫌な観客は葉巻を調べますが、このがま口の中に入れることはできないことを知ります。マジシャンの両手は空のように見えますが、彼は2本目の葉巻を小さながま口から引き出します。ここから本当に酷いジョークを続けます。笑いが収まったら、この向こう見ずなマジシャンは、うっと

うしい葉巻をポケットにしまって片付けようとしますが、葉巻は次々に指先に現れ続けます（これ、本当に嫌なんですよね）。明らかに不安になったマジシャンは、このマジックを好きになることはないと気づいて、葉巻を完全に消してしまいます。カフェに押し寄せた観客たちはブーイングしたり、シッシ！とマジシャンを追い払おうとします。大学の全学生はすぐに一斉蜂起して、結果として起こった事の成り行きは有料ケーブルテレビサービスで放送される新しい内部調査のドキュメンタリーになりましたとさ。

どうやる

この手順は、ネート・ライプチッヒの古典的な葉巻とがま口の手順に対する私の改案です。ものすごく合理化した手順で、原作で必要だった余分な仕掛けのあるがま口を排除しました

……お分かりとは思いますが。立って演じたり、会場を歩き回ってマジックを演じるために、この手順は完璧に合います。この現象は2分ほどで演じられます。

　大変小さながま口が必要です。私が14年使い続けているがま口は、18世紀の大変小さい、革製のタバコの葉入れです。これは一般的に使われているゴッシュマン型のがま口の半分くらいのサイズです。あと、木製の葉巻が2本必要です（図1）。私の使っている葉巻は私自身で硬い木を旋盤にかけて削り、茶色く着色したものです。

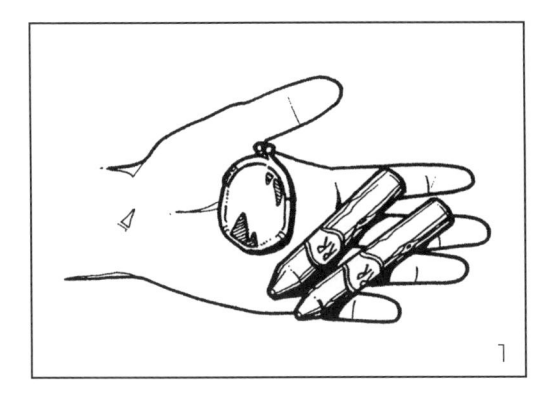

これらの葉巻は直径約1センチ、長さ8.7センチです。葉巻に重さを出すために中に鉛の散弾を詰めて、自分の楽しみのために葉巻のバンドもデザインしました。皆さん事を簡単にするために、葉巻のバンドは本物の葉巻のものを使ってください。どんな木工職人さんでも、この木製葉巻をあなたのために数分で作ってくれるでしょう。

　この素晴らしい手順を演じるには、あなたのお好きな上着を着ます。葉巻をスリービングする準備をしておきましょう（つまり、上着の下に着ているYシャツのそでをまくっておきます）。1本の葉巻と一緒にがま口を上着の左ポケットにしまっておきます。ここで重要な注意点を1つ。がま口の口金は閉じないでください。この手順のオープニングの段落を行っている間、ハンドリングがより楽になります。もう1本の葉巻は上着の右ポケット

にしまって、演じ始める準備完了です。

　上着の右そでに葉巻をスリービングするところから始めます。この技法を観客を欺くように行うには、自然な動作の中でスリービングの動作をカバーするのです。何かを探すかのように両手で上着のポケットをポンポンと叩きます。右手を上着の右ポケットに突っ込みながら、上着が動かないように安定させるために左手は上着の右えりをつかみます。ポケットの中に手を入れたらすぐに葉巻をスチールして、これを改良版の葉巻パームをしてから手をポケットから出します。葉巻は指先と平行になるようにして右親指の先と右中指の側面の間にはさみ、中指の先は葉巻の前端に当てます（図2）。もし葉巻の尖った先が手前に向いていたなら、葉巻はより簡単にスリービングできるでしょう。葉巻は実際にパームされていないだけではなく、スリービングの準備をするような方法で持っていることに注意してください。上着の右ポケットにはお目当てのものを見つけられなかったように演技します。上着の左え

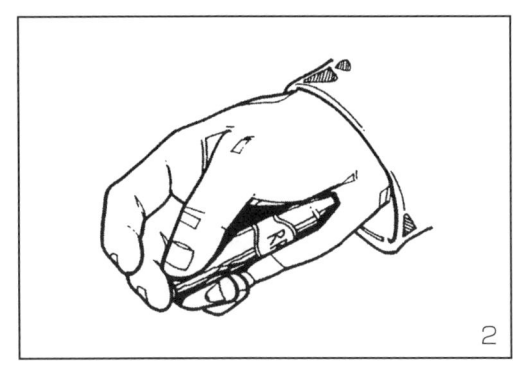

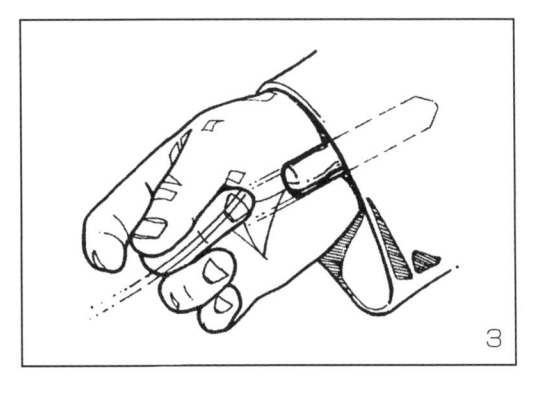

クリス・ケナー　エキセントリック・マジック

りをつかむために右手を上げる中、右中指を手のひらに向けて弾いて、葉巻を右そでの中に飛ばします（図3）。これはちょうど右手の指先をパチンと鳴らすような動きです。右親指と中指の側面が飛んでいく葉巻のためのガイド代わりになります。実際の演技では、私は右手を下ろしている状態でスリービングして、それから、まだ葉巻がそでの中を上に向かって飛んでいる間に、右腕を直接左えりに向けて動かしています（図4）。これは『ザ・ニュー・モダン・コイン・マジック（The New Modern Coin Magic）』（J. B. ボゥボゥ著、マジック・インク刊、1952年）に解説されているドクター・E. M. ロバーツのスリービングで使われているものと同じ策略です。多くのスリービングを使うマジシャンたちが行う悪いクセは、最初に手を上げて葉巻をスリービングして、それから左えりに向けて動かすことです。自然な動作になることを確実にするために、左えりまで最短コースを通るようにします。

　葉巻をスチールしてスリービングするまでのすべての動作は2秒以下で行います。さあ、右手で左えりをつかんだら、左手を上着の左ポケットの中に突っ込んで、葉巻をシガレット・パームします（おっとゴメンなさい！　シガレット・パームと葉巻パームの差ってなんだろう？　もし間違ってなければ、タバコの葉っぱは乾かすために洞窟の天井から吊り下げておくんでしたっけ？）[後注1]。

　左手は葉巻をパームしますが、左手のひらと左中指の間で支えるようにします。ポケットの中では指先でがま口をつまみ、手を出してこれを示します（図5）。左手の指先でがま口の口金を少し開き、それから葉巻をパームしたまま左手を身体の脇におろしながら、がま口を右手の指先に手渡します（ここでゴトンと大きな音がしたら、葉巻が右そでの中に入っているのを忘れていたということです……忘れず覚えておいてください）。右親指と中指でがま口の袋をつかみます。右手を上げて、がま口をハッキリと示しながら、さりげなくチラリと右手が空であることを見せます。

　このがま口はタバコの葉を入れておくものだと手短に話します。がま口の口から1本目の葉巻を取り出します。両手をあなたの身体の前で合わせます。右親指と残りの指先でがま

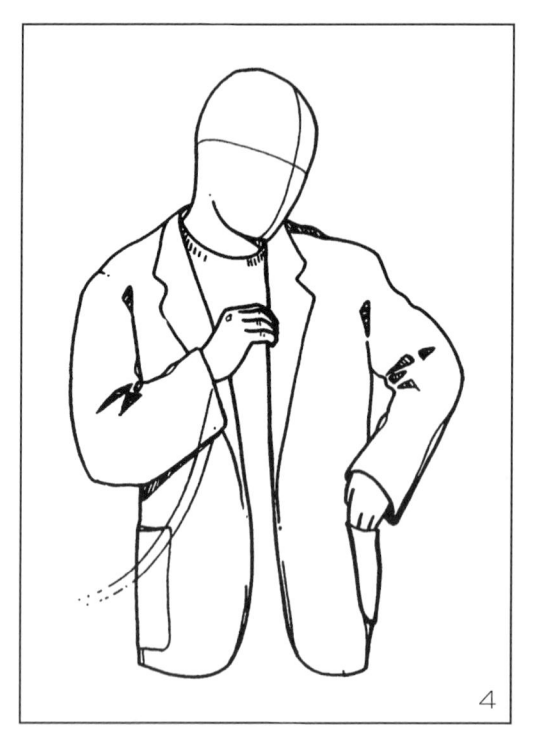

4

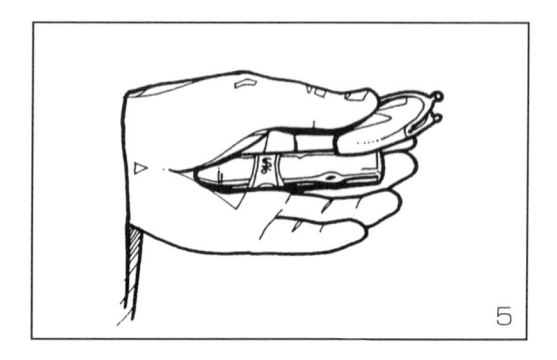

5

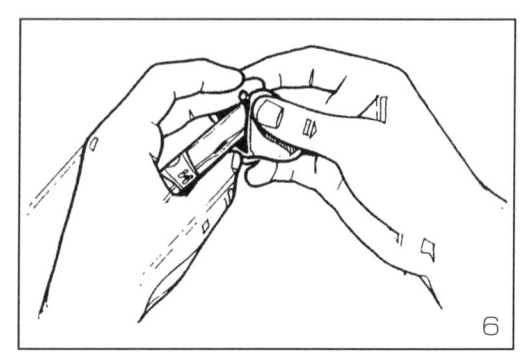

6

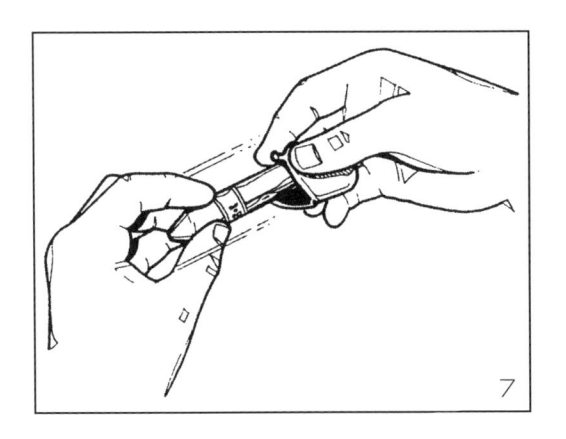

口の口を少し開いて受け入れながら、左手は葉巻の端をがま口の口から中に突っ込みます（図6）。左手は葉巻をまっすぐにしてから左に動かしながら、がま口の袋越しに右親指と残りの指先で葉巻をしっかりつかみます（図7）。葉巻をがま口の中から引っ張り出して出現させたように見えます。この動作は1秒くらいで行います。

　ここで興味深い策略を行います。葉巻をがま口から取り出すとき、葉巻を少しひねります。この動作によって葉巻を退屈で硬い木製の棒ではなく、ほんの少し本物っぽく見せることができます。葉巻の端をハッキリとがま口の中から抜き出す様子を見せて、これを右側にいる観客に手渡します。がま口に入れておいたタバコの葉が硬くなって、ときどき葉巻になってしまうと言います。

　その間にがま口を左手に手渡し、両手でジェスチャーをして空であることをハッキリ示します。観客に葉巻を小さながま口の中に戻してほしいとお願いします。観客が楽にそうできるように身体を少し右に向け、左手を伸ばしてがま口を観客に向けて差し出します。この大きな動作の陰で、右手を身体の脇に下ろし、スリービングしておいた葉巻をひそかに受け取って何気なく葉巻パームします。

　ここでちょっとした策略を。誰かがスリービングをするときにやりがちな何かを受け取る動作を見せるのを避けるため、右手を身体の脇に下ろす前に右手の指先を少しカップ状にして、右手首を下にぐにゃりと曲げます。こ

うすることで腕と手首の動きを注目されがちな最後の瞬間に行うことを避けるのです。観客が持っている葉巻をあなたが持っているがま口の中に差し込む前に、右手にパームしている葉巻をがま口の中から取り出します。これは最初の取り出しとまったく同じ方法で行いますが、逆の手で行っています。右手で葉巻を取り出しながら、ボソボソと「ゴメンなさい……最初に別のこれも出させてください」と言います。がま口をテーブルに置くか、もしウォーク・アラウンドの状況でマジックを演じているなら右側にいる観客に手渡します。

　ここからひどいジョークを話す時間になります。「この葉巻、どこで手に入れたか知っています？　葉巻専門店にいる……無表情な人からね！[後注2]　これは吸うには最高なんです、なんせ普通の葉巻よりも長く燃えるからね。ところでこれ、音楽用の葉巻だってご存知？　これをシガーバンドで巻いたらね、いつもバンドと一緒にいるってことだからね！」もしこの時点であなたがまだ生きていたら、思い切って進めてください。同時に、もしあなたの鼻の中に葉巻を突っ込むというアイデアを思いついたなら、いまこそこの本のコピー本を売る時です。

　次の段は左手を使って葉巻を右手から取って上着の左ポケットにしまおうとします。しかし、イライラすることに葉巻は右手の指先に次々現れてしまいます。両手に葉巻をそれぞれ持ちますが、親指と人差し指で持つようにしていて、葉巻のほとんどの部分が手の上に伸びています（図8）。最初の葉巻を処理しようとして、左手で持っている葉巻を上着の左ポケットにしまうように見せます。しかし実際には、左手はポケットの中に入れながら、重力を使って静かに葉巻を手の内側に回転させ、左中指はフリップのウォンドを消す技法を行って葉巻を手の中にパームします。すぐに右手に持った葉巻に注目を集めます。葉巻をパームした左手をポケットから出し、右手に持っている葉巻を

クリス・ケナー　エキセントリック・マジック

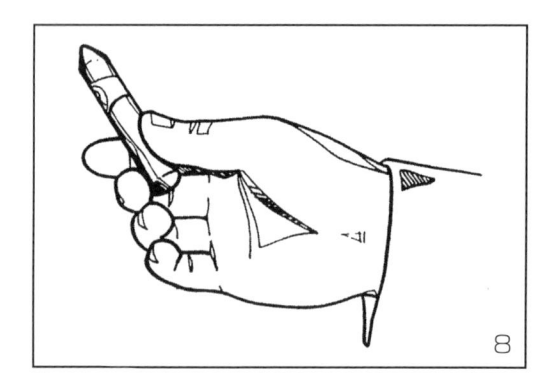

8

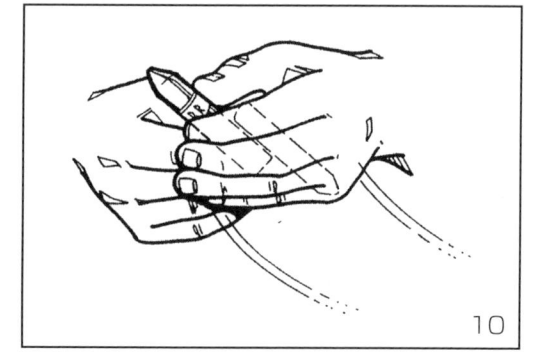

10

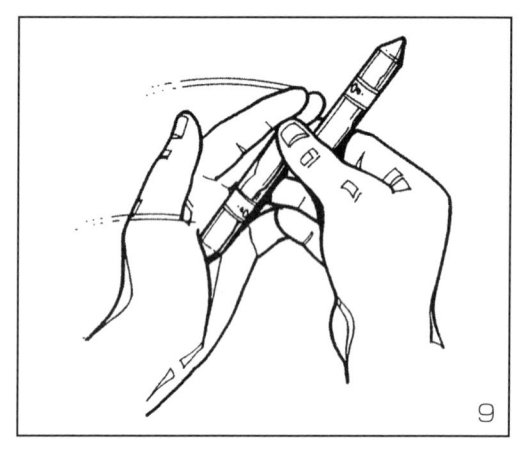

9

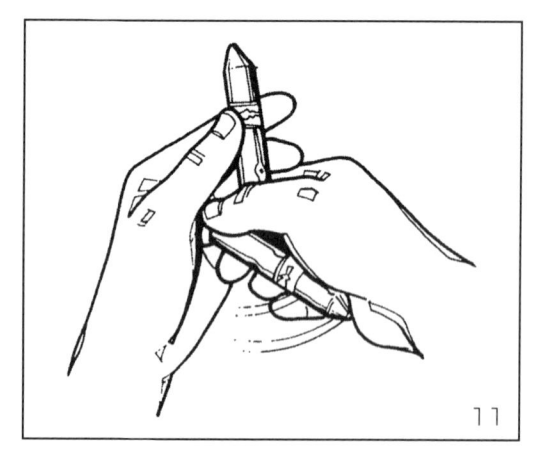

11

取ろうとその手に近づけます。両手が重なったら、左手は2本の葉巻を平行に並べます——それぞれの葉巻の端は2.5センチくらい重なっています（図9）。この時点で右親指は左手に持っている葉巻の端をつかめる状態になっています。動きを続けて、左手を上に動かし、見えている葉巻をつかみます（図10：観客から見た図）。この時点で右中指を手前に引き、隠れている葉巻を内側に回転させて右手の中に入れてしまいます（図11）。左手で見えている葉巻を取り、上着の左ポケットの中にしまうフリをして、再び葉巻をパームします。この時点で、右手は新しい葉巻を指先に取り出します——右人差し指と薬指ではさんで保持している葉巻の遠い

方の端を親指を使って押し上げます（図12）。それぞれの動作はちぐはぐなように思えても、練習によってスムーズに演じることができるようになります。

12

この動作の流れをあと2回だけ繰り返します。最後に左手をポケットに入れたとき、持っている葉巻を本当にその中にしまって、1本だけを右手の先に持っているようにします。

私はこの段落を非常に無頓着に、ほとんど冗談のように演じています。この部分を大げさに演じないでください。この部分は5〜6秒で終えないとダメです。

「何本差し上げましょう?」と観客に尋ねながら大変カジュアルな葉巻の消失を行います。右親指と中指の側面で細くなっていない方の端をはさむようにして持ち、右人差し指はこの端の反対側に当てます。両手をあなたの胃の前で合わせ、左手は葉巻を取ろうとします(図13)。左手が葉巻をカバーしている裏で右中指を手の内側へ引き、葉巻を手前に回転させて手の中に入れてしまいます(図14:分かりやすくするために左手をはぶいています)。葉巻を包み込んだかのように左手を握り、手を上にあげて左に動かします。同時に葉巻を隠し持った右手を身体の脇に降ろします(*)。手順の最初に行ったように、葉巻をスリービングして右手を上げて左手に合わせます。左手を開いて空であることを示し、両手をパンパンと払いながら「もうね、このマジック好きじゃない!」と言います。この葉巻の消失はカジュアルなものです。これに注目を集めないでください。葉巻をもて遊んでいたら、それが消えちゃったかのように演技します!

左手を右に伸ばしてがま口を取ります。同

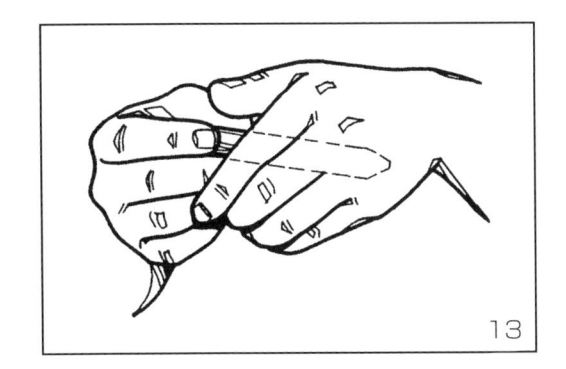

13

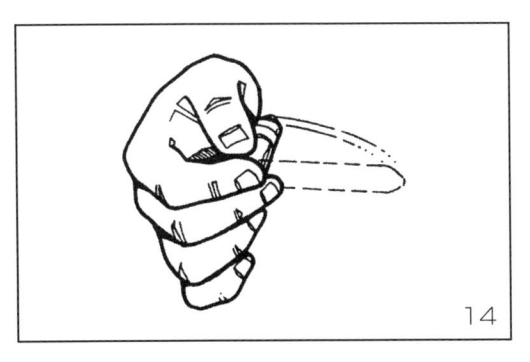

14

時に右手を身体の脇に降ろし、先ほどお話ししたように右手の中に葉巻を落とします。両手をそれぞれのポケットに突っ込み、がま口と隠し持っている葉巻を処理します。

これは演じるのが楽しい手順です。他のカード・マジックとはまったく違うからです。大変短い時間に魔法が多く起こり、魔法がほとんどどこからともなく現れるのです。道具は興味深いですが、嘘っぽくありません。この手順を楽しんでください。そうだとも!

＊後注1:「タバコをパームする」と「タバコの葉(Cigarette Palm)」をかけたダジャレです。

＊後注2:「At a ciger shop……from the wooden indian.」とあって、木でできた葉巻なので、「木製のインディアン人形」と「無表情な人」をかけたダジャレを言っています。まったく日本語になりません。

＊重要な策略がここにもあります:何かを片手から片手に取ったように見せる種類の消失を行うときは、両手を同じスピードで離して、同時に止めないとダメです。たとえば、フレンチ・ドロップを行うとき、片手でコインをとって握りその手を上に上げるように見えます。両手を同時に動かしたとき、人間の目は両手の動きには気づいていますが、どちらの手も同時に特別注意してみることがありません。ミスディレクションのカギは、意図した焦点へと向けられるあなたの視線にあります。

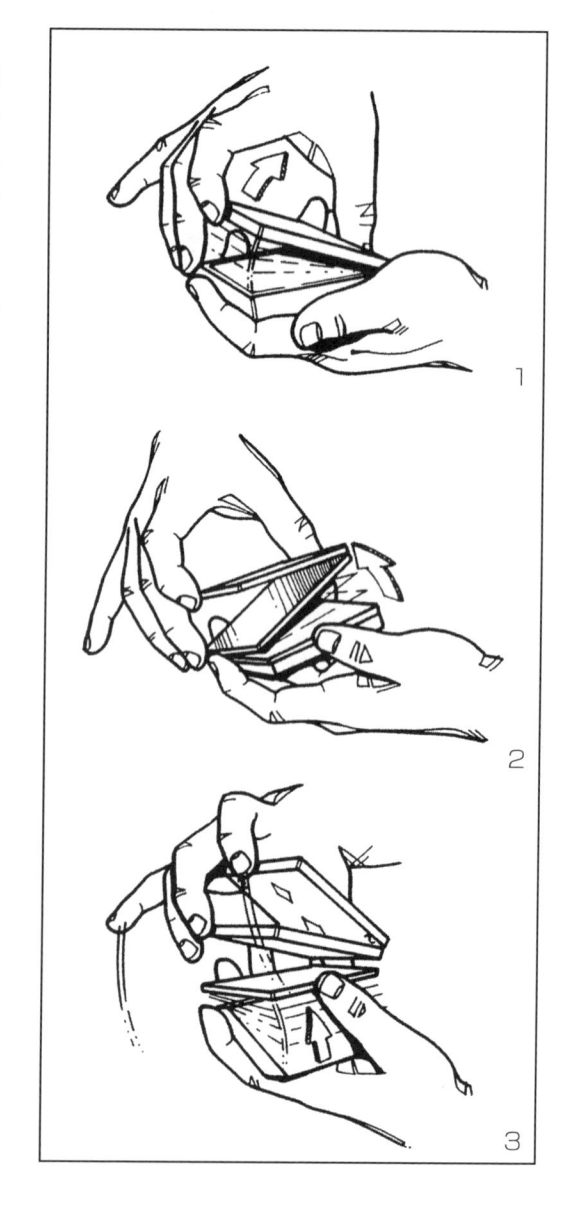

クリス・ケナー　エキセントリック・マジック

もしあなたの腕前を見せつけたいのなら、読み続けなよ！　もしトップのパケットをボトムに、ボトムのパケットをトップから2つ目に、3つ目のパケットをトップに、そして2つ目のパケットをボトムから2つ目に、この4つのパケットをそれぞれ移動させる必要があるなら……このカットこそあなたのためのものです！　このカットはあなた個人の楽しみと気晴らしだけのためのものです。

たデックの上半分の左側の縁に当たっています。元々の残ったパケットの上半分が左手のひらの上に落ちるまで、持ち上げている残ったパケットの下半分の右側が上半分の左側を超えるようにします（図4）。いまのところ、右手に持っている2つのパケットは左手の真後ろの上に浮かせて持っています。元々の残ったカードの下半分が左手の上にあるカードの上に落ちて重ねる前に、右手に持っている上

Sybil Sybil Sybil Sybil Sybil Sybil Sybil Sybil Sybil **Sybil** Sybil Sybil Sybil Sybil｜シビル

最初にテレビやラジオを切ってください。こうした気をそらせるものは、この解説を読む邪魔になるだけです。最初にデックを左手ディーリング・ポジションに持ちます。右手は4枚の銀貨をパームします。右手をデックの上からかけてビドル・グリップで持ちますが、右親指はデックの右内隅に、右人差し指と中指はデックの右外隅に当てています。右人差し指でデックの上4分の1を右親指の腹を支点にして持ち上げます（図1）。動作を続けて、右親指の腹で次のデックの4分の1を左人差し指を支点にして持ち上げます（図2）。

2つ目のパケットの持ち方を変え、右親指と中指の間で持つようにします。もしあなたが注意深く行っていたなら、今右手を真上に上げたら、この2つのパケットを持ち上げることができます。同時に左手はデックの残りでシャーリエ・パスを行います（図3）。このシャーリエ・パスはディーリング・ポジションから始めますが、左手の指先で行う一般的な方法とは反対側から行います。簡単に説明しますと、左親指でデックの左側を押し上げますが、持っているカードの上半分を5センチくらい持ち上げます（図3）。残ったパケットの上半分はデックの右側を支点にして本を開くように開いています。左人差し指で残ったパケットの下半分の右側を上に押し上げ、左親指の付け根を支点にして開くようにします。このパケットの裏面が左親指の内側に当たるまで続けます（図4）。左親指はまだ残っ

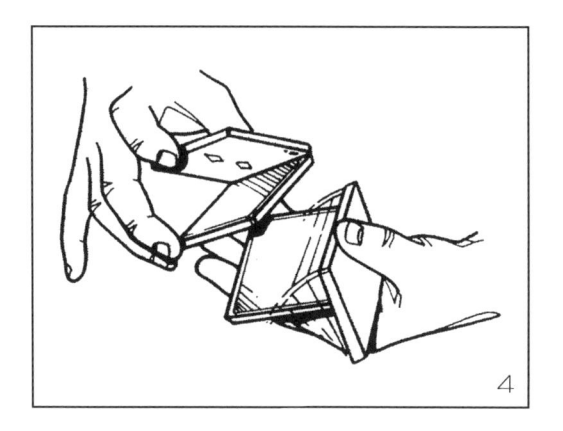

4

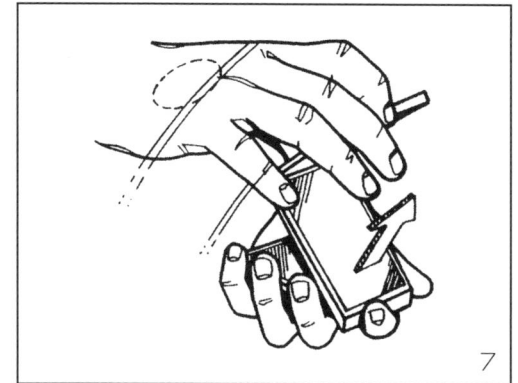

7

から2つ目のパケットを左手のカードで作られているV字の中へ差し込みます（図5）。右手に持っているカードをはさむことになりますが、左手の斜めになっているパケットを倒してディーリング・ポジションに持っているカードの上に重ねます（図6）。

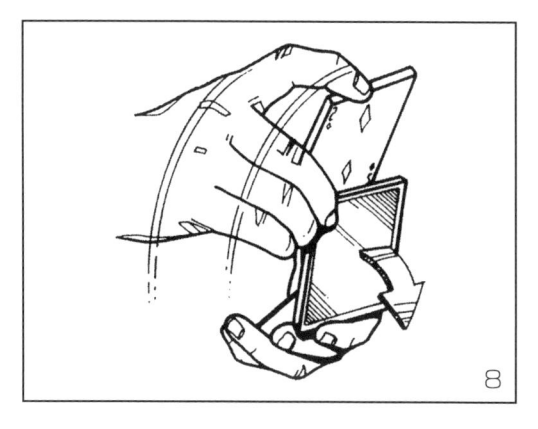

8

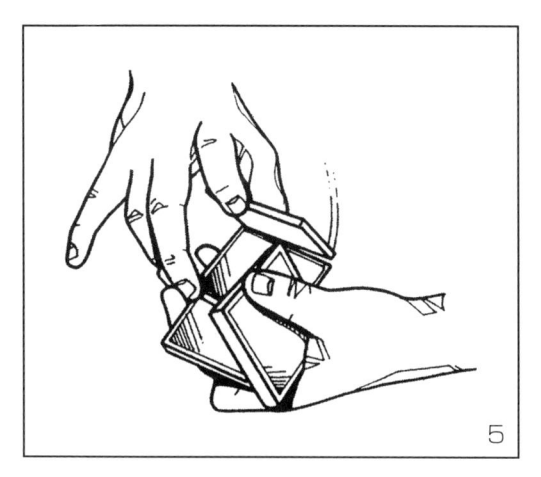

5

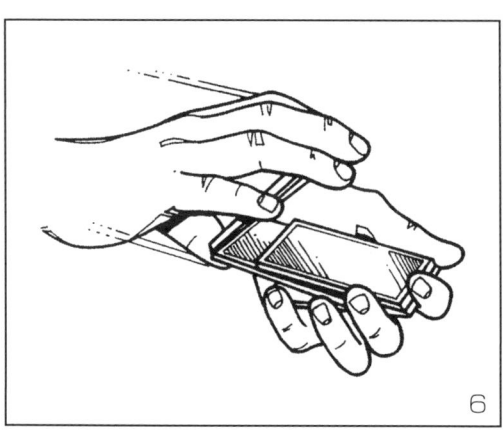

6

　ここからはビル・クルーシュが考案したカットを行います。右手を前にすべらせて、左手に持っているパケットの上半分を右手で最初から形作っているV字の中に差し込みます（再び図6）。右親指を前に押しながら、同時に上に持ち上げます。すると中央にある2つのパケットが重なり、前側にある左人差し指を支点にして上に持ち上がります（図7：パームしているコインがチラリと見えないことを確認してください）。また別の一連の動作を行うのですが、まず右手を上に動かし続け、左手を超え、左人差し指を支点にしてあなたから離れていくように中央にあるパケットを縦方向にひっくり返していきます（図8）。中央のパケットが90度に立ち上がったら、このパケットの右上隅をつかむために右中指と薬指を親指に向けて曲げて助ける必要があります（図8）。図の矢印に従って右手を左手の上を通過させて続けていきます（図9）。中央のパケットが左手に持っているパケットの下にもぐり

クリス・ケナー　エキセントリック・マジック

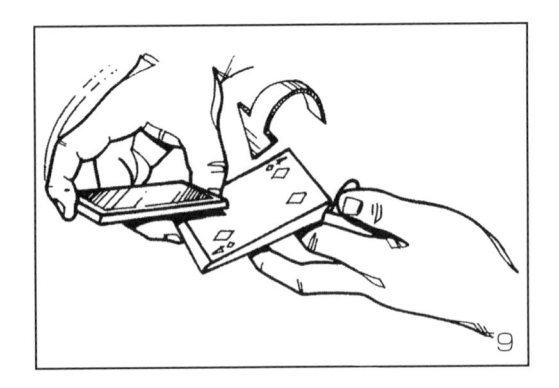 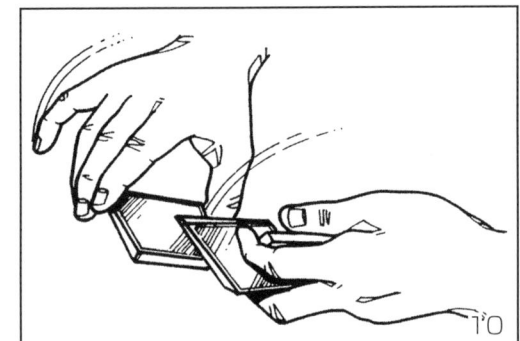

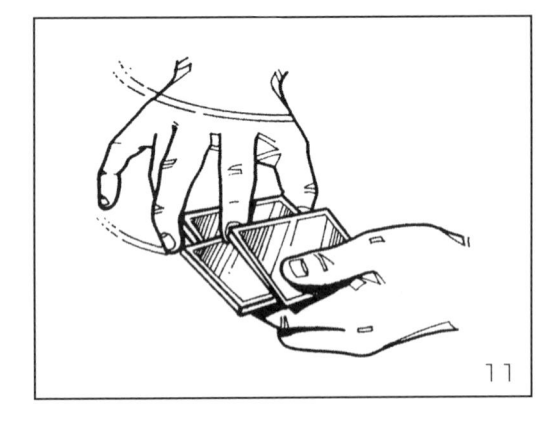

はじめたら、左中指を開いてこのパケットを左人差し指と中指ではさみます（図10）。右手に持ったパケットを左手のごっちゃになっているカードの下に移しながら、左手の指先で中央のパケットをつかみます（図11）。デックを揃えて終わります。

　あなたのお好きな方法を使って右手にパームしていた4枚の銀貨を取り出し、ポール・ハリスが考えた数多くのカードとコインを使った作品のどれかに続けます。

　このカットは4秒くらいかかります。すべての動作は流れるようになめらかで、セクシーで、まるでジョセフィン・ベーカー（後注1）や、映画『黒いジャガー／アフリカ作戦（1973年）』みたいな動きで行わないとダメです。このカットは間違いなく目にも美しいものです。

＊後注1：アメリカのジャズシンガーで女優。ピカソやヘミングウェイから美の女神として崇められ、セックスシンボルとなった。

NAME THAT TOON

Art by Dan Ferrulli
Satire by Chris Kenner

GRANT

© 1992 Chris Kenner, Dan Ferrulli Syndicate

| | R | | | | | | | | | | |

| | | S | | | | | |

Trick
(トリック名)

NAME THAT TOON

Art by Dan Ferrulli
Satire by Chris Kenner

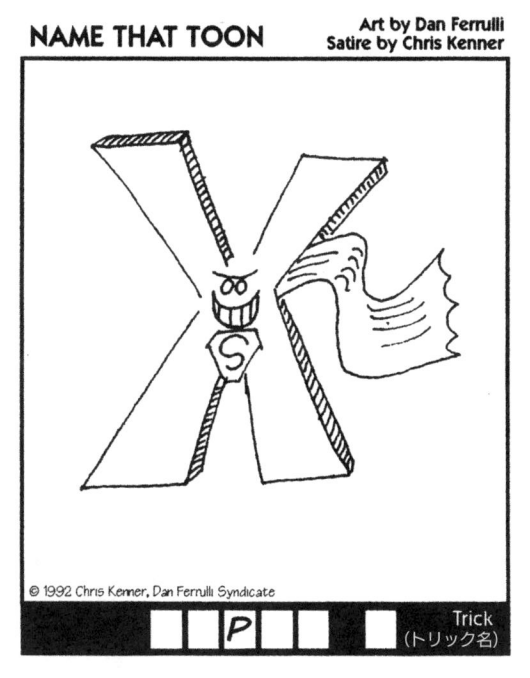

© 1992 Chris Kenner, Dan Ferrulli Syndicate

| | | P | | | | |

Trick
(トリック名)

クリス・ケナー　エキセントリック・マジック

ザ・ファイブ・フェイシーズ・オブ・シビル

THE FIVE FACES OF SYBIL

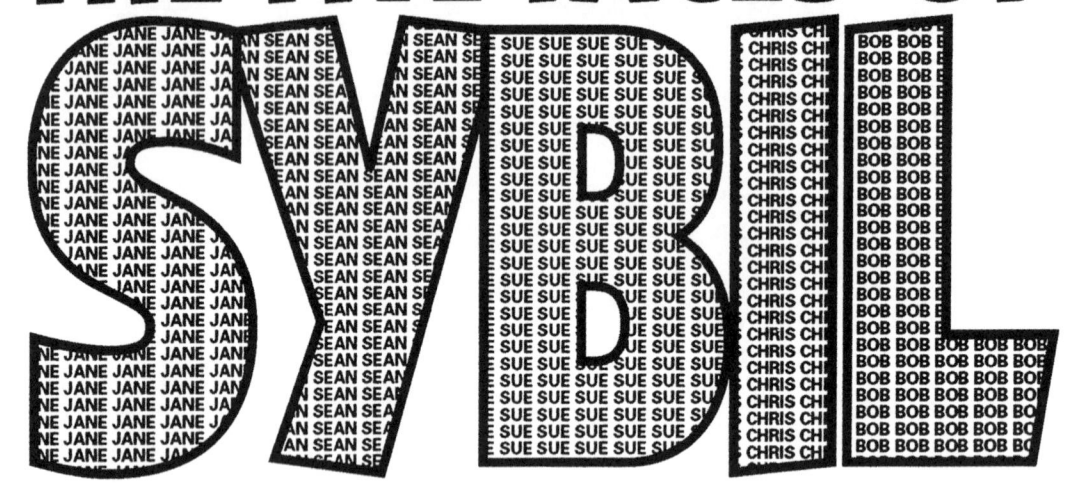

ただ見て楽しいだけ！

ここでも似たシナリオになります。あなたはむさ苦しくて薄汚れたバイク乗りたちのパーティーでウォーク・アラウンドのマジックを演じています。ピンボール・マシンの音とビールジョッキを叩きつける音、そしてエッチなことをするブースに囲まれ、あなたはマトリックスを見てくれる「観客」を探すことに苦労していました。ヤケクソでデックを取り出すことを決めます。ほとんどそれと同時に、ぶっきらぼうですが愛すべき野郎がこう叫びます「おぉ、それ見たことがあるぞ！」。

ここであなたには2つの選択肢があります：ギャラの小切手をもらわずにその場を立ち去る。または、ザ・ファイブ・フェイシーズ・オブ・シビルを演じて観客の心をわしづかみにする。この重要な決断を下すのはあなたです。

これは単にあなたの技と腕前を見せつけるための素早いカット・フラリッシュです。もしあなたがすべてのカードの並びが信じられないように元どおりに戻る、完璧に観客を欺くフォールス・カットをお探しでしたら……これは違います。このカットはただ最高にクールなだけです。

裏向きのデックを左手ディーリング・ポジションに持ちます。右手をデックの上からかけてデックをつかみますが、右親指をデックの内端に、左人差し指と中指をデックの外端の右側に当てるようにしてください。右人差し指を使ってデックのトップ15枚くらいのカードの外端を持ち上げますが、右親指は支点の役目をしています（図1）。動作を続けて、右親指は約20枚のカードを持ち上げま

VICKIE
（ヴィッキー）

すが、左人差し指が支点の役目をしています
（図2）。この20枚のカードの右外隅を右中
指で持ち上げますが、右親指が支点の役目を
しています（図3）。ここまですべての動作は
ほぼ同時に行います。

　このポジションから右手を時計回りに回転
させて、トップから2つ目のパケットを天地

が逆になるように回転させます（図4）。この
動作をすることで、左親指と中指でこの回転
させたパケットをつかめるようになります。
そうしたら右手は反時計回りに回転させて元
に戻します。右手は少し前に動かして、上側
にある2つのパケットがその下にあるパケッ
ト（今左手でつかんだパケット）から確実に離
れるようにします（図5）。注意していただき
たいのは、今回転させたパケットは左親指と
中指であなたに近い側の端をつかんでいます
（再び図5）。すべてのパケットが離れたら、す
ぐに両手を反対の方向に、つまり左手は前に、
右手は手前に動かします（図6）。トップから
3つめにあるパケットがデックの前に半分く
らい突き出ていて、さらにこの時点で右中指、
薬指、小指は自由になっていないとダメです。
この3本の指先を下げて、突き出ているパケッ

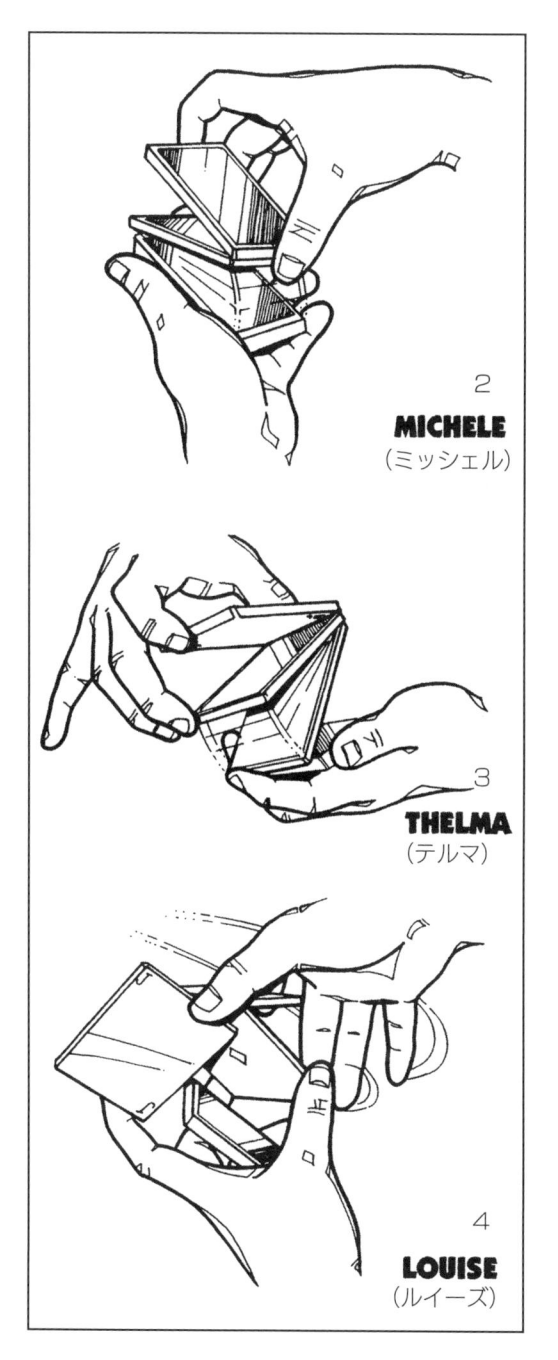

2
MICHELE
（ミッシェル）

3
THELMA
（テルマ）

4
LOUISE
（ルイーズ）

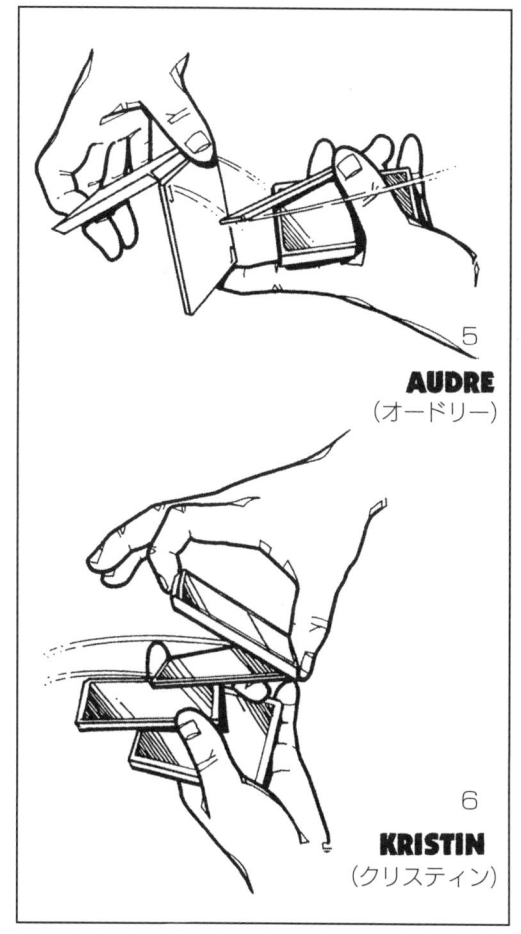

5
AUDRE
（オードリー）

6
KRISTIN
（クリスティン）

クリス・ケナー　エキセントリック・マジック

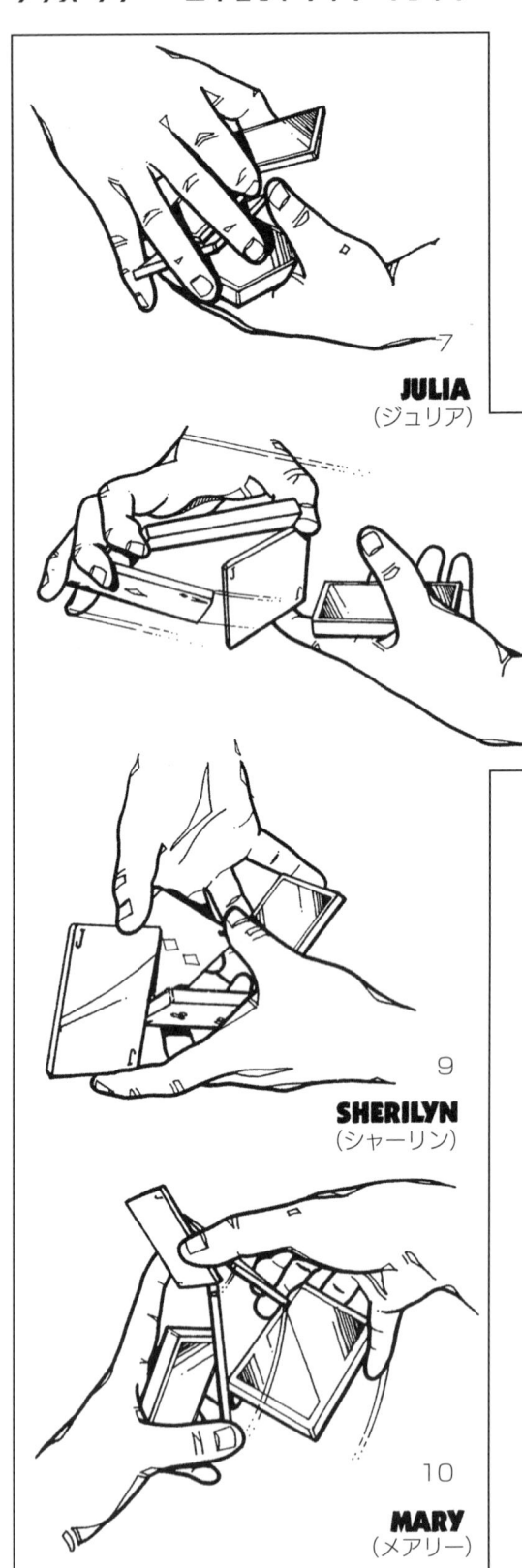

7

JULIA
（ジュリア）

8

MISSY
（ミッシー）

9

SHERILYN
（シャーリン）

10

MARY
（メアリー）

トを右中指と小指の間ではさみ込むようにつかみます（図7）。右手を前に動かし、両手の間にあるすべてのパケットを伸ばし、右手の中指と小指がまたがっているパケットが他のパケットから離れるようにします（図8）。

　右手を時計回りに回転させて、一番上にあるパケットも天地が逆さまになるように回転させて左親指と中指の間でつかみます。右手を時計回りに回転させて、一番上にあるパケット（今回転させた右中指と小指の間にあるパケット）を左親指と中指に近づけます（図9）。右手は反時計回りに回転させながら、左親指と中指でこのパケットの下半分を引き取ります（図10）。左手をあなたに向けて、右手を向こう側に向けて動かして、両手の間にあるすべてのパケットをできる限り伸ばします。ここで決めポーズ（図11）。このカードのディスプレイはほとんど物理的に不可能なように見え、同時にダイナミックに立体感が生じます。両手を合わせ、すべてのパケットを左手ディーリング・ポジションにきっちり重ねるようにします。

　ちょっとだけ想像力を使って、少々指の位置を調整すれば、あなたはスーパー・フラリッシュ・マンの地位に到達することができます（図12）。カットの第三段の部分で、余分なパケットを1つ2つつかむだけです。もしこのフラリッシュの途中でカード当てをしたかったら、ちょっとだけ技術的な変更を加えれば良いだけです（図13）。もしカードをフォースしていれば、より簡単にできるでしょう。

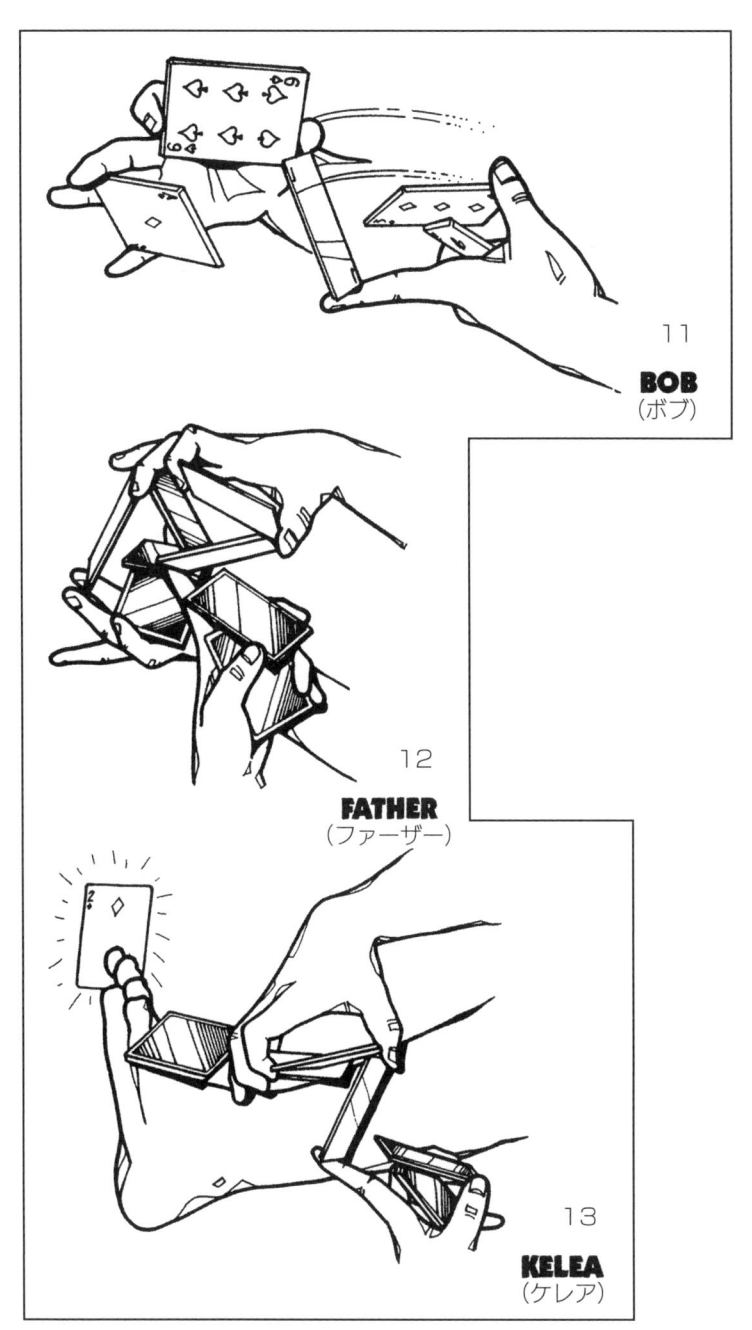

11
BOB
（ボブ）

12
FATHER
（ファーザー）

13
KELEA
（ケレア）

クリス・ケナー　エキセントリック・マジック

ペン

キング・バルーの4人のダチたちは取立代行会社に勤めることにしました。予想通り、落ち着きのないキングたちはクロースアップ・マットの上でボケーッと過ごします。気立てがよく節約家で無借金のカードの中から3名の哀れなクレジットカード債務者を取り出します。この3人の社会に簡単に流されるヤツらを1枚ずつデックの中に紛れさせていきます。ここで取立代行会社がひょっこり現れて、暴力沙汰や流血の事態なしに、この3人を一網打尽にして主な財産を差し押さえます。

テラー

このロイ・ウォルトンの「コレクター」のハンドリングにおいて一番特記すべきひらめきを与えてくれたのは、『デレック・ディングル カード・マジック（コインマジックもあります）。原題は（The Complete Works of Derek Dingle）』（リチャード・カウフマン著、カウフマン＆グリーンバーグ刊、1981年。日本語版は角矢幸繁訳、TON・おのさか編集、東京堂出版刊、2009年）に発表された手順と、FISMで優勝したアウレリオ・パヴィアートの手順でした。デックから4枚のキング（以下、K）を抜き出し、これで取立代行会社を始める準備ができました。

4枚のKを表向きにしてあなたの前のテーブル上に置きます（うん、もちろんあなたの前

にテーブルがないとダメです）。今から公明正大な方法で3枚のカードを選んでいきます。このカードを選ばせる過程で、選ばれたカードのうち2枚をすり替えることになります。カードを選ばせる過程に使う特別なハンドリングを解説しようと思います。このすり替えは最後の2枚のカードを選ばせるときに行います。見た目を統一するためにそれぞれカードを選ばせるときは同じ方法でカードを扱うことが重要になります。裏向きになったデックを左手ディーリング・ポジションに持ちます。左人差し指を曲げてデックの下に当てて、上向きに力をかけます。左親指を使ってデックの左外隅をパラパラと下へ弾いていき、そして観客に好きなところで「ストップ」と言ってもらいます。観客はデックの中ほどでストップと言わなければダメです。右手をデックの前端に近づけ、右親指の先を左親指でデックに作った割れ目の中に置きます（図1）。右親指の腹でデックの

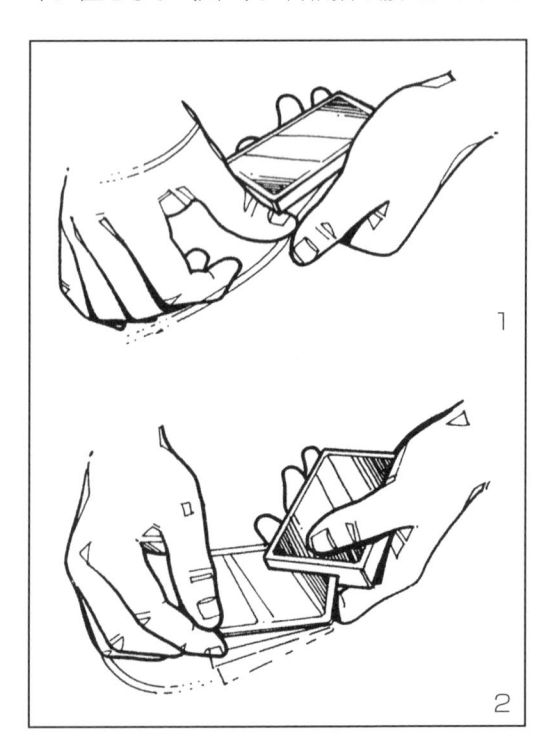

下半分のトップ・カードを3.5センチ前に引き出し、そして左中指を支点にしてこのカードを時計回りに回転させます（図2）。手のひらを下に向けるように左手を返して、選ばれたカードを示します（図3）。手のひらを上に向けた右手を伸ばして選ばれたカードの右側をつかみますが、右親指が上、その他の指先が下に当たるようにします（図4）。選ばれたカードがデックから離れるまでこのカードを右に動かします。手のひらを上に向けるように左手を返して、右手は選ばれたカードを裏向きにひっくり返しながらデックのトップに置きます（図5）。このカードをテーブルに配りますが、あなたの左側に配るようにします。

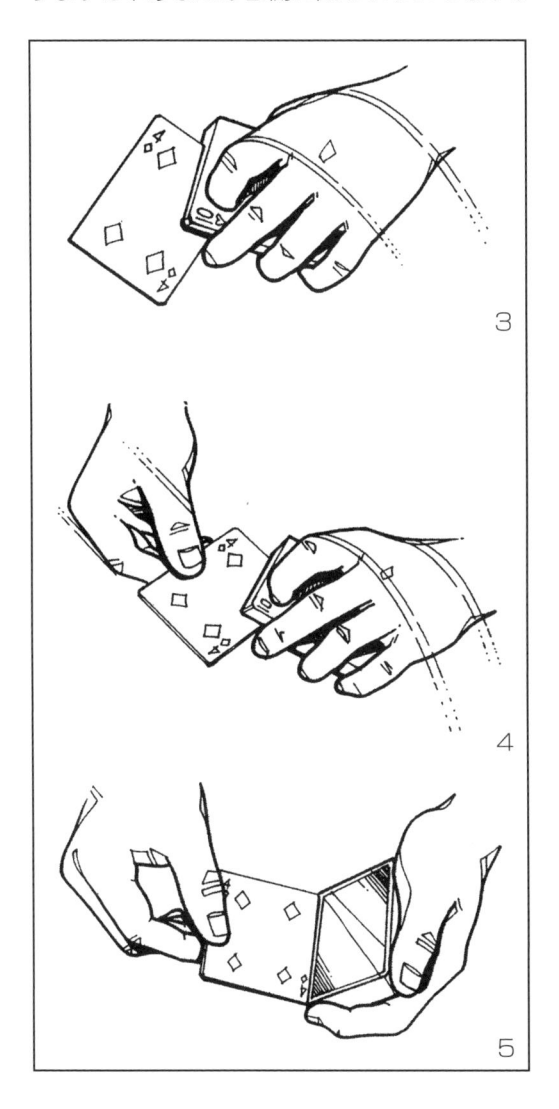

こういう感じでカードを選ばせる理由は、次の2枚のカードを選ばせるときにデックの中央で行うダブル・リフトを使うからです。これはラリー・ジェニングスによって奇術専門誌『ジェン（The Gen）』（1964年）の中で初めて発表されました。

2人目の観客が「ストップ」と声をかけます。右親指が分け目に到着したとき、右親指をカバーにして左親指は2枚のカードを弾きあげます（再び図1）。この2枚重ねを前に引き出し、先ほどのように左中指を支点にしてこれを回転させ、右手でデックから抜いて、2枚重ねをデックの上にひっくり返して裏向きにします。ここまでの動作で2枚重ねはズレず、1枚目のカードで行った動作と同じに見えないとダメです。デックのトップ・カードをテーブルの中央に配りますが、このときカードの名前をミスコールします。これは観客の心の中で「選ばれたカードをテーブルに置いた」と心理的に強調することになるでしょう。

あなたの右側にいる3人目の観客にカードを選んでもらいます。2枚目のカードと同じように、2枚重ねをデックから抜き出して、テーブルに関係ないカードを配ります。今の状況は以下のようになってます：3枚のカードがテーブルに配られています。左から1枚目の選ばれたカード、関係ないカード、関係ないカードです。2枚の選ばれたカードはデックのトップにあります。この時点で4枚のKはちょっと退屈してることでしょう。人喰い人種のようにエサの奪い合いを始めていなければ、低脂肪のダノンヨーグルトをひとさじ与えて満足させておいてください。

次のカウントとカードの示し方は、（出版の天才、カウフマンが書いた）ディングルの「ロイヤル版コレクター」からとったものです。この時点で4枚のKを表向きにしてビドル・グリップで右手に持っています。左親指はデックのトップ・カードを少し押し出して、また元に戻す時に左小指でこの下にブレークを作ります。4枚のKをデックの上に置いて揃えますと、今ブレークはデックのトップから5

クリス・ケナー　エキセントリック・マジック

枚目の下にあることになります（4枚の表向きになったKにつづいて、裏向きの選ばれたカードの順になっています）。右手をデックの上からかけてブレークから上にあるパケットをビドル・グリップをつかんでこれを右に動かしますが、同時に左親指でパケットのトップ・カードを引き取ってデックのトップに載せながら、左小指でこのKの下にブレークを作ります。パケットを持った右手を再びデックの上にもってきて最初のKをその下に取りますが、パケットの左側から約1センチ突き出るようにします。右親指と残りの指先でこのKをつかみますが、その下にあるデックのトップ・カード（2枚目の選ばれたカード）を一緒に取り上げてしまいます。このとき、このKと今取り上げたカードの間に右親指を使って少しだけすき間を作ります（図6）。右手に持っているパケットを右に動かしながら左親指で次のKを引き取って、先ほどと同じようにこのKの下に左小指でブレークを作ります。右手をデックの上に近づけてこのKをパケットの下に加えますが、同じようにパケットの左側からずれて突き出るようにします。覚えておいていただきたいのは、先ほど右親指で作ったブレークはまだ保持したままです。左親指で最後のKを引き取って、これをデックの上に載せ、右手でパケットの下にこのKを取り、左側からずれるようにジョグします（図7）。右手に持っているカードの順は、上からK、裏向きの選ばれたカード、K、右親指で作っているブレーク、裏向きの選ばれたカード、K、Kになっています。

　こうして4枚のKをしばらく示して観客の印象に残します。今からこの4枚のKをデックの上に揃えることなくデックから持ち上げるように見せます。右手のパケットを前に動かし、カードの半分がデックの前端から突き出るようにします。パケットをアウト・ジョグしたまま、左親指に当てるようにしてパケットを揃えます。このとき、右親指で作っているブレークは保持していてください。パケット全体がアウト・ジョグされているのですが、親

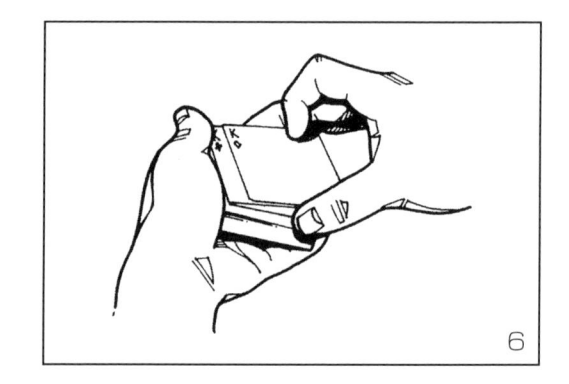

6

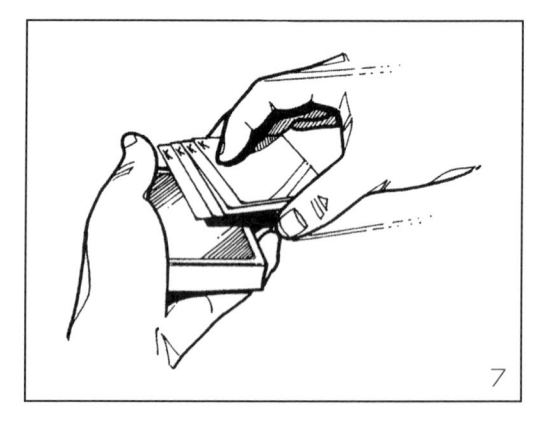

7

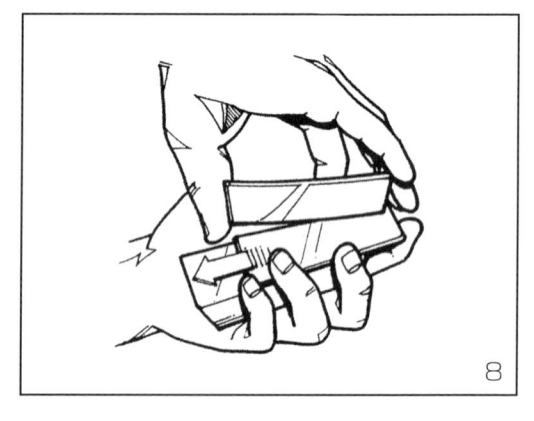

8

指のブレークから下にあるすべてのカードをデックの上に密かに載せて重ねなければなりません。右手でパケットのブレークから上にあるカードをビドル・グリップでつかみ、デックから今つかんでいるカードを持ち上げ始めます。そうしながら、右親指で作ったブレークの下にあるカードをデックの上に残し、左人差し指を使ってこのカードを素早くデックの上に完全に重ねます（図8）。右手でカードを持ち上げながら、ここまでのすべての動

作を一つの連続した動作として行います。このハンドリングによって、4枚のKは決してデックに近づかなかったように見えます。これは大変観客の目を欺きます。

　手のひらを下に向けるように左手を返して、表向きにしたデックをテーブルの上にひとまず置きます。左手でカード・ケースを取り上げてこの中に右手に持っているKのパケットを入れますが、パケットの表側にある表向きになったKがケースの半月状になっている切り込みとは反対向きになるように入れます。デックを取り上げ裏向きにして左手ディーリング・ポジションに持ち、トップ2枚のカードを使ってヴァーノン・デプス・イリュージョン（訳注：いわゆるティルトです）を行う準備をします（図9）。次に行うちょっとした策略は、ビル・クルーシュによるものです。あなたから見て左側にある1枚目の選ばれたカードを右手で取り上げ、デックの内端にできている分け目の中に差し込み始めます。そうしながら、左人差し指でデックの下半分を約1センチ引き下げます（図10）。これによってカードをデックの中央に差し込んだという錯覚をより強固なものにします。2枚の「傾いた」カードをデックの上に落としながら、選ばれたカードを押し込んでデックに揃えます。この動作の流れに続けて、オール・ラウンド・スクエアを行ってデック全体を揃えます。

　選ばれたカードと思われている次の2枚のカードはミスコールをして、デックの中央にはっきりと差し込んでしまいます。この動作は先ほど使ったデプス・イリュージョンに似せた動作で行わないとダメです。これらのカードは本当にデックの中央に入れますので、大変自由で公正に行うことができます。
　デックのトップにある4枚のカードをカード・ケースの上にロードしなければならないのですが、これはアラン・アッカーマンの『ヒヤーズ・マイ・カード（Here's My Card）』

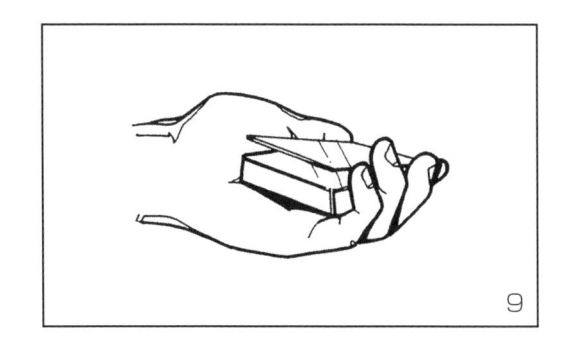

9

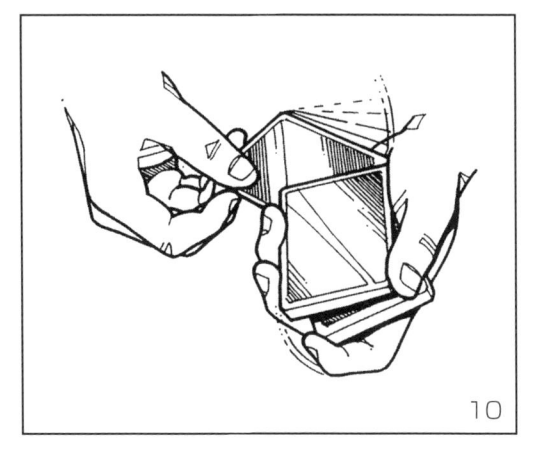

10

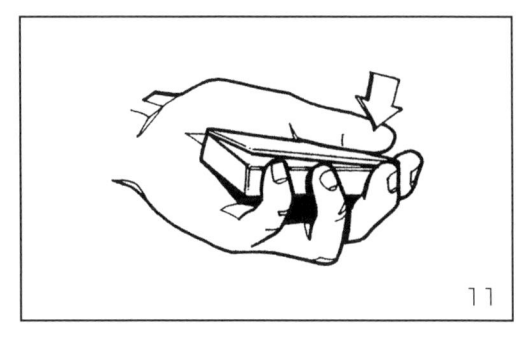

11

（GBPプレス社刊、1978年）に収録された「カード・ケース・コレクター（Card Case Collector）」に解説されたテクニックを使って行います。左親指を使ってデックの左外隅を押します。ナチュラル・ブレークのおかげでデックの右内隅がぴょこんと上がりますので、左小指を使ってセットされた4枚のカードの下にブレークを作ることができます（図11）。これはリン・シールズのテクニックです。右手をデックの上からかけてビドル・グリップでつかみますが、右親指と人差し指はデックの左側に近い位置に当ててくださ

クリス・ケナー　エキセントリック・マジック

い（図12）。右手を右方向に動かし、デックをひっくり返しながら左手の指先の上にのせるようにします（図13）。準備されたパケットはデックから分かれ、自動的にデックの右側に段ができます。この段は右手の甲によってカバーされます。これはヴァーノンのテクニックです。

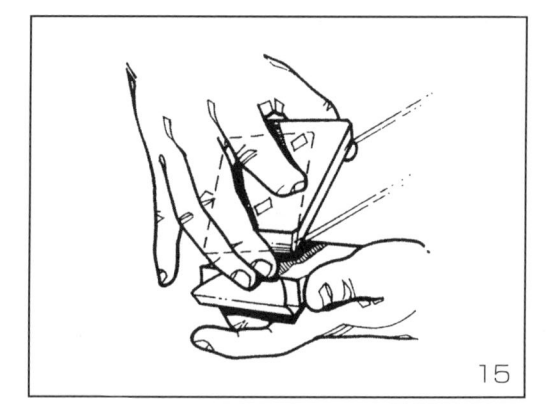

15

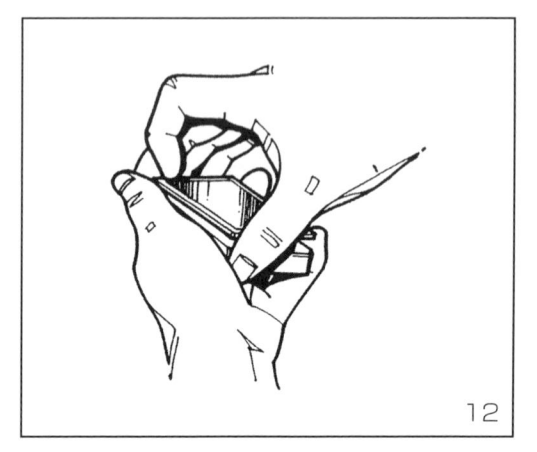

12

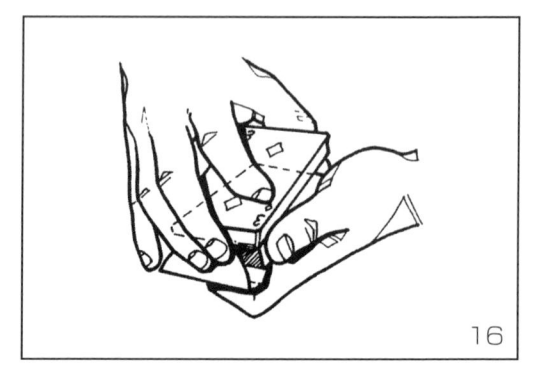

16

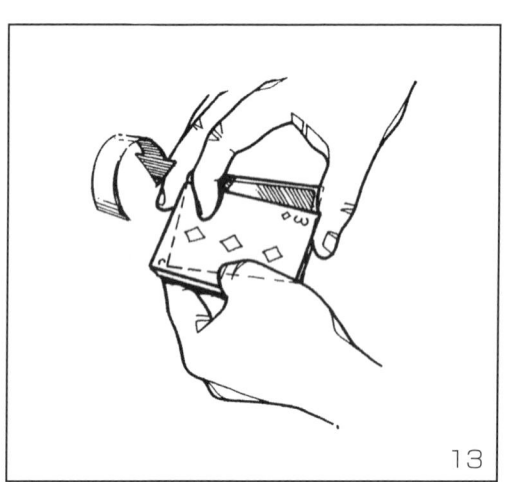

13

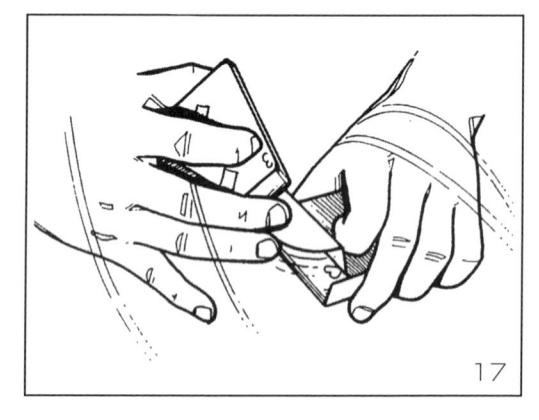

17

右手のデックの持ち方をちょっと調整して、分かれたパケットをその左内隅に当てた右親指とその右外隅に当てた右小指の間でしっかり持ちます（図14）。このパケットはデックからほぼ離れていて、右手によってカバーされています。これからカード・ケースのフタを開ける動作をする間に、ひそかにこの分かれている4枚のカードをカード・ケースの上に加えて載せてしまいます。左手を使ってカード・ケースを取り上げ、これを左手

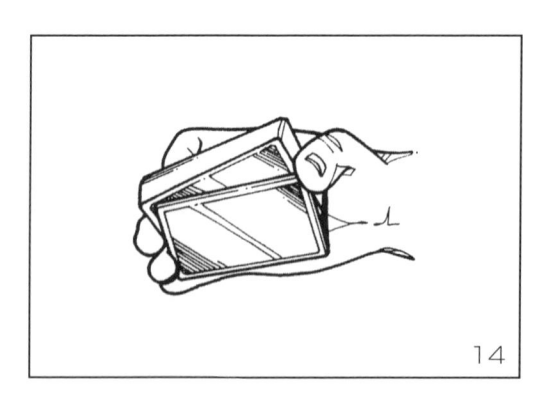

14

ディーリング・ポジションに持ちますが、ケースにある半月状の切り込みが上を向くようにしてください。両手を合わせて、右薬指で半月状の切り込み越しにケースのフタに当てます（図15）。左手の指先で分けれているパケットをデックの下からスチールしながら、この薬指を使ってケースのフタを押し開けます（図16）。右手の指先はまだカード・ケースのフタを開け続けながら、手のひらを下に向けるように左手を返してスチールしたカードが見えないようにします（図17）。デックをテーブルに置きます。右親指と人差し指で半月状の切れ込み越しにすべてのカードをつかみます。この半月状の切れ込みのおかげで、右手はすべてのカードをつかんで、ケースの内外にあるパケットすべてを一緒にケースから引き出すことができます（図18）。カードが本当にケースの中から出てくる一番良い眺めを観客に見せてあげましょう。これは本当に観客の目を欺きます。

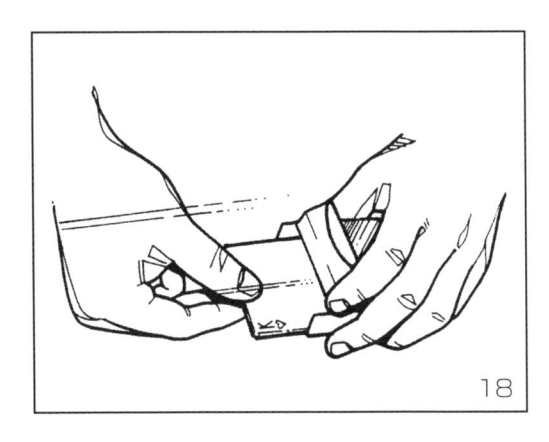

18

　カード・ケースをテーブルに落とし、4枚のKをファン状に開いて、ふさわしくないクレジットカード保有者から日々の債権回収を行ったことを示します。選ばれたカードは左から右に1人目、2人目、3人目となっています。皆さま素敵な夜をお過ごしください。ご支援いただきありがとうございました。

クリス・ケナー　エキセントリック・マジック

3,2,

ONE
ヨ, 2, ゴーン (後注1)

警告

　賑わいを見せる大都市の混み合った道路の上には太陽が輝いています。どこかは分かりませんが、見たところ混んでいる交差点で2台のリムジンが間を数センチ開けただけの並んだ状態で止まりました。間髪をおかずに両方の車の窓が下がり、片方のリムジンにはかなり風格のある紳士が座っており、もう片方のリムジンにはもちろん世界に名だたるトラック輸送企業の起業家ウィリアム・ハーリーが座っていました。風格ある紳士はウイリーの方に顔を向けて低い声でこうつぶやきました。「ムッシュ、すみません。ひょっとしてグレイ・プーポンをお持ちではないですか?」マイスターのウィリアムはこう返事をしました「いいでしょう。でも今ちょうど3枚の銀貨を使った世界クラスのマジックを見てきたのですよ。新しくお知り合いになったあなたにこの情報をお話しさせていただいてもよろしいですか?」　一方の紳士は「もちろん」と返答しました。

　彼はこの逸話を話し出し、インディアナ州カーメルにあるデザートと絶品のコーヒーで有名なレストラン「イリュージョン」をちょうど出たところなのだと口に出しました（デザートとコーヒーの件は、また別の話）。どこからともなく3枚の銀貨が出現して、次にいわゆる「奇跡のウォンド」を一振りするとそれらが完全に消え去ってしまったと言辞を尽くして語りました。しばらく議論して、ワインをテイスティングした後、2人の紳士は握手をしてそれぞれの目的地へと進んでいきました。この話の教訓：木製の葉巻には手を出さないこと(後注2)。

真実

　この手順は流れるように優雅で同時にものすごく観客の目を欺くものです。フレンドリーな秘密の助手を使っているにもかかわらず、これがまた非常に実用的なのです。観客は3枚のコインを使っていると信じていますが、実際には2枚しかコインを使っていません。デヴィッド・ウィリアムソンとジェイ・サンキーはともに、演者が「ワン・ビハインド」の状態になる手順を発表しています(後注3)。あなたの好きなマジック・ウォンド（少なくとも長さが25センチから30センチのもの）と2枚の1ドル銀貨（以下、コイン）、そしてブル・タック（「クロス・アンド・ペンス」参照）少々をつかみ取ってください。ブル・タックを取って豆つぶ大のボールを作り、これを1枚のコインの上にくっつけます。このボールを100円玉の大きさになるまで平たく潰します。こうすることでブル・タックを平たくして、コインの表面にブルタックのベタベタした薄い膜を張るようにしないとダメです。覚えていてほしいのは、ブル・タックはあなたの友達です。ベタベタするコインは上着の左ポケットに、もう一方のコインは上着の右ポケットに入れておきます。ウォンドはジャケットの内ポケットに入れておくかテーブルに置いておきます。これで準備完了です。

　観客の緊張状態が解けているときに両手をそれぞれのポケットに突っ込み、両方のコインをそれぞれの手にフィンガー・パームします。左手はベタベタしたコインをフィンガー・パームしますが、ベタベタした面を指の内側から離れるようにして行います。右手でウォンドを取り上げ、左脇にはさんでおきます。

左手でベタベタしたコインを右ひじから取り出します。左人差し指と中指で右ひじの布をはさみ、左親指でコインを指先に押し出します（図1）。この取り出しを上手く行う方法は「ロング・ゴーン・シルバー」の中で解説しています（70頁）。ブル・タックの面があなたの方を向いているようにしていることを忘れないでください。最初の出現と同じテクニックを使って右手のコインも左ひじから取り出します。それぞれの手の指先でそれぞれのコインを持って観客にハッキリと示します。ヒンバー／ロゼンタールのクリック・パスを行って、右手のコインを左手の中に落としたように見せます。こう行います：左手は持っているコインを軽く曲げた左手の指の上に落としますが、ベタベタした面が下を向くように落とします。右手を左手に近づけ、右手に持っているコインを左手に落としたように見せます（図2）。実際は、伸ばした右小指の上に直接落とします（図3）。落ちていくコインの縁は左手の上にあるコインに当たって、"カチャン！"と大きな音を立てるでしょう。これは左手の指先を少し曲げてカバーしているので、観客からは見えません。右小指を内側に曲げ、載っているコインを右手の中に移し替えながら、左手を握り始めます。すぐに右親指をコインの上に当て、指の内側に押し付けます。動作を続けて、右手を上に伸ばして見えているウォンドの端からコインを取り出したように見せます（図4）。左手を少し開きながら、右手は指先にあるコインをその中に落とします。ちょうど3枚のコインを取り出したように見えます。

　大変観客の目を欺く一般的ではないクリック・パスを行って、3枚のコインを持っていることを観客に納得させます。右手でコインを取り上げられるくらい左手を開きます。右手はコインをつかみますが、両方のコインの縁を右親指と中指の第二関節の間ではさむようにして行います。コインは指と平行になっています。下側にあるコインを少しカップ状に

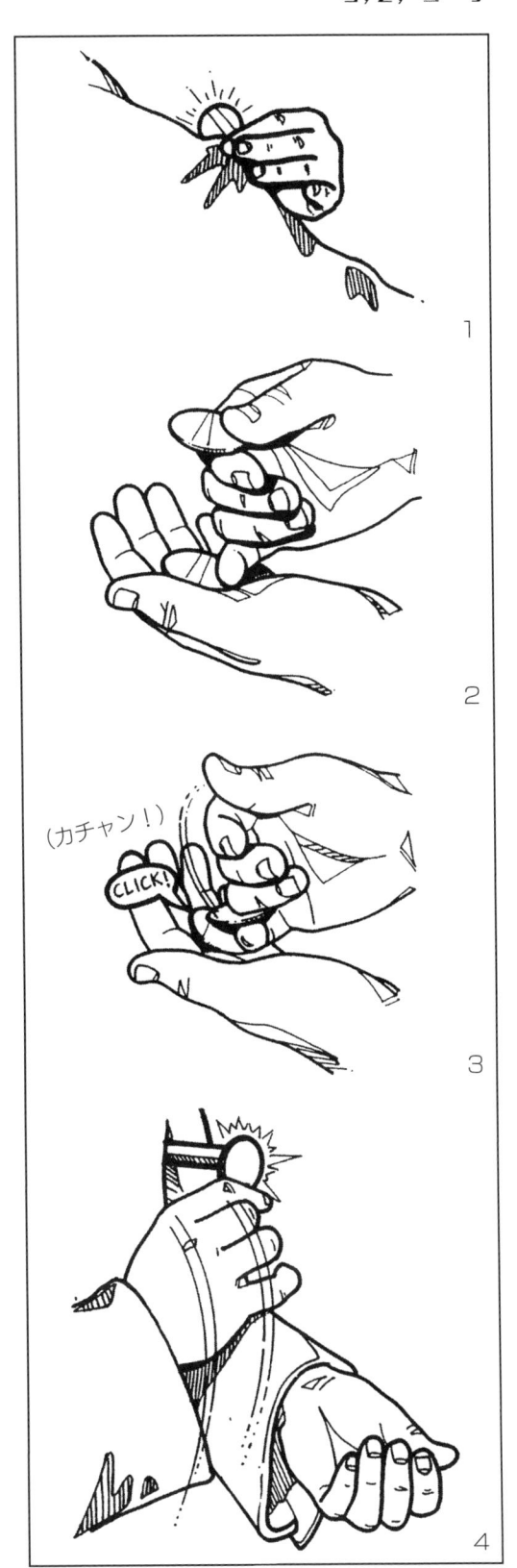

1

2

（カチャン！）

CLICK!

3

4

曲げた左手の指先の上に落とします（図5）。コインのベタベタした面が下を向いて指の付け根に近い手のひらに触れるようにします。2枚目のコインを1枚目のコインの上に落としますが、2枚のコインの間に左親指の付け根を使ってブレーク（グリーク・ブレーク）を作ります（図6）。覚えておいていただきたいのは、ここで右手はまだ1枚のコインを持っているかのように演技をしなければなりません。右手で最後にコインを投げ落とす動作をして、3枚目のコインを左手に落としたように見せます。左手は少し下へサッと動かし、コインを受け取ったような動作をします。左手の親指の付け根に作ってある2枚のコインの間にある空間のおかげで、この2枚のコインがお互いにぶつかって"カチャン！"と大きな音が立ちます（図7）。

7

左手を軽く握り、右手はウォンドの中央部分をつかみます。"奇跡の"ウォンドを左手の上で振り、魔法が起こったことを示します。左手を開いて2枚のコインを示し、右手に持っているウォンドを左わきの下に戻します。しかし今回は最後の動作を楽にするために、脇の下から5センチほど下でウォンドをはさみます。両手の指先にそれぞれコインを1枚ずつ持ちますが、右手はクリーンな方のコインを持つようにします。もちろん、コインのベタベタした面はあなたに向いているようにします。ここからラムゼイ・バニッシュを行う一連の流れへと移っていきます。時にはウォンドを使わなくてもできると観客に言います。ハッキリと右手に持っているコインを左手の指の中に置きます（図8）。左手に見えているコインを右手でつかみながら、左手の指先を観客から隠れたコインを包み込むように握り

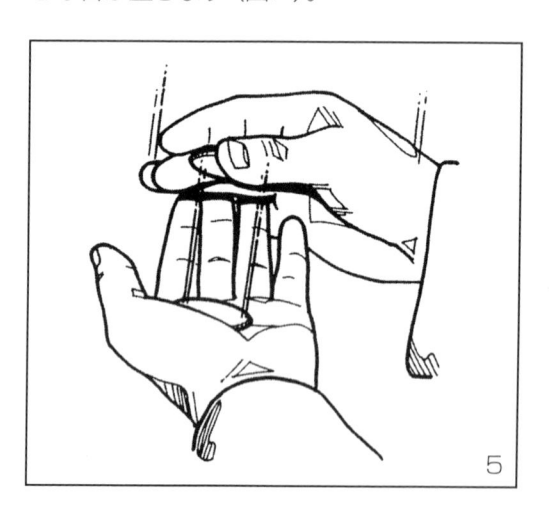

5

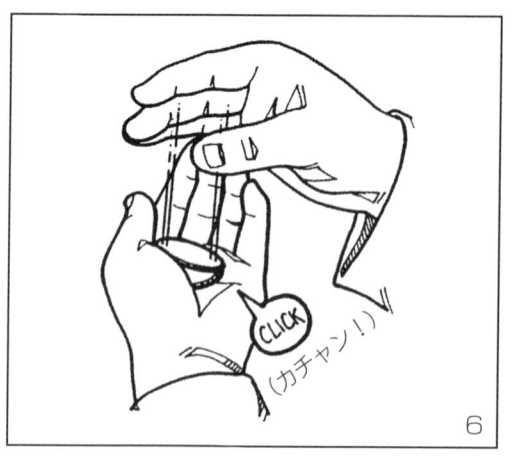

6

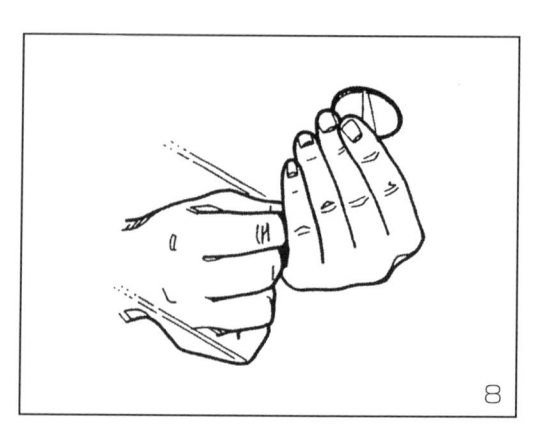

8

ます。右手に持っているコインを握っている
左手の上で振ります。左手を開いて、コイン
がまだそこにあることを示します。このコイ
ンを左手の指先で持つようにします（再び図
2）。観客にお詫びしながら、間違ったコイン
を手の上で振ってしまったと話します。再び
右手のコイン（ベタベタしている方）を左手に
置くように見せますが、しかし、ここではラ
ムゼイ・バニッシュを行います。右手に持っ
たコインを左親指の付け根に押し付けて回転
させるように右手の指先の中へ移します（こ
れはソウル・ストーンのテクニックです）（図
9）。コインは右親指を支点にして回転しま
す。右手で左手に見えているコインを取りに
いきながら、右親指でベタベタしたコインを
素早く引いてフィンガー・パームしつつ、左
手を握ります。このコインを握った左手の上
で振って、次の消失に注目を集めます。左手
を開いてそこに何もないことを示します。

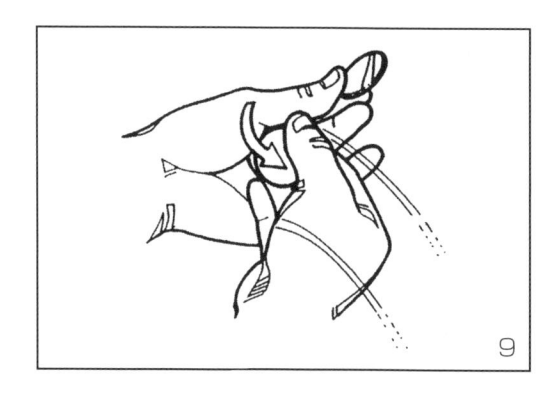

　ここで最後のコインをすべての証拠ととも
に消してしまいます。左手で残ったコインを
一瞬持って、右人差し指の上、手のひらに近
い側に置きます（図10）。左手を上げて「残り
1枚です」と示すジェスチャーをします。この
ジェスチャーをしながら、右親指で人差し指
の上に見えているコインを注意深く押し下げ
てブル・タック付きコインの上に載せます（図
11）。このコインをすべらせる動作を楽にす
るために、右人差し指を少し手前に曲げて滑
らせているコインが早めにベタベタした面に
くっつかないようにします。右親指で強く2
枚のコインを押して、2枚のコインがしっか
りくっつくようにします。このコイン？（本
当は2枚）を左手に軽く放り投げるフリをし
ながら、右親指の先でコインの一番左端の縁
を持ち上げます。2枚のコインは指の付け根
を支点にして回転し、右手の指先を軽く開く
ことができるようになります（図12）。すぐ
に左手を握り、右手はウォンドをつかみなが
ら、右親指は立ち上げているコインを再び
フィンガー・パームの位置に戻します。ウォ
ンドの中央をつかみますが、右親指と人差し

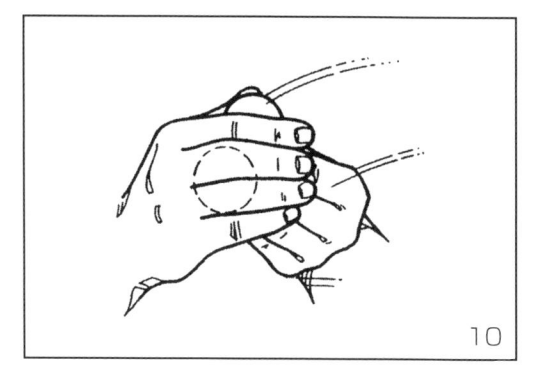

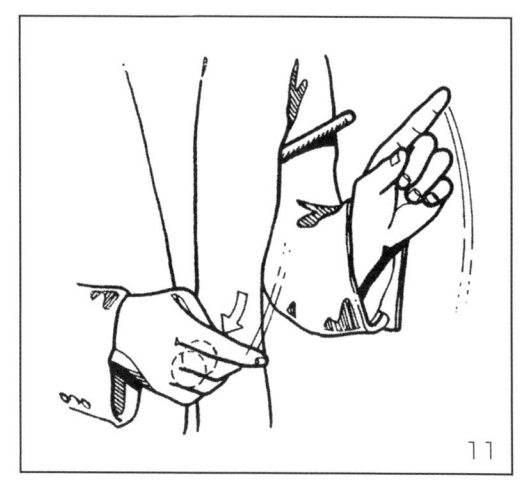

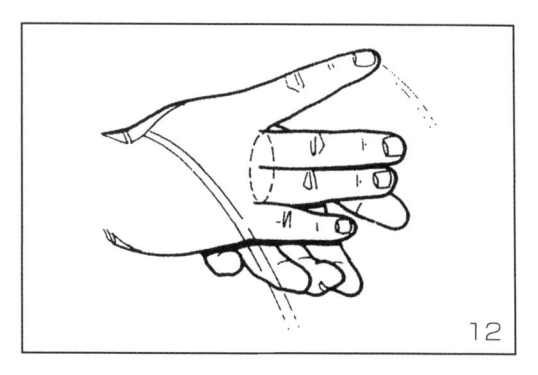

クリス・ケナー　エキセントリック・マジック

指で下側からつかみます（図13）。ウォンドを前から引き出しながら、持っている2枚のコインを放します（図14）。このコインは静かに上着の左ポケットの中に落ちていくでしょう！　身体を少し左へ向けることでこの処理を隠しますが、左腕を少し下げてるようにしても落ちていくコインを隠すことができます。ウォンドを握った左手の上で振り、手を開いて最後の消失をドラマチックに示します。両手をハッキリ空っぽであることを示したら、お辞儀をしておしまい！

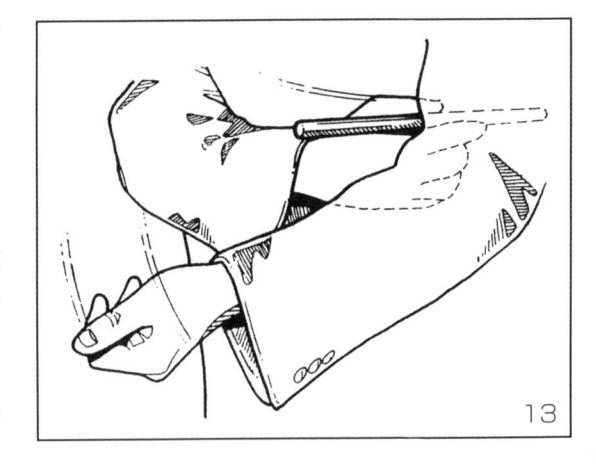

13

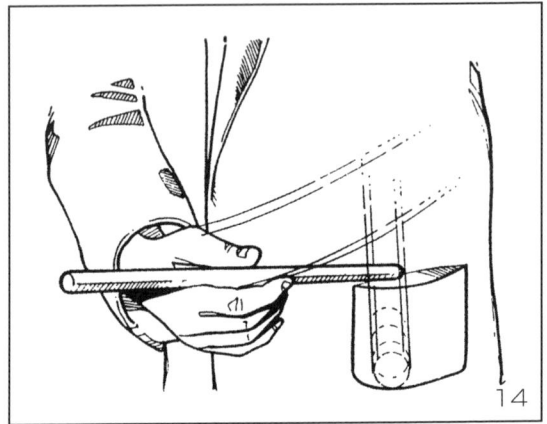

14

NAME THAT TOON

**Art by Dan Ferrulli
Satire by Chris Kenner**

© 1992 Chris Kenner, Dan Ferrulli Syndicate

Trick
（トリック名）

＊後注1：タイトルは「3, 2, ONE」に見えますが、実は「GONE」の「G」が消えているというジョーク
　　　　　になっています。

＊後注2：グレイ・プーポン (Gray Poupon) とは、クラフト社が販売するディジョン・マスタードのこと。
　　　　　1980年代にアメリカ中で放送されたコマーシャルで一躍有名になりました。これはリムジン
　　　　　に乗った紳士がこのマスタードを朝食に添えて食べていたら横に別のリムジンが止まり、突然
　　　　　「ひょっとしてグレイ・プーポンをお持ちですか？」と中に乗っている別の紳士が声をかけ、最初
　　　　　の紳士がさも当然のように「もちろん！」と言って使っていたグレイ・プーポンの瓶をその紳士に
　　　　　手渡すというものです。このバカバカしさで有名になったのでした。YouTubeなどで「Gray
　　　　　Poupon CM」で検索をすると、今も見ることができます（2018年12月現在）。この文章は
　　　　　このCMをパロディにしたものです。

＊後注3：アメリカのマイク・ギャローが考案した、見た目よりも物体を1つ少ない状態で行うマジックの
　　　　　手法。物体の消失が非常にあざやかに見えるようになります。
　　　　　デヴィッド・ウィリアムソンの手順は『デビッド・ウィリアムソン　ウィリアムソンズ・ワンダー
　　　　　(Williamson's Wonders)』（リチャード・カウフマン著、カウフマン＆グリーンバーグ刊、
　　　　　1989年。日本語版は角矢幸繁訳、2015年）収録の「遅れをとっている時こそ、先んじてい
　　　　　る (When you're Behind, You're ahead)」。ジェイ・サンキーの手順は『100% Sankey』
　　　　　（ジョン・ラッカーバウマー著、カウフマン＆グリーンバーグ刊、1990年）収録の「ザ・メキシ
　　　　　カン・ジャンピング・コインズ (The Mexican Jumping Coins)」。

クリス・ケナー　エキセントリック・マジック

PAINT
ペイント・バイ・ナンバーズ(後注1)
B Y   N U M B E R S

　ゴムが裏打ちされている中型から大型のクロースアップ・マットが必要です。ちょっとしたセットが必要ですが、もしご希望でしたら一回スプレッド・カルを使ってセットすることも可能です。もしホフジンサーのスプレッド・カル、プレイヤー・カルやミラー・カルをよく知らなかったら、近くの公衆トイレに入って必要なカードをセットしてください。4枚のキング（以下、K）を抜き出して表向きにしてテーブルに置きます。デックをトップから次のようにセットします：スペードのA、Q、J、10、クラブのA、Q、J、10、ダイヤのA、Q、J、10、ハートのA、Q、J、10、残りのデック。デックを表向きにして左手ディーリング・ポジションに持ち、今見えているデックのボトム・カードを覚えておきます（ここではハートの6としておきます）。表向きにしたデックを上から4分の1くらいをカットして、デックの下に移します。こうすることでセットし

> 芸術とマジックの腕前を実演しようと魔法使いが言います。4枚のキングをデックの中に混ぜ込んでから、デックを表向き半分、裏向き半分に分けてシャッフルします―アンディ・ウォホールを彷彿とさせますね。話を面白くするために、我らがクリエイティブな奇術師は即席で作ったペイズリーのカード製絵筆を使って「ウィスラーの母」の完璧な模写を表現しようとします。しかし、放送時間の都合上、我らが住み込みのレンブラントは美しい構成の4つのロイヤル・フラッシュをデックだけ使って、クロースアップ・マットのキャンバスの上に描きます。マリファナを吸ってる間、ちょっとだけ席を外します。

たカードはハートの6の下にきて、デックのトップから4分の1くらい下に移動します。ハートの6がキーカードになります（つまり、ハートの6はこの手順の後に出てくる重要な段落で必要になる本当に大事なカードだということです……）。

　表向きにしたデックを左手にプレッシャー・ファンします。右親指を使ってそれぞれのロイヤル・フラッシュのAとQの間に少し分け目を作ります。こうすることで4枚のKを差し込むことを楽にします。ファン状に広がったカードの左側から1枚ずつKをそれぞれのロイヤル・フラッシュの中（実際はAとQの間）に差し込んでいきます。黒いKは赤いKよりも少し深く差し込みます（図1、2）。

右人差し指を使って、ファン状に広げたデックを左から右に閉じます。動作を続けて、デックを右から左にひっくり返して左手の上に裏向きにして置きます。こうすることで4枚のKがあなたに向かってイン・ジョグされている

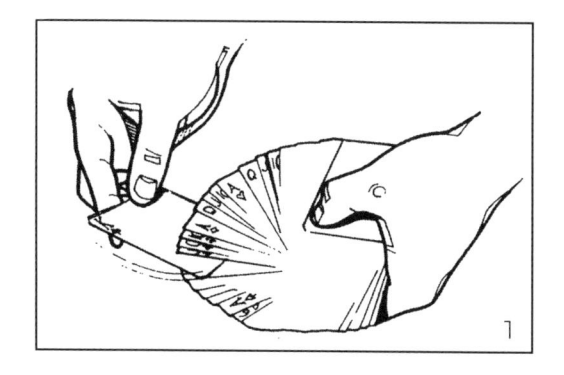

1

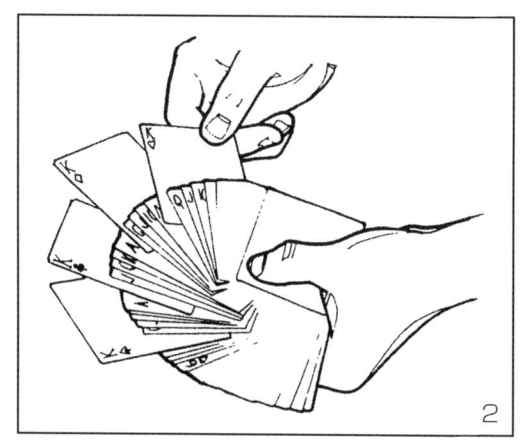

2

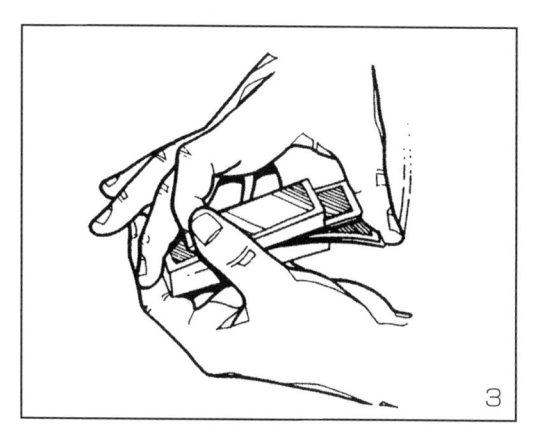

3

新たなブレークを作ります。左小指の指先で
ダイヤのAの右内隅を3ミリほどデックの右
側に向けて押し出します（図4）。ここで左小
指で突き出ているダイヤのAの隅を押し下げ
てこのAの上に左小指でブレークを作ります
（図5）。右手はデックの上からかけてビドル・
グリップで持っているので、このブレークを
右親指に簡単に移し替えることができます。

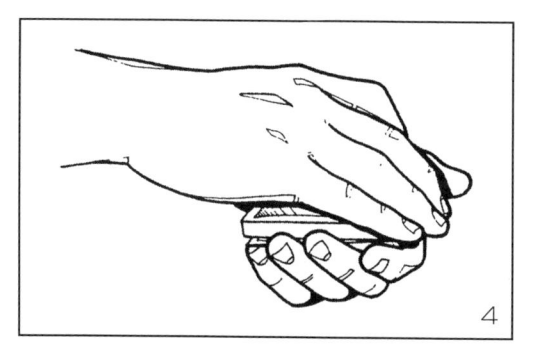

4

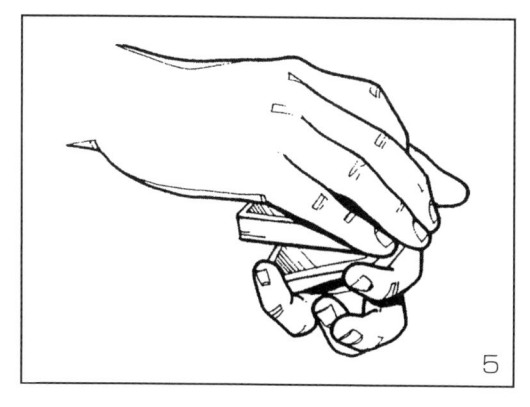

5

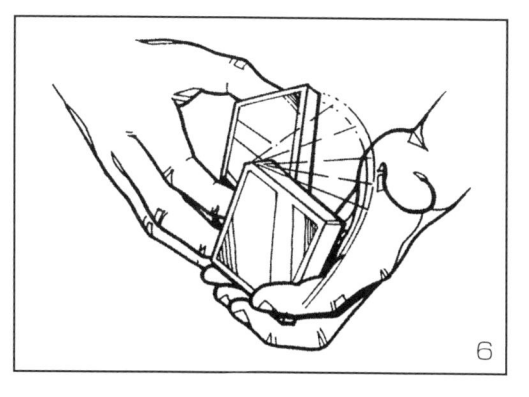

6

状態にします。右手で4枚のKをデックの中
に押し込む動作で、左小指をダイヤのKの上
にブレークを作ります。こうするには、キン
グをデックの中に押し込みながら、下側にあ
る2枚のKを右親指で下に少し押し下げます
（図3）。こうすることで分け目を作って、左小
指の腹を少し差し込むことができます。大変
賢いジェニングスのテクニックを使って、こ
れからブレークの上にあるダイヤのAの上に

ブレークからスイーベル・カットを行いま
すが（図6 スイーベル・カットが進行中で
す）、左手に受け取ったパケットを表向きに

クリス・ケナー　エキセントリック・マジック

します。ザロー・シャッフルを行い、左手の
カードを右手に持っている裏向きのカードの
上から10枚目の下に差し込みます（図7）。
左手のカードを押し込んで揃えるとき、左親
指でそれを持ち上げて、2つのパケットの間
にブレークを作ります（図8、9）。

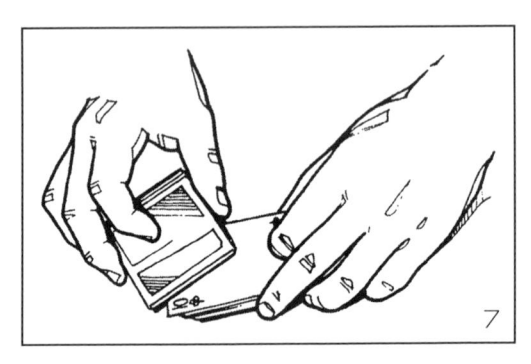

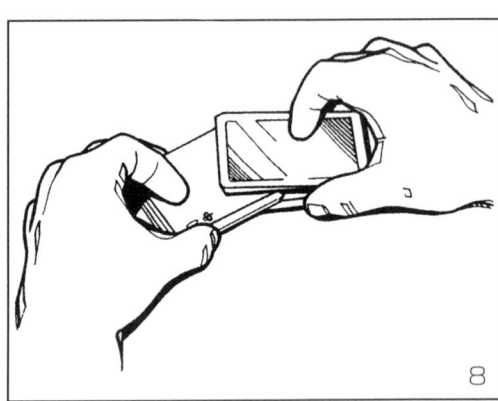

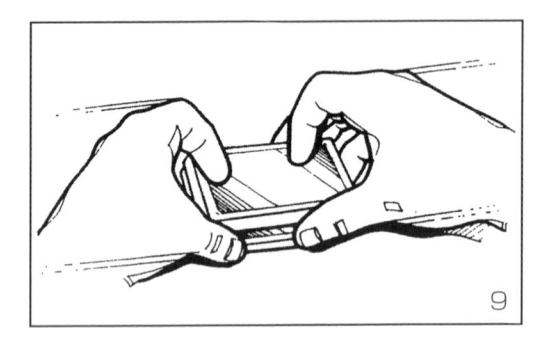

トをハートの6の上に弾き落としていき（図
10）、最後に右手に残ったカードを弾き落
とします。2つのパケットを斜めにかみ合う
ように押し込みます（図11）。ここで左手を

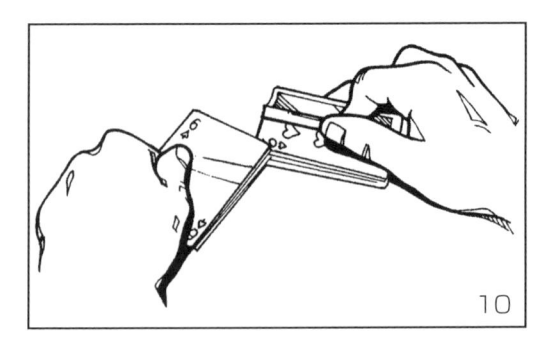

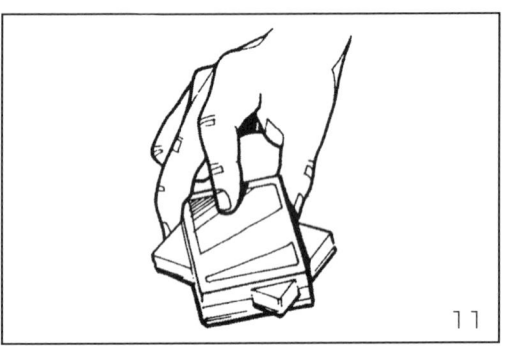

NAME THAT TOON

**Art by Dan Ferrulli
Satire by Chris Kenner**

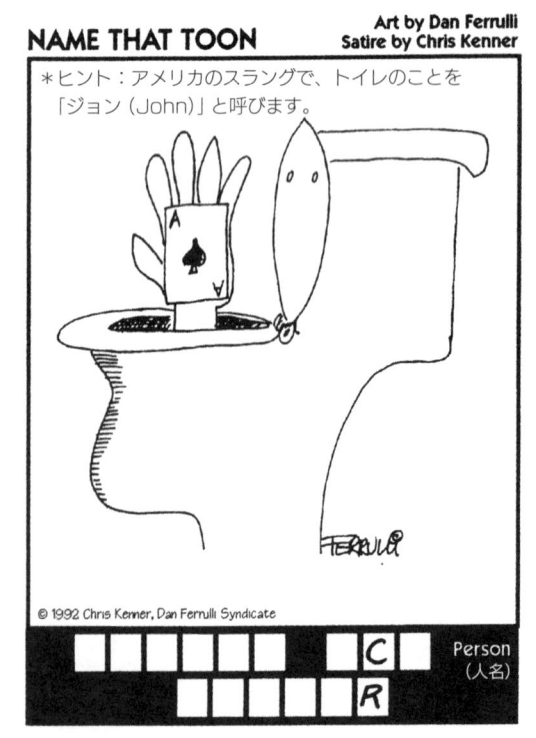

＊ヒント：アメリカのスラングで、トイレのことを
「ジョン（John）」と呼びます。

© 1992 Chris Kenner, Dan Ferrulli Syndicate

Person
（人名）

ブレークから下にあるカードを左へカット
して、これを表向きにしてもう一回リフル・
シャッフルをする準備をします。シャッフル
を始めますが、右親指を駆使してキーカード
（ハートの6）が出てくるまで右側のパケット
を先に早く弾き落とし、左手に残ったパケッ

150

カードから放すと、右手はすべてのカードを持ち上げてこのデックの両面を見せることができ、表裏が混ざっているような状態を示します（再び図11）。左手の各々のパケットをつかんで、表向きに見えているカードの内隅を押し下げます。すべてを揃えながら、左親指を押し下げて2つのパケットの間にブレークを作ります。この時点で、観客はカードは表裏ぐちゃぐちゃに混ぜられたと信じるでしょう。

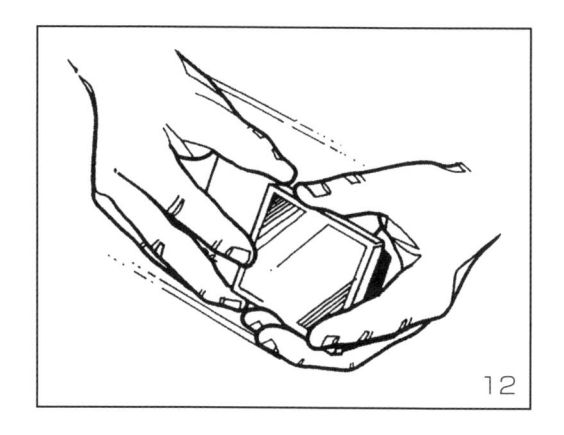

ブレークを右親指に移します。このブレークを保持しながら、右手でデックを持ち上げて左手の指先で持つようにして、ファロー・シャッフルを行う準備をします。ブレークから上にあるすべてのカードを左手でカットして前に動かします。ストラドル・ファロー（注：ファロー・シャッフルの一種で、枚数の少ない方のパイルが枚数の多い方のパイルの中に収まるように行うもの）を行って左手のパケットを右手のパケットに噛み合わせますが、完全にカードを押し込んで揃えないでください（図12、13）。お互いのカードは長さの約3分の1が重なっているようになっています。カードの噛み合わせは一枚ずつ完璧に噛み合っているようにしないとダメです。

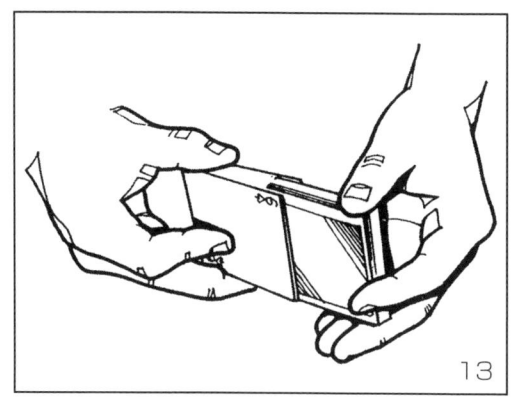

カードの右端（表向きになっているパケット）を右手でつかみますが、右親指がカードの表側、右手の指先がカードの裏側に当てるようにしてつかみます。観客に今「紙製の絵筆」を持っていて、4枚のキングの美しい絵を描こうと言います。左手はクロースアップ・マットを裏返して、ゴム張りの面（安全な面(後注2)）が見えるようにします。クロースアップ・マットがあなたのキャンバスだと説明します。やさしく"絵筆"をデックの左上隅に当てて右へ引きます（図14）。ゴムと摩擦が生じるために、ゴム張りの面の上にその面に触れているカードが残ります。スペードのAが出てきてゴムの上に"描かれたら"、右手の動きを止めます。Kの代わりにAが出てきたこ

とに戸惑っているように見せ、観客にこのミスをお詫びします。このミスを修正するために、けた外れにどデカイ名作を描いてみると言います。右手を再び右へ動かしはじめ、スペードのロイヤル・フラッシュを描きます（図15）。観客がハッと息を飲んだあと、手のひらを下に向けるように右手を返し、最初のロイヤル・フラッシュの横に2つ目のロイヤル・フラッシュを描きます（図16）。あなたの名作を完成させるために残り2つのロイヤル・フ

クリス・ケナー　エキセントリック・マジック

ラッシュを描いていきますが、それぞれのロイヤル・フラッシュを示したら、その都度右手を返して動作を繰り返します。すぐにデックをファン状に広げてカードの表を示し、残ったカードの向きがすべて「正しい向きになった」ことを示します（図17）。

　この時、右下にあるカードに油性ペンでサインを書き、キャンバスをオークションに出して一番高い入札価格をつけた人に売りつけます。これはデレック・ディングルの『ロールオーバー・エーセス（The Roll Over Aces）』に影響を受けました[後注3]。

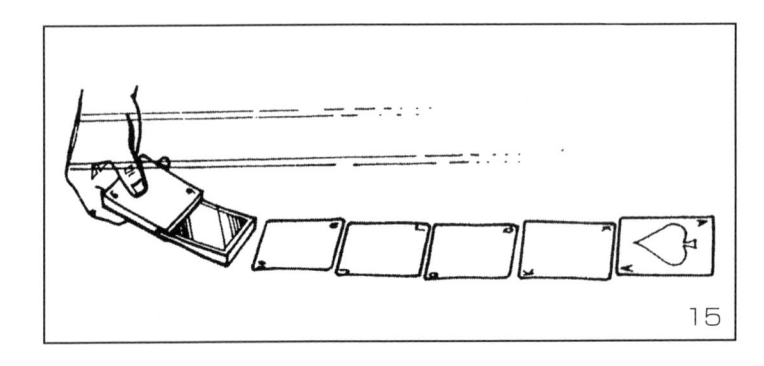

15

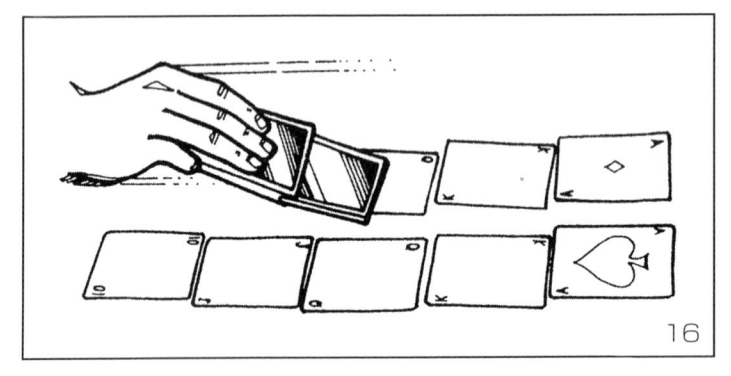

16

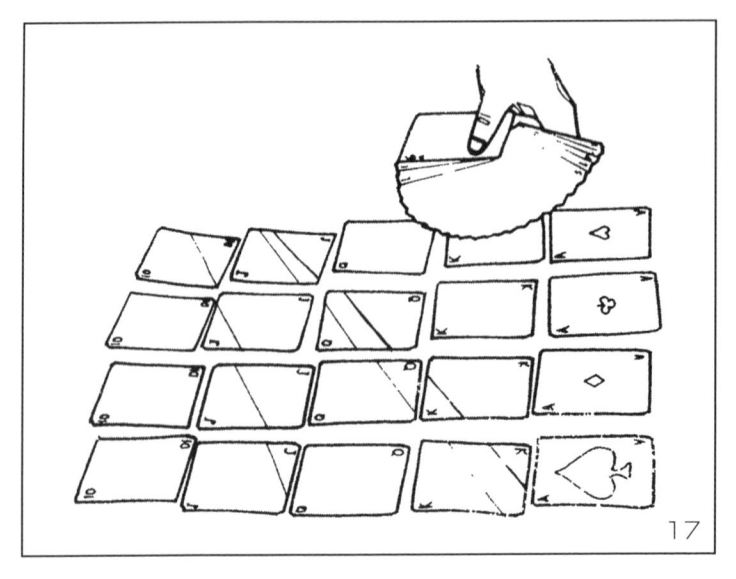

17

＊後注１：１９５０年代に大流行した絵画用のキットの名前。素人でもプロ並みの絵が描ける仕組みが仕込
　　　　まれていました。「Every Man a Rembrandt（だれでもレンブラント）」というキャッチ・コ
　　　　ピーも有名になって、この現象の説明にもそのことが含まれています。
＊後注２：エッチな意味です。とても書けません。
＊後注３：『デレック・ディングル　カード・マジック（コインマジックもあります）（The Complete
　　　　Works of Derek Dingle）』（東京堂出版刊、２００９年）２７９頁。

クリス・ケナー　エキセントリック・マジック

MUST BE 21 TO ENTER

21歳未満立ち入り禁止

現象

　素人さんがカード・マジックを演じたいと言ってきたとき、特に7枚のカードを3列作り始めたりした日には、誰もが本当に不安な気持ちになります。「それは素晴らしいですね、でも、これから子供さんが30人いるテーブルでマジックを演じないといけないんですよ」と言って見るのを断ろうとします。でも、どこにも逃げ場がないことが分かったら、私は昔からある21カード・トリックのこの改案をただだ演じます。そして、こうした観客たちをいつもコテンパンに打ちのめされてヘトヘトになったケンタッキー・フライドチキンのような精神状態のままにさせておきます[後注1]。

方法

　このハンドリングは一般の観客もマジシャンも同じように騙すことができます。この古典的な現象を初めて無駄を省いて合理化したのはマルローで『ザ・カーディシャン（The Cardician）』（マジック・インク社刊、1953年）に発表しました。この改案はスティーブ・ドラウンが考案した21カード・トリックの手順から枝分かれしたものです（『シークレッツ・ドラウン・フロム・アンダーグラウンド（Secrets Draun from Underground）』（リチャード・カウフマン著、カウフマン＆グリーンバーグ刊、1993年）をご覧ください[後注2]。その作品との主な違いは、この作品

NAME THAT TOON

Art by Dan Ferrulli
Satire by Chris Kenner

© 1992 Chris Kenner, Dan Ferrulli Syndicate

Illusion
（イリュージョン）

は観客は使っているカードと残りのデックを
シャッフルすることができるのです。

セットとして、まず表向きのデックを広げ
ていき、すべての偶数のカードをアップ・ジョ
グしていきます。アップ・ジョグし終わったら
これらのカードをデックから抜き出し、デッ
クのボトムに置きます。もしあなたの状況を
チェックしたら、デックの上半分はすべて奇
数のカード、下半分はすべて偶数のカードに
なっているはずです。

観客にデックを手渡し、デックのトップか
ら21枚のカードを配ってテーブルの上に裏
向きのカードの山を作ってもらいます。残り
のデックはしばらくテーブルの脇にどけてお
いてもらうようにお願いします。観客に21枚
のカードをシャッフルするようにお願いし、
次に7枚のカードの山を3つ作ってもらいま
す。観客はどうやってカードを配ってもらっ
ても構いませんが、雑にやってもらいます。

観客にどの山でも構わないので1つを取り
上げて、表を自分に向けてファン状に広げて
もらいます。その中から好きなカードを1枚
抜き出してもらい、そのカードの名前を覚え
てもらったら、テーブルに残った2つの山の
うちどちらかの山の上に載せてもらいます。
こうすると、選ばれたカードはその山のボト
ムから8枚目にくることになります。ここから
残ったカードを混ぜてその上に載せますが、
選ばれたカードはボトムから8枚目のままに
します。こうやってください：観客にテーブ
ルの上にあるカードの山（選ばれたカードが
載っていない方）から少しカードを取って、
もう一方の山の上に載せるようにお願いしま
す。そして、今持っているカードを選ばれた
カードが入っている方の山の上に載せてもら
います。最後に、テーブルに残されたカードの
山（選ばれたカードが入っていない方）を選
ばれたカードの山の上に重ねてもらいます。
これは読むと複雑に思えますが、実際は選ば
れたカードは重ねられたカードの山のボトム

NAME THAT TOON

Art by Dan Ferrulli
Satire by Chris Kenner

失業中のマジシャンに
愛の手を。ペン1本5¢

OUT OF
WORK
MAGICIAN
PENS
5¢

PENS

© 1992 Chris Kenner, Dan Ferrulli Syndicate

J [ ] [ ] [ ] [ ] [ ] [ ] [ ] [ ] [ ] D [ ] [ ] [ ] [ ] Person（人名）

クリス・ケナー　エキセントリック・マジック

から8枚目にまだあります。選ばれたカード
が載った山を動かさない限りは選ばれたカー
ドはその位置にいつづけます。

　この時点で、選ばれたカードの場所を知るこ
とは不可能に思えるかもしれません。この状況
をさらに印象深くするために、このマジック
を見ているマヌケにテーブルの上にあるカー
ドの山を取ってもらい、脇に置いておいたデッ
クの残りと一度リフル・シャッフルしてもらい
ます。覚えておいていただきたいのは、21枚
のカードはすべて奇数のカードです。残りの
カードはトップの数枚を除いてすべて偶数の
カードです。シャッフルしてもらったらデック
を返してもらい、表をあなたの方に向けて両
手の間でそれを広げます。必要なことは、広
がったデックの右端から数えて最初の7枚の

奇数のカードです。7枚の奇数のカードの間に
は偶数のカードが何枚か差し込まれています
が、これは無視してください。8枚目の奇数の
カードが選ばれたカードです。あなたがデッ
クのボトム・カードを覚えていたなら、リフル・
シャッフルをした後デックをカットしてもら
うことも可能です。必要なのはデックのボト
ム・カードを見つけて、そこから左に向かって
奇数のカードを数えていくことです。1900
年代初頭にチャールズ・ジョーダンとT・ネル
ソン・ダウンズがスタック・デックを一度リフ
ル・シャッフルするアイデアを使うカード当て
を考案しました。選ばれたカードをクールで
ヒップで、でもそんなに不自然ではない方法
で観客に示してください。

---

*後注1：本当は「Fried State of Mind（打ちのめされた精神状態）」とするところを「Kentucky Fried
　　Chicken」と合わせてダジャレにしています。
*後注2：128頁の「トゥエンティーワン・アゲイン（Twenty-One Again）」を参照してください。

POKER IN THE EYES

ポーカー・イン・ジ・アイズ

マジシャンは自身が持つポーカーの知識をサッとお見せしたいと言います。次に起こる変化の数々は数秒の間に起こります。ワンペアとして2枚の黒い2を示します。2のワンペアはどちらかというと弱い手だと言って、マジシャンは瞬間にこれを2枚の赤いジャックへと変化させます。魔法使いはさらに一歩進めて、2のスリーカードだったらジャックのワンペアに勝てるので、2枚のジャックを2のスリーカードへ変化させます。ここで赤いジャックという「伏せられた奥の手のカード」が現れ、2のスリーカードに加わります。しかし、ポーカーは5枚のカードで勝負すると説明します。そこに2枚目のジャックが現れ、フルハウスが完成します。このポーカーの知識のひけらかしを終わらせるために、魔法使いはすべてのポーカーの手の中でも特別なロイヤル・フラッシュに変化させます。

この手順の元は、ブラザー・ジョン・ハーマンの「フラッシュ・ポーカー（Flash Poker）」です(後注1)。自分のスタイルに合わせるために、ハンドリングをいくつか変更しました。デックをセットしますが裏向きになったデックのトップから、クラブの2、スペードの2、ハートの2、ハートのJ、ダイヤのJ（表向き）、ハートのA、ハートのK、ハートのQ、ハートの10、残りのデック。

最初の変化

裏向きにしたデックを左手ディーリング・ポジションに持ちます。トップ2枚を押し出して右手に取り、右親指を使ってこの2枚を表向きにします。ピンキー・カウントまたはナチュラル・ブレークを使って、表向きになっているダイヤのJの下に左小指でブレークを作ります（図1）。2枚の黒い2を表向きのままデックの上に載せます。今、左小指はトップから5枚目のカードの下にブレークを作っていることになります。右手をデックの上からかけて、ブレークから上にあるすべてのカードをビドル・グリップで持ち、パケットを右にずらしながら左親指でパケットのトップ・カードを半分だけ左へ引きデックの上に載せます。右手はパケットの持ち方を変えます。パケットの右側をつかみますが、右親指がパケットの上、残りの指先がパケットの下

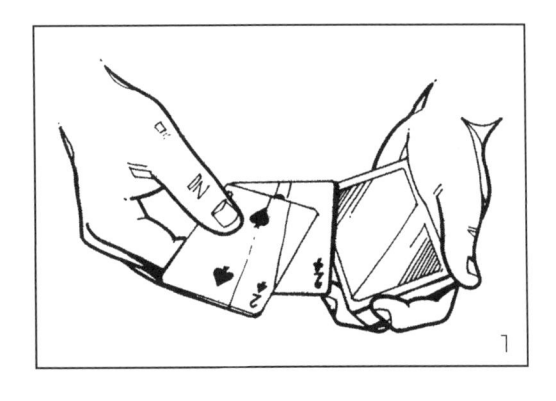

クリス・ケナー　エキセントリック・マジック

に当たるようにします（図2）。このパケットをデックの上にひっくり返して裏返しにできるまで、右に動かします。そうしたらすぐにトップ・カードを手前に引き、ハートのJを出現させます（図3）。動作を続けて、右手は持っているカードを縦方向にひっくり返して表向きにしてダイヤのJを示します。

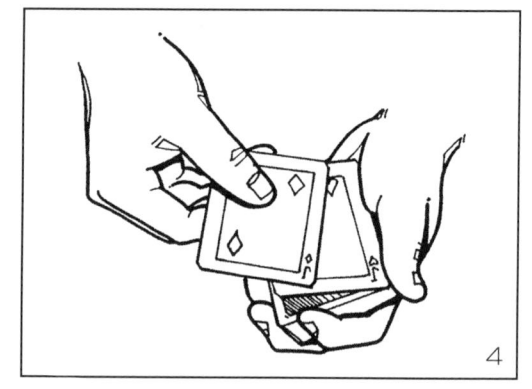

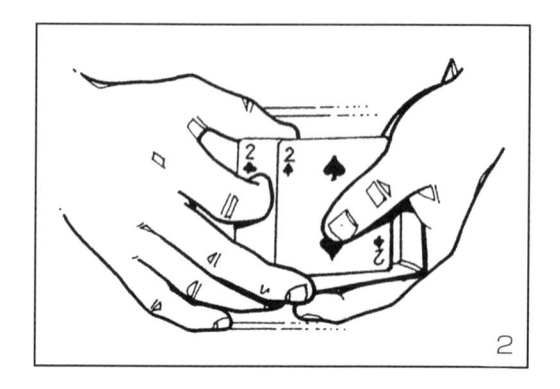

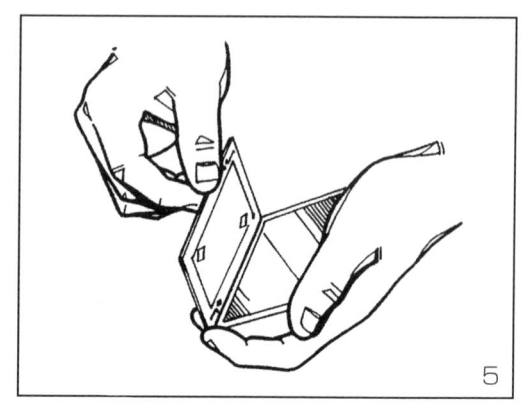

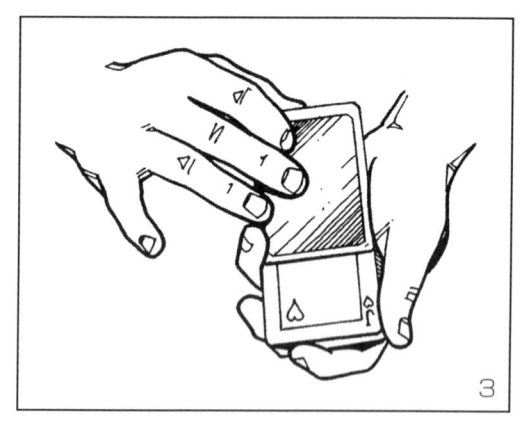

2回目の変化

　右手は表向きになっているダイヤのJを指先で持っていないとダメです。右手を伸ばしてハートのJを持っているダイヤのJの下にとったように見せます。しかし、右手の指先でハートのJに加えてJの下にある赤い2も一緒に取ってしまいます（図4）。これは"ヒット"ダブル・リフトに似た動作で、ナチュラル・ブレークができているおかげで簡単に行うことができます。この2枚のJを使ってなにかしらのジェスチャーをしながら、左親指はデックのトップ・カードを少し右に押し出して、その下に左小指でブレークを作れるようにしま

す。このとき左手首を少し手前に返して、トップ・カードの下に隠れている表向きの2が見えないようにします。赤いJと隠れているカードを一緒にひっくり返し、デックの上に裏返しにして重ねます（図5）。今、左小指で作っているブレークをトップから4枚目の下にあります。すぐに手のひらが下を向くように右手を返し、右親指をデックの右側からブレークに差し込みます。右手の指先と親指でブレークから上のカードをすべてをつかみ、右手のひらを上に向けるように回転させて持っているカードを表向きにします（図6）。モタモタせず、右親指でブロック・プッシュオフを行いながら、スペードの2をデックから半分くらい右にはみだすように左親指で押し出します（図7）。右手に持っているクラブの2が表にある3枚重ねをスペードの2の下に差し込み（図8）、左手はこの3枚重ねを持ちます（同時にこの下に左小指でブレークを作ります）。その間に、右手はハートの2を抜き出します（図

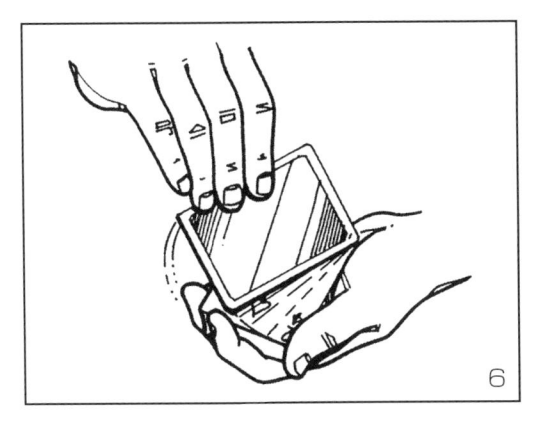

6

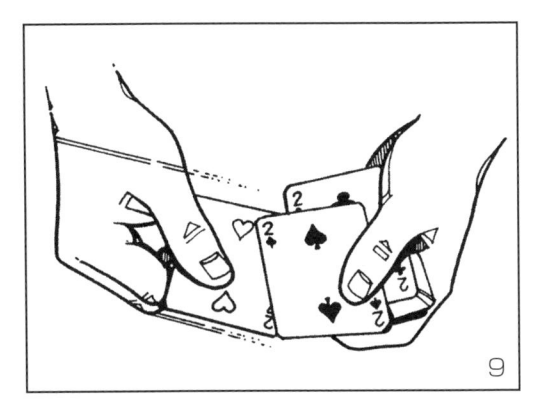

9

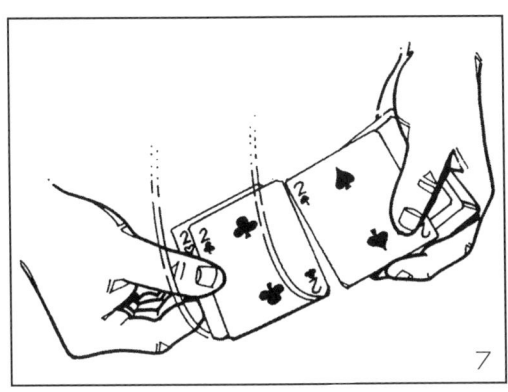

7

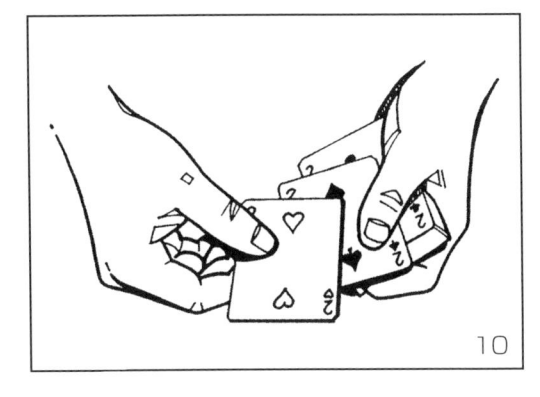

10

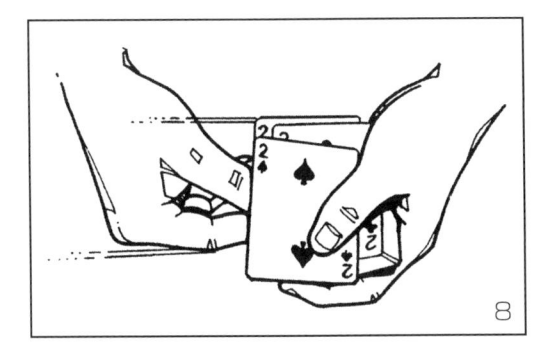

8

黒の2、ダイヤのJ、ハートのJの順になっています。カードを揃えたら手のひらを下に向けるように右手を返し、ブレークの中に右親指の先を差し込みます。5枚のパケットの右側をつかみますが、右手の指先が上、右親指が下に当たるようにします（図11）。そして手のひらを上に向けるように右手を回転させながらパケットを裏返します。パケットが裏向きになったら、すぐに右親指でトップ・カードを右に引きトップ・カードの下にある

9）。動作を続けて、ハートの2をスペードの2の上に載せますが、右に段々になるように置きます（図10）。クラブの2の下には2枚の赤いJが重なっています。このディスプレイで2のスリーカードを示しながら、同時に次の段への準備を行いました。

3回目の変化

　表向きになったトップ5枚目の下に左小指でブレークを作っているのを覚えていますか？　この5枚はトップから赤の2、黒の2、

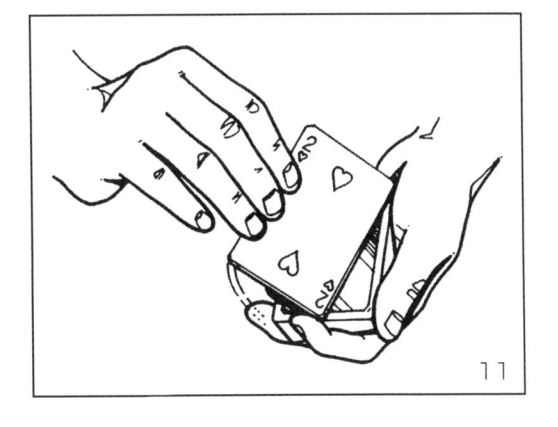

11

クリス・ケナー　エキセントリック・マジック

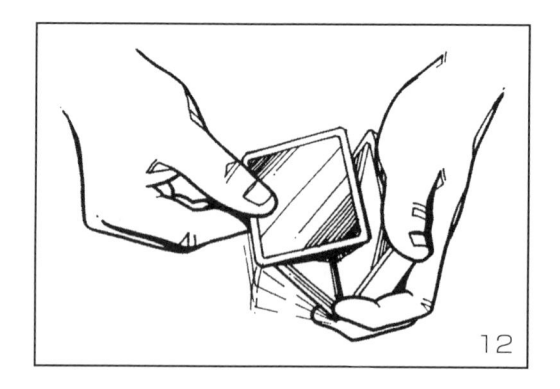

12

13

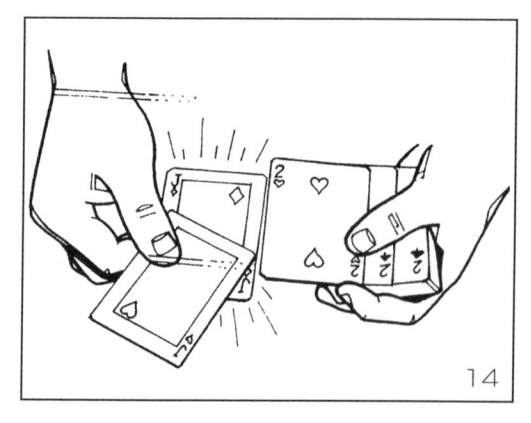

14

カードすべてが右から左へ本をめくるように
ひっくり返してデックの上に載るようにしま
す（図12）。こうして裏向きのカードを右手
に残します。この裏向きのカードをデックの
上に載せますが、少し右にずれるようにしま
す。左親指でハートの2、続いてスペードの
2を押し出して、3枚の2と「伏せられた奥の
手のカード」を観客に示します（図13）。左
小指は（クラブの2の下にある）ダイヤのJの
下にブレークを保持しています。右手は裏向
きのカードを表返してハートのJを示しなが
ら、左親指は広げたすべての2の上に置きま

す。右手でカードを表向けるのに忙しくして
いる間に、左手の指先でダイヤのJを広がっ
たカードの下に押し出します（再び図13）。
表向きにしたハートのJを広げた2の上に置
きますが、一番右端になるようにします。右手
の指先は自然に広がったカードの下に伸び、
隠れているダイヤのJの裏面に当たるように
します。ハートのJとともに右手をサッと右
に動かします。2枚のJが広がったカードの
右端から離れたら、この2枚のカードをサッ
とこすり合わせ、2枚目のJを出現させます
（図14）。このディスプレイで5枚のカード
を示します：フルハウスになっています。

4回目の変化

　2枚の赤いJをデックの上に載せます。念
のために、カードの順は次の様になっていな
いとダメです：ハートのJ、ダイヤのJ、ハー
トの2、スペードの2、クラブの2（この5枚
はすべて表向き）、ハートのA、ハートのK、
ハートのQ、ハートの10（J以外のロイヤ
ル・フラッシュ）、残りのデックです。両手の
間にトップの9枚を広げて、左小指で9枚目
のカードの下にブレークを作ります。この動
作の最中、やみくもにこの手は「フル・フラッ
シュ」とか「ロイヤル・ハウス」というのだと
観客に話します。右親指で広げたカードの右
端をつかみ、ハートのJ以外のすべてのカー
ドを左へ押していき左親指に当てて揃えます
（図15）。ハートのJは右に約1センチずれ
ています。右手を右に動かしてその下にある
パケット（8枚重ね）をその左側をデックの右

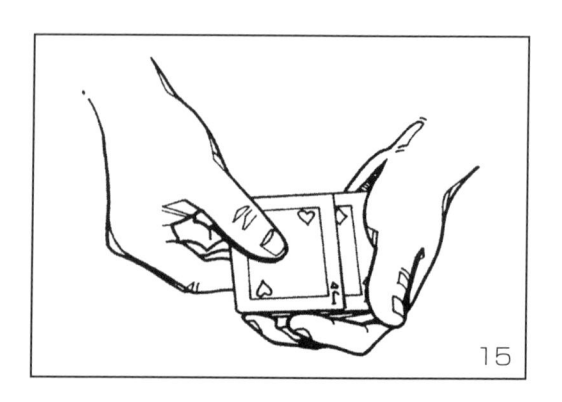

15

側に重なるまで右に引いていきます。左手は
デックの右側を下げ、パケットをデックの上
にひっくり返せるようにします。このとき左
手の指先を使ってパッとひっくり返るように
補助します（図16）。すぐにロイヤル・フラッ
シュを両手の間に広げ、最後の変化を示しま
す（図17）。この変化は行うのに1秒もかか
らず、両手は近づけて大変"タイト"な感じで
カードを扱わないとダメです。いろいろポー
カーの手を示しながら、このドラマチックで
ヴィジュアルな旅を終えます。すべての流れ
は演じても数秒で、息を呑むような変化です。
もしお望みなら、あなたのお好きな方法で残
りのロイヤル・フラッシュも取り出してこの
手順を終わります。

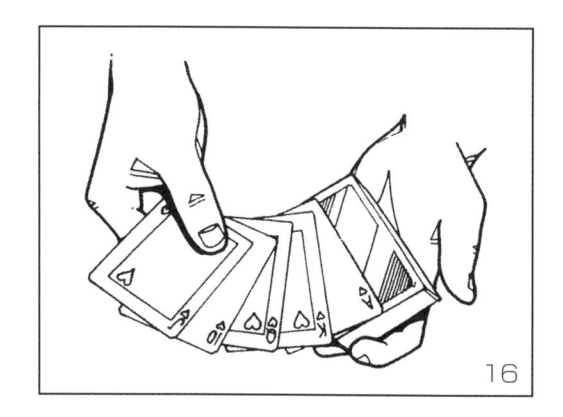

16

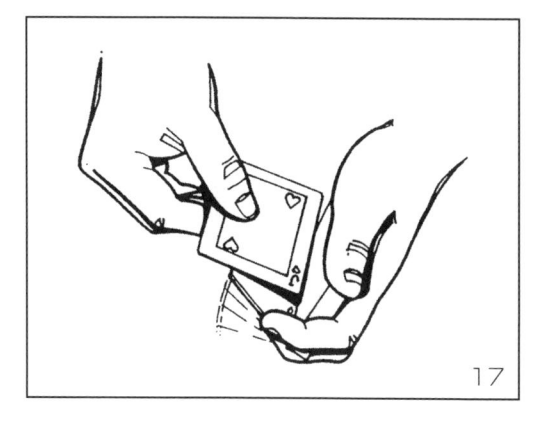

17

＊後注1：『ブラザー・ジョン・ハーマン　カード・マジック（原著名：The Secrets of Brother John
　　　　Hamman)』（リチャード・カウフマン著、カウフマン&グリーンバーグ刊、1989年。日本語
　　　　版はTON・おのさか訳、東京堂出版刊、2007年）264頁参照。

OUT OF CONTROL

クリス・ケナー　エキセントリック・マジック

上に行きますか？　カードが選ばれて、それを表向きにしてデックの中に半分はみ出すように差し込みます。デックをパラパラと弾くと、それが一瞬にしてデックのトップに現れます。マジシャンはスローモーションでエレベーターの実演をお見せしようと言います。選ばれたカードを表向きにしてデックの下の方に半分はみ出すように差し込みます。マジシャンはデックに向けてフッ！と息を吹きかけて、デックの中央へとカードを上げるようにします。もう一度デックに息を吹きかけて、カードを上から3分の1の位置まであげます。最後にもう一度フッ！と息をかけると、デックのペントハウス（ビルの最上階の屋上）にあがってきます。

演じるには、選ばれたカードを表向きにしてデックの中央に差し込みます。パスを行います。選ばれたカードをデックの下から5分の1の辺りに半分はみ出すように差し込みます。S.W.Eシフトを3回行います。これでおしまい。ありがとうございました。おやすみなさい。用件は伝えたから、もう帰る！

アードネスのファンじゃない皆さまのために、ディテールを加えつつどうやるかをお話ししましょう。これはもっとも優れた技法で、マスターするまで数えきれないほどの時間がかかるでしょう。アウト・ジョグされたカードがデックの中を上がっ

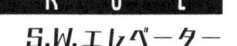

ていくコンセプトは、ジェフリー・ラタのものです。デックからカードを選んでもらって、抜き出してもらいます。もしお好きなら、観客に好きなカードの名前を言ってもらって、それを抜き出しても構いません。デックを裏向きの状態で両手の間に広げて、選ばれたカードを表向きにしてその中央に差し込んでもらいます。デックを揃えますが、表向きになった選ばれたカードの上に左小指でブレークを作ります。すぐに超高速でパスを行い、選ばれたカードをデックのトップに出現させます。選ばれたカードは表向きなので、これは大変ヴィジュアルに見えます。

この現象をスローモーションで繰り返してみたいと言います。選ばれたカードを抜き取り、それを表向きにしてボトムから3枚目に差し込みます。カードは半分くらいはみ出して、右に傾いた状態です。右手を使ってデックを左に90度回転させ、左手の指先でカードを再びつかみます。左手でデックを横方向に短い端をつかむように持ち、左人差し指は深く曲げてデックの下に当てます（図1）。

このトリックの最中、この指は曲げてずっとデックの下に収まっています。左小指は右の短い端に沿って、右外隅に置いています。

2つのことを同時に行います：実際のシフト（パス）の動作と、デックの上下が入れ替わるのをカバーするための動作やジェスチャーです。ぶっちゃけ、デックに息を吹きかけ

S.W.エレベーター

ELEVATOR

クリス・ケナー　エキセントリック・マジック

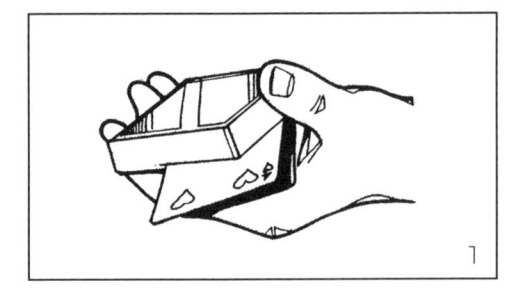

1

ながらシフトを行うってことです。

　さあ、ここからはシフトのテクニックについてお話ししましょう：

　右手をデックの上からかけて長い側をつかみます。右親指をデックの内側、中指、薬指、小指をデックの外側に当てるようにしてください。右人差し指は軽く曲げてデックの上に載せます。右手はデックの右端あたりをつかんでいて、デックの大部分が見えているようになっています。左手首を少し手前に返し、デックの右内隅にカードの分け目を作ります（図2）。このブレークはデックの中央部分にできていないとダメです。右親指はブレークを作るためにカードを持ち上げるのではなく、カードを引き下げることが重要になります。こうすることで見た目がより綺麗になります。左小指の第2関節と左親指の間で力を込めて、このブレークを保持します。左手の指先と親指は実際にはデックの上半分を保持していま

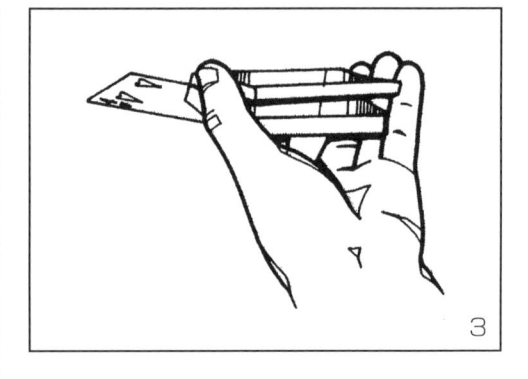

3

す（図3）。両手は胸の高さで保ち、デックの外側の縁が観客の目線に向けられています。

　デックの上下のパケットを入れ替えるには、両手の位置を前のように変えます（再び図2）。右中指、薬指、小指でデックの外側を押し下げます。左人差し指は下から押し上げ続けています。右手を前に動かし、右手の指先は左人差し指に向かって下に圧力をかけます。デックの下半分は左人差し指と残りの指先で持っている上半分から切り離されます（図4）。2つのパケットが離れるまで右手を前へ、そして下へと動かし続け、2つのパケットが楽に離れられるように左親指とその他の指はあなた側に向けて伸ばします（図5）。左中指の内側が下半分のガイドになっています。こう持つことで、デックの下半分を前に傾けるようにでき、2つのパケットが離れるときの距離をより短く

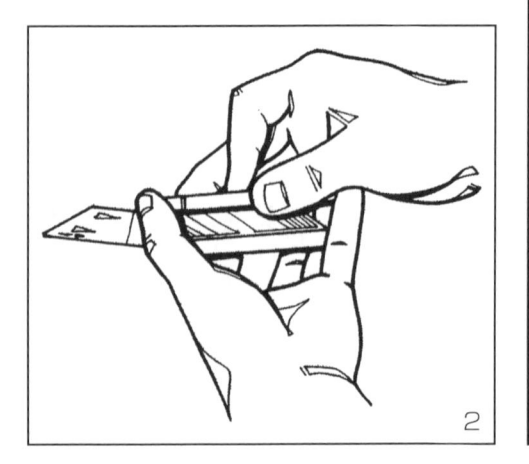

2

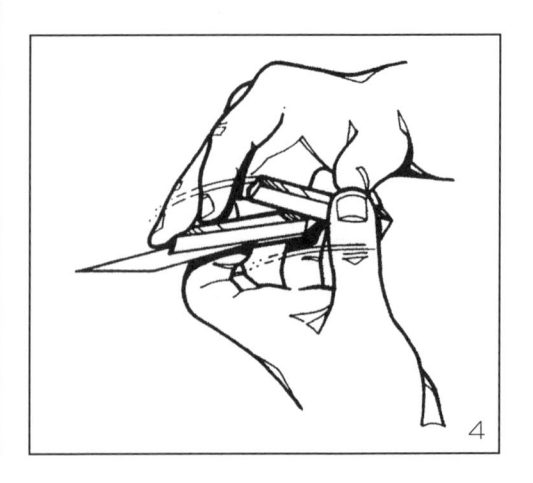

4

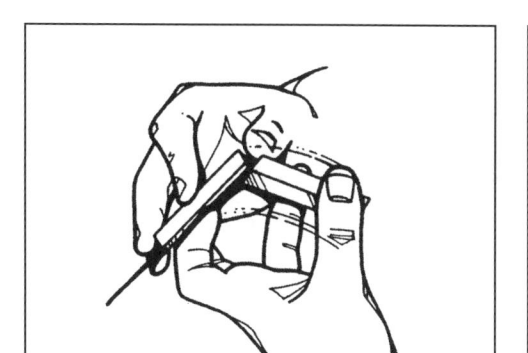

5

（フッと一息）

HUFF AND PUFF

7

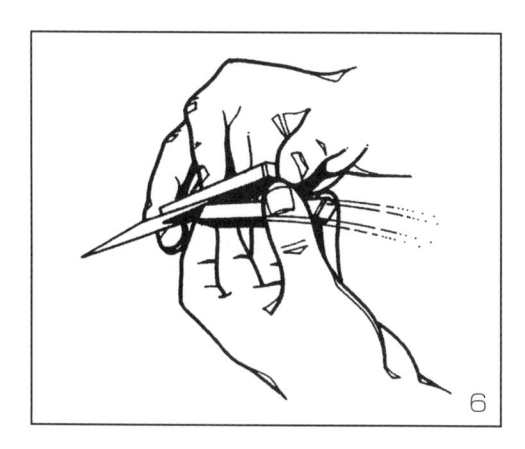

6

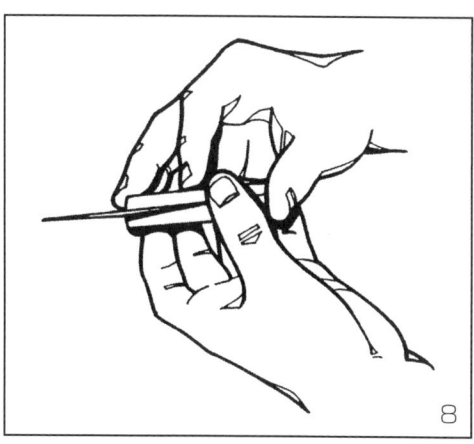

8

できるのです。2つのパケットが離れたら、すぐに左手で持っているパケットを新しく上にきたパケットの下に一連の素早い動作で移します（図6）。別の重要な点として、右親指はずっとパケットに触れ続けているようにします。実際には、下側のパケットの内側が上側のパケットの外側から離れたら、右親指は新しい上半分の内側に移しています（再び図5）。

2つのパケットの入れ替えはほんの一瞬で、両手の動きは素早くスムーズなものです。

このシフト（パス）のカバーは単純なものです。シフトを行いながら、両手を口元に近づけフッ！と息を吹きかけるジェスチャーをします（図7）。両手を上げる動作（大きな動作）が2つのパケットの入れ替え（小さな動作）を隠すのです。両手が

元の位置に戻る前に、両手を下げながらシフトを完了します。選ばれたカードはパケットの中央付近から突き出ています（図8）。

このシフトに関する大変詳細な解説については『プロがあかすカード・マジック・テクニック（原著名：The Expert at the Card Table —— Artifice, Ruse and Subterfuge at the Card Table：A Treatise on the Science and Art of Manipulating

クリス・ケナー　エキセントリック・マジック

Cards)』（S.W. アードネス著、出版社名
不明、1902年。日本語版は浜野明千宏
訳、東京堂出版刊、1989年）を激しくオ
ススメします。これは完璧に、静かに行う
べき技法です。

　このシフトをもう一度行い、デックの
トップから3分の1をボトムへと移します。
こうすることで、カードをデックの上から
3分の1の位置へと移動させます。

　最後のライジング現象を行うには、右
手の指先で選ばれたカードを押し下げま
す。こうすることで選ばれたカードの真下、
デックの内側にブレークを作ることになり
ます（図9）。シフトを行いますが、右手の
指先で選ばれたカードを押さえてカードが
そこから動かないようにします（図10）。
パスが終わると、選ばれたカードはデック
のトップへと移動します（図11）。

　これは見るも素敵な作品です。大変ヴィ
ジュアルで、25秒もかからずに演じ終える
ことができます。もしあなたがこの独特な
シフトの名人でしたら、この現象を学ぶの
になんの問題もないでしょう。もし指の関
節が破壊されるくらいもっと難しくしたい
なら、最初に2回シフトを行うときにトップ
のパケットでカバーしてみてください。こ
うすることでこのシフトは完全に見えなく
なります。トップ・カードだけではなく数枚
のパケットで行うのは硬さが必要なの
とカードが擦れる音を軽減させるのを
助けるためです。信じられないかもし
れませんが、長い時間をかけて練習す
ることで見えないように演じることが
できます。これが簡単なマジックだと
は一言も言ってないですからね！

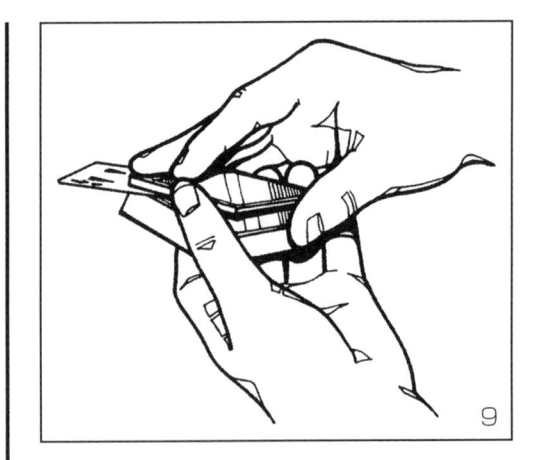

9

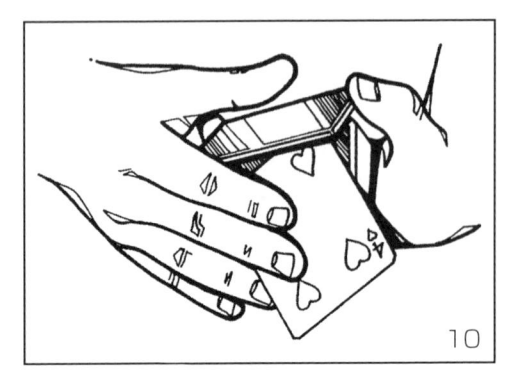

10

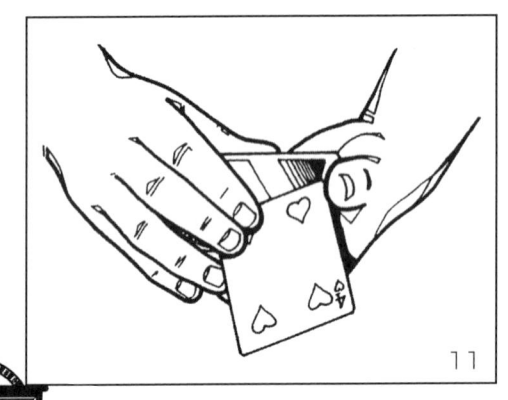

11

SYBIL

シビルを使って

the trick

シナリオ

大都市にある豪華なホテルで開催されているマジック大会での静かな夜。数百人のマジック・マニアたちが一つのクロースアップ・マットを囲んでいて、まるで蛾が光に集まってきているようです。カード・マジックでもありがちな作品のよくある退屈な改案が続けて演じられ、芸術としてのマジックの品位が不正に汚されていました。突然、ドアがバーン！と開き、背の高い紳士が登場しました。見るからに恐れ知らずで、白いケープを羽織った訪問者は仮面を着用しています……彼こそが、マジック・マンでした！ 彼を信じていない民衆の輪をかき分け、一つのマジックを演じます。デックをシャッフルして4枚の予言のカードをデックから抜き出します。このカードの名は観客には分かりません。カードが選ばれ、仮にハートの10だったとしましょう。これをデックの中に戻します。周りを取り囲む民衆の一人から10から20までの数字が1つ発表されます。ここでは17だったとしましょう。複数のパケットがあちこち動き回るカットをし、デックから1つのパケットが取り出されます。このパケットの枚数を数えると、この枚数が正確に17枚で

あることが分かります。この小さなパケットを表向きにして、その表にハートの10があることを示します。民衆は拍手を始めます。が、マジック・マンは静かにするように制するジェスチャーをします。4枚の予言のカードを表向きにします。このカードの数字を足していくと、合計がピッタリ17になっています。民衆は突然熱に浮かされたように大きな拍手をします。彼らが気付く前に、マジック大会のあらゆる場所に良いマジックを生み出していくという彼の改革を続けるため、仮面の男は静かにその場を去ります。

舞台裏

これは専門誌『プリカーサー (Precursor)』に発表されたギャリー・プランツの手順を私なりのハンドリングにしたものです[後注1]。このフラリッシュ的なカットによって少ない枚数のパケットを劇的な方法で取り出せます。ちょっとしたセットが必要になります。裏向きになったデックのトップから：8枚の関係ないカード、（スートはごちゃまぜになっている）Aから10、デックの残り。

もし良いフォールス・シャッフルができる

クリス・ケナー　エキセントリック・マジック

なら、今がその時です。デックの表を自分の方に向けて両手の間にカードを広げ始め、デックのフェイスに近い側にある任意のカードをアップ・ジョグします。続けてカードを広げていき、どんな順でも構いませんので4、3、2のカードをアップ・ジョグします。これらのカードはセットしたカードに含まれていないことを確認してください。デックを裏向きにして左手ディーリング・ポジションに持ちますと、アウト・ジョグされている4枚のカードはデックの前端から突き出ています。この4枚のカードを右手で引き抜き、裏向きにファン状に広げて持ちます。この4枚のカードは予言だと告げます。ファン状に広げたカードをデックに当てるようにして揃えますが、ひそかにファン状に広げたカードのボトム・カードをデックのトップに加えてしまいます。簡単に行う方法は、ファン状に広げたカードのトップ3枚を右手で持ちますが、右親指が上、人差し指が下に当たるようにします。ボトム・カードは右中指だけで支えます。左親指の付け根にこの4枚のカードを押し当てるようにしてカードを揃えますが、右中指の力を抜いてボトム・カードをデックの上に重なるように落とします。パケットをちょっとそろった状態でテーブル上に置きます。

　両手の間にデックを広げ、カードを選んでもらいます。カードはセットしたカードの下にあるデックの下半分から選ばれないとダメです。最初にカードを広げ始めるときに左親指である程度の量のカードをひと塊りに押し出せば、ほぼ自動的にそうできます。選ばれたカードを覚えてもらっている間に、デックを半分に分けてカットしますが、2つのパケットの間にブレークを作ります。デックをブレークから分けて、選ばれたカードをデックの下半分の上に返してもらいます。デックを揃えますが、選ばれたカードの上にブレークを作ります。適当なときにパスかダブル・カットを行います。デックの順は：選ばれたカード、9枚の関係ないカード、Aから10、

残りのデックです。

　ここでセットしたカードの中の7の下に左小指でブレークを作る必要があります。デックの内端を右親指で弾き上げ、そのカードを素早くのぞき見していきます。これは簡単にできます。デックのトップから3分の1あたりを見れば良いだけだからです。ブレークを作る他の方法としては、スペクテイターズ・ピークを行うようにデックの右外隅を右手の指先で弾き上げていきます。デックの隅をパラパラ弾いているときに10が見えたら9、8と続いていきます。すぐに7の下にブレークを作って、カードを弾くのをやめます。10から20の間の好きな数を観客に聞きます。一般的には17が言われやすいです。これがブレークを7の下に作る理由です。言われた数字に合わせてブレークの位置を対応したカードの下に移動させる必要があります：7なら17、5なら15、9なら19、Aなら11という具合です。注：もし観客が15のような数字を言ったなら、単にブレークの上に2枚のカードを弾き落として、5の下にブレークを作り直します。もし18や19を言われたら、単にブレークを超えて必要なカードに到着するまでデックを両手の間に広げ、新しいブレークを作ります。12や13のような小さな数字を言われたら、カードを両手の間に広げ、ブレークから右方向に目視で必要なカードまで枚数を数えていきます。そうしたら、必要なカードの下にブレークを作ります。

　ここでは14が言われたとしましょう。カードを両手の間に広げ、4の下にブレークを作ります。左小指で4の下にブレークを保持しながら、デックを左手ディーリング・ポジションに持ちます。右手をデックの上からかけて、ブレークから上にあるすべてのカードをビドル・グリップで持ちます。右人差し指を使ってブレークから上にあるすべてのカードの外端を持ち上げますが、右親指は支点の役目をしています（図1）。動作を続けて、右

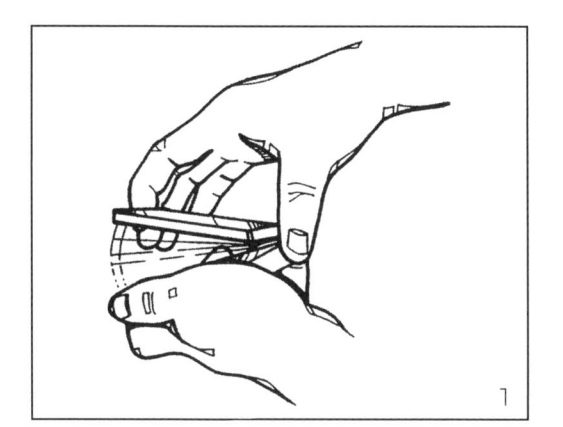

1

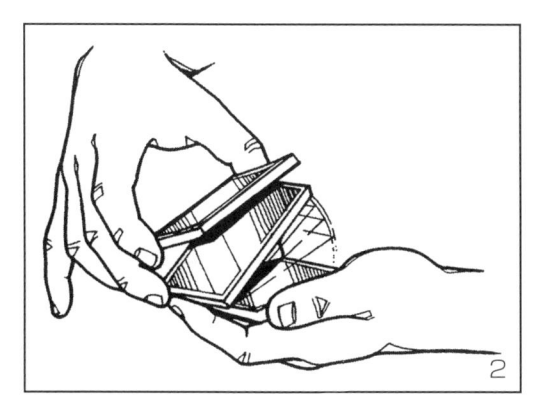

2

親指は別のパケットを持ち上げますが、左人差し指が支点の役目をしています（図2）。右手を上げ続けながら、2つ目のパケットから少数のカードを右中指で持ち上げます（図3）。右手を手首から曲げて、そこを支点にして時計回りに回転させ、トップから2つ目にあるパケットを天地が逆になるように回転させて、このパケットの両側をはさむように左親指と中指でつかみます（図4）。この時点まで、このカットはこの本のどこかに解説されている「ザ・ファイブ・フェイシーズ・オブ・シビル」と同じです（132頁）。

　右手を反時計回りに回転させて元の位置に戻し、右手を前に動かして右手で持っている2つのパケットが左親指と中指で保持している3つ目のパケットから自由になるようにします（図5）。3つ目のパケットがデックの前端から突き出るようになるまで右手を後ろに動かします（図6）。右小指と中指でこのデッ

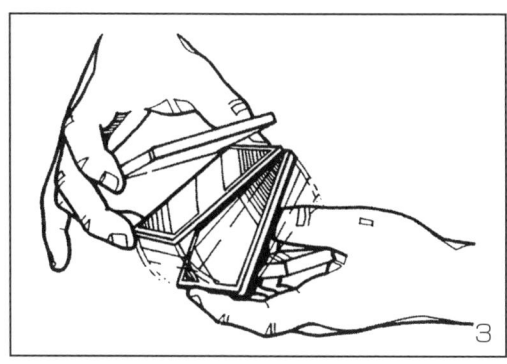

3

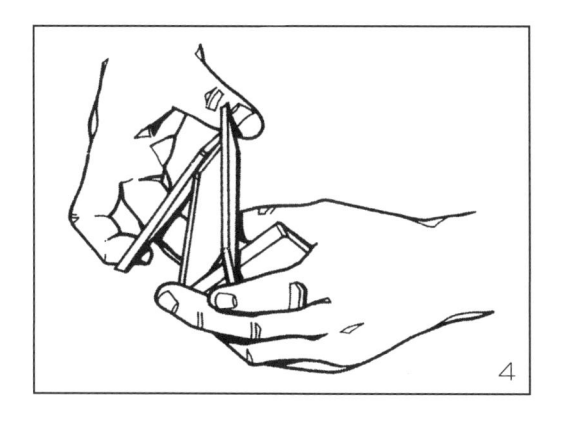

4

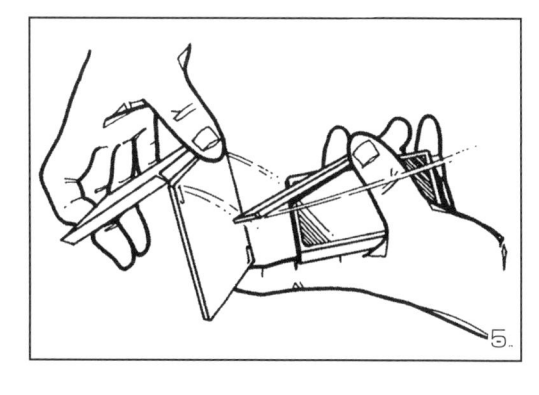

5

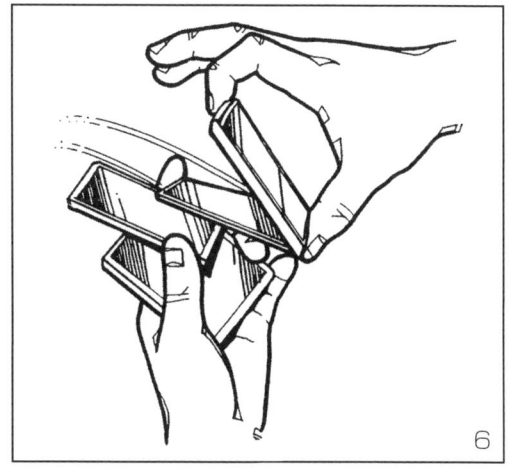

6

クリス・ケナー　エキセントリック・マジック

クの前に突き出ているパケットをその両側を
はさむようにつかみます（図7）。左手から離
れるまで、右手の指先でこのパケットを前に
動かします（図8）。右手を時計回りに回転さ
せて、左親指と中指で一番上にあるパケット
の両側をつかめるようになるまで手首を鋭く
曲げます（図9）。右親指と中指で保持してい

るパケットがすべてのパケットから自由にな
るまで右手を前に動かします（図10）。右手
を後ろに動かして、上から3つ目のパケット
（元の一番上にあったパケット）がデックの
前端から突き出すようにします（図11）。上
にある2つのパケットを下げてデックの上に
重ね、デックの前から突き出ているパケット

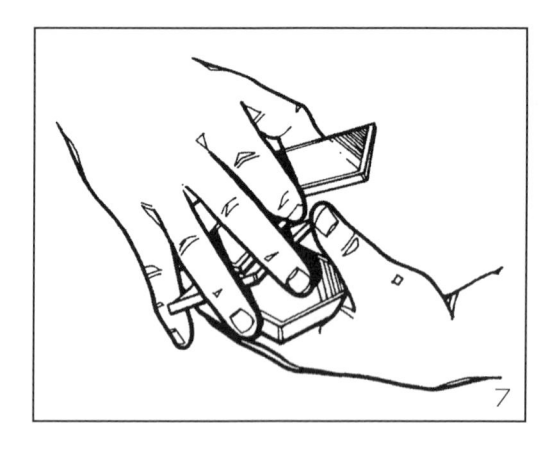

7

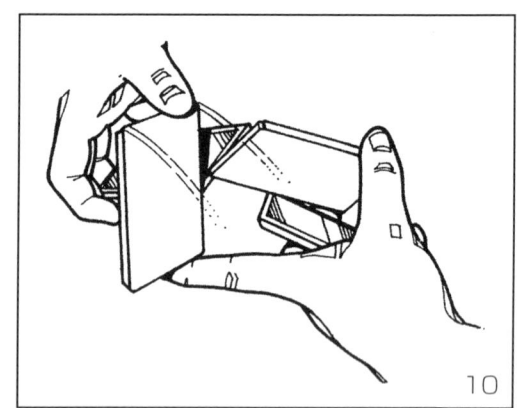

10

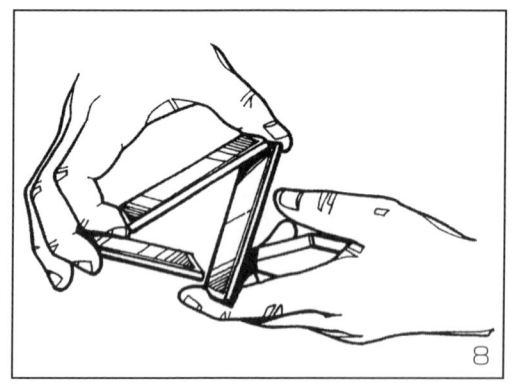

8

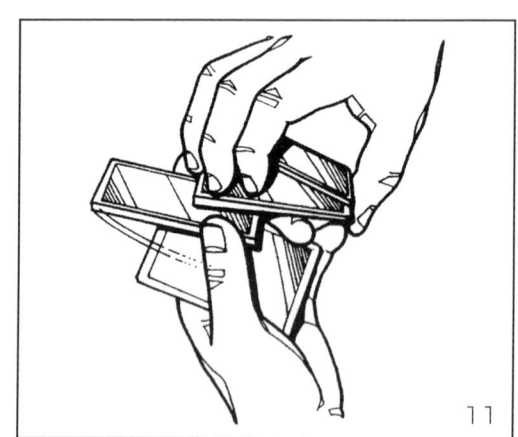

11

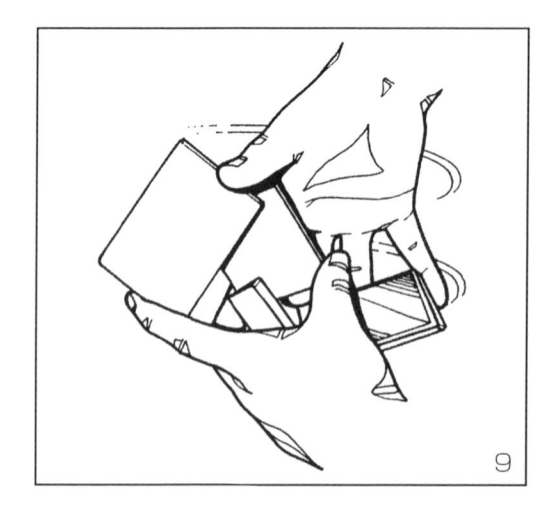

9

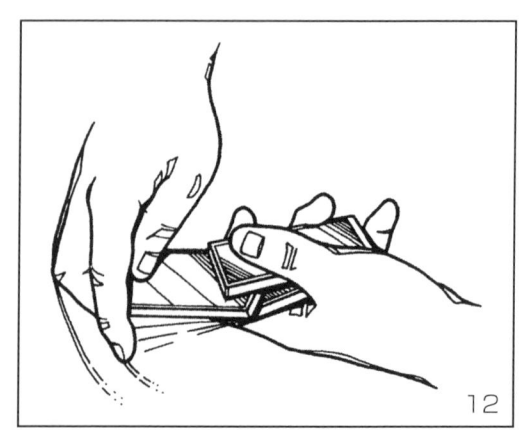

12

を回転させるように抜き出します（図12）。このパケットはトップにある選ばれたカードを加えた14枚で構成されています。このパケットを観客に手渡してテーブル上に1枚ずつ大きく数えながら配っていってもらいます。14枚と数えるはずです。その間に右手でデックのトップにある5（セットしたカードの中でブレークを作ったカードの次のカード）をパームして、これを「予言のカード」に加えます。左手でデックを脇にどけます。観客に選んだカードの名前を言ってもらいます。カードの名前を言ってもらったら、観客に配ったパイルを表向きにしてもらって選ばれたカードがパイルの表にあることを示します。間を置きます……。予言のカードを出していたことを覚えているかどうか聞きます。観客が答えたら4枚の予言のカードを表向きにひっくり返して、2、3、4、5であることを示します。この数字を合計してもらいます。合計すると14になります。お話はおしまい。

NAME THAT TOON

Art by Dan Ferrulli
Satire by Chris Kenner

© 1992 Chris Kenner, Dan Ferrulli Syndicate

Trick
(トリック名)

＊後注1：「ア・マセマティカル・カード・トリック（A Mathematical Card Trick）」同誌23号収録。

クリス・ケナー　エキセントリック・マジック

O.O.S.P.C.A.

ONLY-ONE-SHUTTLE-PASS COINS ACROSS

1回しかシャトル・パスを使わないコインの飛行

夢

　4枚の銀貨が片方の手から勇敢にも飛行し、グラシー・ノールを超え、暖かく安全なもう片方の手へと移ります。

旅

　長年の間、素人さんを驚かせるためにこの手順を使ってきました。これは難しくなく、時間もそんなにかかりません。これはテーブル・ホッピングや少人数の観客にピッタリです。この手順が角度に左右されないようにするために、いくつかのディテールを考え出しました。もしあなたがコインマジックの基本をマスターされていたら、この手順をほぼすぐにでも演じることができます。

　右手で5枚のコイン（1ドル銀貨もしくは50セント銀貨）をポケットや財布から取り出します。この時点で観客は何枚のコインが使われるかわかってしまうとダメです。コインはゆるく重なって、軽く曲げた右手の指先の上に載っていないとダメです。右親指を重なったコインの一番上に置いて、このコインをその下に重なっているコインから少しずらして、サッと左へ動かします。こうすることで残った4枚のコインが左手へと飛んでいき、右親指で押さえていたコインが手の中に残ります。これは、アル・ベーカーのスチール

です。左手を開いて4枚のコインを示しながら、右手は残ったコインをクラシック・パームします。今から4枚のコインを1枚ずつ右手に投げながら数えていくように見せます。重なったコインを軽く曲げた左手の指先の上に載せておきます。左親指で重なったコインの一番上のコインを押し出し、左手はこのコインを軽く指先を曲げた右手に投げ込みます（図1：この動作が進行中）。このコインは大体5センチかそれくらいは飛んでいかないとダメです。右親指を右人差し指の付け根に押し付けていることに注意してください。こうすることで、クラシック・パームしているコインを十分カバーできます（マリーニ・サトルティ）。左手の指先に残ったコインを1枚

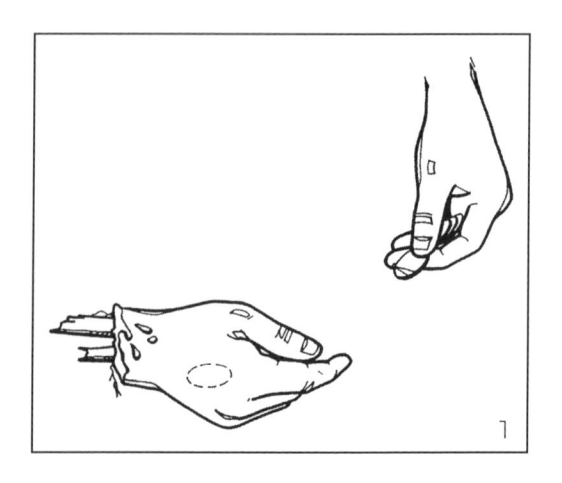

だけコインがそこに残るまで右手の中に投げこみ続けていきます。左手は最後のコインを右手にある重なった3枚のコインの上に投げるように見せます。実際は、右手はクラシック・パームしているコインを落として"カチャン！"と大きな音を立てるようにしながら、左手は残ったコインをフィンガー・パームします（図2）。右手を開き4枚のコインを示します。両手の指先で2枚ずつコインを取り上げて自由にこの4枚のコインを示しますが、5枚目のコインはラムゼイ・サトルティを使って隠しています（図3）。それぞれの手の指先にある4枚のコインを右手に集めます。

こぶしでマジカル・ジェスチャーを行います。テーブルの上で両手を開いて、右手は3枚のコインを、左手は1枚のコインをそれぞれ落とします（図6）。

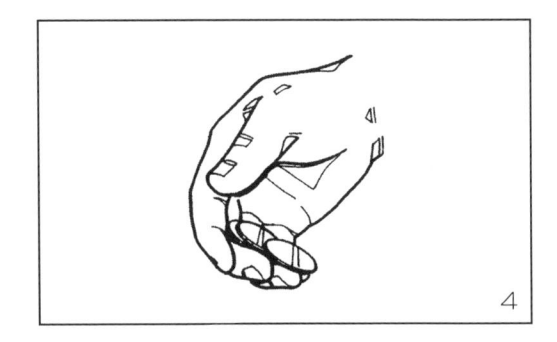

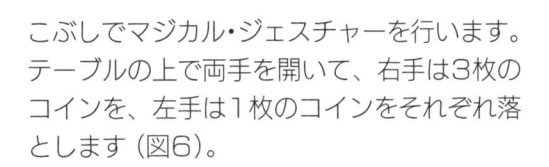

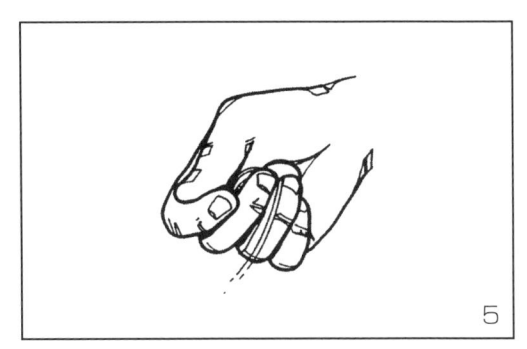

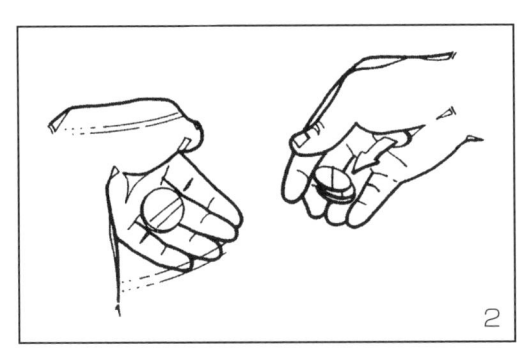

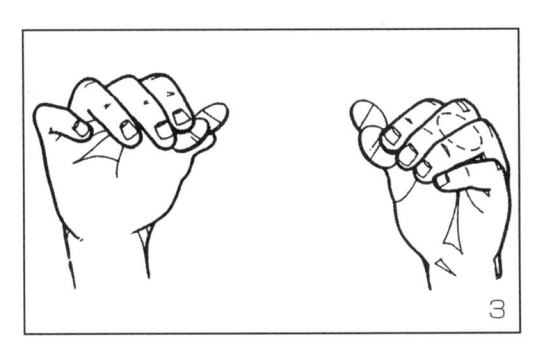

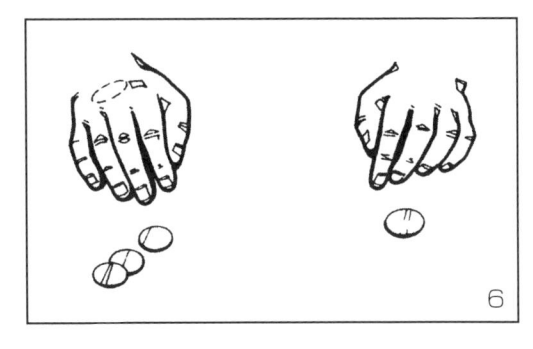

両手をそれぞれ軽く握りますが、右手は2枚重なっているコインのうち1枚をクラシック・パームします。これはデヴィッド・ロスの複数枚のコインから1枚のコインをパームする方法を使います：重なったコインを曲げてカップ状にした指先に載るようにします。右親指で一番上にあるコインを指先に向けて約1センチ押し出します（図4）。手を握りながらずらしたコインをクラシック・パームします（図5）。25センチほど離した両手の握り

この手の技法は大嫌いなんですが、シャトル・パスを行う時間がやってきました。実際はより良くて、よりエコロジーなバス・パス（83頁の後注1参照）を行います。左手でコインを取り上げ、フレンチ・ドロップを行う位置に持ちます（図7）。その間に、右手はクラシック・パームしているコインをフィンガーチップ・レストの位置に落とします。左手のコインを取るかのように、右手をコインの前からおおいます（図8）。実際は、右手はフィンガー・

クリス・ケナー　エキセントリック・マジック

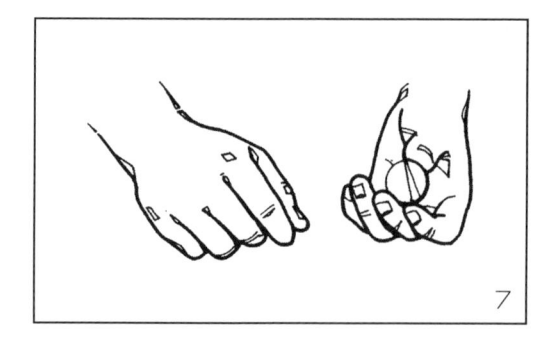

7

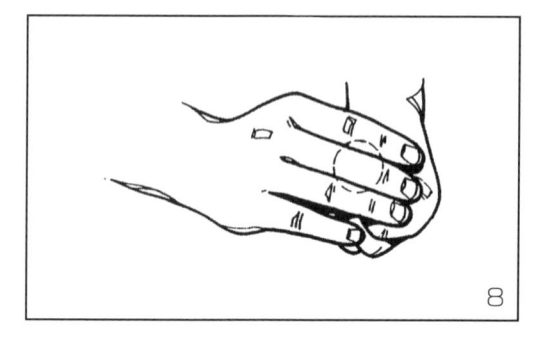

8

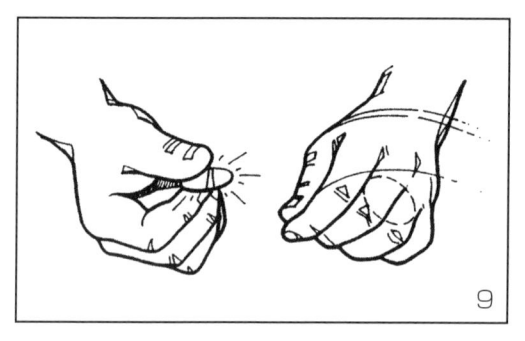

9

右手は今から隠しているコインを左側にあ
る2枚のコインに加えてしまいます。こうする
には、右手を身体の前を通過させて、2枚の
コインを指先で取り上げます。この2枚のコイ
ンを待ち構えている左手の中に投げ入れよう
としますが、指先を内側に曲げて2枚のコイン
をクラシック・パームしているコインに加
えてしまいます（図10）。動作を続けて、3
枚すべてのコインを左手の中に投げ込みます・
右側にある2枚のコインを右手で取り上げ、先
ほど解説したように握り込みながら1枚のコイ
ンをクラシック・パームします。再び両方の
握りこぶしでオマジナイをかけたら、左手か
らは3枚のコインを、右手からは1枚のコイ
ンをそれぞれテーブルの上に落とします。

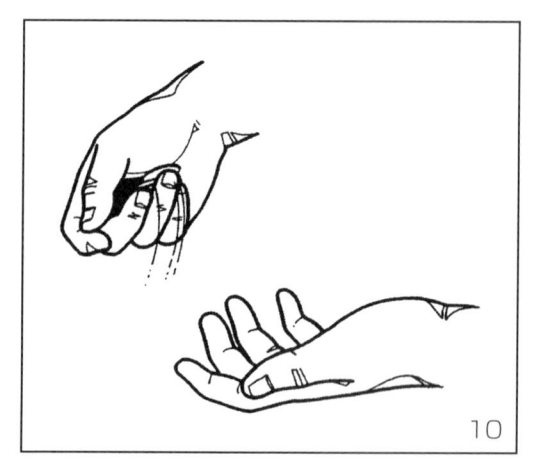

10

パームしているコインを指先に押し出して見
えるようにしながら、手のひらを上に向ける
ように返しながら、左手は持っているコイン
を手の中に落としフィンガー・パームして、手
のひらを下に向けるように返します（図9）。
手のひらを上を向けるように左手を返します
が、この時指先を曲げてパームしているコイ
ンを隠します。同時に右手は持っているコイ
ンを左手のひらの上に載せます。右手はテー
ブルの上にある3枚のコインを取り上げてそ
れを握りつつ1枚のコインをクラシック・パー
ムしながら、左手は静かに握ります。両手で
恐ろしいオマジナイをかけたら、テーブルの
上で両手を開き、それぞれの手から2枚ずつ
コインを落とします。

ここからはすごい反応が得られるサッ
カー・ギャグを行います。左手は左側にある3
枚のコインを取り上げ、握り込みながら1枚の
コインをクラシック・パームします。1枚の
コインをクラシック・パームしている右手は右
側にある1枚のコインを取り上げます。観客
に次のコインの飛行はほぼ見えるようにでき
ると言います。このセリフを証明するために、
右手に持っているコインを小さく弧を描くよ
うに放り投げて、待ち構えている左手で受け
取ります（図11）。両手の親指はクラシック・
パームしているコインがチラリと見えないよ
うに隠していることに注意してください。観
客たちはクスクス笑うでしょう。ちょっと間

をおいて、コインはまだ飛んでいっていないと告げます。右手からは1枚のコインを、左手からは3枚のコインをテーブルの上に落とします（図12）。グラシー・ノールに立っている見物人も思わず二度見するレベルの現象です。ジェフリー・ラタがこの種のオープンに行うシャトル・パスを演じているのを見たことがあります。

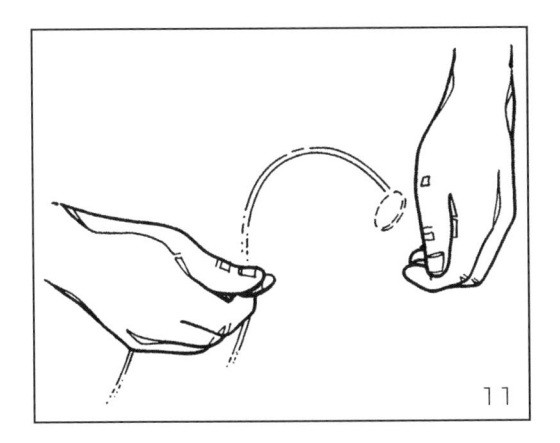

11

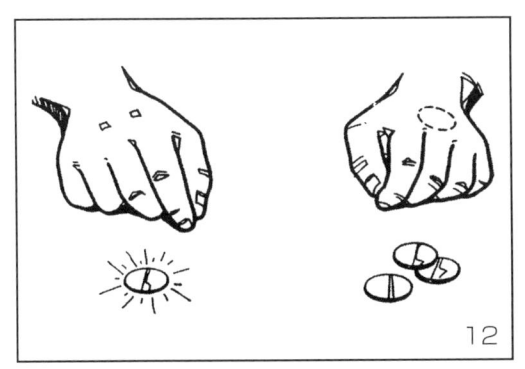

12

この時点で実質上この手順は終了しています。右側のコインを右手で取り上げて右手にクラシック・パームします。同時に、左手は左

側の3枚のコインを取り上げます。間をおかずに両手を広く開いて4枚のコインを左手から落とします。右手からは何も落ちてきません。右手はコインを上手いことクラシック・パームしたままになっています。マット上を横切るように4枚のコインを横一列に広がるように並べ、広げた両手の指先で前に押し出します（図13）。本当に上手くクラシック・パームをしている必要があります。カップ状にした左手をテーブルの縁に沿わせるように当てて、平らにした右手の指先でそれぞれのコインをテーブルの上からすべらせるように待ち構えている左手の中に落として集めていきます。右手にクラシック・パームしているコインを曲げた指先の上に落としながら、左手は集めたコインを直接右手の指先にあるコインの上に落とします。すべてのコインをポケットや財布の中に戻しながら、その途中で重なったコインとそれ以外何も持っていない右手をチラリと観客に示すことができます。こうすることで余分なコインを使っているという疑念を晴らす手伝いをします。素敵なタッチなのです。

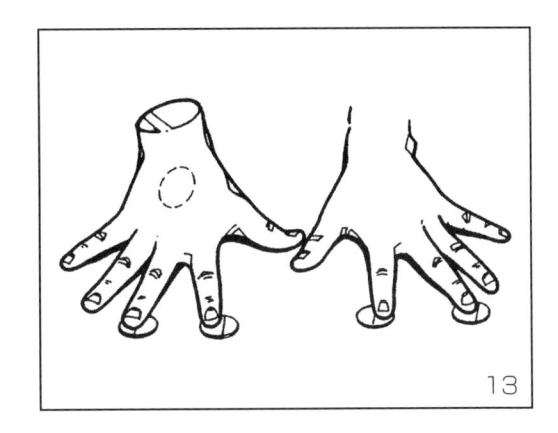

13

クリス・ケナー　エキセントリック・マジック

レース

　デックからスペードのエースから5までを抜き出します。昔ながらのラリー・ジェニングスの「アンビシャス・クラシック（注：少ない枚数のカードで行うアンビシャスカードのこと）」の要領でスペードのエースと2をパケットの中に押し込みますが、続けてパケットのトップへと上がってきます……コーヒーに入れたクリームみたいにね。エースと2を脇にどけます。厄介な3を4と5の間にはさみます。なんの前触れもなく、すべてのカードが3になってしまいます。じーっと見られている中、ハッピーな3人組は元のスペードの3、4、5へと変化していきます[後注1]。

　3を4と5の間にもう一度はさみます。3とおぼしきカードを表向きにすると魔法のようにジョーカーに変化してしまいます！　他のカードは一切見えませんし、すべてのカードは可能な限り公明正大に見せています。

　今から約4年前、私の良き友マイケル・ウェーバーとすっごく楽しいマジックのセッションをしていた間に、お互いの作品を交換しようということにしました。私は2本の輪ゴムをくっつけると思いっきりクリーンな状態でつながるマジックを彼に教えました。マイケルはものすごいスリー・カード・モンテを見せてくれました[後注2]。ウェーバー氏は私の作品の彼の（？）改案を彼の著書『ライフ・セイバー（Life Saver）』の中で発表しました。という

5スピード

SPEED

ことは、この事実が彼の作品に対する私の（？）改案を私の著作に掲載することへの唯一の正当性になるかと思われます……この『アウト・オブ・コントロール』にね！

ゴール

　秘密の助手が関与しています。スペードの5の裏面の中央に、小さく千切った透明両面テープを貼り付けています。正しく貼るにはどうするか？について、この本のどこかに解説されている「トラベラーズ・1」を参照してください（47頁）。スペードの5とジョーカーを貼り合わせて、テープでこの2枚重ね（表にスペードの5が見えています）がきっちり重なっている状態にします。5枚のこのマジックに使うカードをデックの中にバラバラに混ぜ込んで、準備完了です。

　この時点でデックをオーバーハンド・シャッフルすることが可能です。くっついている2枚重ねを乱すことはありません。カードの表を自分に向けるようにして両手の間にデックを広げ、スペードのAから5までをアップ・ジョグしていきます。このカードを抜き出し、残りのデックは脇にどけます。5枚のカードをトップから5からAの順で並べます。

　パケットを表向きにひっくり返し、このカードをテーブルに1枚ずつ配っていき、カードの順を逆にします（図1）。カードを取り上げ、両手の間に広げて持ちます。適当な場所から広げたカードを2つに分けて、その表

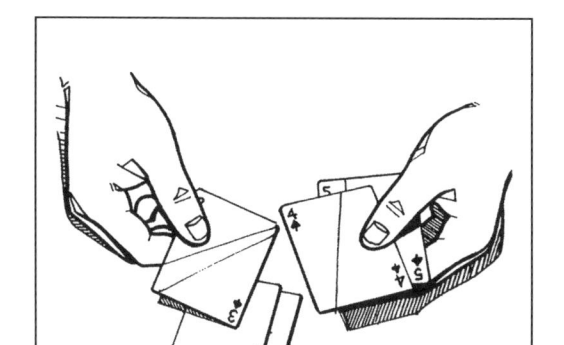

1

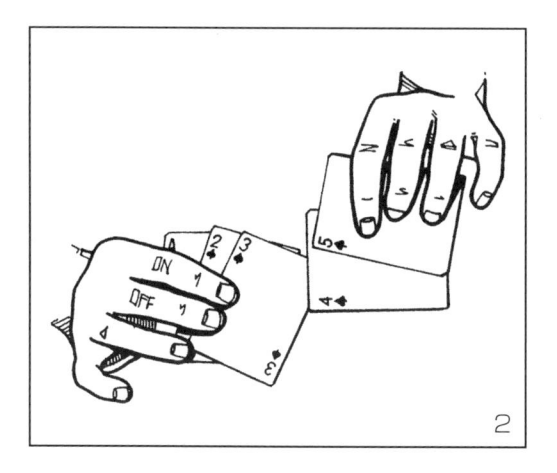

2

で持ち上げ、この3枚のカードの下にブレークを作ります（図4）。魔法をかけるオマジナイをかけてからトップ・カードであるAを示したら、これを表向きにしてテーブル上に落とします。まだパケットのトップから2枚目のカードの下にブレークを保持していますので、ダブル・リフトを行って2を示すのは簡単にできるはず。この2枚重ねを裏向きにして（もしアルトマン・トラップを使っていたなら、簡単にできます）、2と思われているトップ・カードを裏向きのままボトムへ移します。再び指を鳴らし、トップ・カードを表向きにひっくり返して2がトップに上がってきたことを示します。この2を表向きのままテーブル上にあるAの上に落とします。

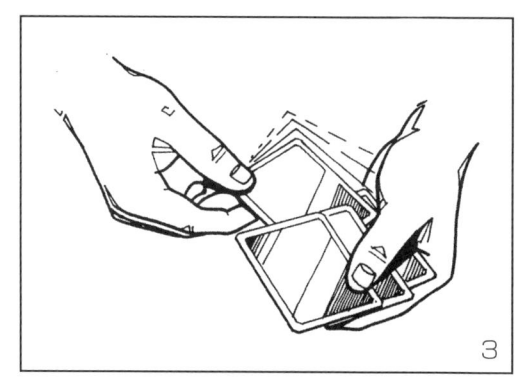

3

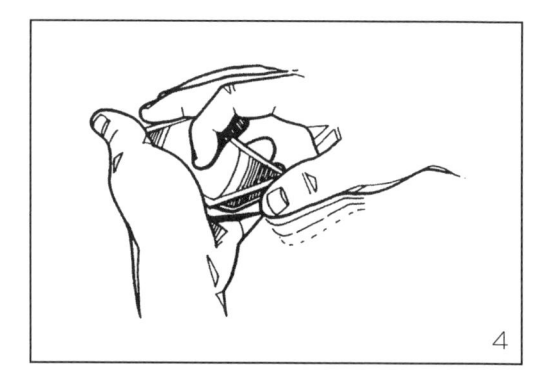

4

側をチラリと見せます（図2）。ここまでのすべての動作によって、余分なカードやギミック・カードを使っているという考えは一掃されます。カードを元の状態に戻し、トップからAから5までの順にします。右手でトップ・カードのAを示し、これを裏向きにして堂々とトップから2枚目のカードの下に差し込みますが、Aの下に左小指でブレークを作ります。こうするために一番簡単な方法は、左手でトップから2枚目のカードを2.5センチほど右へ押し、このカードの下にAを差し込み、カードを揃えながらAの下にブレークを作ります。右手の指先をパチンと鳴らし、ダブル・リフトを行ってAがトップに戻って来たことを示します。この2枚重ねを再び裏向きにして、Aと思われているトップ・カードを堂々とトップから3枚目の下に差し込みます（図3）。このカードを押し込みながら右親指

右手でボトム・カード（3）を引き出し、このカードの左側を使って左手にある4と5を表向きに返します（図5）。右手に持っている3を表に返し、これを4と5の間に差し込みます。ここでトレーバー・ルイスの「モンテ・プラス」ムーブを行い、3枚のカードを一緒に

クリス・ケナー　エキセントリック・マジック

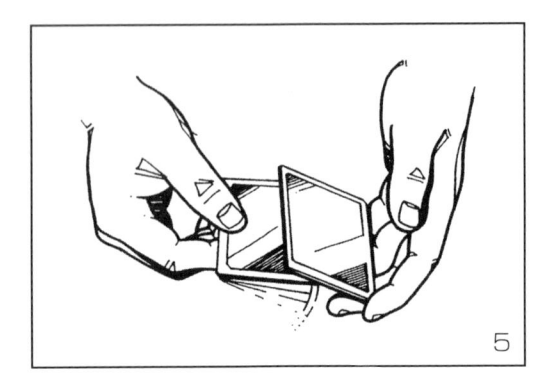

5

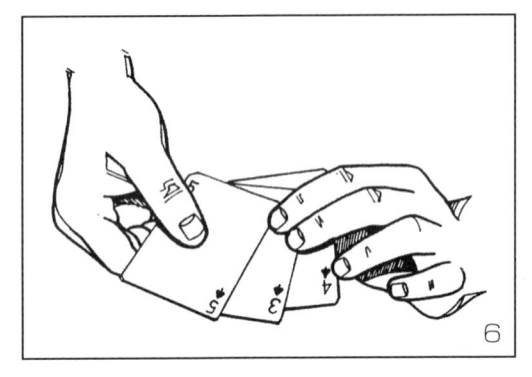

6

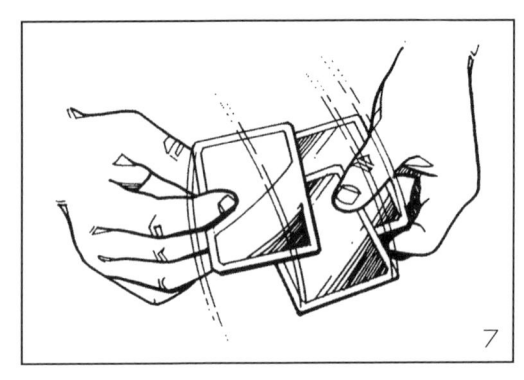

7

に持っているカードの上に載せます。

　右手ですぐにアウト・ジョグされている
カードを抜き出し、パケットのトップに載せ
ます（図8）。どこにスペードの3があるか観
客に聞きます。観客はトップ・カードがそうだ
と言います。このカードか、3番と書かれた
ドアの後ろにあるカードか、よりどちらを選
ぶかと聞きます。左手はボトム・カードの3を
チラリと見せます（図9）。3のカードが2枚
重ねの5の縁を隠していることに注意してく
ださい。3をパケットのボトムへ戻します。

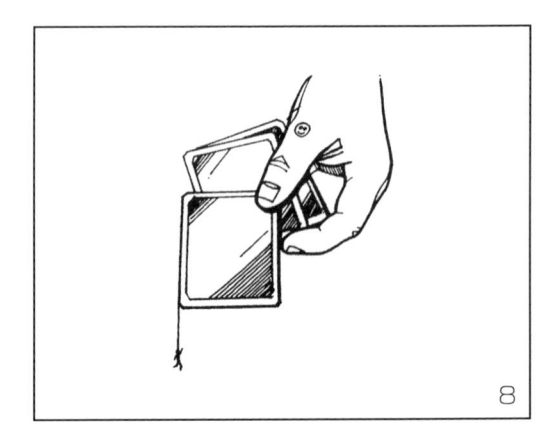

8

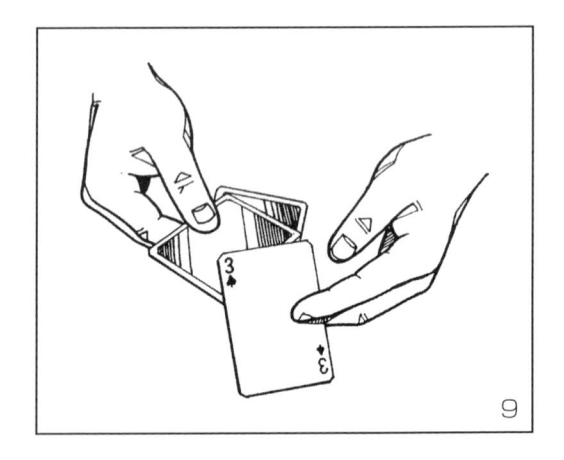

9

裏返しにしながら3の位置を変えてしまいま
す。その秘密はこういうこと：手のひらを下
に向けるように左手を返して3と4をつかみ
ますが、左親指が下、その他の指先が上に当
たるようにします（図6）。右手は5をつかみ
ますが、右親指が下、その他の指先が上に当
たるようにします（再び図6）。両手を反対方
向へ回転させ、つまり、左手は手のひらを上
に向けるように、右手は手のひらを下に向け
るように返します。同時に左親指で4を前に
押し出してアウト・ジョグします（図7）。右
手のカード（くっついている2枚重ね）を左手

カードを左手ディーリング・ポジションに
持ちます。これからすべてのカードがスペー
ドの3であることを示していきます。ボトムの
2枚（3とくっついている5とジョーカーの2
枚重ね）をきっちり重ねて右手で引き出して、
4の上に表向きになるようにひっくり返しま
す（図10：3枚重ねをひっくり返している

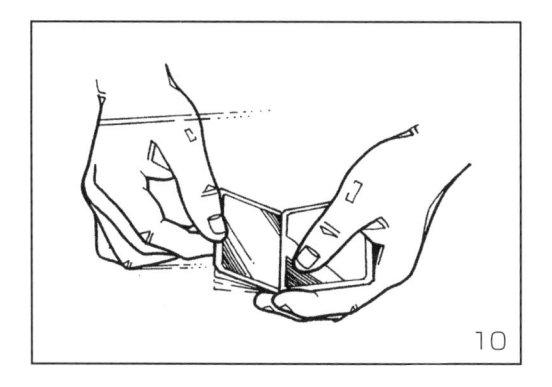

10

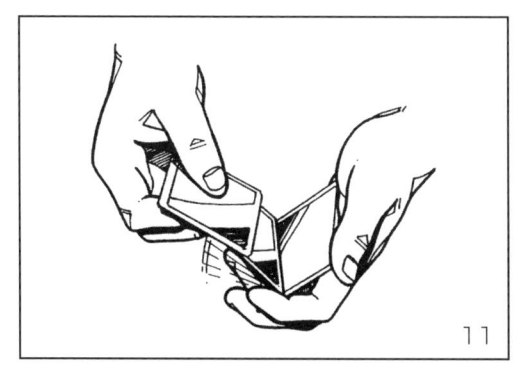

11

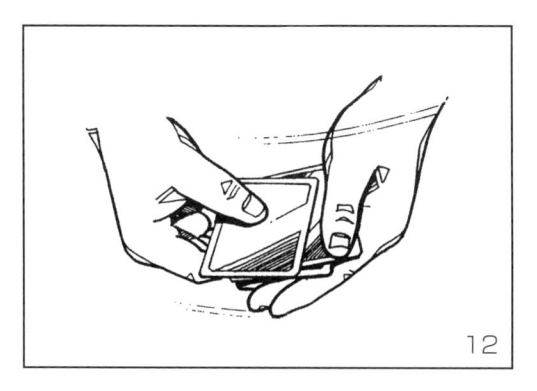

12

一続きの流れるような動作で行います。すぐに右手に持った2枚のカードを使って左手に持っているカードを表向きにひっくり返してもう1枚の3であることを示します。

　間をおかず、右手に持っている2枚（？）のカードを表向きにして4と5を示します（図13）。すべてを裏向きにして左手ディーリング・ポジションに持ちますが、3がボトムになるようにします。トップ・カード（5とジョーカーの2枚重ね）を半分だけパケットの右側から突き出るようにします。右手でこのカードの右内隅をつかみますが、右親指を上、その他の指先を下に当てるようにしてください。右親指でこのカードを左に押し出して、ジョーカーを両面テープから外します（図14）。軽く押し出せば充分です。右親指でカードを左に押し出す動作でジョーカーをずらし音を立てずに両面テープからカードをひねるように外すのです。動作を続けて、左親指でこのジョーカーを左手に持っているカードの上に引き取り、裏面に両面テープが見えている右手に持っているカードをすぐにパケット

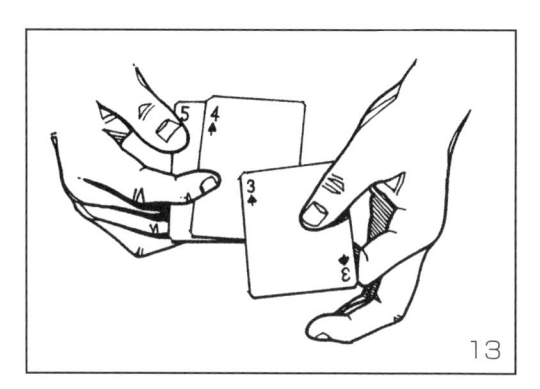

13

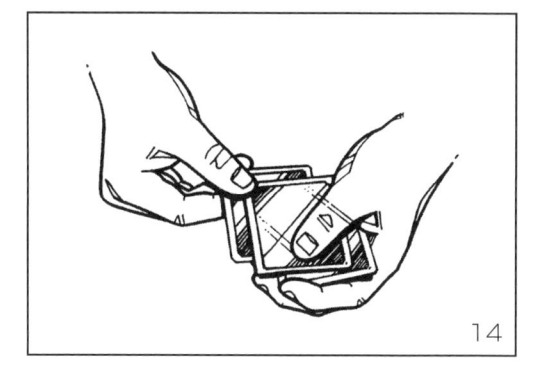

14

途中）。これでスペードの3を示すことになります。この3枚重ね（3とくっついているカード）を裏返し、トップ・カードを右手で取ります。右手に持っているカード（くっついている2枚重ね）の左側を使って次のカードを表向きにひっくり返し、次のスペードの3を示します（図11）。右手のカードを使って、3を裏向きにひっくり返します。右手を近づけてこの2枚目のカードを取るフリをします。実際には、右手の指先でボトム・カードを引き出しながら、左親指は2枚目のカードの上に置いて動かないようにします（図12）。これは

クリス・ケナー　エキセントリック・マジック

のボトムへ移します。カードを揃えて左親指と残りの指先でパケットの中央をギュッと押します。こうして両面テープを使って3を5の裏にくっつけてしまいます。

　左手でボトム・カードを表向きに返して5であることを示しますが、広げたカードの左側にくるようにします（図15）。右親指でトップ・カードを表向きになった5の上に載せ（図16）、すぐにトップから2枚目のカードを表向きにして4であることを示します（図17）。こ

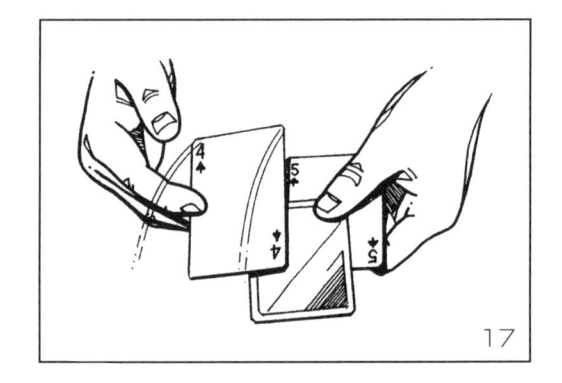

17

15

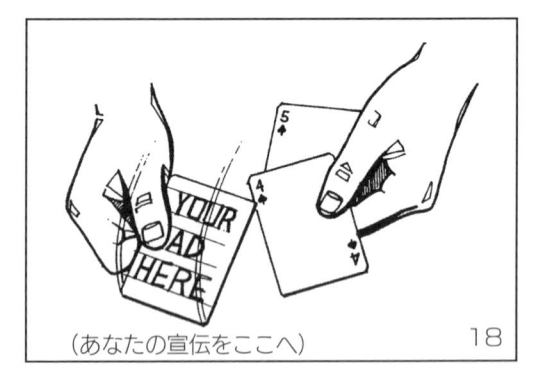

（あなたの宣伝をここへ）　　18

うすることで裏向きのカードを2枚の表向きになった4と5の間にはさむことができます。観客に3はどこにあるか聞きます。観客は考える余地もなく「真ん中です」と答えます。右手で中央のカードを引き出し、表向きに返して3がジョーカーへ変化したことを示します。ワォ！

　4は前に押し出して、2枚重ねの外端を隠していることに注意してください（図18）。

　ハッキリとすべてのカードをテーブル上に落とし、巧妙に余計なカードが使われていないように思わせます。

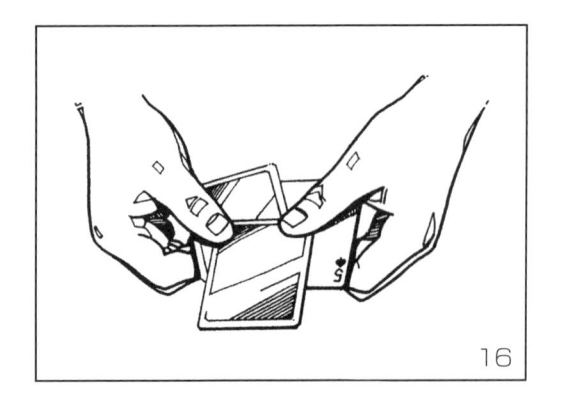

16

＊後注1：エッチな意味がありますが、ここでは書きません。
＊後注2：『マイケル・ウェバー　若高』（マジックランド刊）を参照のこと

糧

気分を変えるために、マジシャンはマジックの中でも古典、復活するロープを実演したいと言いはじめます。馬鹿でかい頑丈なバターナイフを振りかざして、演者は長いロープをハッキリと2つに切ります。ロープは魔法のように元どおりになったことを示します。しかし、観客は単に2本になったロープを結んで1本にしたんだと気づいてしまいます！ 不満げな様子をこれっぽちも見せずにマジシャンはロープの両端を引っ張ると、結び目が溶けるように消えて元の1本のロープに戻ります。マジシャンはもっと難しい方法で繰り返してみます。1本のロープを3本の同じ長さに切ってしまいます……。本当に悪夢です。ロープの6つの端を合わせると、一瞬にして元どおりの1本の丈夫なロープに戻ります！ 鳴り止まぬ万雷の拍手を残してマジシャンはステージを去ります。マジシャンはロビーでサイン会を開きますと場内アナウンスが流れます。

考えるための

これは観客の誰もを騙す大変強烈でものすごくヴィジュアルなマジックです。これも、沢山のコミカルな小芝居からマジックを始めます。私が使っているロープは日本で入手できるもので、大変柔らかくしなやかなものです。この直径は約9.3ミリです。3本の違った長さのロープが必要です。それぞれの長さが大変重要になります。最初のロープは長さ25センチです（以下、短ロープ）。2本目のロープはあなたが両腕を左右に伸ばして両手を広げたときとまったく同じ長さです：だいたい150センチくらいだと思います（以下、長ロープ）。この長さが演技のために非常に重要になります。3本目のロープは約80センチです（以下、中ロープ）。しかし、見た目以上にもっと準備が必要です。

ロープのジョイント用磁石を2つ使います。1つは長ロープのためのもの、もう1つは中ロープのためのものです（図1）。これらの磁石をそれぞれロープの中心に埋め込みます。瞬間接着剤を1滴垂らして動かないようにしてください。次に、すべてのロープの端にも少量の瞬間接着剤を付けます。次にそれぞれの端を紙やすりでこすって平らにします。特に、磁石が埋め込まれた端は磁石がロープの端からはみ出さないようにしてください。最後に磁石が埋め込まれたロープの端を白い

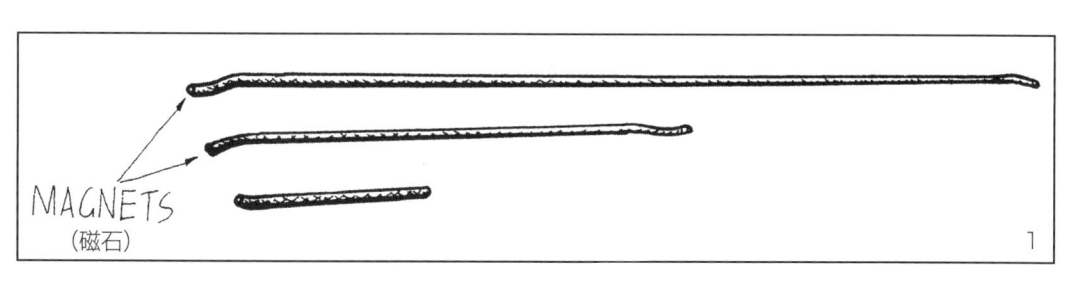

MAGNETS
（磁石）

1

クリス・ケナー　エキセントリック・マジック

塗料を使って補修塗りして、接着剤によるシミや磁石そのものがロープと違う色が見えないようにします。注意事項として、埋め込まれたそれぞれの磁石は、お互いの端が異なった極になるようにしてください。極が違うから磁石はくっつくのです！

　セットとして、長ロープと中ロープを埋め込まれたそれぞれの磁石でくっつけます（以下、長ロープと中ロープがつながったものを「長いロープ」とします）。中ロープの仕掛けのない端には色のついた油性ペンで少しだけ印をつけておきます。長いロープの両端を持ち、そのロープの中央が垂れ下がるようにします。右手を使ってU字になっているロープの底をつかみ、これを持ち上げて左手に渡し、ロープの輪が二重になるようにします。二重になったロープの輪を再び右手でつかみ再びロープを折るようにして左手に渡しますが、このとき長いロープの端は握った左手の中からはみ出しているようにしてください。この状態から短ロープを使ってこの長いロープの束の中心を1回だけ結びます。短ロープは長いロープの束をしっかりしばっていないとダメです。

　大変大きな包丁を入手します。大きければ大きいほど、より面白くなります。ヤスリを使って包丁の刃を落とし、何かを切ったり傷つけたりしないことを確認してください。これで演技の準備ができました。

　ロープの束を取り出し、左手に持ちます。長いロープの端が握った左手から垂れ下がっているようにしてください。右手を使って中ロープの印がついた端をつかみます（もう一方の端には磁石が埋め込まれていて、長ロープとつながっています）。このロープの端は曲げた右手の指の中に隠れるようにして、右小指のあたりでつかんでいます。こうして右親指と人差し指、中指を自由にして、短ロープの端をつかみます（今、ロープの束をしばっ

ています）。右手で中ロープの端をしっかり握ったら、すぐに短ロープをほどき、残りのロープを注意して床に落とします。長いロープの自由になっている端を左手でつかみ、基本的なポーズをとります（図2）。磁石でくっついている部分は垂れ下がっているロープの右側にあるようにします。

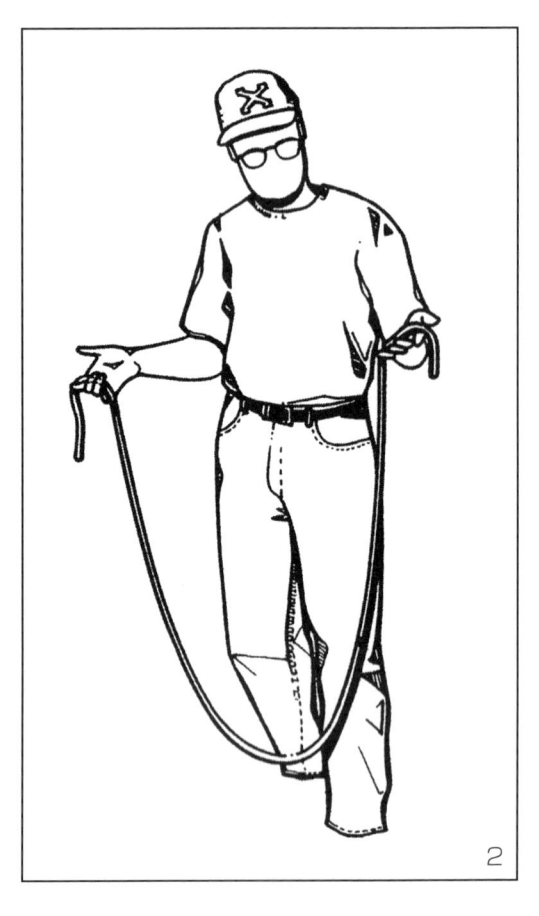

2

　普通の「キッチン用バターナイフ」を取り出して示します。これをテーブルの脇に置いておくか、観客の腕に突き刺しておきます（冗談ですよっ！）。次の動作は、長いロープを切ったように見せる一連の流れを演じるための準備です。ロープの端がそれぞれの握った手の端から向こう側へ10センチから12.5センチ垂れ下がっているようにします。両手を近づけ、右手の端を左人差し指と中指の間ではさみます。左手を内側に回転させて、持っている端を右手のロープの上にパタン！

とひっかけます（図3）。左親指を短ロープの下にくぐらせ、右手の中に隠れているその端をクルン！と出て、左手に持っているロープの端にからげるようにします（図4）。動作を続けて、右手の指先で左手に持っている長いロープの端をつかみ、これを右に引きます（図5）。短ロープは2つ折りの状態で長いロープにからんでいないとダメです。これを右に引き続けます。あなたは右手をロープに沿って動かしているだけのように見えています。磁石が外れる手前で右手の動きを止めます（図6）。ここまでの動作はすべて、ジョージ・サンドの『サンドセーショナル・ロープ・ルーティーン（原著名：Sandsational Rope）』（自費出版、1949年）にある技法です。

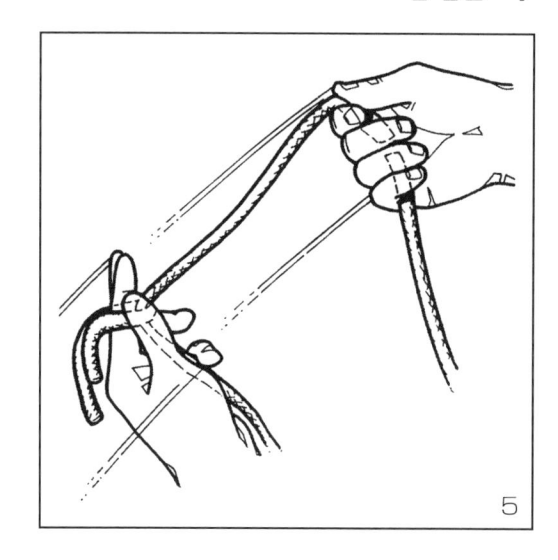

5

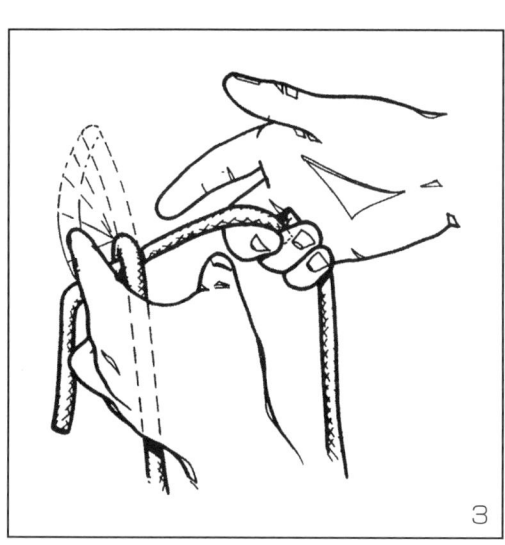

3

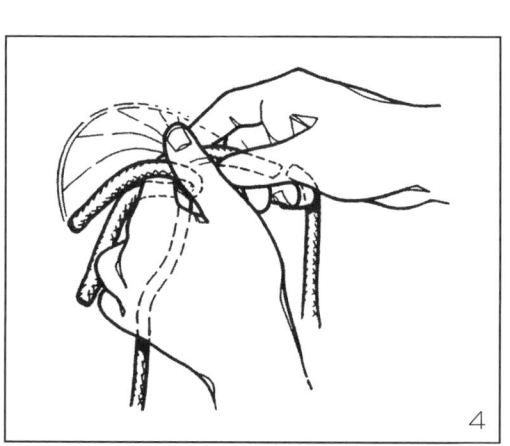

4

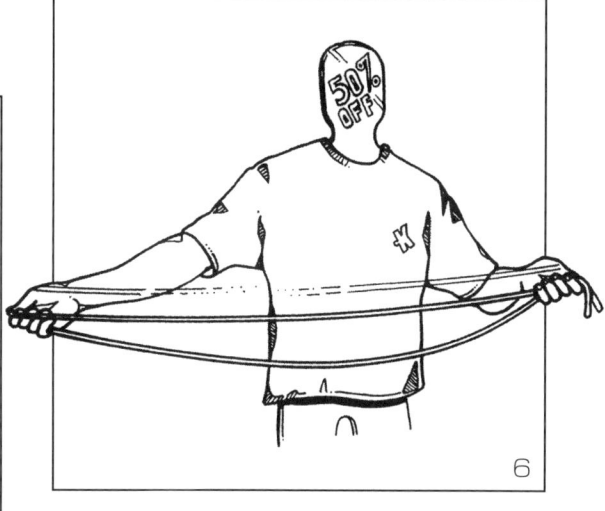

6

　ここから長いロープの中心を持ち上げて左手に持ち、そこを切るように見せます。実際は、右手は隠し持っている長いロープの両端を左手に向かって動かします（図7）。左親指でこの2つの端を右手の指先に押し付けていることに注意してください。この2つの隠されている端を左手の指先の中に置き、ロープの輪が握った左手からはみ出すようにします（図8）。右手でナイフを取り上げ、刃をこの輪の中に差し込み、鋭い（？）刃を上に向けます（図9）。あたかもこの輪を切るかのように演技をしたら、左手に隠されたロープの端を落として2本のロープを示します。これは2つ折りになった短ロープが長いロープをはさ

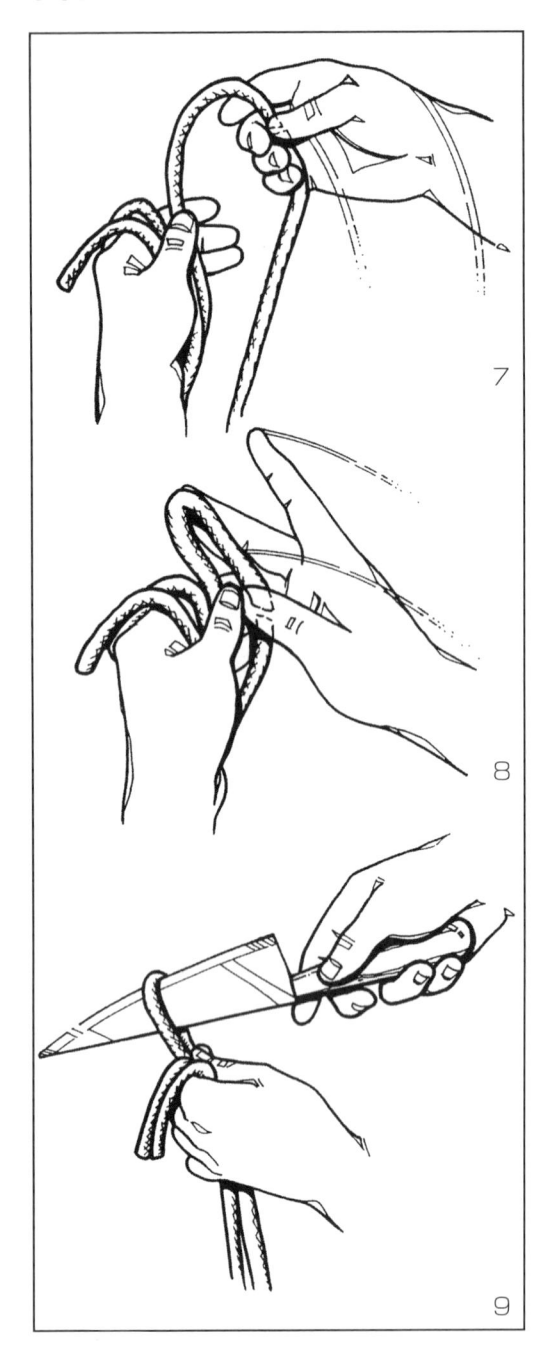

7

8

9

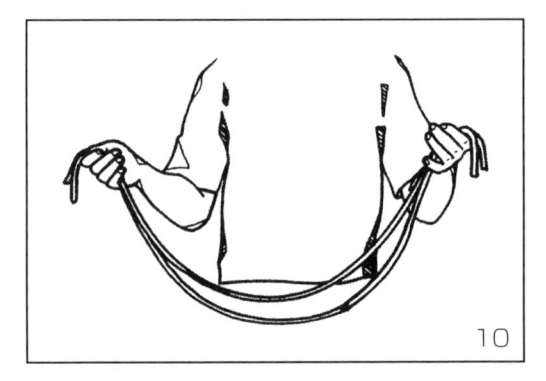

10

つかみますが、左手の5センチくらい下を
つかむようにします（図11）。手のひらをあ
なたの方に向けるように右手を返して、ロー
プで作った輪を右手の指先でつかみます（図
12）。この輪を2つのロープの端に落として
通し、右手の指先でこのロープの端をつかみ
ます（図13）。左手を下に引き、右手はロー
プの端を引き上げます（図14）。ロープの片
側（磁石が付いている側）は結び目が上がっ
ていき、もう一方のロープの側は結び目を締
めていることに注意してください。最初、結
び目が短ロープでできた輪っかまで数センチ
上がっていきます。そして、もう一方の側に
あるロープがこの結び目を締めていきます。
この結び目はキツくしめすぎず、短ロープが
十分に通り抜けるくらいの余裕があるように
するのが重要です（図15）。短ロープは結び
目の輪から簡単に抜けないとダメです。これ
は基本的にスリップ・ノットで、短ロープがそ
の中に通っているものです。

むようにからまっています（図10）。ナイフ
を脇にどけます。

　長いロープの端は左手から自由に垂れ下が
るようにしてください。ギャグを使ってロー
プを復活させるために親指を下に向けた右手
を上げ、磁石がついていない側のロープを

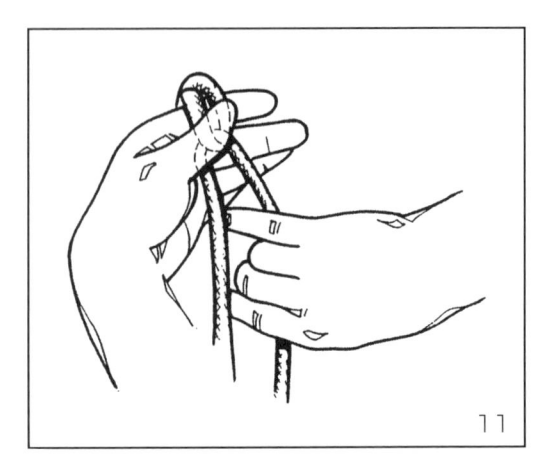

11

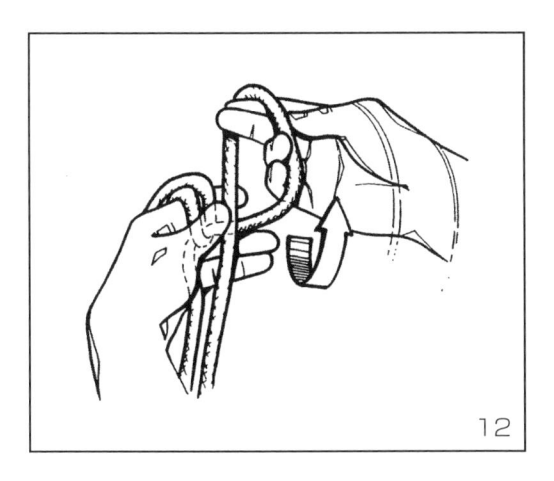

12

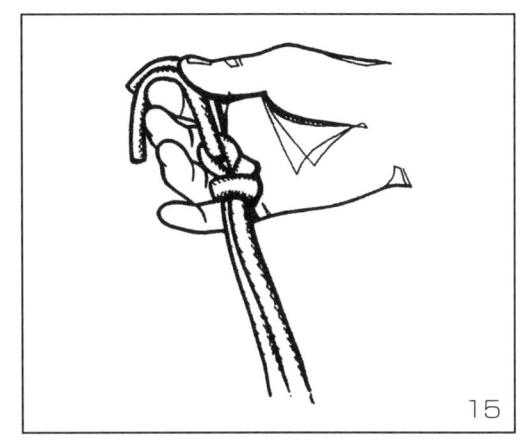

15

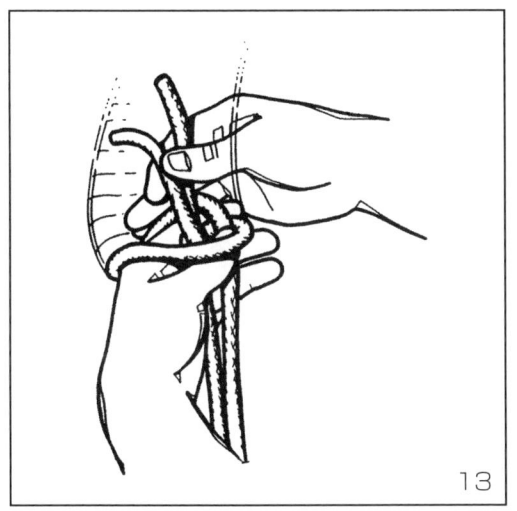

13

16

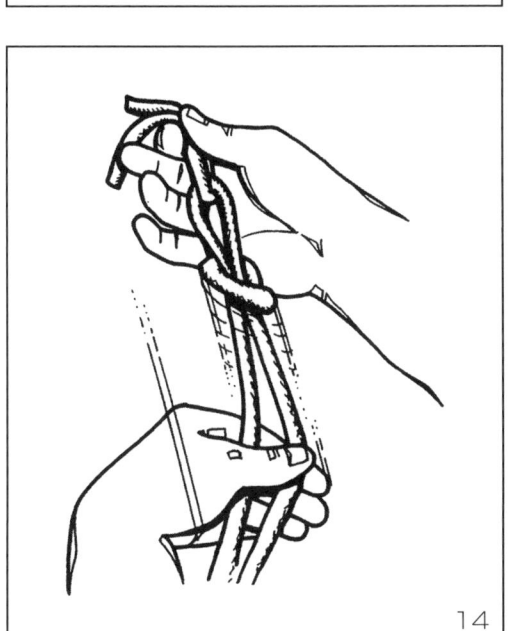

14

　結び目全体を右手でつかみ、ポーズを決めてロープが復活したような合図をします（図16）。左手で磁石で繋がっている部分をつかみ、長いロープの左側をあなたの左肩にかけます。身体を左に向け、右足を上げ、右手を離して結び目を上げた右ひざの陰に隠します（図17）。これは観客からすると、あなたが必死に結び目を隠す悪巧みのように見えます。右足を床に降ろしながら、右手で結び目をつかみます。でも、結び目の存在をまだ隠そうと

クリス・ケナー　エキセントリック・マジック

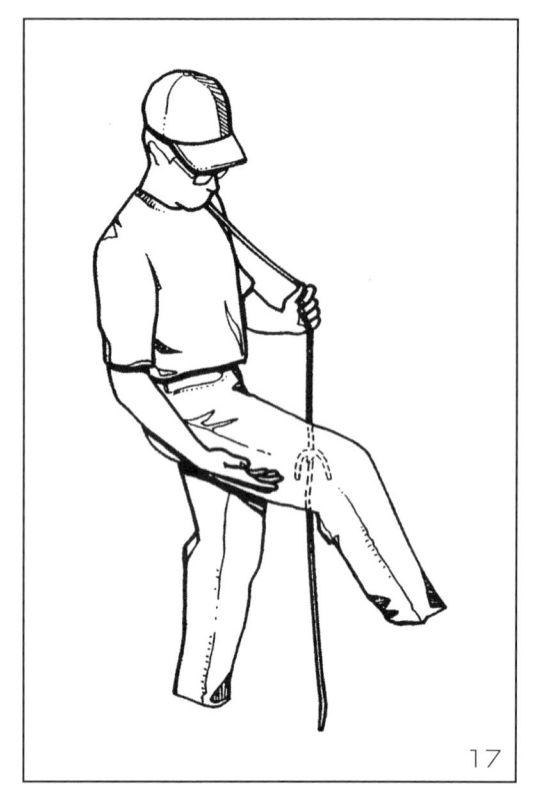

17

18

します。観客が納得していないことを受け入れて結び目を示し、左手は磁石でくっついている場所を手の中に握りこみます。長いロープの下側にある端を右手でつかみ、端を握った拳の小指から中に入れて右手の指の中に握るようにして保持します。右手を上げて結び目に通っている短ロープの端を右手の指先で握ります（図18）。もし短ロープの長い方の端をつかむようにすれば、より簡単にできます。両腕を離すように開き、スリップ・ノットから短ロープを引き抜きます。短ロープは右手に持っているロープの端にまぎれ、スリップ・ノットは解けます。左手は磁石でくっついている部分を握っています（図19）。ここで長ロープの長さが重要になるのです：広げた両手の拳の間にロープが伸びていて、それをピン！と引っ張っていると納得させられないとダメです。

　長いロープの左側を左手の中をすべらせていきますが、その左端が左手に到着したら動

19

かすのを止めます（再び図2）。観客の集中が緩和した陰で、長いロープの端をすり替える必要があります。単に左手を右手に近づけて、左手に持っている端を右手の中に隠れている長ロープの端と持ち替えます（図20）。もう一度基本のポーズを決めたと思わせます。磁石がくっついている部分はロープの右側にきていないとダメです。

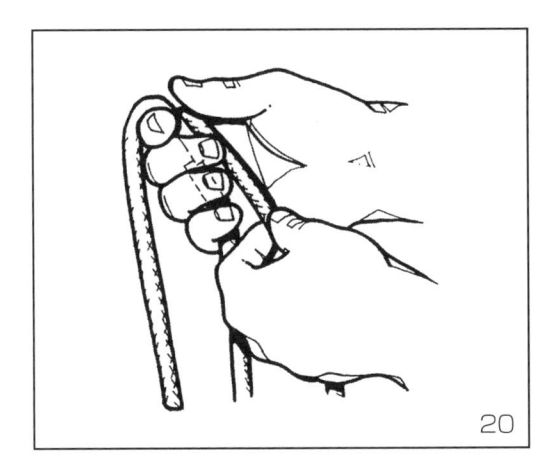

20

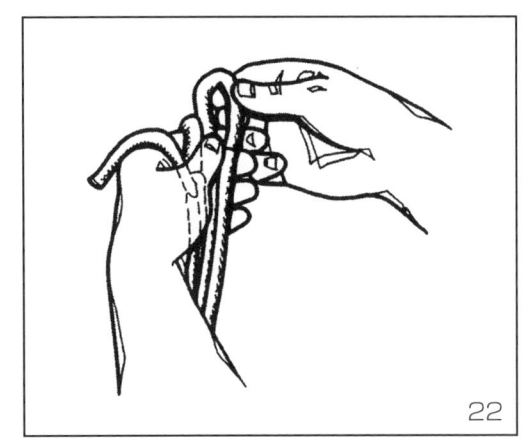

22

　最初にロープを2つに切るところで解説し
たロープの端のすり替えを行います。ロープ
を右に引きますが、今回はロープの長さの3
分の1だけ引き伸ばします（図21）。先ほど
解説したように右手に隠し持っているロープ
の端を左手にあずけますが、ロープの輪が左
手からはみ出るようにします。ナイフをつか
み、最初にやったようにこの輪を切り（?）、
2つの端を落とし、長さの違う2本のロープ
を示します。右手を下げ、磁石でくっついて
いる場所の5センチ下をつかみます。右手を
上げて磁石を左手の指先に渡して持ち、右手
は握った左手の上から小さな輪を引き出しま

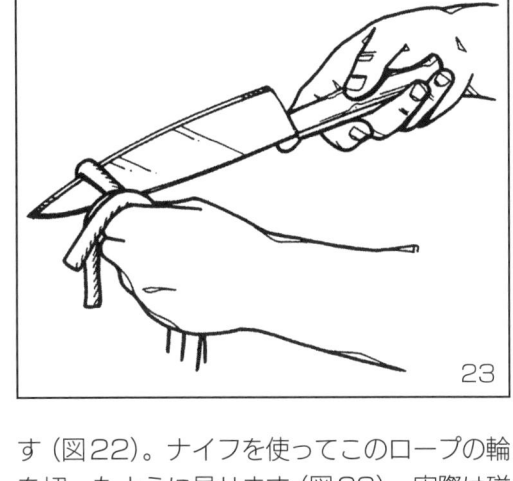

23

す（図22）。ナイフを使ってこのロープの輪
を切ったように見せます（図23）。実際は磁
石同士が離れて、長ロープの端が（そこには
短ロープが絡んでいます）下に落ちるのです
（図24）。磁石がついた端が隠れていた手の
中から落ちたことを確認してください。もう
一つの磁石がついた端は握った左手の上から
ポロンと出ています。
　この時点でこれら3本のロープはあなたが
「3本ロープ」を演じているような構成になっ
ています（注：短ロープと長ロープがそれぞ
れ2つ折りになって絡んでいて、その長さは
中ロープと同じ長さになっています）。3本の
ロープをできるだけ公明正大に示します。最
後の復活を演じるために、右手を下げて2つ
折りになっている長ロープの垂れ下がってい
る両端をつかみます（図25）。片方の端に磁
石が埋め込まれています。どちらの端がどち

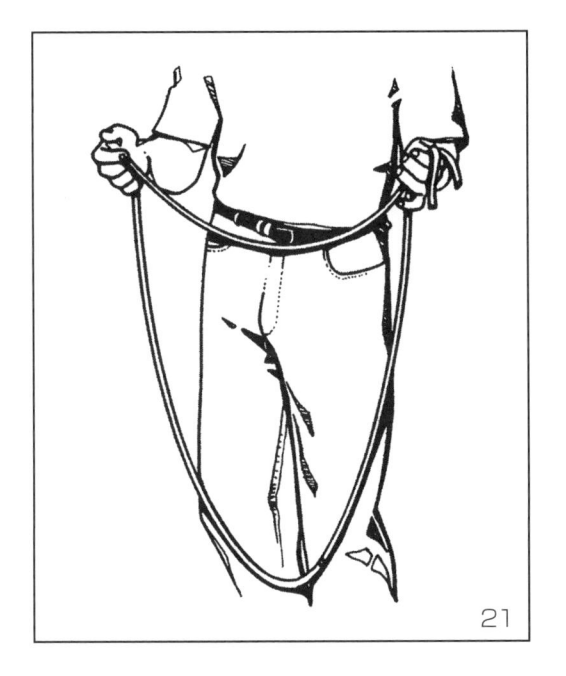

21

24

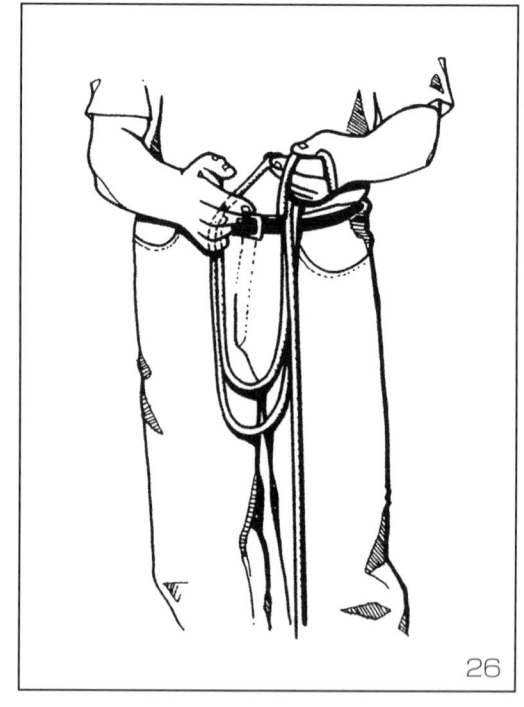

26

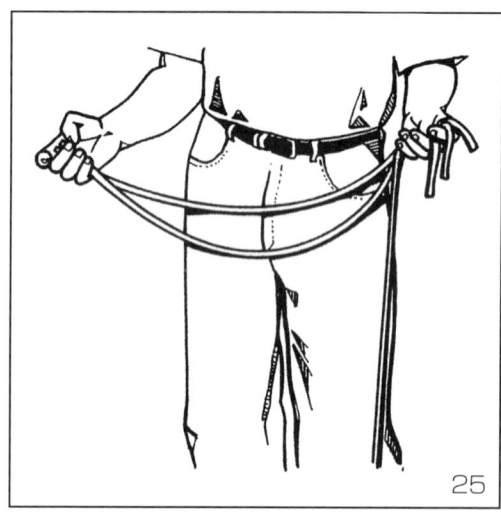

25

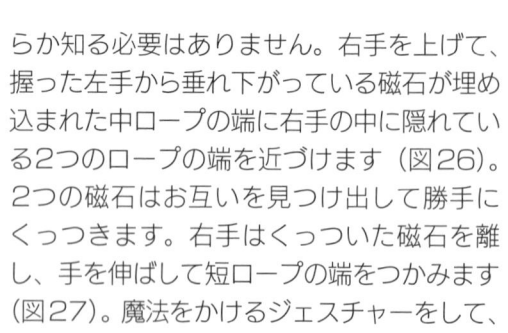

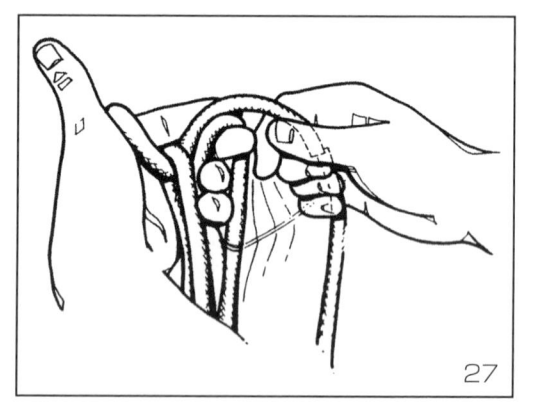

27

らか知る必要はありません。右手を上げて、握った左手から垂れ下がっている磁石が埋め込まれた中ロープの端に右手の中に隠れている2つのロープの端を近づけます（図26）。2つの磁石はお互いを見つけ出して勝手にくっつきます。右手はくっついた磁石を離し、手を伸ばして短ロープの端をつかみます（図27）。魔法をかけるジェスチャーをして、

左手は持っているロープをすべて放します。1本につながったロープが姿を現します（図28）。左手は長いロープに沿って動かし、磁石のつなぎ目で動きを止めます。左手は磁石のつなぎ目を持ったまま長いロープをグイッと引っ張ります（図29）。左手は長いロープに沿って動かし、基本ポーズを決めます（再び図2）。

ロープを束ねて脇にどけるか、ロープを調べさせるために客席に投げてサクラの観客に調べさせます。

29

28

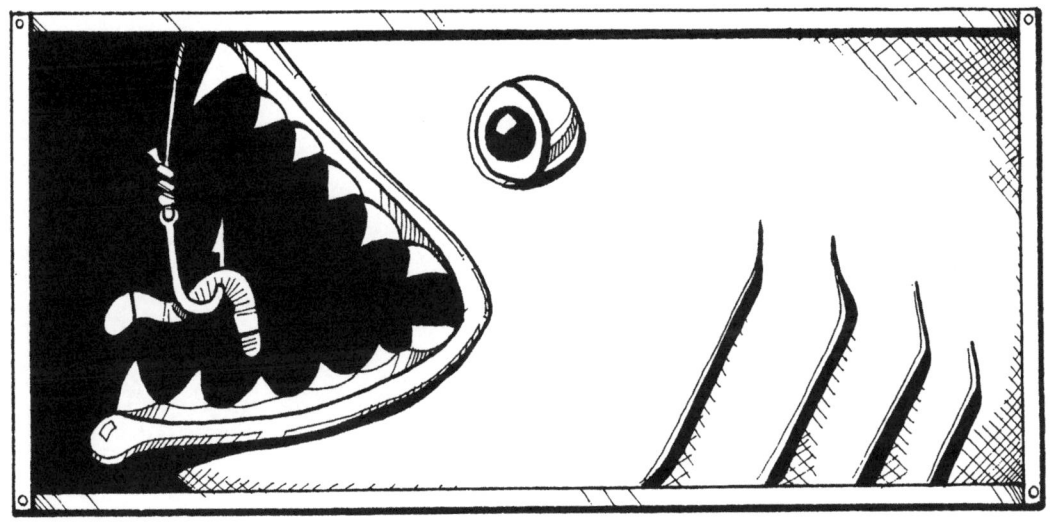

NOTE and Drill

SECRETS FOR SUCCESS

成功への秘密

POWER TIE
勝負ネクタイ

POWER LUNCH
勝負ランチ

POWER MAGAZINE
勝負雑誌

Finally a magic magazine for the cool and hip. End of advertisement, word!!!
ついにマジック雑誌がクールでヒップに。広告はここでおしまい、当たり前だろ！！！

UNEARTH THE POWER OF MAGIC MAN
マジック・マンの力がついに明らかに

For thirty dollars you will receive four power packed issues of the Examiner, plus a special spoof issue (for subscribers only). To subscribe or receive more information please contact:
強烈なエグザミナーが4冊と特別な悪ふざけ特集号（購読者のみ）が30ドルでお手元に。
購読希望、もしくは詳細な情報に関しては以下の住所にご連絡を。

CHRIS KENNER

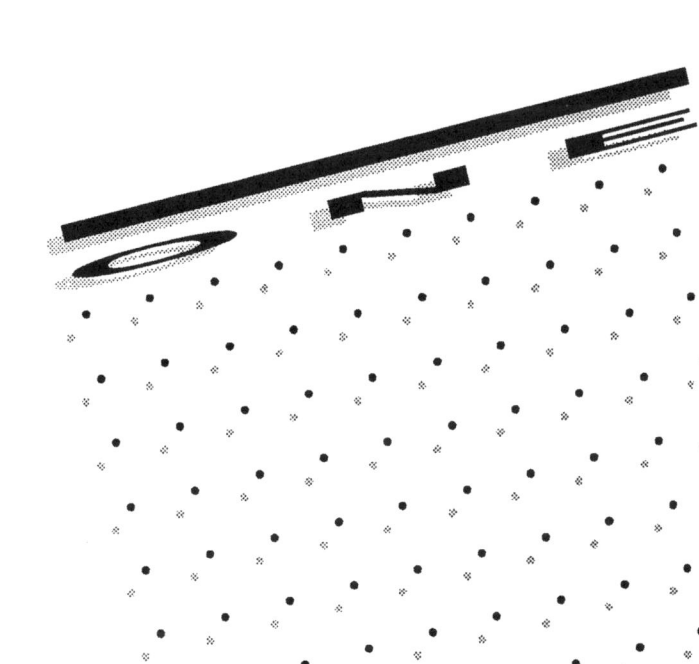

The MAGIC MAN EXAMINER

マジック・マン・エグザミナー 1

ONE

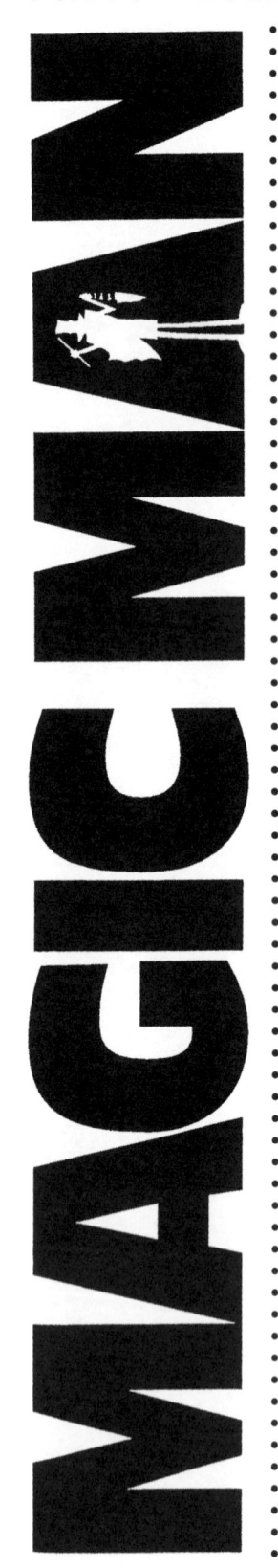

マジック・マンって、誰？

　それはカビ臭いカナダのホテルでの、暗く、じめっとして、薄汚れた夜のこと。不安と大人用オムツの臭いがコンコース中にあてどなく漂っていました。ずっと冗長なステージショウの外では深みも知性も人としてのユーモアもない状況から逃げたしたいと切望していた何人ものマジシャンたちが薄暗い廊下にたむろしていました。突然、低いすすり泣きの声と轟音が建物中に響き渡ります。眠気覚ましのジョルト・コーラを開けた時に出る泡のような白いモヤモヤが高速で勢いよくコンコースを通り抜け、直接レクチャー・ルームに入っていき、そこに若く大変魅力的なマジシャンが降臨したのですーージョン・カーニーの登場です。

　この世の存在とは思えない存在についてギョッとしていいのやら楽しんでいいのやら分からず、観客たちは呆然としました。彼は背が高くひょろっとした、クラシック・パームが大変上手い紳士で、その存在感は、例を挙げればフーディーニ、ブラックストーン、ブルース・ジェンナーといった過去の名人たちを誰もが思い出しました。見物人たちは彼の名前がマジック・マンだと知らされ、彼らは今まさにカーニーのレクチャーをまとめたすごい知識について好意的な意見を残そうとしていました。彼はまた、品位は最後に勝つと、うぬぼれた、不自然で思慮のないすべてのマジシャンたちにハッキリと警告しました。彼は来たときと同じく高速でその場を去り、不機嫌そうなマジシャンたちは彼のあとを追うために出発しました。

　次の朝、デヴィッド・ウィリアムソンのレクチャーで歴史は作られました。たとえデヴィッドが疲れた目をしていて、そのために混乱して、深夜のビデオ撮影のために明らかに睡眠不足であっても、しかしながら彼は極めて優れたショウを演じました。これこそが信頼できる本物のプロの証なのです。しかし、知らないうちに、マジック・マンとカトー、ロビン、ミス・マネーペニーのような仲間たちは演技の舞台に潜入していました。

　突然、四方八方からマジック・マンとその共犯者たちが現れました。その煙が晴れると、さらなる証拠が示していた通り数人のメンバーが本当におならをしていたことに観客たちは驚きました。彼らの一人が、マジック・マンのおじいちゃんとなって現れました。そして、それはジェイ・マーシャルにソックリだったのです！　デヴィッド・ウィリアムソンによる非常に素晴らしい演技のためにめちゃめちゃ元気いっぱいな様子を見せたのです。そして、人生に一度しかない、若者に教育の機会を与える機関やドラマの『我が家は11人』に登場する、クリスマス時期の幸福感のような演技を体験したのだ

と観客たちは気づきます。

　ここから……マジック・マンの伝説がここからはじまるのです！

エグザミナーとあなた

シナリオ

　エグザミナーから何が学べるの？　私のレパートリーにどんな種類の手順を加えたら良いの？　エグザミナーはマジックの世界に何か貢献するの？　ネブラスカ州の首都はどこ？　これらの質問の答えなどは212頁に書いてあります。この雑誌は冗談っぽくて際限なく不可解に思えるかも知れませんが、この出版物に掲載された手順、アイデア、そして理想はすべて真面目で、嘘偽りのないマジックの応用やコンセプトなのです。エグザミナーは季刊誌で、選び抜かれた技法から完全な手順、記事、本と商品の正直なレビュー、そしていくつものお楽しみといったすべてが詰め込まれています。なので、読み続けて、あなたの知識を洗練させ、楽しんでください。

フォー・コインズ・アンド・フィリピーノ

ホーマー・リワッグ

現象

　演者は4枚の50セント銀貨をヴィジュアルに片手からもう一方の手へと1枚ずつ飛行させて行きます。大変社交的な最後のコインは、観客の手にある他の仲間の下へと旅をします。

真実

　これは837番目に考案されたコインの飛行のように見えますが、この手順は強力なヴィジュアル要素を持っていることにお気づきになるでしょう。すべてのコインは大変ヴィジュアルな方法で消失と出現を同時に起こします。手順中ほとんどの時間、両手は手のひらを上に向けて開いています。現象が起こっている間、コインは手の上に置いたままですし、ありふれて、古めかしくて、ネアンデルタール人のようなコインを数える技法は使っていません。

　必要なのは4枚の銀貨（以下、コイン）とそれに合うエキスパンデット・シェル（以下、シェル）です（わかりました、銀貨である必要はありません。でも、見た目と音がより良いのです。それに加えて……これが品格の表れだからです）。この手順は主な補助としてディープ・バック・クリップを使っていますので、デヴィッド・ロスのコインマジックに由来した大きな刺激を受けています。また、ジョン・ケネディの「手の中で行う」移動にも刺激を受けました。

クリス・ケナー　エキセントリック・マジック

　　ほとんどの素人さんたちは銀貨を見たことがないので、シェルを
外してパームしておき4枚のコインを調べさせると、ときどき効果
的になることもあります。4枚のコインを重ねて左手フィンガー・
パームの位置に載せますが、一番下にはシェル付きコインが来るよ
うにします（シェルの口はいつも手の方を向いています）。手のひら
を上に向けるようにして両手を開き、重なったコインを手前にずら
すように広げます（図1）。「このコインがヴィジュアルに手から手へ

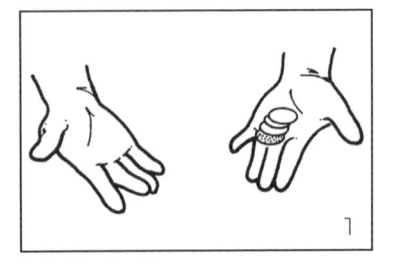
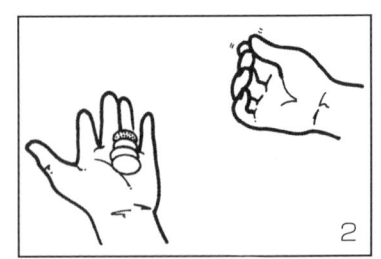

と3秒で飛んでいきます……ウォッチ（よく見て）……ウォッチ……
ウオッチ！」このセリフの前半を話している間、手のひらが上を向
くようにして両手を開いていて、右親指と人差し指を回転させるよ
うにこすり合わせ、そこにコインが飛んでくるように期待させます
（図2）。3回目に「ウォッチ」を言った時、右人差し指で左手首に着
けている腕時計を指さしますが、まだ左手に近づけません。これは
観客をゲンナリさせます。こうして緊張感が緩和している間に、右
手は次のように最初のコインをスチールします。左手を握りますが、
左手の指先を重なったコインの一番上のコインに当てます。手のひ
らを下に向けるように握った左手を返しますが、左手の指先を使っ
1枚のコインをヒー　てそのコインを押し出して、ヒール・クリップの位置に移します（図
ル・クリップ　　　3）。時計の文字盤を右親指と人差し指でつかむために右手を近づけ

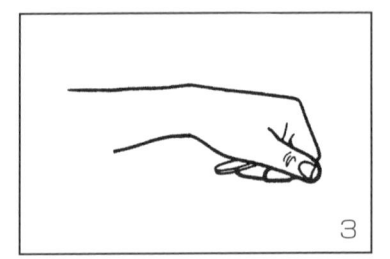
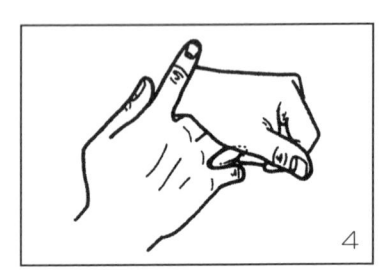

コインをスチール　　ながら、右小指でこのコインをヒール・クリップからスチールして
右手の中に移します（図4）。右手を上にあげて左そでをグイッと引
く動作をカバーにして、右親指でこのコインを押してフィンガー・
パームに移します。同時に、左手は手のひらを上に向けるように返
シェルを外す　　　しながら、左親指でシェルの縁を持ち上げ、中に隠れていたコイン
4枚を広げる　　　を外に出します（図5）。そうしたら左親指で重なったコインを手前
に引いて4枚のコインを示します（一番下にあるコインはまだフィ

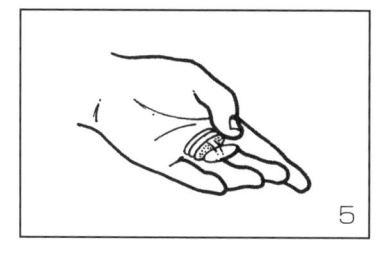
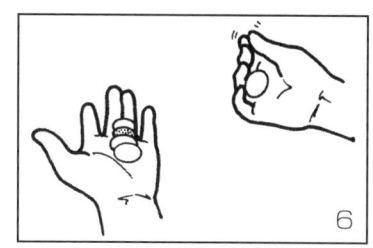

ンガー・パームの位置にあります）。右手は元どおり手のひらを上に
向けるようにして、親指と人差し指を円を描くようにこすり続けま
すが、ラムゼイ・サトルティーを使います（図6）。さあ……ここか
ら最初のコインの飛行です。左手を前に傾けてシェルが一番下のコ
インに重なるようにコインが集まって重なるようにしたら、そのま
ま手を傾けて3枚のコインが広がるように示します。同時に右手は
隠しているコインを手前に倒して手のひらに載るようにして、最初
のコインを示します（図7）。

シェルを再び重ねる

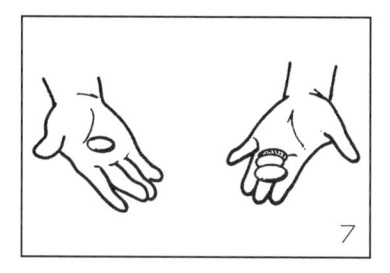
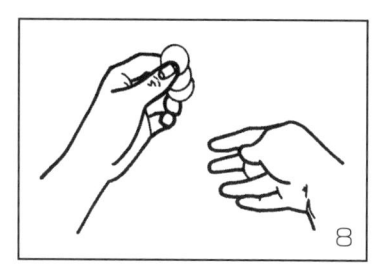

　最初のコインの出現に驚いている間に、ひそかに別のコインを右
手に移します。左手は再びコインを重ねてフィンガー・パームの位
置に載せますが、左親指を重ねたコインの下に差し込んで持ち上げ、
シェル付きコインが一番上になって、シェルの裏が自分の方を向く
ようにしてファン状に広げて指先に持ちます（図8）。この動作をし
ている間に、右手の指先は持っているコイン（指の根元近くにない
といけません）をバック・クリップします。薬指をあげてコインの縁
に載せ、コインを立てるようにしたら右親指でこのコインをグッと
下に深く押し込みます（図8、9）。左手を下げ、ファン状に広げた

**右手のコインをバッ
ク・クリップ**

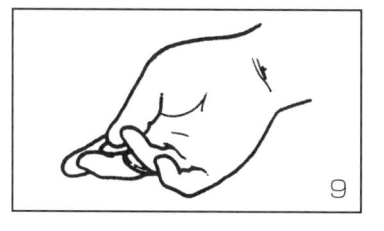
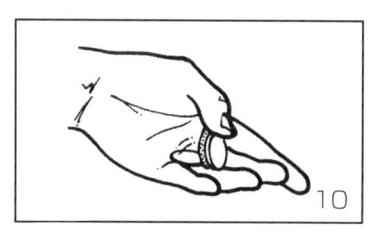

コインを右手に近づけ、左中指で一番下にあるコインを右手にバッ
ク・クリップしているコインの上に置きます。左手で持っているコ
インで右手の上のコインをトントンと叩いたら、両手を離しながら

**左手のコインを右手
に加える**

シェルを外して3枚のコインを広げる

左親指でシェルの中にあるコインを再び落とし、この指を使って重なったコインを前へ押して、指先に向けて広がるようにします（図10）。再び両手の手のひらが上を向くようにします（図7）。すべては先ほどと同じように見えます。この一連の流れは3秒以上かかってはダメです。お願いなのでまだつきあってください――これから良くなっていきますから。

2枚目のコインの出現は偶然開発された技法を使って右手にコインがヴィジュアルに出現したように見せます。バック・クリップしている指の力を抜きながら、単に右手を下に5センチくらい急激にサッ！と下げれば良いだけです（少なくとも、あなた方のようなマジシャンならばね）。隠れていたコインがポン！と出てきて、もう1枚のコインの下に重なるように指の上に載ります（図11）。この動

陰陽フリム・フラムを行う

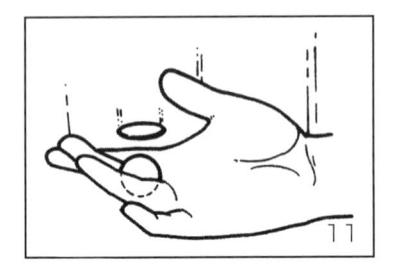 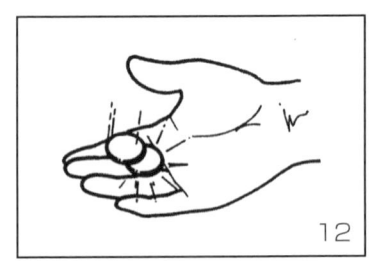

作は**ものすごくヴィジュアル**な出現です。最初のコインで行ったようにシェルをコインに再び重ねて2枚のコインを示す左手の操作を心理的に帳消しにするくらい強烈なのです。隠されたコインを出現させるために右手を上に投げてはいけないことが大変重要になります。2.5センチほど右手を急激に下げるだけです。こうすることで、コインはすでにそこにあったコインの下に突然出現させることができるのです（図12）。この技法の名前を忘れられないように、私たちはこれを「**陰陽フリム・フラム**」と呼ぶことにします。何気なく両手の親指はそれぞれのコインの上にあて、2枚のコインを円を描くようにこすり合わせ、表面が観客の方に向くようにします（図13）。

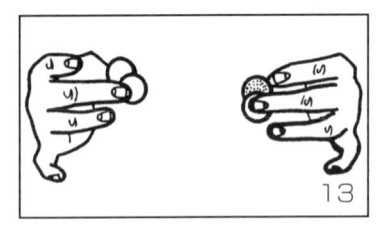 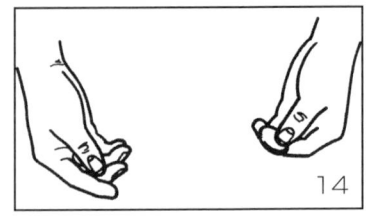

3枚目のコインは冗談ぽく演じたら大きな反応を得ることができるヴィジュアルなギャグから始めます。右手は下側にあるコインをバック・クリップしながら（図14）、左親指で上側にあるコインを押し出します（シェル付きコインはまだフィンガー・パームしていま

左手のコインを投げる

右手のコインをバック・クリップする

シェルを外す

す）。「もし注意深く見ていたら、次のコインが飛んでいくのが見えますよ……」と言います。間をおいて、左手は軽く弧を描くように（だいたい30センチくらいです）コインを右手に放り投げます（図15）。コインは右手に見えているコインの上に直接載り、大きな"カチャン！"という音が鳴ります。右手はバック・クリップしているコインをしっかりはさみ、飛んできたコインが落ちてきたときの衝撃でこのコインが落ちないようにします。右手にコインが着地した瞬間、左親指でシェル付きコインを引き、シェルを持ち上げて手前に引きます。シェルが外れてずれる音は右手に落ちたコインの音でカバーされます。このナンセンスなギャグを行った後（だいたい3秒くらいでできます）、それでも両手は3秒前と同じ状態なのです！

　「コインが飛んで行ったのが見えましたか？　まだ飛んで行ってないですよ！」と言わない限り、観客は気づきません。重なったコインを少し広げるようにして（図16）、本当に何も起こっていない（？）ことを示します。このギャグに観客は最初ウンザリしますが、すっごい幻覚を見てしまったかのように思わず二度見してしまいます。こうしている間、両手は結構な距離を離していますので、コインを行き来させているとは観客は思いません。

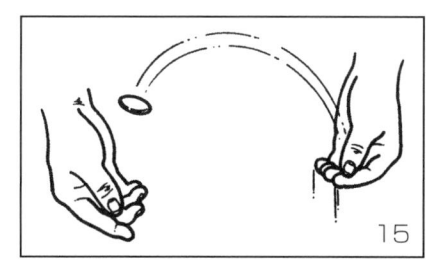

15

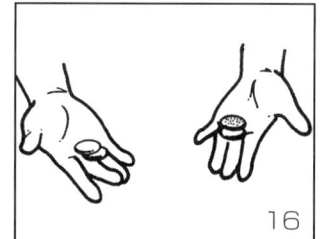

16

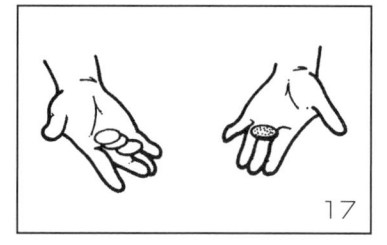

17

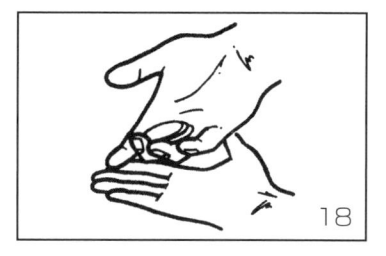

18

シェルを再びコインにかぶせる

陰陽フリム・フラム

　あなたがまだ付いてきてくれているなら、右手は「陰陽フリム・フラム」を行いながら、左手は軽く投げる動作をしながら左親指で静かにシェルを押し出してコインにかぶせて3枚目のコインの飛行を示します（図17）。

　最後のコインは女性の手を貸して欲しいとお願いして（もしあなたが女性なら男性の手を貸して欲しいとお願いします――女性がディープ・バック・クリップを行うなんて良くあることですから）、手のひらを上に向けてあなたの前に出してもらいます。コインが指の

クリス・ケナー　エキセントリック・マジック

付け根付近で広がるようにしている右手を観客の手の真上に移します（図18）。コインがフィンガー・パームの位置で重なるようにして、「今からこのコインをあなたの手の中に落とそうと思いますので、コインが手の上に着地したら手を握ってください」と言います。お皿の下に敷かれたテーブルクロスをサッ！と引いて取り去るようにして（マルローのバリエーションの方です）、右手をサッ！とどけながらコインを観客の手の上に落とします。観客が手を握るのはたいていの場合遅すぎるので、「もう一回やってみましょう。今回はもう少し早く手を握ってみてください」と言います。指先で落ちたコインを取り上げて再びフィンガー・パームの位置に重ねて置きながら、「この最後のコインをこっそりこっちに入れるのを見たくないでしょ？」と言います。こう言っている間、左手に持っている

3枚のうち1枚を
バック・クリップ

4枚目のコインを右
手に加える

すべてのコインを観
客の手の上に落とす

シェル付きコインを右手に重なっている3枚の（？）コインの上に一瞬だけ載せながら、右手に持っているコインの中で一番下にあるコインをバック・クリップします。すぐにシェルだけを重なったコインの上から取り、重なったコインが少し広がるようにずらして3枚のコインしかないことを示します（4枚目のコインはバック・クリップされています）。もう一度テーブルクロス引きの技法を行います。バック・クリップしているコインと一緒に3枚のコインを観客の手に落としますが、3枚のコインはしっかり重なったままで散らからないようにします（図19）。あなたの指示のおかげで、観客はすぐ

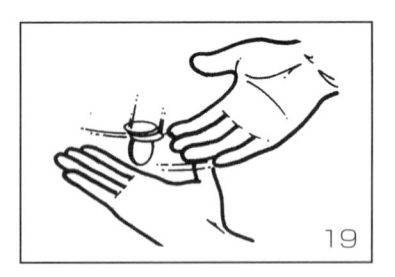

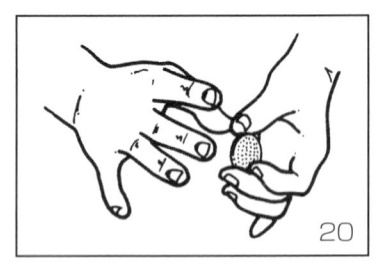

に手を握るでしょう。素早く観客の握った手を関節が上に向くように返して、手の甲の上にシェルを置きます。こうすることで、観客が早い時期に手を開くことを避けられます。最後のコインを手に叩きつけて貫通させると話します。「こうしてあなたを殺します……」と言います。えぇ、もちろんこれはバカなセリフだって知っていますよ。あ、でもちょっと待って、アマーが使ってますね。シェルを取り上げて、フレンチ・ドロップの動作に似せたマイク・スキナーの

シェルを使ってサッ
カー・バニッシュ

サッカー・バニッシュ（スパイダー・バニッシュ）を行います。右手を近づけながら、左人差し指でシェルを回転させます。シェルの裏がチラリと見えますが、右手の指越しに見ますので見た目は悪くありません（図20）。左手の指先で持っているコインを手の中に落とすように見せながら、実際はシェルを右手で握ります。右中指でスムーズにシェルをすっごく上手いクラシック・パームの位置に押し

付けながら、右手を開きながら握った観客の手に向けて何かを投げ下ろすような動作をします。シェルをパームするときに、シェルを2つに折らないように注意してください。観客に手を開くようにお願いしながら、左そでをグイッと引っ張って、シャツのポケットにシェルを処理します。もし着ているシャツにポケットがついていなかったら、落ちてきたシェルを単に足で踏んで隠します。

　この解説を読むと、ハビブたちが太陽の表面にあるオアシスから行った耐え難い苦痛を伴う「バターン死の行進」のようだと思われるでしょう。しかし心に思っていただきたいのは、この手順はよく見ると演じるには1分半もかからないのです。方法論がシンプルですし、ヴィジュアルな出現に使用するので「陰陽フリム・フラム」を覚えることが大変重要になります。この技法は小さなジャガイモ（観客のことです）が手をじっと見つめていても行うことができます。この技法は重なったコインにひそかにコインを付け加えることにも使えます。覚えておいて頂きたいのは、左手から立つシェルの音は、右手から出る音でカバーされます。特に一番下のコインをフィンガー・パームの位置から外さなければそうできます。これは重要なことです。なぜなら、コインの手順中にシェルの音が立つのを聞かれること以上に最悪なことはないからです。

　この手順の方法に見られる別の良い点は、心理的に両手がお互いの手を打ち消しあい、同時に適切なときに両手がクリーンになったりちょっとマズい状態になったりします。シェルを使うほとんどの手順はちょっとタイトな状態になりがちです。しかし、この手順ですとシェルを大変雑に扱うことができます。この手順の全体的な構成は、実際にはジョン・ケネディーの手順や、ドリアン・ジョーンズの手順とは真逆になっています。ディープ・バック・クリップについて、さらなるコツや改案を知りたい場合はデヴィッド・ロスの作品を参照してください。これは個人のバリエーションを作る余地が多分にあります。温かいクソバイス、ありがとうございます。

マジック・マンはあなたに訴えかける

　マジック・マン曰く：左小指でブレークを作るときはカードを持ち上げるな。下げろ。

　マジック・マン曰く：リサイクル、大事。

　マジック・マン曰く：練習が完璧な技を作り上げる。

　マジック・マン曰く：観客を絶対侮るべからず。

　マジック・マン曰く：戦争は**最悪だ**。

喫煙する丸太おばさん

クリス・ケナー

現象

　演者はポケットから大変小さながま口を取り出し、それを開いて中が空っぽであることを見せます。そのがま口には入るわけのないサイズの長い木製の葉巻を引き出します。調べてもらうために、葉巻を手渡します。観客に葉巻をがま口に戻してもらおうとしますが、次の瞬間がま口の中から2つめの葉巻を引き出します。続けて本当にひどいジョークを言います。そして、このイラつく葉巻を片付けようとそれをポケットの中にしまいます。しかし、ビックリすることに、イラつく葉巻は演者の指先に現れ続けます（こんなことが起きたら、僕は嫌だな）。最後になんとしてでもメンツを保つために、最後の葉巻を完全に、明確に、ハッキリと、どこかに消してしまいます。

方法

　これは単純化され、効率化され、実用的になったネート・ライプチッヒの葉巻を使った手順であることは明快です……もしあなたがご存じならね。オリジナルの手順では2つのがま口（内1つはギミック）が必要ですので、これは不要なポケットでのすり替えをする必要があることを意味しています。この非常に素晴らしい手順を演じるには単純な日用品が必要で、ご近所の100円均一のお店で購入できます。クリスは非常に小さな、50セント銀貨サイズの18世紀に作られた革製の葉タバコ入れ用がま口を使っています。長さ約8.7センチ、直径約1.25センチのローズウッドでできた葉巻が2本必要です（図1）。そして、ジョルジオ・アルマーニのジャケットを着ていないとダメです（図2ではクリスがむくんで見えますが、実際とは違います）。がま口が小さくて、あなたの葉巻が正しいサイズだったなら、この手順は同じように上手く演じられます。

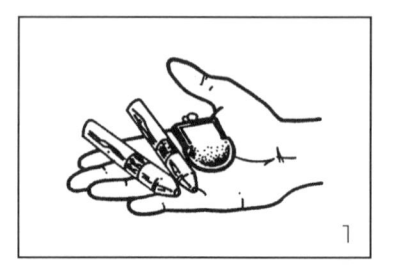

最初に、ジャケットの右ポケットに１本の葉巻を、左ポケットに１本の葉巻とがま口をそれぞれしまっておきます。戸惑ってしどろもどろな状態の演技をします。あなたは何かを探していて、ジャケットのポケットを両手で上からポンポンと叩きます。右手を右ポケットの中に突っ込み、それからポケットから手を出して身体の脇に下ろします。このとき葉巻を右親指と中指の間にはさむように持っています（図3）。葉巻は観客から隠れていることを覚えておいてくださいね。上着の左えりをつかむために右手を伸ばす演技の中で、葉

**葉巻を右そでの中に
スリービングする**

巻をスリービングします。右手を身体の脇におろしているときに、右親指を葉巻に添えながら右中指を内側に弾きます（図4）。葉巻が落ちる前にすぐ右手を上げ、ジャケットの左えりをつかみますが、左手をジャケットのポケットに突っ込みやすくするためにこうします（図5：左手首にはロレックスが破

**葉巻を左手に
葉巻をパームする**

線で示されています）。左手は手のひらに葉巻を葉巻パームしてから（図6）、左親指と人差し指でがま口をつまんで取り出します。がま口を右手の指先に渡しながら、マジシャンには友達がいないから、見てくれているあなたのお母さんにこんなようなものを見たことがあるか聞きます。

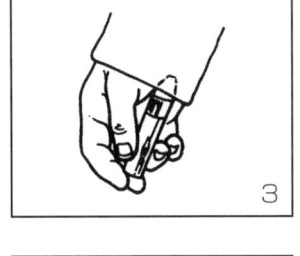

3

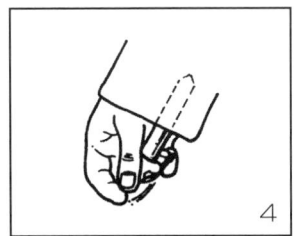

4

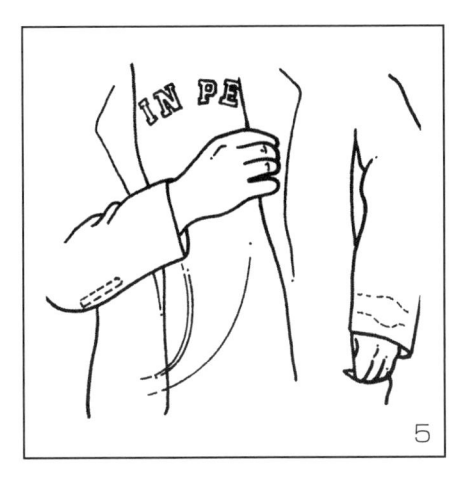

5

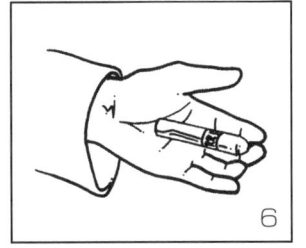

6

**右手で葉巻をがま口
から引き出す**

口金を挟むように左親指と人差し指でがま口を持ち、右手の指先でがま口を開きます（図7）。口金を挟むようにして右手にがま口を持ち替え、口が左を向くようにします。左手をがま口に伸ばして葉巻の先をがま口の口に突っ込みます（図8）。左手の指先は葉巻の軸に沿ってずらしていき葉巻を示しますが、その間右手は葉巻の端をがま口越しにつかんでいます（図9）。これはあなたが単に葉巻をがま口の口から引っ張り出したように見えないとダメです。左手が葉巻の端に到着したら、それをがま口から完全に引き抜きながら少し

クリス・ケナー　エキセントリック・マジック

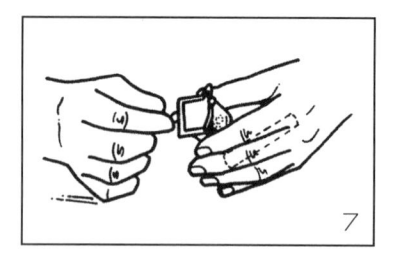

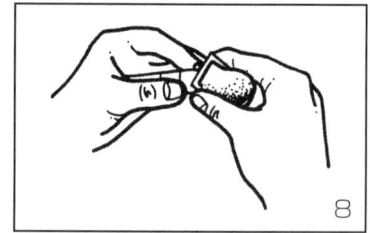

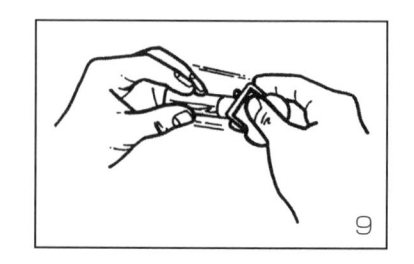

ひねるようにします。

　葉巻をあなたの右側にいる観客に手渡します。まだがま口の口金は開いたままです。がま口を左手の指先に渡し、先ほどと同じように口金の両側をはさむように持ちます。左手を葉巻を持っている観客に向けて伸ばし、それをがま口の中に戻すように言います。同時に、右手を自然に身体の脇に下ろして、待ち構えている右手の指先の中にそでに入っている葉巻が優雅に落ちてくるようにします。葉巻をパームしてください。観客が葉巻をがま口に押し込むチャンスができる前に、最初の葉巻を取り出したときに行ったのとまったく同じ動作で葉巻を取り出しながら、もう一本も出しておかないとと説明します。ただし、今回は右手で葉巻を取り出しています。左手のがま口をテーブルに置き、最初の葉巻をその手で取り返します。

上着のそでから葉巻を回収する

２本目の葉巻をがま口から取り出す

フクロウは見た目と違います

　もしここで葉巻を鼻の穴に突っ込もうだなんて考えが頭によぎったら、今すぐこの雑誌を送り返してください。返金します。さあ、ピエロたちを厳しい贖罪の地、クールスヴィル[後注1] へと送り返しましょう。

　ここからは本当にドイヒーな冗談を話す時間になります。「この葉巻、どこで手に入れたか知っています？　葉巻専門店にいる……無表情な人からね！」笑いがおさまったら、続けてこう言います。「これ、音楽用の葉巻だってご存知？　これをシガーバンドで巻いたらね、いつもバンドと一緒にいるってことだからね、バンドだーけーにー！」根っからの面白い人ですねー。あははははははははははははは！

続々と葉巻を取り出す一連のシーンへ

　続いて、誰もが唖然とするような連続技を繰り出します。葉巻をポケットにしまおうとしますが、次々と魔法のように現れるのです……そう、あなたの指先にね。左手に持っている葉巻をしまうような感じで上着の左ポケットに入れてますが、実際は葉巻をパームします。右手はその指先で葉巻を持つようにします（図10）。左手をポケットから出し、右手に持っている葉巻を取り去るために直接その手に近づけます。両手が合わさったら、左手の葉巻を右手の葉巻

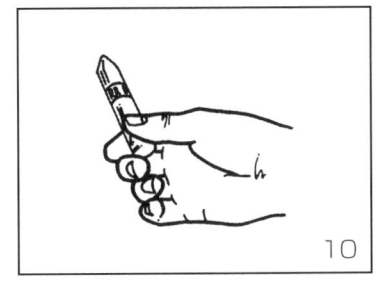

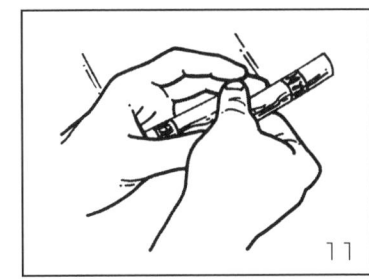

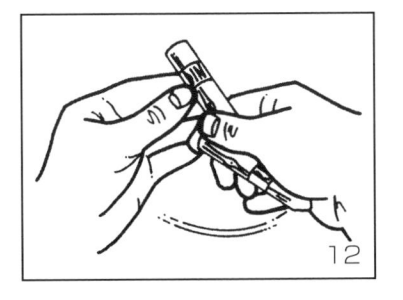

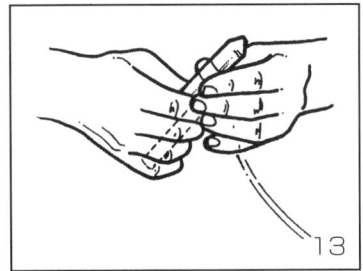

に寄り添うように水平に置き、左手の葉巻の端を右人差し指と親指でつかみます（図11）。見えている方の葉巻（右手で持っていたもの）を左手で取りながら、隠されている葉巻を右中指を使って右手の中に向けて弾きます。このとき右人差し指の先が支点となっています（図12。13は観客から見た図）。

　右親指を隠し持っている葉巻の下に潜り込ませ、それをピョン！と跳ね上げて右手の指先に葉巻を出現させながら、左手で持っている葉巻を上着の左ポケットにしまったように見せて再びそれをパームします（図14：見やすくするためにロレックスは描いていません）。この連続した動作をあと2回繰り返します。3回目の出現の後は、左手に持った葉巻を上着の左ポケットに本当にしまい、右手の指先だけに葉巻を持っている状態にします。ここの連続技は大変カジュアルな感じで流れるように優雅に演じなくてはダメです。

最後の葉巻を消して、スリービング

　最後の葉巻を右手の指先に持って示しながら、「えっと何本私にくれましたっけ？」と観客に聞きます（図15）。ここで、基本的なタバコを使ったバニッシュを行います。クリスはこのバニッシュを大変淡々と、もったいぶった感じのチャベツ・スクール(後注2)で教えているようなジェスチャー抜きで行います。左手で葉巻を包み込むようにします（図16）。これは「預けて、取る」感じのジェスチャーです。葉巻が観客の視野から見えなくなったら、すぐに右中指で葉巻を弾いて右手シガレット・パームの位置へと移します（図17）。左手は軽く握り、指の関節が上を向くように返しながら、右手は何気なく身体の脇に下げますが、両手は同時に動作を止めるようにします。右手の指先をパチン！と鳴らして「プレスリーのように強烈なマジックが起こった瞬間」を知らせるために右腕を上げながら、右

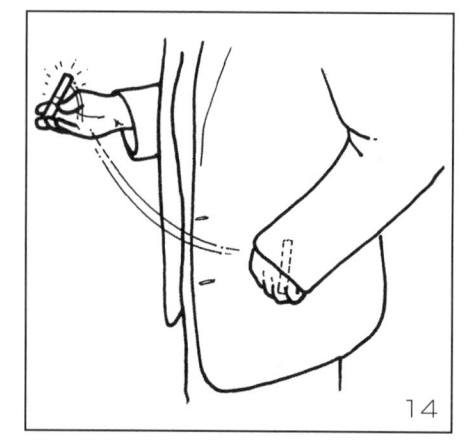

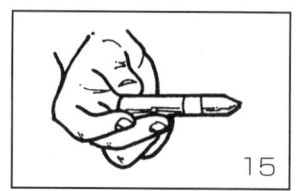

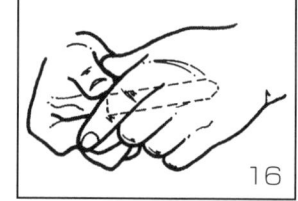

手の "社会的な指（中指）"(後注3) を使って葉巻をスリービングします。左手を開いて何も残っていないことを示し、両手をパッパとはたいて「ううん、なんだかんだ言っても、このマジックが本当に嫌いなんです」と言います。

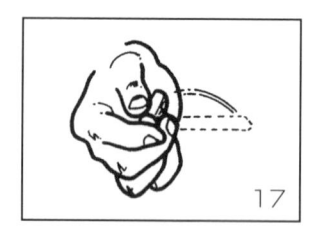

　クリーンに終わるため、左手でがま口をテーブルや観客から取り上げながら、右手は身体の脇に下ろして葉巻をひそかにつかみます。両手を一緒に上着のポケットに突っ込み、がま口と隠し持っている葉巻をしまいます。同時にデックを取り出して、「キング・バルーの饗宴」のようなゴイスーな現象を演じます。

┌─ **マジック・マンの小技** ─────
　あなたが何かを消すときにより自然にする助けになる素敵なコツです。あなたがコイン（や他の小物）を手に握らせたように見せるときはいつでも、多くの人がコインを握っている手に注目を集めます。指差したり、何かを持ったり、不自然な位置にある手を隠したりしてね。覚えておいた方が良いのは、コインを最初に手に握らせた後です。いつも両手をゆっくりと同じペースで離していき、コインを隠している手を身体の脇に自然に下ろすのです。両手を同時にその動きを止めることも大変重要になります。こうすることで何かを持っている手から注目をそらせ、タイミングのレッスンをここで学ぶことができます。

*後注1：クールスビル（Cooleville）は、アメリカのシンガーソングライター、リッキー・リー・ジョーンズが作った曲名で、架空の街の名前です。いい加減に生きてきた人間がそこでそれまでの人生を厳格に清算する場所として登場します。

*後注2：プロマジシャン、ベン・チャベツが1941年に解説したマジシャン養成学校。チャニング・ポロック、ノーム・ニールセン、ドン・アランといった一流マジシャンを輩出しています。伝統的なステージ・マジックを教えています。昔ながらなので、教える動作も少し時代遅れに見えるかも知れません。

*後注3：Social Finger とは中指のこと。いわゆる "F**k you!" と言って中指を立てる、そこからこの言葉ができました。社会に向けて中指を立ててますから。

フォー・フォー・フォー（4枚を4枚に）

クリス・ケナー

現象

4枚のカードをハッキリ示して、裏向きにひっくり返してデックの上に載せます。実際には、意図的に仕組まれた極悪非道かつ巧妙でなんの怪しさもない策略を使って4枚のカードをデックのトップにあった別の4枚と入れ替えて置いたのです。

方法

この技法は、ジョン・メンドゥーサの技法を基にしています。クリスはその技法をめちゃくちゃ応用範囲が広くて実用的な技法へと効率化させました。さあ、本当の方法についてお教えしましょう。

デックを左手ディーリング・ポジションに持ちますが、トップ4枚の下に左小指でブレークを作っておきます。表向きにした4枚のカード、ここでは説明の都合上4枚のKをファン状に広げて右手に持ちます（親指が上、残りの指先が下）。左親指と中指で広がった4枚のKのうち左側半分（下側2枚）のKを取ります。このとき、ブレークを無くさないように注意します。

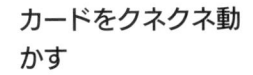
カードをクネクネ動かす

ポール・ハリスの「スクィグル」っぽい動作を行い、4枚のカードを "クネクネ" 動かします（図1）。右手に持っている2枚のKを左

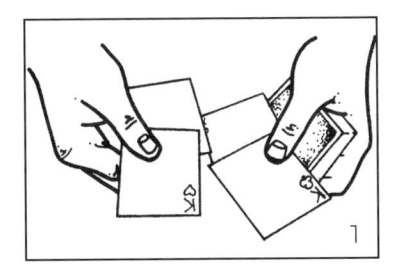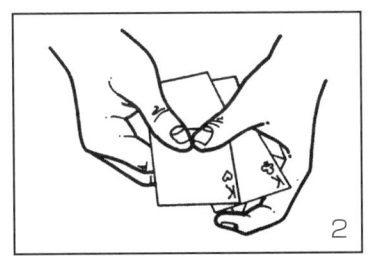

手に持っている2枚のKの上に重ねてたら、すべてのカードを右手に取ってしまいます（図2）。右手に持っている4枚のKをデックの上に動かし、両手の親指の先がくっつき、デックの左側が隠されているようにします。両手の親指の先が触れた瞬間、左中指を強く押

左手のカードに隙間を作る

し下げて、ブレークの上にあるすべてのカードが約3.7センチ開いて、床に対して垂直になるようにします（図3、4：ハッキリ見えるために右手は省いています）。

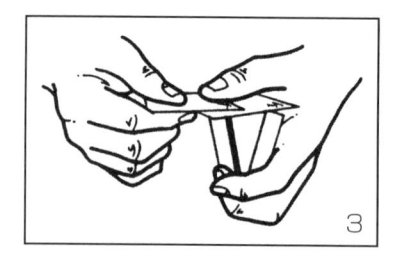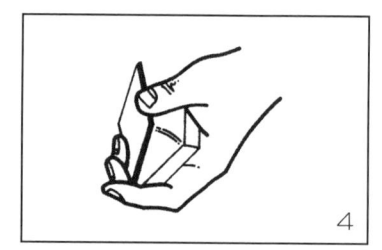

右手のカードを隙間に挿し込む

　ここから2つの動作を同時に行います。右手で持っているカードを左手に持ったデックとトップ4枚の間にできた隙間にすべり込ませ、同時に左手を手のひらを上に向けるように返します（図5）。右手をデックの上からかけて揃えたら、左親指でデックのトップ4枚を押し出して右手に取ります。これですり替えは完了しました。

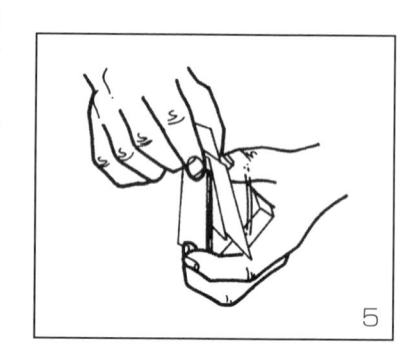

キング・バルーの饗宴

クリス・ケナー

現象

　古典的な「人喰いカード」の要領で、キング・バルーの4人の仲間がエサを奪い合うためにエサとなる若い処女のトランプを探すことにしました。不幸なことに、私たちはガッカリしてしまうことになりますが、若き人喰い人種の一人がちょっと食べ過ぎなんじゃないか？と気づいてしまいました。幸運なことに胃腸薬のミランタがトラブルから救ってくれ、彼らはボブを探す旅を続けることができましたとさ。

方法

　裏向きのデックを以下のようにセットします。トップから8、8、関係ないカード2枚、8、8、残りのカード。デックの表側を自分に向けて、両手の間にデックを広げます。4枚のKを半分だけアップ・ジョグしていきます。最初の8が出てくるまでデックを広げ続け、この8をダウン・ジョグしたら、デックを閉じて揃えます。アウト・ジョグされている4枚のキングを右手でデックから抜き出し表向きにして示しながら、トップにある6枚のカードを使って「フォー・フォー・

6枚のカードの下にブレーク

フォー・フォー・フォーを行う

フォー」を行う準備をします。「フォー・フォー・フォー」を行って、すぐにトップにある4枚のカードを押し出しますが、トップから3枚目のカードをイン・ジョグして、この4枚が広がった状態で右手に取ります（図1）。

1

デックから2枚配る

左親指でデックのトップにある2枚のカードをテーブルの上に1枚ずつ押し出して配ります（図2）。観客にこの6枚のカードをしっかり見せます。大変ユルい態度で右手に持っているカードを左手の付け根を使って揃えたら、右手に持ったカードをデックの上に重ね、右親指でイン・ジョグされたカードを押し下げて上2枚だけを右手ビドル・グリップで取り上げます。デックをテーブルに置きます。今の時点でのカードの状態は、2枚の8（観客は4枚のKだと思っています）を右手に持ち、テーブルには2枚の8が置いてあります（観客は2枚の関係ないカードだと思っています）。

右手に持っている2枚のカードを処理

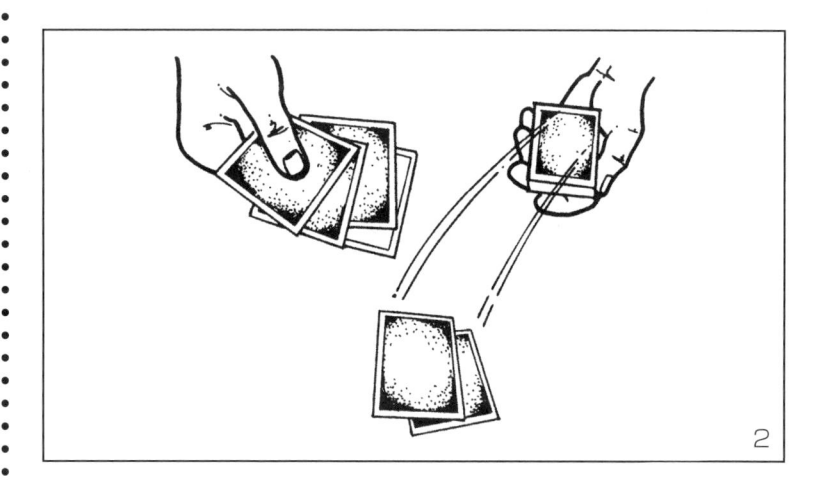

2

関係ないカードを挿入

2枚のカードを左手ディーリング・ポジションに持ち替えて、右手はテーブルから1枚の関係ない（？）カードを取り上げます。左中指で持っているパケットのボトム・カードをバックルして、右手のカードをその隙間、つまり「死の淵」の中へ差し込みます（図3）。

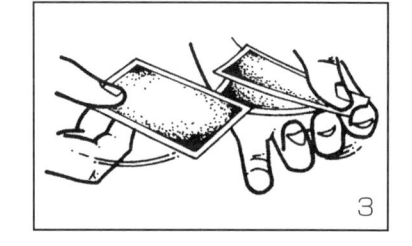

3

エルムズレイ

3枚を4枚に見せるエルムズレイ・カウントを行います。「人喰い人種たちは腹ペコで、今ちょうど前菜を食べたのだ」と観客に話します。カードを左手ディーリング・ポジションに持って、左人差し指

をパケットの下からカードを押し上げてパケットの中央部分が凸状になるようにして「見て、ちょっと太りました！」と言います。次に両手の指先でパケットを持ち、カードを曲げたり伸ばしたりして、カードがペキパキと音がたつようにしながら、「ほら、よく聞いていると、骨を砕いている音が聞こえますよ」と話します。

右手で最後の関係ない（?）カードをテーブルから取り上げて、先ほどと同じようにしてこのカードを左手に持っているパケットの中に差し込みます。むしゃ、むしゃ、むしゃ。ペキ、ポキ、パキとやります。

ここでエルムズレイ・カウントを行い4枚のカードを4枚のカードに見せ、続いて本当に怪しげにやり過ぎなくらいにアスカニオ・スプレッドを行います。もしアスカニオ・スプレッドができなければ、手には4枚以上のカードがあるように振舞ってください。同じことです。

クライマックスを示す

皆さんに「もしよく見ていたら、人喰いたちはちょっと食べすぎたことがわかりますよ」と言いながら、4枚の8をもっともクリーンで魔法のような方法で示します。

JBO

クリス・ケナー

現象

借りたデック、もしくはシャッフルしたデックから、マジシャンは予言を抜き出します。次にカードを選んでもらい、デックに戻します。これをクラブの2だとしましょう。私たちがこれから「助手のカード」と呼ぶ3枚のカードをデックの別々の個所から抜き出します（私、「助手のカード」を使ったカード・マジックが大っ嫌いなんですが、信じてください、これはそういったものより良いマジックです）。この3枚がマジシャンに選ばれたカードについて教えてくれるのです。最初のカードはカードの色を、2枚目のカードはカードの数値が高いか低いかを見分け、3枚目のカードは選ばれたカードの数値を教えてくれます。この時点で3枚のカードから賢く割り出して、黒い2であることをマジシャンは正しく告げています。予言を表向きにすると驚くべきことにそれこそクラブの2なのです。ちょっと待った！　まだ終わりじゃないです。助手のカードを表向きにするとすべてが2になっているのです。

方法

これは非常に長ったらしい現象に思えますが、しかし2分くらい

で演じられますし、必要なのは左小指でブレークを保持できて、エルムズレイ・カウントができる能力だけです。この現象はジョン・バノンの著書『インポッシビリア (Impossibilia)』(L&L パブリッシング社刊、1990年) に収録された素晴らしい作品、「悪魔とツイスト（Twist with Devil)」に触発されました。さあ、やり方をお教えしましょう。

　デックをシャッフルしてもらってから返してもらいます。カードの表を自分に向けるようにしてデックを広げます。カードをザッと見ていきながら、何でも構いませんので隣同士でペアになっているカードを探します。例えば、クラブの4とハートの4とか、クラブのJとダイヤのJなどです。このペアは黒1枚、赤1枚じゃないとダメです。解説のために、ここではハートの2とクラブの2を使うことにします。

ペアをカットしてトップへ

　このペアをカットしてトップへ移します。これは素早く行わないとダメですが、動作が普通じゃないように見えてもダメです。デックを再び両手の間に広げてザッと見ていき、予言をしたいと説明します。実際にはトップから2枚目にあるカードと同じ色で同じ数字のカードを探します。この場合はダイヤの2になります。この2を見つけたら、テーブルに置きます。観客にこのカードが何か分からないままであることを確認してください。これがあなたの予言になります。ここまでの手続きをしてきた理由は、このマジックを借りたデックやシャッフルしたデックで行えるようにするためです。こうすることでより驚くような、ビックリするようなクライマックスになります。余分な苦労をする価値はあります。もしあなたが望むなら、必要なカードをあらかじめセットしておいても良いでしょう。カードの順はトップにクラブの2、トップから2枚目にハートの2、そして、ダイヤの2はテーブルに置いておきます。もしスプレッド・カルができるなら、これを使って必要なカードを集めてください。

トップから2枚目のカードと同色同値のカードをテーブルに置く

　デックを揃えて、裏向きにしてから左手ディーリング・ポジションに持ちます。右手をデックの上からかけてビドル・グリップで持ち、デックの上半分をキック・カットして左手に渡します。右手はデックの下半分を持ち、左手に持っているカードの上に重ねますが、右親指の腹を使ってこの2つのパケットの間にブレークを作ります。今からクラブの2をフォースします。右手でデック全体を持ち上げて、バラバラとカードを左手の上に弾き落としていき、観客に好きなところでストップと言うようにお願いします。観客がストップと言ったら、ブレークから下にあるすべてのカードを落とします。観客に左手の上にあるカードの山のトップ・カードを取ってもらいます。これはクラブの2です（このフォースの良いコツは、観客の顔を見て、観客の唇が動き出した瞬間にブレークから下にあるカードを落とすことです）。カードを覚えてもらったら、左手にあるカードの山の上

トップ・カードをフォース

クリス・ケナー　エキセントリック・マジック

デックを元の順に戻す

に戻してもらいます。右手に持っているカードを左手に載っているカードの上に載せますが、左小指をこの2つの山の間にはさんでブレークを作ります。間をとって、観客をリラックスさせます。ここでブレークからダブル・アンダーカットかパスを行って、選ばれたカードをデックのトップへ移します。観客にデックから抜き出した3枚のカードを使って、その助けを借りて選ばれたカードを当ててみると説明します。

トップから2枚目と2枚の関係ないカードをアップ・ジョグ

　こう言いながら裏向きのデックを両手の間に広げて、まずトップから2枚目のカードを半分くらい前に突き出します。次の2枚のカードをアウト・ジョグしている間も両手でカードを広げ続けています。次に真ん中あたりのカードを1枚前に突き出し、最後にボトムあたりのカードを1枚前に突き出します。デックを揃えますが、アウト・ジョグされた3枚のカードはそのままにしておきます。今から右手でアウト・ジョグされた3枚のカードを抜き取り、表向きにしてからデックのトップに載せます。そのとき右手で3枚のカードを抜き取りながら、デックのトップ・カードを左親指で少しだけ押し出し左小指でクラブの2の下にブレークを作ります。今のデックの順はトップから表向きの関係ないカード、表向きの関係ないカード、表向きのハートの2、裏向きのクラブの2（ブレーク）残りのデックの順になっています。

3枚のカードを抜き取り、表向きにしてデックのトップに載せ、トップ・カードを加える

トップ3枚を1枚ずつ裏向きにしてボトムへ

　右手でブレークから上にあるすべてのカードを取り上げ、左手はデックを脇にどけます。右手のカードを左手で再び持ちます。これは助手のカードで選ばれたカードについて教えてくれると説明します。右手で予言のカードを取り上げ、裏向きのまま左手に持っているカードの下に差し込みます。このカードを左から右へファン状に広げていきますが、最後の2枚はきっちり重ねて1枚のように見せます（図1：見やすくするために図は割愛してあります^(後注1)[後注1]）。カードを再び揃え、トップ・カードを右手に押し出して「このカードはあなたのカードの色が黒だと教えてくれます」と言い、このカードを裏返して左手に持っているカードのボトムへ差し込みます。「次のカードはあなたのカードが数の大きいカードであることを教えてくれています」と言いながら、次のカードを押し出し、これを裏返してパケットのボトムへ差し込みます。「おーっと、このカードはあなたのカードが2であることを教えてくれています」と言

1

*後注1：よくある「分かりやすくするために、手は割愛します」という表現のジョークで、もう図ごと割愛してしまっているのです。

いながら、このカードを右手で裏返し、そのまま左手のパケットの
ボトムへ差し込みます。予言だと思われている最後のカードを右手
に配り、これが選ばれたカードであることを示します。なぁみんな、
スゲェ奇跡だぜ。このカードを裏返してパケットのボトムへ移しま
す。すぐにパケット全体を表向きにして、「これが2だってことは分
かるんだけど、どの2かは分からないんです」と言いながら、エルム
ズレイ・カウントを行って4枚の2であることを示します。

　この現象は解説を読むよりもずっともっと効果的です。予期せぬ
犠牲者に試せばそれがハッキリ証明されます。最初の2枚の助手の
カードが何か、そしてあなたが何を言うかはまったく関係ありませ
ん。あなたが間違ったカードの特性をぶつぶつ呟くときは実際面白
いですし、クライマックスそのものはビックリするものだからです。

ワーカーズ #1 （Workers #1） マイケル・クローズ[後注1]

　マイク・クローズはプロマジシャンで、彼の仕事ぶりからはプロの
仕事を見せつけられます。私は色々な場所でマイクと一緒に仕事をす
る特権を与えられ続けてきました。なので、彼のマジックは強烈で
実用的であることを知っています。ぶっちゃけ、彼が考案してきた最
高の作品のいくつかを発表すると知って、大変驚きました。マイクは
あなたに彼のマジック哲学を語り、観客を管理するための方法を述
べた素晴らしい章から始めます。ここには2つの作品が解説されてい
ますが、それだけでも本の値段の4倍もの価値があります。最初は古
典的なお札を使った「カード・ワープ」のマイクによるハンドリングで
す。「オレがどんだけ賢いか見せてやんよ！」という技法はすべて除
去し、その代わり明快でダイレクトなアプローチに置き換えました。
また、マイクは私がこの現象についていつも悩んでいた問題を解決し
ました。この現象には本当のエンディングがないのです。マイクは
この現象を2ドル札で行い、最後に破って2ドル札を2枚の1ドル札
にするのです。これは本当に考え抜かれ、うまく組み立てられてい
て、たとえあなたがこの後どうなるか知っていても上手くいきます。
すべての「カード・ワープ」好きが学ばないといけない手順です。最
後の手順は「道路にできた穴トリック（Pothole Trick）」と名付け
られています。もしあなたがレストランでマジックを演じていたり、
会場を歩き回ってマジックを演じているならば、これは素晴らしいマ
ジックです。マイクはマイケル・ウェーバーの切符を使ったマジック
[後注2] を取り上げ、名作に仕上げました。あなたの名刺を使ってこの
マジックを演じていると想像してみてください。観客を容赦なく驚か
せるだけではなく、この使った名刺は彼らの下に残して去ることまで
できるのです。これは本書の中で群を抜いたベストの作品で、演じ

るのも難しくありません。すべての現象には詳細な脚本（セリフ）が完璧についていますし、イラストも50以上使われています。本書は20ドルというプライスタグに見合った価値があります。詳しい情報についてはマイケル・クローズに連絡してください。

イマジケーション（IMAGICATION）T.G. マーフィー[後注3]

NO HOSTAGE
NECESSARY
IF MAILED IN
TWIN PEAKS

Subscribe now
and SAVE $$$$

BUSINESS REPLY MAIL
FIRST CLASS PERMIT NO. 66 BIG TUNA TX.

POSTAGE WILL BE PAID BY ADDRESSE

Magic Man Examiner
Subscription Price $30.00 a year
Make Checks Payable to:
Chris Kenner
8430 A Autumn Leaf Ct.
INDPLS. IN. 46268

（アメリカの雑誌によく添付されている定期購読申し込み専用ハガキが印刷されていました。

一見大変魅力的な本です。残念なことに今のところはそれ以上のものではありません。331ページの中にはあなたはもうとっくに知っているけども筆者は全てが革命的な新発見だと信じている多くのことがらで埋め尽くされています。大変読みにくく、読者を子供のように扱っています。マーフィー氏のトリックは1970年代にあった奇術専門誌『カバラ』のボツネタのようです。この本の最高な部分は「ミッドエアー・トリプル・カット」です。これは素晴らしいフラリッシュです。たとえ演じるのが難しくても、練習する価値はあります。この本はこれ狙いでした。これはよくまとめ上げられた出版物です。『グレーター・マジック（Greater Magic）』のように、すべてのトリックは解説の後にマーフィー氏が作品の概略をつけてくれています。すべての本が真似すべき良いアイデアです。150以上のイラストがついて、表紙付きのハードカバーです。詳しい情報についてはマーフィー氏に連絡してください。

＊後注1：1990年に発表されたマイケル・クローズさんの名著。今も氏のウェブサイトで購入可能です。クリスさんのおっしゃる通り、20ドル以上の価値があります。
www.michaelclose.com
ここで解説されている2つの作品と、観客を管理するための2つのアイデアが解説されています。
＊後注2：「ワン・ツー・パンチ（One, Two, Punch）」単品の作品として発売後、ウェーバーさんの著書『ライフ・セーバー（Life Saver）』に収録されました。
＊後注3　2018年10月現在、残念ながら絶版で入手困難です。

チップについてマジック・マンから

　マジックを演じたすべてのテーブルからチップをもらっても良いと思ってるマジシャンを連れてきてくれたら、そいつが悪い態度のマジシャンだと証明してみせようじゃないか。オレに言わせれば、もらった現金の量で演技の価値を判別するマジシャンは、どんなヤツでも芸術としてのマジックの価値を下げ続けているんだ。確かにチップはもらうべきだ。レストラン「イリュージョン」で毎週6日働いているとだね、他のマジシャンたちが見せている常連客たちの反応を観察することができるんだ。すべてのテーブルでお金を期待しているマジシャンたちは、彼らが演じる様子で下心がミエミエになってるんだよね。お客様はマジックだけを見にきてるんじゃなくて、食事をしてデートするためにも来店していて、第一レストランはそんな安っぽい冒険の場所じゃないんだ、ということをマジシャンたちは気づいた方が良いぜ。思いがけずにもらったり、仕事が上手くいった評価としてなら、よりチップを受けるに相応しいんだ。もっと言えば、もし自由意志でチップをもらえなかったとするならば、本物のマジシャン（ここでは芸術を一般に分かち合うことに興味を持っている人のことだな）はどうやって自分の演技を正確に見極めれば良いんだ?

　最高の例を知ってるぜ：イリュージョンで働いている6人のレギュラー・マジシャンの中の1人、ダン・ダイガートは、自分ではまったく期待していないのに現金を一番稼いでるんだ。たとえ、彼のレパートリーが他のマジシャンたちよりも幅広いものでなかったとしてもね。ダンがチップを稼いでいる理由は、親しみやすくて気の利いたヤツだからさ。ダンが演技のためにお金を借りるとき、「チップ」という言葉をいったり、骨を待つためにヨダレを垂らしながらグルグル回ってクーンクーンと悲しい鳴き声をあげている猟犬みたいにぎこちなく舌を床に垂らして両手を広げながらテーブルを「ぶらついたり」したところを見たことがないんだ!　単純なことさ：みんなただダンが好きなんだ。

　言いたいことはこうだ：敬意を持って観客を扱って、君は彼らの友達になりたいからそこにいるという考え方で、ただ単に彼らをギョッと驚かせるためだけにいる訳じゃないと見せることでチップをもらうんだ。自分を集まった観客の上の立場に置いて、「オレのやれることを見ろよ」という態度がにじみ出ていたなら、何にもならないぞ。オレが君にやれる最高のアドバイスはこれだと思う：君自身でいることさ。じゃあ今日はこの辺で。次回をおたのしみに。同じマジック・マンのチャンネル、同じマジック・マンの時間にお会いしよう。マジック・マンの次の冒険まで、チャンネルはそのまま!!!!!!!!!!!!!!!

　もし、チップに関するコツがあるなら、ここまで連絡をくれたまえ。

世界一怒っているウサギ

ウサギは相当怒っていた。彼は動くことができない。食べることもできない。他の短いジョークを聞くこともできない。どうにかして彼は新しいオチをもらえるかどうかだ。……彼は短い鎖でしっかりとつながれていて、帽子にも怒っている。破傷風の状態と痛み止めに頼る状態を自分自身で軽蔑している。

このひどく汗染みとフケにまみされる穴には、彼がもっとも価値のある指値の親指を取り出そうとした今日は右手用のサムチッ新たなマジシャンの親指をしまってやった。どこかのマジシャンは、もう消すこともタバコを吸うこともできない……。

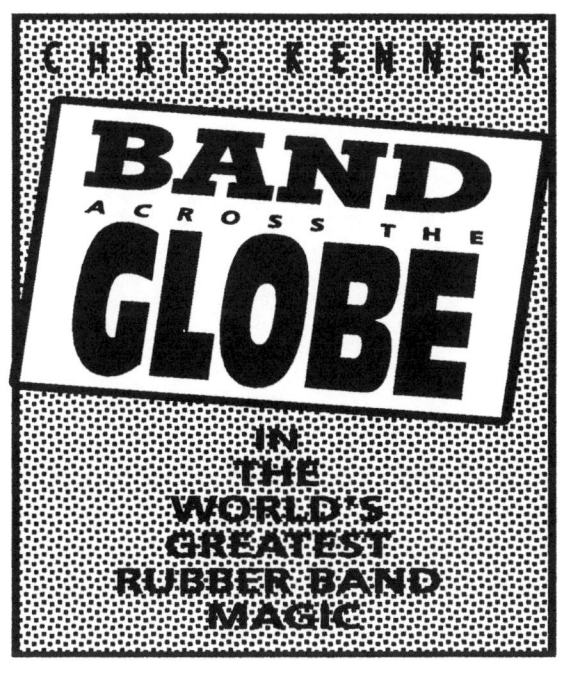

バンド・アクロス・ザ・グローブ

世界最高の輪ゴムを使ったマジック

THREE AWESOME ITEMS INCLUDING:

IMAGINE TWO BANDS BEING VISIBLY LINKED IN THE CLEANEST POSSIBLE MANNER!

IMAGINE SHOOTING A BAND OUT FIFTEEN FEET AND HAVING IT ROLL BACK ON EDGE!

3つのすっごい作品が収録：
想像してみて。2本の輪ゴムができる限りクリーンな状態でヴィジュアルにつながる！
想像してみて。4.5メートル飛んでいった輪ゴムが、コロコロ転がりながら戻ってくる！

"I WAS STUNNED MY MOUTH WENT DRY AND MY JAW DROOPED. I WAS SO BADLY FOOLED THAT ALL I COULD DO IS PASS OVER MY CASH. THIS IS AN AMAZINGLY PRACTICAL AND BEUTIFUL PIECE OF MAGIC. IT JUST DOSEN'T GET ANY BETTER THAN THIS!!"
JAY SANKEY

「ビックリして口の中は乾き、あんぐり口を開けてしまいました。ひどく騙され、自分ができたのはお金を手渡すだけでした。これはビックリするほど実用的で美しいマジックです。これ以上は手に入れられないでしょう！」
ジェイ・サンキー

"THIS IS TOO GOOD FOR YOU. YOU SHOULD JUST GET OUT OF MAGIC!!!"
MIKE WEBER

「もったいなさすぎるだろう、君には。もうマジックの世界から出ていってくれ!!」
マイケル・ウェーバー

"A PUBLICATION OF EXTRAORDINARY MAGNITUDE. YOU HAVE MY GRATITUDE."
MAGIC MAN

「めっちゃすごい出版物だ。私は君に感謝するぞ」
マジック・マン

SEND FIFTEEN DOLLARS TO:　　　　CHRIS KENNER
8430 A AUTUMN LEAF COURT　INDIANAPOLIS, INDIANA 46268

＊この小冊子の日本語版は、2018年12月現在マジックランド社（電話：03-3666-4749）より入手可能です。2000円。「失われた環」に記述されている "輪ゴムの貫通現象" の素敵な方法も解説されています。

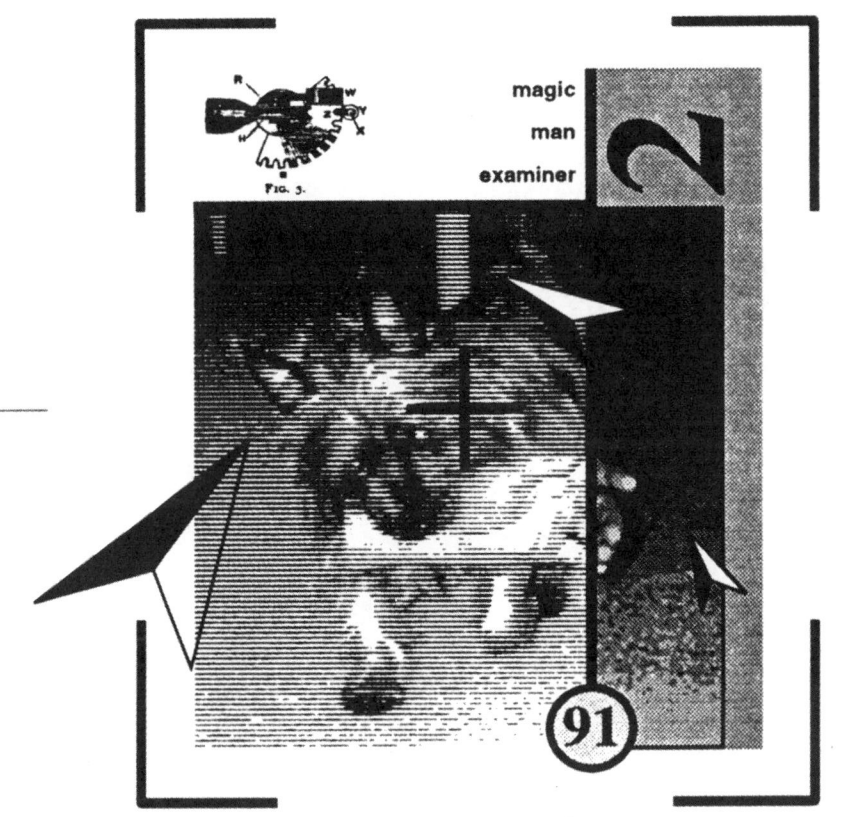

magic
man
examiner

2

91

マジック・マン・エグザミナー2

クリス・ケナー　エキセントリック・マジック

OOPSCOOPSCOOP**SCOOP**SCOOPSCOOPSCOOPSCOOPSCOOPSCOOPSC

スクープ

MAGIC MAN

conceived
designed
written
illustrated
produced

CHRIS KENNER

HOMER LIWAG

MAGIC MAN

EXAMINER

is a quarterly publication of the best in ideas and
articles in close-up and stand-up magic. The views
herewith presented do not necessarily reflect
the opinion of the Examiner.
Thirty dollars a year

China Productions
Attn: Chris Kenner
8430-A Autumn Leaf Ct.
Indianapolis, IN 46268

戻ってきました！　郵便箱の中で指をエアロビックさせてこれが届いてないか確認しても良い頃かな？って思ったでしょ！　そして、また私たちから連絡が来るとは思ってもみてなかったですよね。この企画を2月半ばに始めて以来、普通に季刊誌の体裁にはなっていませんが、でも今年の終わりには元のスケジュールの先を行けるんじゃないかと思っています。購読者だけの「お楽しみ」号も含めてね（なんてお得なんだ！）。創刊号の感想を送ってくれた皆さんに感謝したいと思います。ここ2ヶ月、創刊号に載せた文体について文句をつけられるんじゃないかと不安でした。こういう人たちはヴァルハラでのプロモ・デートでも見つけたんでしょう。

　掲載されている内容が大変格調高いものなので、この号を発売できることは非常に誇りに思います。いくつかは発表したくないものもあります。でも、皆さんが"ドラマの『我が家は11人』やクリスマスシーズンの幸せな空気感"に包まれてほしいと願って、リードを緩めることにしました。この第2号の目玉は、大変才能あるトロイ・フーサーのマジックです。今後発売される号ではトロイの手仕事をもっと見ることができるでしょう。クリス・ケナーの作品の1つは、子供用の大きなバンドエイドを道具として使っています。言うまでもなく、この作品は大人気になるでしょう。

　ほとんどの奇術専門誌と違って、

『エグザミナー』はその装丁をカメレオンのように簡単に変化させています。どうしてかって？　だってそうできるから。彼らがそう行くなら、こっちは正しい方向で行きますよ。まあ、真面目な話は置いておいて、『マジック・マン・エグザミナー』はお互いの中に深く届き、調和した要素に包まれて一つになることによってギンギンな状態を作り出すことに挑戦していきたいと思っています。言い換えれば、ものすごく瞑想的な過程を経て、芸術的かつ創造的な魂の源から私たちが自信を持って『マジック雑誌』と呼ぶグツグツと煮えたぎったスライムへ変化したものに私たちはチャネリング（交信）したいのです。

過去数カ月、不思議に感じる手紙がわんさか届きました：「マジック・マンって誰？」　驚くことに創刊号の裏表紙に描かれていた子犬の方にもっと興味があったようです（もしあなたがその裏表紙を覚えていたらね）。多くの人の探究心が知りたがっているようので、この号の表紙に「子犬」を抜擢しました。これは"チャイナ"と言います：愛おしく、夜行性の、多感な年頃の、実在する犬です。チャイナはこの雑誌のデザインと出来栄えを細部まで監視しています。もしチャイナが生まれながらに持っている漫画に登場するカッコいい探偵のような根っからの才能がなかったら、この雑誌を出版することはできなかったでしょう。

クリス・ケナー　エキセントリック・マジック

これを見逃さないで！　この手順はここ5年クリスが愛用し続けている現象です。マイケル・ウェーバー、ゲータン・ブルーム、デヴィッド・ウィリアムソン、ダロー、ギャリー・カーツ、ジョン・ブルネール、ロバート・E・フィッチ、デヴィッド・カッパーフィールドといったお歴々や、その他数え切れないほどのマジシャンたちから熱い絶賛を送られ続けてきました。ダイレクトで的を射た現象です。こうしてコインを扱うことで、1人の観客から100人もの観客にも演じることができる

Subterfuge)」と知られている手法です（もしラッカーバウマーがこれを使って逃げ切れるのなら、私たちにもできるってことです）。重なったコインは右手でフィンガー・パームできる位置に載っていないとダメです。空っぽの左手で軽くジェスチャーをしてから、アル・ベーカーのスチールを使って重なったコインを左手に投げながら、一番上のコインを右手に残します。ざっと説明します：重なっているコインの一番上のコインに右親指の腹を当て、このまま コインを左手に投げて下側

THREEFLYCHRISKENNERスリー・フライCHRISKENNERTHREEFLYCH

これはマジックの現象でも限りなく単純かつ〔
げて片手の指先に持ち、演技の最中はそれがず〔
見ているかのような方法で、片手に持っていた〔
現します。すべての現象は目の高さで起こり、〔

のです！　もったいぶったようなリテンション・バニッシュも、従来からあるシャトル・パスも、過剰なハンドリングもこの手順には使っていません。コインは大変軽く、何気ない感じで扱われます。

　4枚の1ドル銀貨（以下、コイン）が必要です。使い古して表面がツルツルになったものが望ましいです。4枚のコインを手近なポケットや小銭入れ、コインを突っ込んでも出血多量にならない程度の手近な身体の開口部にしまっておきます。

　コインをしまっておいた開口部に手を伸ばして4枚のコインを取り、軽く曲げた左手の指の中にコインは重ねて持ちます。何気無いジェスチャーをしながら右手が空っぽであることを示したら、左手にある重なったコインを待ち構えている右手の指の上に投げます。この時点で、観客がコインの枚数に気づいてはダメです。これは「見えない策略（Stealth

にある3枚のコインを左手の中にほうり投げます（図1）。

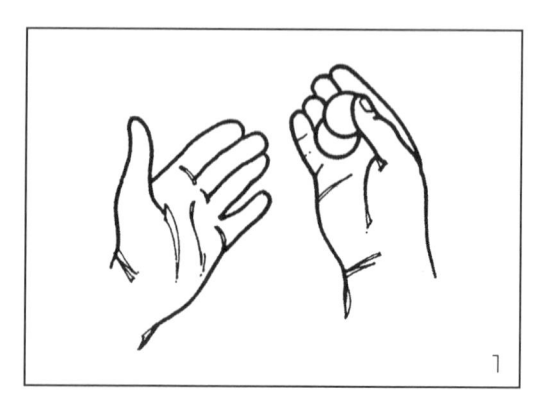

　右手を左手に近づけて重なったコインを左手の指先にファン状に広げるのを助けながら、右手は残ったコインをさりげなくフィンガー・パームします。両手を上げて、広げて持っているコインの表面のほとんどの部分が観客に見えていることを確認します（図2）。手順中、両手はずっとこの基本のポーズをと

のコインの内一番下にあるコインは左手フィンガー・パームの位置まで飛んでいきます（図4）。左手の指先を動かしてはダメです。右手の動き：右手を急激に右に5センチ外側へ動かしながら、右親指で単にコインを右手の指先に押し出すのです（図4）。この動きは主に両手首だけで行っています。もし左手の指先がピクピク動かなければ、左手の一番下にあったコインは溶けて消えたように見えるでしょう。間をおいて、現象を観客の心の中に浸透させます。

り続けていて動かさないことが大変重要になります。ラムゼイ・サトルティを使いたい衝動

NERTHREEFLYCHRISKENNERTHREEFLYCHRIS**KENNER**THREEFLY

な現象です！ 3枚の1ドル銀貨をファン状に広見えているようにしています。ほとんど幻覚をンが消え、空いていたもう片方の手の指先に出中は3枚のコインと両手以外は何も見えません

にかられると思います。時間と実際の演技での試練を受けて作り上げられた、周到に振り付けされた身体の動きに従ってください。

　それぞれのコインの飛行は、右手と左手の動作を同時に合わせたものです。左手の動き：左親指と人差し指だけで上側にある2枚のコインをつかんでいます。一番下のコインは左中指の先で押さえているだけです（図3）。左手を急激に左に5センチ左に動かします。3枚

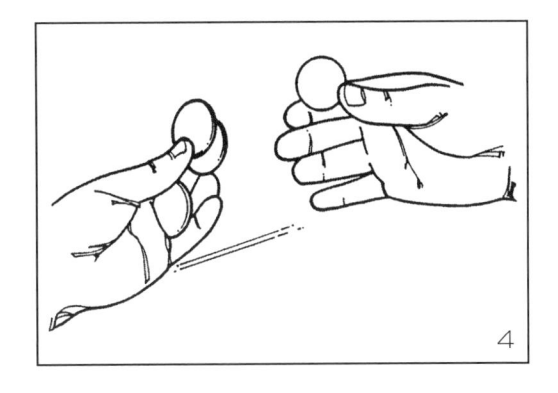

　さあ、ここで大胆ですが、ものすごく観客の目を欺くすり替えを行います。シャトル・パスは高いですしエコロジーの観点からしても安全ではないので、これをバス・パスと呼ぶことにします[後注1]。右手で持っているコインを真上に10～12センチ放り投げ、それを右手フィンガー・パームできる位置に直接落とすようにします。しかし、まだ右手の指先は曲げません。この動作は左手の動作をカバーするためのミスディレクションになりま

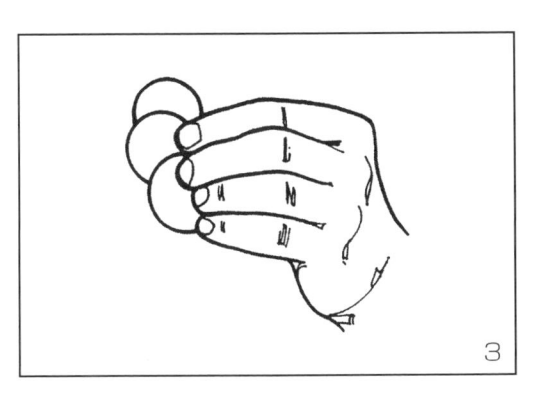

クリス・ケナー　エキセントリック・マジック

す：左手は何気なく腰の高さまで下ろし、コインが見えなくなるようにします。左中指を内側に曲げて、この指先をフィンガー・パームしているコインの裏側に当てます（図5）。すべての動作は右手でコインを放り投げている間に行います。両手を元の状態になるように手前に返し、上にあげて指先を上に向けた位置にします。こうしながら、左中指でフィンガー・パームしているコインを素早く押し出して、元どおりファン状に広がったコインの一番下に戻します（図6）。右手は上にあげながらコインをフィンガー・パームして、右親指と人差し指で左手の指先に広げて持っているコインの一番下にあるコインを"カチャン！"と大きな音を立てながらつかみます（図7）。動作を続けて、右手と左手のコインをぶつけてもう一度"カチャン！"と大きな音を立てます。両手を基本のポーズに戻します。

2枚目のコインに関しては、両手の動きは似ています。右手の動作：指先に見えているコインを少しゆらゆら揺らしてから右手を右に急激にサッ！と動かして、見えているコインを手の中に飛ばし、フィンガー・パームしているコインに当たって"カチャン！"と大きな音が立つようにします（図8）。右中指と親指を内側にすぐに曲げて手の中に2枚をつかみ、この2枚を広げながら指先に示します。左手の動作：最初のコインと同じですが、2枚のコインのうち下側のコインを手の中に飛ばすことが違います（図9）。基本ポーズをとります。

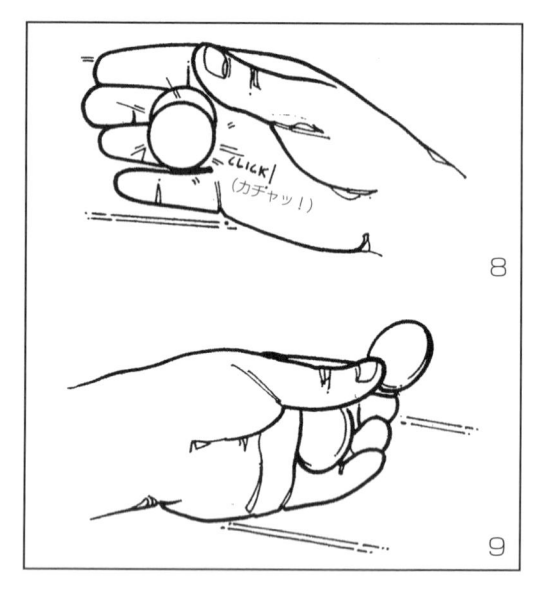

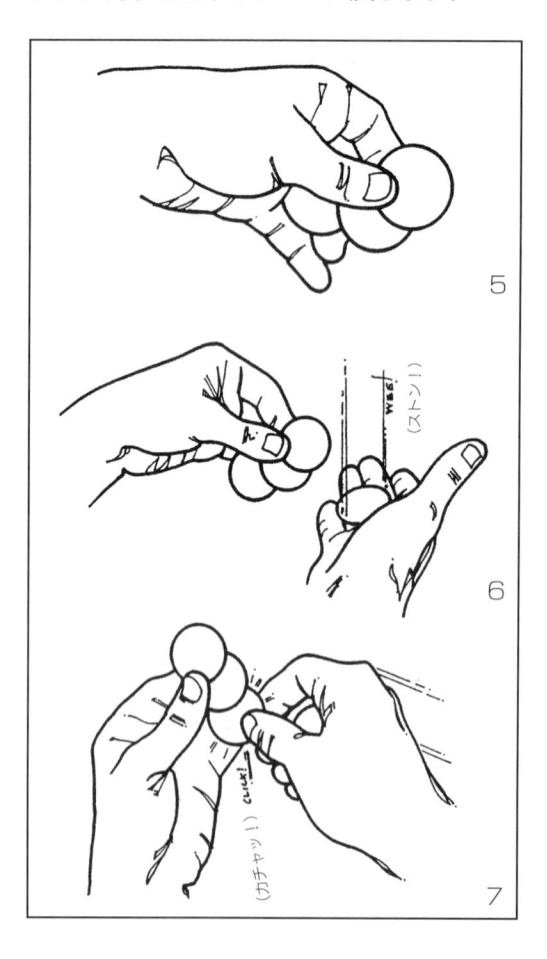

最後のコインの飛行はギャグからはじめます。このギャグはものすごい反応をもたらします。最後のコインをジッと見ていると、それが飛んでいくのが見えると観客に言います。この時点で観客はあなたの両手をタカの目のようにジーッと見ています。左手に見えているコインをドラマチックにゆらゆらと揺らし、左手をゆっくりとあなたの身体の前を横切らせて、右手に持っている2枚のコインの一番下に加えます（図10）。観客にコインが飛んで行ったのが見えたか聞きます。観客がこの質問に反応している間に、左右の手は1枚目のコインの飛行で行ったのと同じ動作

をしますが、今回はそれぞれ先ほどとは逆の手の動きをします（図11）。冗談ですよ、まだコインは飛んで行ってません！と観客に話します。観客の皆さんはすぐに二度見して笑います。クリスはこうしたシャトル・パスはジェフリー・ラタのものだと言っています。

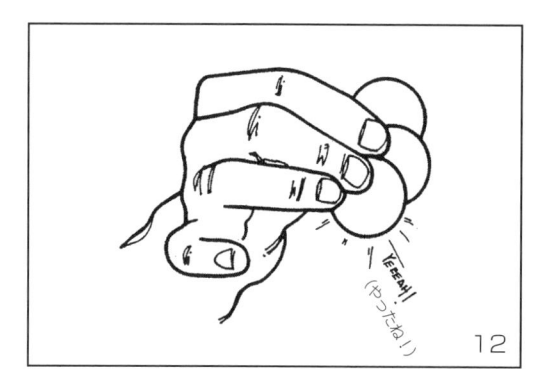

12

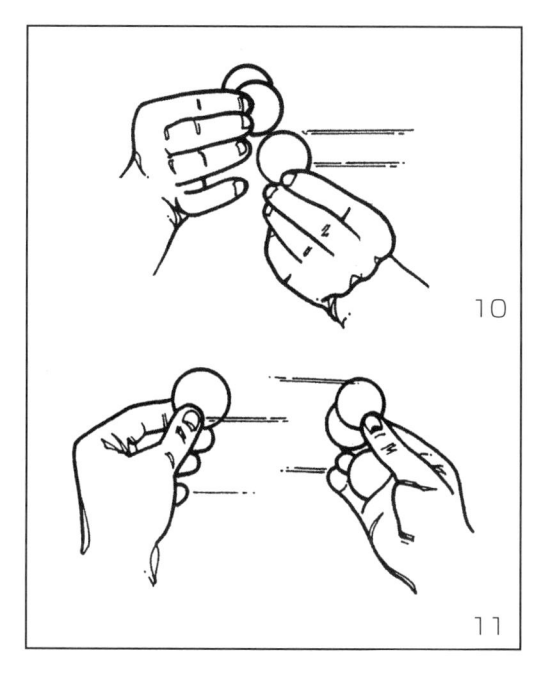

10

11

　最後のコインには、次に解説するトロイ・フーサーのコインの手順の中で解説している片手で行うコインの消失法を使います。詳しい解説は231頁に書かれています。こうすることで、左手のコインをフィンガー・パームしている状態になります。一瞬遅れて右手は3枚目のコインを出現させます。右手首を軽く振りながら、右中指を曲げてフィンガー・パームしているコインを素早く押し出して、ファン状に広げているコインの一番下に出現させます（図12）。

　綺麗に手順を終えるため、右手は持っているコインのうち一番下のコインを指先に残し

ながら、上の2つを左手に投げます。この2枚のコインが左手にフィンガー・パームしているコインを隠します。右手は隠し持っているコインをクラシック・パームしながら、手のひらを上に向けるように左手を開き、3枚のコインを示します。右手を伸ばして、この3枚のコインをハッキリとひっくり返していきます。このコインを軽く曲げてカップ状にした右手の指先に投げますが、こうしながら、先にパームしているコインを指の上に落とします。こうすると、このコインを小銭入れのポケットにしまいながら、空っぽの手に重なったコインがあることをチラリと見せることができます。

　この手順を演じる時、コインの表面が常に観客に向いているようにしていることを覚えておいてください。こうすることでコインはより光を反射し、観客に対してコインは見え続けることになります。コインはできるだけ軽く持って、できる限りコインの表面が見えているようにします。もしこうしてコインを上手く扱えないと、この方法は大胆で直接的なため、観客たちはあなたがやっていることを追ってしまうでしょう。クリスはこの現象に最初のひらめきを与えてくれたジョナサン・タウンゼントに感謝したいと言っています。

＊後注1：83頁の後注2を参照。

This horoscope is not to foster a belief in astrology rather to provide guidance for people who cannot take control of their own lives

CANCER	LEOJOHNSON	VERTIGO
June 21 - July 22	July 21 - Aug. 22	Aug. 23 - Sept. 22
This is a good week to sharpen your skills. Try some sleights with the opposite hand. Add a new prop to your act. Rescript and update and old routine.	Liven up your social life and give the gift of love (or a subscription to the Examiner) to a close friend.	Your lucky numbers are: 1, 7, 11, 13, and 666.

LIBIDO	SERPICO	FLAGETTARIUS
Sept. 23 - Oct. 22	Oct. 23 - Nov. 21	Nov. 22 - Dec. 21
You will obtain a growth which cannot be removed.	Your next victim will be determined by the letters in your alphabet soup.	When the moon is in the seventh house and Jupiter alligns with mars...

CARMELCORN	DAVEROTHIUS	CRISIS
Dec. 22 - Jan. 19	Jan. 20 - Feb. 18	Feb. 19 - Mar. 20
A change of wardrobe may be a good thing this weekend. Ditch the sequened "magic" tux w/ the bunny pin on the lapel and get a real suit.	Its time to stop using that edge grip and go on to a good deep back clip.	Get out and meet people. Those playing cards need a rest.

FARIES	SABLE	GEMINICOUNT
Mar. 21 - Apr. 19	Apr. 20 - May 20	May 21 - June 20
Do not start your car. Your electrical system has been altered.	Does the word "Erdnase" mean anything to you? It does to Jeff Busby. Extra words, don't mind us.	This is the day to find that perfect romantic interlude, even if you are not married.

クリス・ケナー　エキサツリ・りょうり OF CONTROL

星占い

この星占いは占星術が本当だと助長するものではなく、どちらかというと自分の人生をコントロールできない人たちのための助言です。

CANCER (ガン)
かに座 6月22日～7月22日
あなたの技術を磨くのに良い週間です。何かの技法を逆の手で試してみましょう。新しい道具をあなたの演技に加えてみましょう。古い手順のセリフを書き換え、アップ・デートしましょう。

LEOJOHNSON (レオ・ジョンソン)
しし座 7月23日～8月22日
あなたの社会生活を生き生きしたものにして、親に愛の贈り物（または、『エクザミナー』の定期購読）をしましょう。

VERTIGO (ゆまい)
乙女座 8月23日～9月22日
あなたのラッキー・ナンバーはこれ：1、7、11、13、そして666。

LIBIDO (リビドー)
天秤座 9月23日～10月23日
除去できない腫瘍ができるでしょう。

SEROICO (セルピコ)
さそり座 10月24日～11月22日
あなたが狙う次の犠牲者は、あなたが飲むアルファベットのマカロニ入りスープの文字に現れるでしょう。

FLAGETTARIUS (自分にムチ打ちする変態)
射手座 11月23日～12月21日
月が第1ハウスに入り、木星と火星が並んだときき……。

CARMELCORN (カラメルコーン)
山羊座 12月22日～1月19日
今週、服装を変えることは良いことかもしれません。えりにウサギのバッチ、そしてスパンコールがついた「マジシャンっぽい」タキシードを処分して、本物のスーツを入手しましょう。

DAVEROTHUS (デヴィッド・ロス)
みずがめ座 1月20日～2月18日
今こそエッジ・グリップを使うのを止めて、良いディープ・バック・クリップを使い始める時です。

CRISIS (クライシス)
魚座 2月19日～3月20日
外出して人に会いましょう。デックにも休みが必要です。

FARIES (ファリア)
おひつじ座 3月21日～4月19日
車をスタートさせないで。あなたの車の電気回路は改造されています。

SABLE (セーブル)
おうし座 4月20日～5月20日
"アードネス"という言葉に何かあなたにとって意味があるのですか？ ジェフ・バスビーにはそうかもしれません。余計な一言でしたね。気にしないでください。

GEMINICOUNT (ジェミニカウント)
ふたご座 5月21日～6月21日
たとえあなたが結婚していなかったとしても、完璧な一夜の相手を見つけられる日です。

227

クリス・ケナー　エキセントリック・マジック

大変魔法のように見える方法でマジシャンはその指先に3枚の50セント銀貨を取り出していきます。突然、大変明快な方法でコインが消え始めます。この息を呑むような場面では、両手は空のようにしか見えません。躊躇せず3枚の50セント銀貨を取り出していき、観客を魔法に魅せられた状態に置き去りにしてしまいます。

トロイ・フーサーはオハイオのクリーブランド在住でこのエリアで演技をしています。彼のマジックはすべてビックリするほどヴィジュアルで、よく考え抜かれています。トロイの手にかかると、3枚の50セント銀貨の出現と消失は本物の魔法のようであると同時に、抜群に趣があります。トロイはマジシャン相手にではなく、常に"本物の"観客に対してマジックを演じていますので、彼の手順は「少ない道具で大きな効果」と、最高のエンターテインメントをもたらすことを保証します。この手順にはテーブルやクロースアップ・マット、特別な照明などは必要としないので、レストランやスタンド・アップ、宴席を歩き回るようなマジックの仕事などに完璧に合います。すべての演技は腰よりも上の高さで演じられるので、大変良く見えるだけじゃなく、演者の顔も演技の「フレーム」の中に含まれることになります。トロイの手順は多くの手仕事を必要としますが、この手仕事は純粋なスライトの最良の例となります。これは『エグザミナー』に登場していくトロイのすごい作品群の中から、最初の作品となります。

この現象を演じるには、2枚の50セント銀貨（以下、コイン）とこれらのコインと同じ種類のエクスパンデッド・シェル（以下、シェル）が必要です。最初にシェルが被ったコインを右手にフィンガー・パームして（シェルの口は指先側に向いています）、残りのコインを左手にフィンガー・パームします。ここから最初の出現へと進みましょう……。

両手を自然に身体の脇に下ろした状態から始めます。左ひじを見て、そこに何かを見つけたフリをします。右手をそこに伸ばし、右手の指先でこのコインを押し出して左ひじからコインを取り出します。このコインをフレンチ・ドロップを行うように持ち、シェルの口が手の中に向くまで右人差し指で回転させます。ここでコインを持っている手の力をちょっとだけ抜いて、シェルの中にあるコインを直接右手のフィンガー・パームの位置へと落とします（図1）。左手を伸ばしてシェルを取り上げる間に、ここまでの動作をすべて済ませます。もう一度、左ひじの裏から右手でコインを取り出します。右手はこのコインを使ってコイン・ロールを行い、このコインを左手に持っているシェルの裏に持ちますが、この2枚はファン状に広がるようにします（この"裏"の意味は、演者の身体に近い方ということです）。この広がった2枚のコインを右手に再び取り、左手にフィンガー・パームし続けていたコインを右ひじから取り出します。左手は3枚目のコインでコイン・ロールを行い、右手に持っている2枚のコインの下側のコインの前に起きます（図2：シェル！）。この時点で真ん中のコインがシェルです。このコインの取り出しでは、大変優雅に3枚のコインの両面を示しています。それはさておき、もしコイン・ロールができないのなら、たぶんこの現象を演じちゃダメだと思います。

続けて、この手順の中で本当の目玉とな

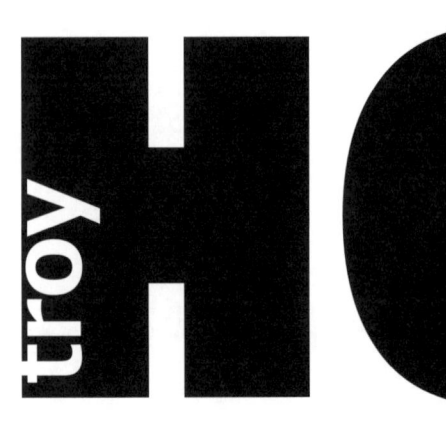

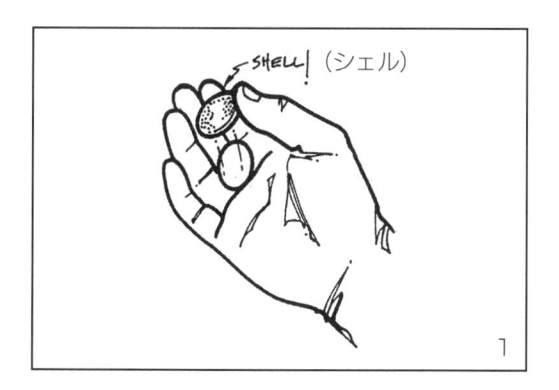

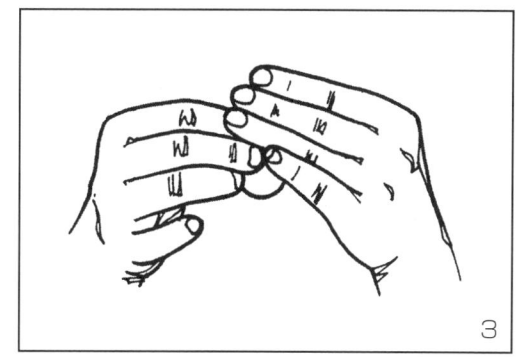

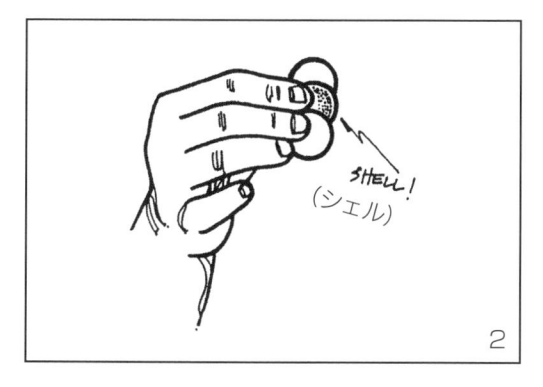

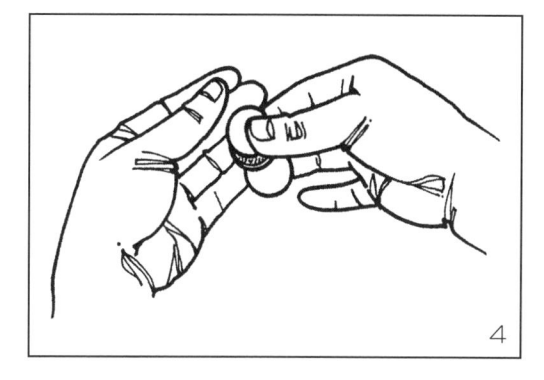

る部分を構成している衝撃的なコインの消失と出現を行います。この一連の流れはジェフリー・ラタが発表した作品に似ています。

　右手に持っているコインの内、一番上にあるコインを取るかのように左手を近づけます。しかし、左手の指先の陰になったら、右親指で静かに一番上にあるコインをずらしてシェルの中に入れます（図3、図4：演者側）。左親指は伸ばした左手の指先にくっつけて、さもコインを持っているように見せます。今右手には2枚のコインしか見えていません。

持っていると思われているコインと一緒に左手を少し投げ上げる動作をして、最初のコインが消えたことを示します。両手の指先に1枚ずつコインを持ちますが、右手でシェル付きコインを持っていることを確認してください。左手のコインで何かのジェスチャーをすることで、右手に持っているコインをクラシック・パームするカバーをします。シェルの裏面が手のひらに向くようにします（図5）。

　左手を少し下げながら、コインを持っているかのように右親指は伸ばした右手の指先に

トリプル・デビュー

LOSER

トロイ・フーサー

クリス・ケナー　エキセントリック・マジック

くっつけた状態で右手を上げます（図6）。

　表向きは右手に持っている（？）コインを左手に置きます（図7）。そして、左手に持っているコインを右手に移します。控えめなオマジナイとしてこのコインで握った左手の甲をトン！と叩きます。左手を開き、そこに2枚目のコインは存在していないことを示します。3枚目のコインを消すために、右手のコインを左手に握らせるフリでリテンション・パスを行います。この時点で、すべてのコインは右手に隠し持っていて、シェル付きコイン（シェルの口は手のひらに向いています）はクラシック・パームして、もう1枚のコインはフィンガーチップ・レストの位置に保持しています。

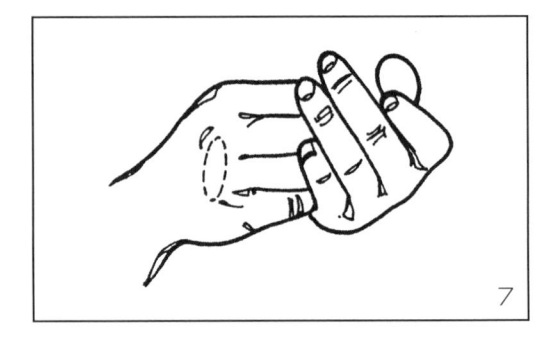

7

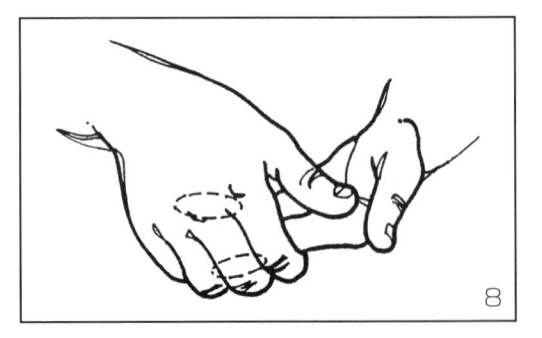

8

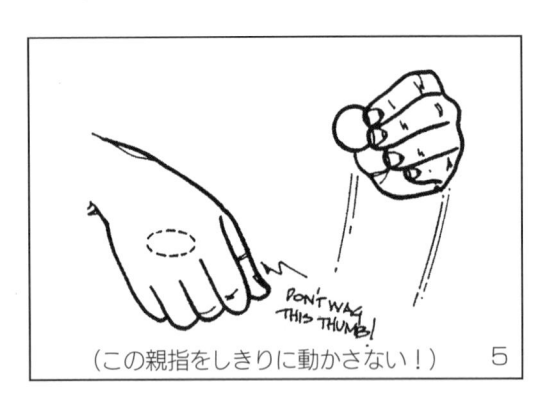

（この親指をしきりに動かさない！）　　5

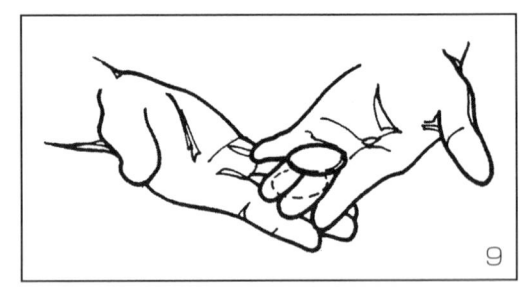

9

（コインはここに無いぜ、ヘヘーン！）

6

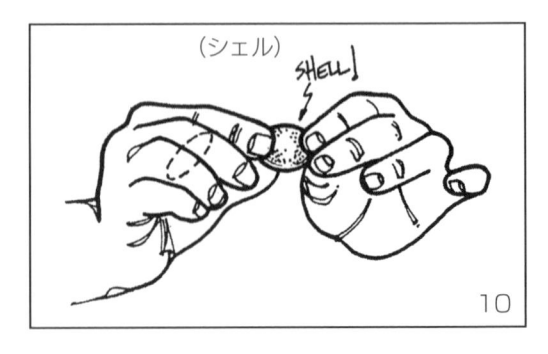

（シェル）

10

　ここで2枚のコインを出現させ、この後白い稲妻のような速さで消してしまいます。両手を近づけ（図8）、フィンガーチップ・レストに保持しているコインを左手の指先の下に移し、クラシック・パームしているコインは左手の指先の上に移します。静かにシェル付きコインを左手の指先の上に置き、手のひらが上を向くように両手を返します。右手の指先にあったコインは左手の指先の下に隠しながら1枚のコインを示します（図9）。手のひらが自分の方を向くように両手を手前に返し、両手の指先でシェル付きコイン（シェルの口は自分の方に向いています）をつかみます。右手

に隠し持っているコインはフィンガー・パームされており、ラムゼイ・サトルティーのおかげで観客からは見えません（図10）。このすべての動作によって、持っている1枚のコイン以外、両手は空っぽであることを示しています。左ひじを見て、右手を近づけ始めます。右手のコインを左ひじから取り出しながら、左手はひそかにシェル付きコインを首の横にシェルの口が首の皮膚に向くようにして置いてしまいます（図11）。この策略は誰にも気づかれないでしょう（ヘイ、楽観主義でいこうぜ！）。

コインの取り出しと同じくらいの速さでこれら2枚のコインを消していきます。大変難しく大胆なテクニックを使って右手のコインを消します。このバニッシュはコインを短く真上にサッ！と投げ上げるように見せる、片手で行う素早くヴィジュアルなリテンション・パスです。これが上手く見えるようになるまではしばらく時間がかかるでしょう。身体を少し右に向け、このコインをフレンチ・ドロップを行う位置に持ちます

（コインを首におく）
ZOIN PLACED ON NECK!

（効果線）
EXCITEMENT LINES

11

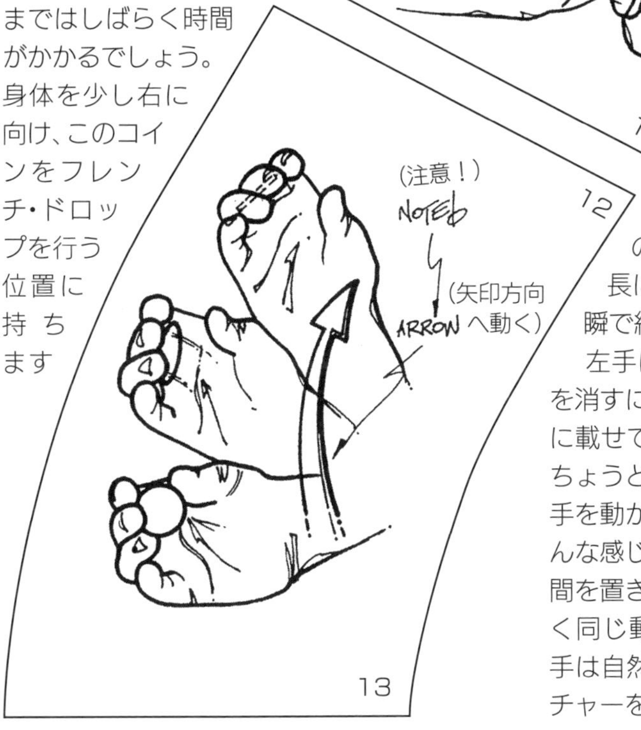

が、コインの表面を観客に向けてください（図12）。このバニッシュを演じる間、右手の指先は軽く曲げてカップ状になっています。少し上に（約10センチ）あげる動作で、サッ！と急激に右手を上げながら同時に重力によってコインをフィンガー・パームの位置に落とします（図13：矢印に注目）。ほんの一瞬でコインは右人差し指と中指の腹を支点にして高い位置のフィンガー・パームができる位置に落ちます（指先に近い位置でフィンガー・パームします）。正しく演じたなら、コインは単に溶けるように消えたように見えます。消す直前に、右親指と中指を支点にして、右人差し指でコインを押して回転させます。こうすることによって、コインができる限り光を反射して、コインを投げ上げる前に観客の目に残像を強く残します。これは冗長に見えますが、でも技法そのものは一瞬で終わり、見るも美しいものです。

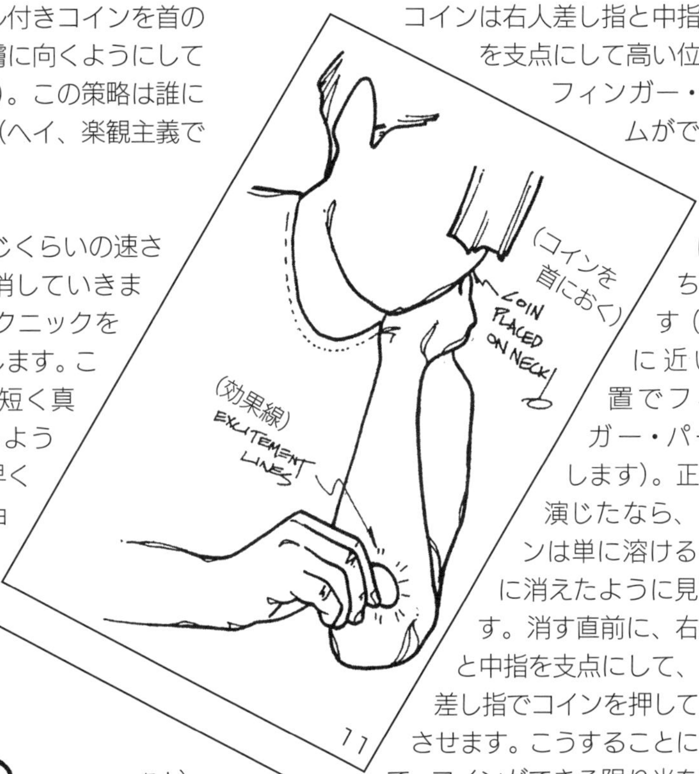

左手に持っていると思われているコインを消すには（このシェル付きコインは首の上に載せていることを思い出してください！）ちょうど右手の動きとまったく同じように左手を動かします（図14）。正しいリズムはこんな感じ：右手でバニッシュを行います……間を置きます……つぎに左手は右手とまったく同じ動作をします……間を置きます。両手は自然にラムゼイ・サトルティーのジェスチャーをしないとダメです。

（注意！）
NOTE

（矢印方向へ動く）
ARROW

12

13

クリス・ケナー　エキセントリック・マジック

単純な両手を払うジェスチャーを使って両手が空っぽであることを示します。右手は隠し持っているコインをクラシック・パームしながら、左手を下げて手のひらが上を向くように平らにします。手のひらを下に向けた右手で左手を軽くこすり、空の手であることを示しま

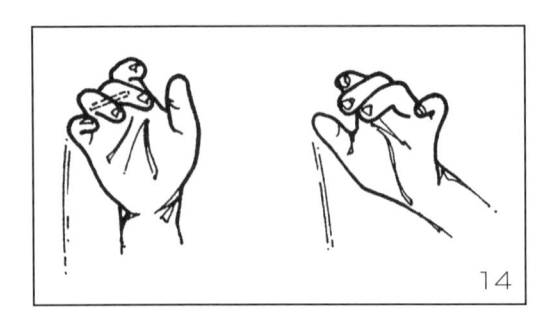

14

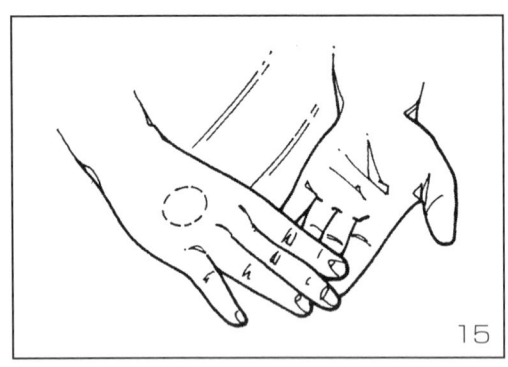

15

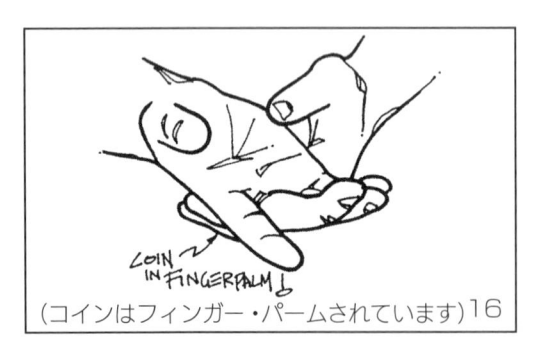

（コインはフィンガー・パームされています）16

す（図15）。動作を続けて、右手を左手の上で返して手のひらを上に向けながら、クラシック・パームしているコインを直接左手のフィンガー・パームの位置に落とします（図16）。すぐに両手を上げて、もう一度ラムゼイ・サトルティーのジェスチャーをします（図14）。余計な言葉でしたね、気にしないでください。

ここから最後のコインの出現の流れへと移っていきます。右手が完全に空っぽであることを示します。身体の前を横切って、あなたの首の裏にあるコインをつかみ、耳の後ろから取り出したように見せます。取り出す前に手が空であることを観客は見ているので、観客から良い反応が返ってこないと許されません。ここから手順の最初に行ったコインの出現を行います；シェル付きコインを指先でクルンと回転させ、中のコインを右手の中に落とし、右手は2枚目のコインを出現させながら左手でシェルを受け取り、ファン状に広げたコインを右手に持ち、左手で右ひじから最後のコインを取り出します。テッテレー！

この手順は読むと悪夢のように感じますが、しかし上手く演じると本当に美しく、ヴィジュアルなマジックです。できれば、親指をしきりに動かさないクラシック・パームと良い自然なフィンガー・パームが上手いことを祈ります。片手で行うリテンションバニッシュはマスターするには一番難しい技法かもしれません。この手順では、この手順を通して使っているすべてのジェスチャーを使ってコインの消失は自然に流れていきます。トロイがこの手順を演じるとき、すべてのコインの表面が観客に見えるように、彼は両手を腰より上にあげ続けています。たくさんある計算され振り付けされた動作に注意を払ってください。これらの動作によってすべての流れがより説得力を増します。この手順は演じるのに楽しく、あなたの技術を磨き続けてくれます。コインを取り出して、血が滲むまで練習しましょう。

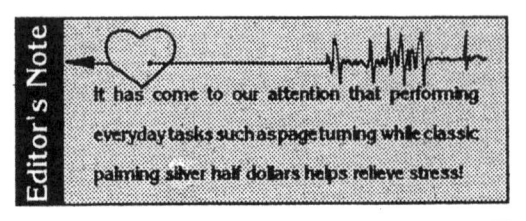

Editor's Note

It has come to our attention that performing everyday tasks such as page turning while classic palming silver half dollars helps relieve stress!

※297頁

MAGIC MAN SIGHTINGS

Who is M... ...one can do. First
seen in a sup... ...head of coin
first on the sc... ...one and only
Examiner and... ...of three sixes.
staff had just... ...is not a man.
1,450 dollars... ...David Lynch.
gold and jewe... ...is new movie
Roth. He did t... ...Ronnie Rocket
only with the ai... ...ic Man in his
coin magic at it... ...starring role
Satan!! The big... ..."must see"
S.A.M. national... ...ight Trips 2
Vegas. Chris wi... ...y Tori Wells
selling the *Exami*... ...ke Close in
yes Magic Man lo... ...e of your life.
the pass. Bill Kalu... ...ouch that dial. Magic Man
is ok. The best is c... will return soon in our special "spoof issue", so keep
Homer and Magic... speed of 2,098 miles those letters coming. See Ya!!!

① ロコのサイン付きグリッター
＊ニューヨークのマジシャン、ロコ・シラノさんの演技にはキラキラした粉がたくさん出現することで有名でした）

② マジック・マン・エクザミナー完売！

③ MAJ １ドル50セント ご自由にどうぞ
＊MAJ（マジカル・アーツ・ジャーナル）誌は1986年から1990年まで発行された奇術専門誌で、マイケル・アマーとアダム・フレッシャーが共同編集をし

ていました（のちにアマー氏単独になります）。クリス・ケナーさんはイラストを担当していました。

④ シンプリー・エゴ
＊デヴィッド・ハーキーの著書『Simply Harkey』（クランデスティン・プロダクション刊、1991年）を揶揄しています。

⑤ いろんな意味でオタクと呼ばれた男
＊当時発売された『The Man Who Was Erdnase（アードネスと呼ばれた男）』（バート・ウェアリー著、ジェフ・バスビー・マジッ

ク刊、1991年）のパロディです。

⑥ Another Magician's Magic And Routines（他のマジシャンのマジックと手順。頭文字がAMMAR（アマー）になっています）

＊当時発売されたマイケル・アマーの著作『The Magic of Michael Ammer』（L＆Lパブリッシング刊、1991年）を揶揄しています。収録されている作品の多くが他のマジシャンの作品だったことに由来します。

クリス・ケナー　エキセントリック・マジック

HOMER
I   W A G
ホーマー・リワッグ

マジシャンは古典的な「チンカ・チンク」を実演しようとします。4枚のコインを有名な四角型に並べます。マジシャンは両手をコインの上で振って、「チンカ・チンク」のように1枚ずつコインが集まっていくように命令をかけます。コインが1枚ずつ集まっていく代わりに、4枚のコインすべてが突然四角形に並べたコインの1つの隅に集まってしまいます。マジシャンはこの不幸な出来事について謝り、頭を胴体から完全に断ち切ります。

この現象は演じると15秒かからないくらいなのですが、呆然とするくらいのヴィジュアルな現象をもたらします。デヴィッド・ロスの古典的な「チンカ・チンク」を演じられる方なら、この作品はその後の完璧なフォロー・アップになります。この手順は「チンカ・チンク」を知っていて演じている人たちを含めた多くの人たちを騙してきました。デヴィッドの原作はほんの短い時間しか持たせられませんが、これを加えることですべての流れがよりきちんとした素晴らしい手順になります。噂だとトロイ・フーサーはこの現象の改案を考えているそうですよ。同じく、デヴィッド・ネイバーズもね（ビックリしない？）

頭を切り落とすクライマックスは1回限りのオプションで、州によってはいろいろな法律が違っているかもしれません。なので、地元の連邦議会議員に問い合わせの手紙を書いてください。

この逸品を演じるのに必要なのは、5枚のコインと手が2つ、クロースアップ・マットのような、なんならカーペットでも構わないのですが、柔らかいマットだけです。この現象にはフィリピーノもご飯を食べる人たちも必要ありません。

うなぎ革の小銭入れからコインを取り出しますが、1枚のコインをクラシック・パームしながら残りのコインをテーブルに放り投げます。両手で2枚ずつコインを持ってこすり合わせますが、両手のひらが一部上を向くようにして行います。クラシック・パームしているコインはカップス・サトルティーのおかげで見えていません（図1）。手のひらを下に向けるように両手を返し、4枚のコインをだいたい四角形を描くように雑に置きます。それぞれのコインはお互い20センチくらい離れるようにします。両手はこの四

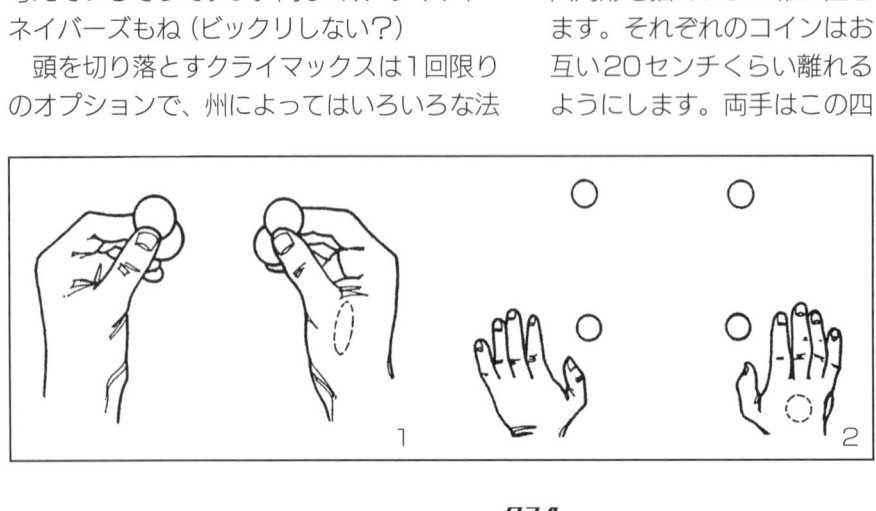

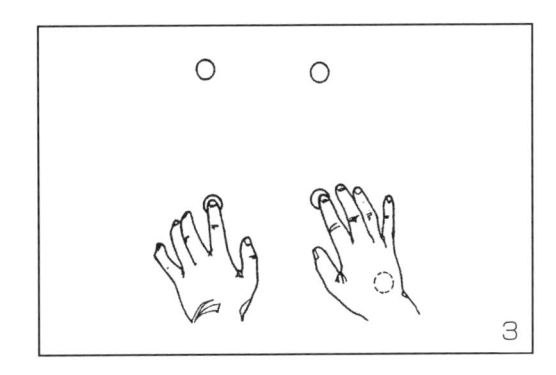

角形に置いたコインをまたぐように、テーブルの上に置いて休ませます（図2）。静かに隠しているコインをマットの上に落とし、右手の下にくるようにします。デヴィッド・ロスの手順では、普通親指の付け根の肉がふくらんだ部分でこのコインを滑らせるように操作します。こうすることで、手のひらがマットから”浮いて”いるように見えるのに、テーブルを滑らせるコインに触れることができるのです。しかし、この手順では、右手の下に隠れているコインを親指の付け根の肉がふくらんでいる部分の右側で手首に近い位置に隠れているコインがくるようにひそかに調整しないとダメです。通常のコイン1枚分余分なコインが右にずれているので他のコインを手の下に滑らせることができるようになります。この調整は、あなたに近い側にある2枚のコインの位置を整えながら行います（図3）。

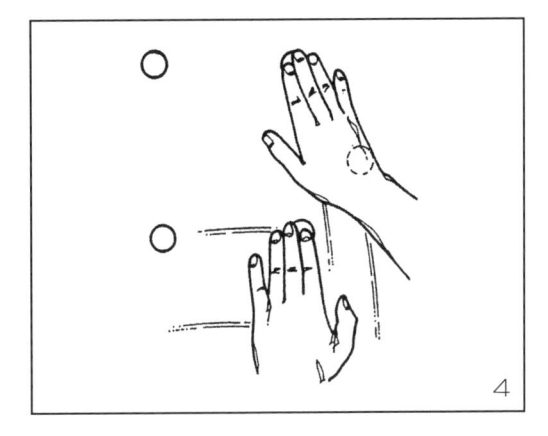

　次に行う一連の流れは、観客の目を欺くために何気なく行わなくてはなりません。コインでできた四角形を”整える”過程の中で、すでに1枚コインを隠している右手の中にあと2枚のコインをひそかにスチールしていきます。心に留めて欲しいのは、次に行う手続きは「現象」を起こす本当に直前に行う調整のように見えないとダメだということです。観客にとって、マジックはまだ始まっていないのです。コインの位置調整はすべて伸ばした両手の指先で行い、手のひらの下に注意を向けさせないようにします。右手を前に動かし、右上隅にあるコインをちょっと調整します（隠れているコインは手の下で滑りながらついてきます）。右手を前に動かした直後、左手を前に動かして右下隅のコインを調整します。あなたの手はお互いを「追いかける」ように動かします（図4）。ここからは両手の動きを揃えて左へ動かし、左側にあるコインをそれぞれ調節します（図5）。左下隅のコインが右親指の付け根とどれくらいの近さなのか注意してください。両手の位置を入れ替えますが、この過程で左下隅のコインを右親指の付け根で

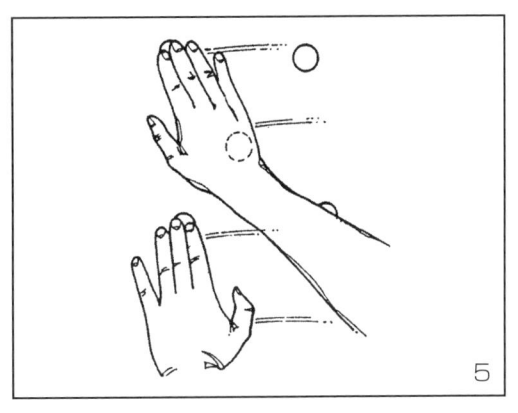

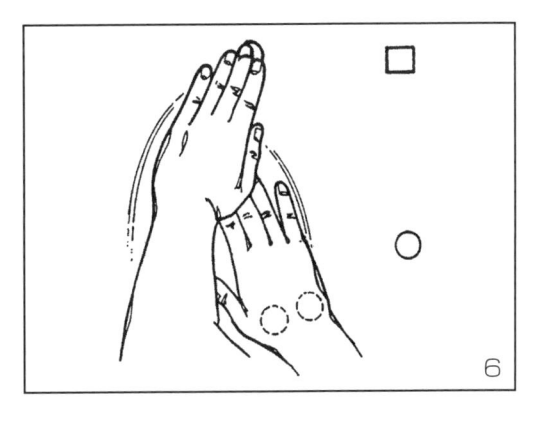

クリス・ケナー　エキセントリック・マジック

スチールします（図6）。このスチールは右手の指先がそこにあるコインに到達する前に行わないとダメです。両手で一緒に左側にあるコインを調整しているので、右手の指先がその下にコインがあるように思わせる役目をしています（図7）。最後の調整として、左手をあなたの身体に向けて動かし、左下隅にあると思われているコインを調整するフリをします。左手を手前に引いた1秒後に右手を右下隅へと動かします（図8）。たとえ右下隅にコインが無くても、左手を手前に引きながら左手首と腕がその矛盾を隠すでしょう。ここで両手で四角形の手前にあるコインを調整しますが、左手はそういう動作に見えるようなパントマイムをします。右手の下に隠れている

2枚のコインは手首の近くに横並びになっていないとダメです。この位置にあってもこの2枚のコインを簡単にマットの上を滑らせることができます。なぜなら、右親指と右手首の付け根は手の中でも一番盛り上がっている部分だからです。

この時点で、観客はまだマジックは始まっていないと思っています。しかし、あなたはコイン2枚分先んじています。ここでコインの置き場所の調整を終え、マジカル・ジェスチャーを始めます。右手の指先を少し開いて右下隅のコインをチラリと見せます。そして、両手をそれぞれ5センチ前に動かします。こうすることで、それぞれのコイン（?）をそれぞれの手の指先の下ではなく、手のひらの下に隠すことになります。右手で隠している2枚のコインと右下隅のコインで三角形が形成されていることに注意してください（図9）。この2枚のコインが後ろについたストッパーの役目をして、3枚目のコインをすぐに前へ押し出すことができます。両手の指先を広げて、両手を四角形の上辺にある2枚のコインへと動かします（図10）。3枚のコインでできた三角形はクリーンにマットの上を滑っていき、この3枚は静かに右上隅にあるコインに加わります。ここで初めて両手の指先をもぞもぞ動かして、マジカル・ジェスチャーを行います。この時点ではどのコインも見えていない状態で、四角形の上辺にあるすべてのコインは両手の手のひらの下に隠れ、四角形の下辺にあると思しきコインは両腕で隠されています。コインが集まったことを示すために、左手はサッ！と左へ動かしながら左上隅にあるコインを左親指の付け根を使ってスチールして、右手をサッ！と右へ動かして4枚のコインを示します（図11）。右手が動作を始め

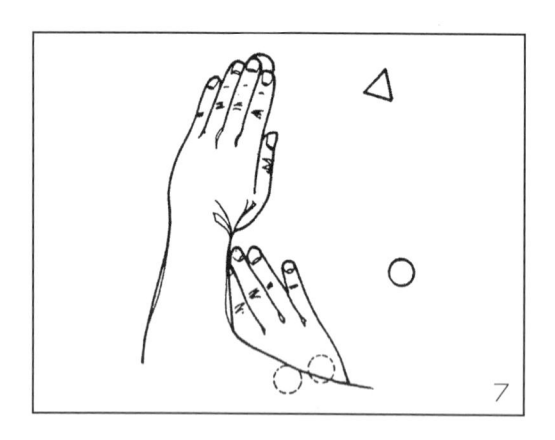

7

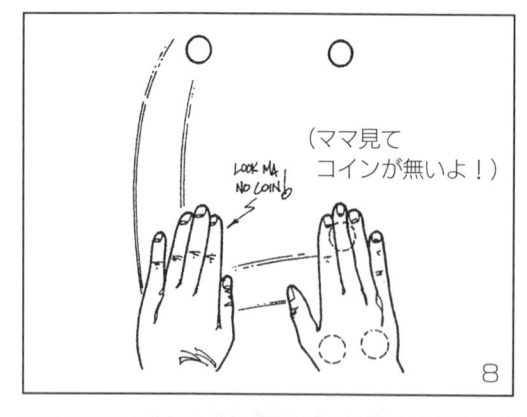

（ママ見て
コインが無いよ！）

LOOK MA
NO COINS

8

※296頁

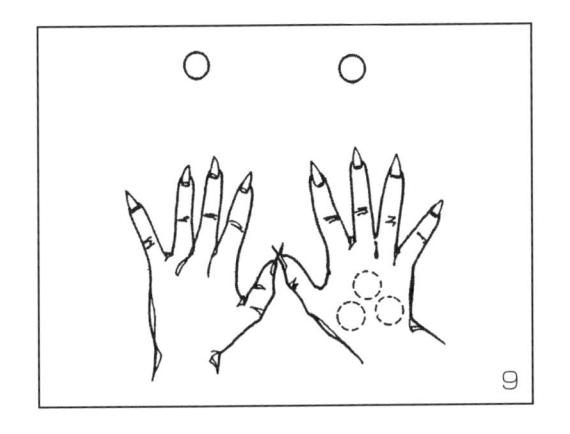

9

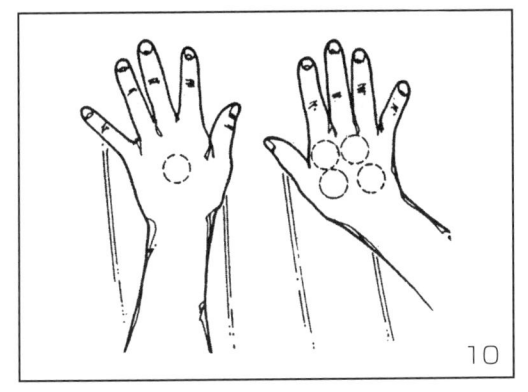

10

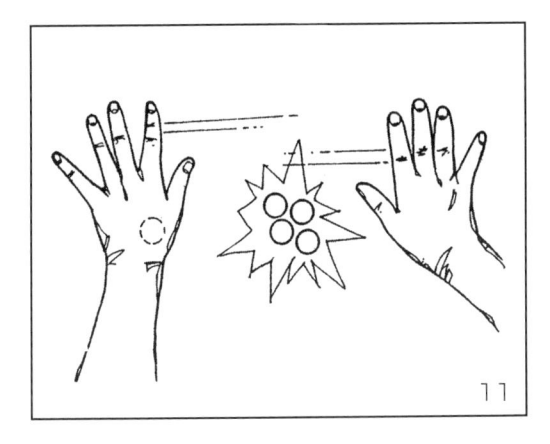

11

マットから持ち上げます。1秒遅れて左手をそこへ動かします（下にコインを隠しているので滑らせていきます）。そして、指先でコインを取り上げ始めます。この瞬間、右手のコインをクラシック・パームします。動作を続けて、さらにもう1枚のコイン、つまり合計2枚のコインを右手の指先でつかみます。同時に左手は滑らせてきたコインを手に持っているコインに加えます（図12）。こうすることで、両手に2枚ずつコインを持っている状態になります。すべてのコインが綺麗に重なって水平に広がるように置いて、今空っぽになった左手で何かのジェスチャーをしたら、右手ですべてのコインを取り上げ、ポケットか小銭入れにすべてをしまってしまいます。このクリーンアップは基本的にはオープンな状態で行うシャトル・パスで、両手が空っぽに見えると同時にパームしていたコインをひそかに移し替えることができます。もしあなたが一般的な「チンカ・チンク」を最初に演じるなら、最後にコインは左手の下に隠された状態になっています。上記のクリーンアップを行うことで、この改案を演じるために完璧な状態になることでしょう。

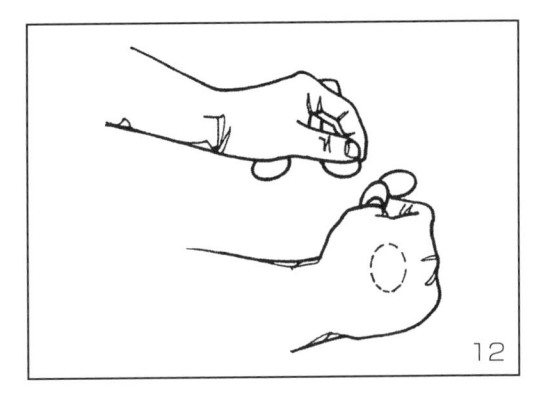

12

てから1秒後に左手を動かします。この両手の動きの1秒のズレこそが巧妙さで、多くのチンカ・チンク好きたちが見落としている部分です。コインが隠れた汚い手はワンタッチ遅れて動かすと同時に、クリーンな右手よりもゆっくりと動かします。

クリーンに終わるために、右手は空の手であることを見せて、1枚のコインを取って

この現象をヴィジュアル的にもビックリするくらい美しく見せる手助けをする重要なタイミングや小技がいくつかあります。マジカル・ジェスチャーを始めるまで現象は始まっていないように見せることが非常に重要です。4枚のコインがきちんと四角形に並ぶように調整するすべての動作は意図されたも

クリス・ケナー　エキセントリック・マジック

のではなく、今の状況によったもののように
見せなくてはダメです。最初に4枚のコイン
を雑に四角形に並べることで、この位置の微
調整に意味を持たせます。コインを隠しなが
ら滑らせて移動させるときに覚えておいてい
ただきたいのは、コインが滑る音を減らすた
めにマットの上に触れているのはコインだけ
であることを確認してください。手の皮膚が
マットの表面をなでず、むしろ手はマットか
ら浮いていないとダメです。"マジカル・ジェ
スチャーをかけている"間に四角形の下辺に
は2枚のコインがないことに観客は気がつい
てしまうように思えるかもしれません。実際
には、四角形の上辺にある2枚のコインを隠
すために両手を前に動かしますので、すべて
の注目はそこに集まります。観客はすべての
コインが同時に集まってしまうことを完璧に
勘付かないようにしなくてはダメです。また、
手順を通してどっちの手を最初に動かすとい
うタイミングを覚えてください。タイミング
がすべてなんで……。

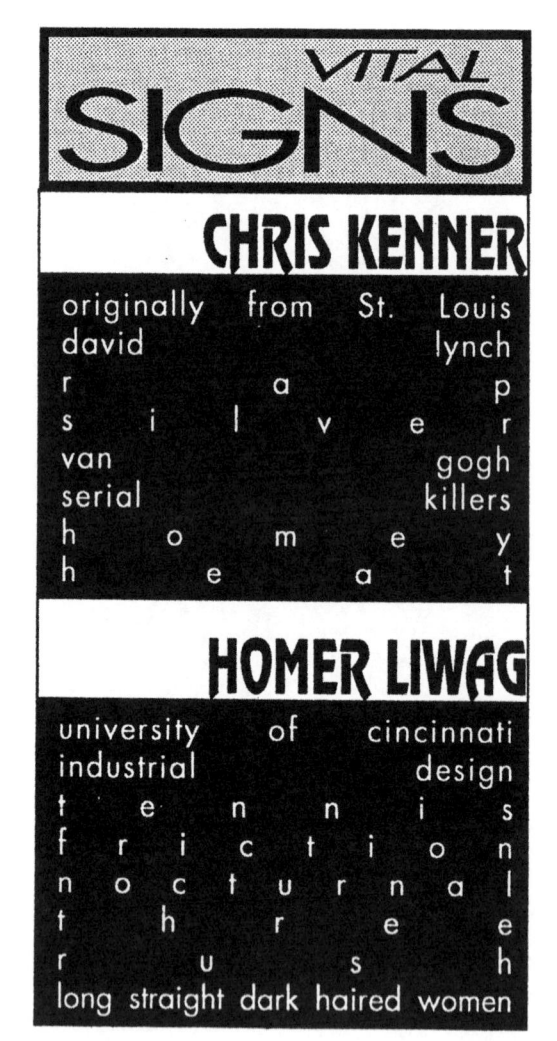

ヴァイタル・サイン
（296頁）

TRUE STORIES
トゥルー・ストーリーズ

MARK BRANDYBERRY

『私のママに何をしたの！！』

ときにマジックがどれだけパワフルなのかを忘れてしまうよね！

このロサンゼルスにあるレストランのロビーでマジックを演じていたら、メキシコ人の女性と彼女の5〜6歳の娘さんが入店しました。顧客をもてなす側として彼女たちを席に案内して、私のマジックの道具箱を持って彼女たちに近づきました。「ディナーの前にマジックをご覧になられますか？」 彼女はためらいがちに了承しました。私は手順を始めました。

「ブードゥー教を信じますか？」

「ええ。私に何をしようとするの？」彼女がギョッとしていることに気づきました。

「あなたを傷つけないですよ。でも、それが何かはわかると思いますよ──驚くべきことだってね」

"タバコの灰が観客の手のひらに飛び移る"マジックを演じました (後注1)。髪の毛と手形、人の名前が持つ力について話しました──あ

まり誰もが好きになれないことです。

女性が握っていた手を開いて、彼女の手に灰がついているのをみたとき、ガタガタと震えました。彼女はそれ以上何も見たがりませんでした。ディナーの最中、彼女はずっと不安げでした。それは私の演技のせいだと分かっていました。一度、彼女が持っていた刺繍入りのハンカチで彼女の手のひらを拭いていたことには気づきました。私が彼女たちが座っているテーブルに近づくと、彼女は緊張していました。小さな女の子は混乱しているようで、私には聞こえなかったですがいくつもの質問をお母さんにしていました。私は何をしたのでしょう？

彼女たちが帰るときに私は彼女たちのために入り口を開けました。お母さんは私と触れることを避けようと、ドアにぶつかりました。彼女たちは足早に車に向かって歩いて行きました。小さな女の子は立ち止まり、私に向かって戻ってきました。お母さんは彼女の名前を呼んでいます。

勇気を出して、女の子は私に尋ねました。「私のママに何をしたの？」

私は気分が悪くなりながらも強い感情を持ちました。

「何にもしてないよ」私は静かに答えました。「私がしたのはいたずらだよ──ジョークなんだよ。君のお母さんは無事だよ」 彼女はお母さんの下へ駆けて行き、お母さんの手を見ました。

彼女たちは二度と戻ってきませんでした。

マーク・ブランディベリー

＊後注1：『クロースアップマジック事典』（松田道弘著、東京堂出版刊、1990年）62頁を参照してください。

もしジェイ・サンキーの名前を聞いたことがなかったのなら、もっとしっかり生きてください。たとえ人々がジェイのマジックが良いか悪いかどちらか一方を支持しても、誰がなんといっても彼のマジックは考え方と創造力を刺激します。100%サンキーはジェイのメジャー2冊目の本です（『クリエイターが死んだ時 (When Creators died)』とかなんとかいう本は除いてね）。^(後注1)

ジェイはまた奇術専門誌『マジック・マニュスクリプト (Magic Manuscript)』誌での連載記事でマジックの世界を攻撃し続けています。ジェイはカナダのトロント在住で、マジックを演じて生計を立てています。

オッケー、レビューを始めましょう。すべての手順は大変短くヴィジュアルです。すべての手順には家やレストランで見つけられる仕掛けのない、ちょっと興味深い品々を使っています。いくつかの興味深い技法を100%サンキーから学ぶことができます：（天海ペニーを合理化した）ポインティング・トランスファーや2ウェイ・トスなどです。でもスプーンやお札、ストローやマッチ棒といった道具のために特別に応用した賢い技法も沢山掲載されています。この本の中でジェイが好きな作品は、ペーパークリップに留められた4つ折りのカードが、手順中ずっと見え続けていたにも関わらず、観客がサインしたカードへと変化する作品です。私の好みは、選ばれたカードが折りたたまれて腕時計の下にはさまれる作品です。噛んだ風船ガムを包み紙に載せてから放り投げる

と自然に包み紙が折りたたまれ、食べる前のガムに変化する作品も入っています。復活するストローや借りた指輪があなたが着けているネクタイの結び目から出現する作品、スプーンが借りた指輪を貫通する作品などもあります。古典的なマトリックスのように、観客の顔にある4つのホクロを4枚のバンドエイドで隠しながら1カ所に集めてしまう作品もあります。最後の作品には皆さんビックリしたでしょう。なんと本当はバンドエイドは使ってないんです。

ジェイの作品はすべてものすごくヴィジュアルで、ほとんどがセルフワーキングで演じられますが、中にはうまくテクニックを使う必要のものもあります。しかし、私がちょっとガッカリしたのは、多くのアイデアがより深いサンキーっぽい探求がなされていない点です。彼の有名な技法「ハン・ピン・チェン・ピン・ハン」^(後注2)を使ったさらに進化した新作を見たかったです。すべての手順は大変短いのですが、でもドラマチックなヴィジュアル系の現象です。もう少しページ数が多くて、ジェイの才能ある思考のもっと広範囲に及ぶ応用を見られたのなら、なお良かったです。多くの現象がマジシャンの手によって生きているかのように見えます。

リチャード・カウフマンの事業すべてに言えますが、この本は大変よく製作され、解説され、イラストが描かれています（イラストから影を消してくれてありがとう、リッチー！）。　この本は楽しさが詰まった86ページで、ハードカバーにダストジャケットがかかっています。欲しい人は手紙を送ってください。住所は"ニューヨーク市、リッチー宛"です。

＊後注1：『When creators Collide...』（ベン・ハリス・マジック刊、1987年）を指しています。

＊後注2：『ジェイ・サンキー センセーショナルなクローズアップ・マジック』33頁を参照。

ブロッド・トランスフュージョン

ブロッド・トランスフュージョン
TRANSFUSION

BY: CHRIS KENNER
AND BOB
(クリス・ケナーとボブ)

見せる

マジシャンは大きな絆創膏をおでこに貼って実演を始めます。『エグザミナー』に掲載されたマジックをいくつか演じたあと、今朝ヒゲ剃りをしているときに変なカミソリ負けをしたので絆創膏を貼っていると観客に話します。マジシャンはもう1枚の絆創膏を取り出し、観客に名前を教えるように言います。マジシャンは2枚目の絆創膏のガーゼ部分に観客の名前を書き、彼女のおでこに貼ります。悪魔のような悪の本性むきだしで、地獄のような死の地下世界に存在する、現実社会を凌駕したデヴィッド・ロスがやってるような儀式を終えた後、集まった観客にカミソリ負けの痛みが消えたと話します。大変ドラマチックに絆創膏をマジシャンのおでこからはがし、演技の最初からおでこに貼ってあった絆創膏いっぱいに観客の名前が大きく書いてあることを示します。観客が絆創膏をはがすと、そこには観客の名前の代わりに大きな血痕がついています。

バラす

これはジョー・ギヴァンが考案した現象[後注1]のハンドリングを単純化したものです。方法は率直でセルフワーキングになっています。必要なのは演技の前に客席にいる誰かの名前を調べておくことだけです。彼らの名前を知ったら、後は簡単です。3枚の子供用大きめの絆創膏が必要です[後注2]。ドナルド・マクドナルドが身体のそこら中に貼っているタイプのものです。絆創膏を一つ開き、中央にある白いガーゼの部分を切り取りますが、できるだけその部分を切らないように注意して縁ギリギリを切ってください。次の絆創膏を開きます。包装紙をはがしますが完全にはがさないように注意してください。すぐ後で元どおりにそれを戻さないといけません。中から絆創膏を取り出し、中央のガーゼ部分が見えるくらい2枚のはくり紙をはがします。赤い油性ペンを使ってガーゼの中央に大きく赤いシミを描きます。最初に縁が少し折れている方はくり紙の縁を少しめくりあげます。次に最初の絆創膏から切り取ったガーゼの部分をもう1枚のはくり紙の上に載せ、その下にある（血のシミがついた）ガーゼにきっちり重ねます。2枚目のはくり紙を元どおり被せて、続いて包装紙を元どおりにします。これで準備ができました（図1に解説してある通りにしてください）。

3枚目の絆創膏を取り出し、黒いペンを使って何も疑念を持っていないあなたの観客の名前をガーゼ部分に大きく書きます（名前がシビルじゃないことを祈りましょう。ここ

図1

1

（ガーゼ）
□ GAUZE STRIPS

（はくり紙）
□ PROTECTIVE PLASTIC

JANE

□ GROTESQUE BLOOD SPLATTER
（グロい血のり）

□ OUTER COVER
（包装紙）

□ THE BAND-AID OF DEATH
（死の絆創膏）

ではジェーンだったとします）。これをあなた自身のおでこにしっかり貼り付けます。

『マジック・マン・エグザミナー』から学んだいくつかの多様な現象を演じたら（これを自作自演のしつこい宣伝と言います）、あなたが選んだ犠牲者を舞台に呼び込みます。彼女に名前を聞きますが、もちろんジェーンだと答えます。営業っぽい「お約束」のおしゃべりをした後、あらかじめ準備しておいた絆創膏を取り出します。包装紙から取り出し、外側にあるはくり紙を中央にあるガーゼ部分の縁が見えるようになるまでめくりますが、ひそかにあなたの親指で上に載せてあるガーゼを押さえ、この余分なガーゼが動かないようにします。黒いマーカーでジェーンの名前をそこに書きますが、先ほどあなたのおでこに貼ってある絆創膏に書きこんだのと同じように書きます。絆創膏をひっくり返した下向きにして、同時に注意深く2枚のはくり紙と余分なガーゼを取り去ります（余分なガーゼが見えないように注意してください）。ジェーンに前髪を上げてもらい、おでこを出すように言います。ガーゼについた赤いシミを見せないように注意しながら、絆創膏を彼女のおでこに貼ります。下品で悪趣味でムカッとするような、コメディアンのダイスマンが言う感じのジョークを連発します。あなたの身体をガクガクブルブル釣り上げられた魚とか、コメディアンのハワード・スターンやキッチンのミキサーのようにけいれんさせます。雰囲気が良ければ、ジェーンにもブルブルとけいれんするような動作をしてもらいます。自分の気分が良くなったとジェーンに話します。気分はどう？とジェーンに聞き、タバ

コをあげます。ドラマチックにジェーンのおでこに貼った絆創膏をはがし、そこにグロい血のシミがガーゼに広がっているのを示します。拍手が収まる、もしくはあなたのおばあちゃんが「良いマジックね」と言ったら、勝ち誇ったようにあなたのおでこに貼っていた絆創膏をはがし、尋常じゃない交換現象が起こったことを示します。お分かりのようにこの現象にはコミカルなお遊びや観客とのやりとりなどを入れる余地があります。なので、できるだけそうしてください。終わります。

後注：今も販売されています。興味のある方はwww.michaelclose.com へどうぞ。

2

来たる1991年6月25日……

ワーカーズ #2

マイケル・クローズのプロとしてのレパートリーから取り出した更なる手順。

ワーカーズのシリーズがさらに6作品を加えて続きます。ルービックのお札、エル・チーポ・マジッククラブ、指輪、靴ひも、ストローを使った手順、ワイルド版アンダーグラウンド・トランスポジションの真実、26セントの価値がある、フロッグ・プリンス

すべてが実用的、すべてがパワフル。すべてが、マイケル・クローズがレストラン「イリュージョン」で演じている通り。

1991年6月25日発売予定
20ドル＋送料2ドル
マイケル・クローズ

＊後注1：『マジック・フロム・ジ・アティック（Magic from the Attic）』（ジョー・ギヴァン著、1987年）。日本語版は『ジョー・ギバンのマジック』（二川滋夫・安崎光一・池田信彦共訳、マジック・マガジン社刊、1991年）
＊後注2：昔ながらの肌色タイプ、もしくは子供用のイラストが印刷されたもので、サイズは7センチ×5センチくらいの中央にガーゼが付いている、はくり紙が2枚のタイプのなるべく安物を用意してください。安いものですと外側の包装紙をめくっても、再び包装紙を元どおり合わせて縁を押し付けますと再びくっつけることができます。高級なものですとこうできないものがあります。

態度を持った（または持っていない）マジック！

by ホーマー

このセクションは第1号に掲載された小技のコーナーの続きです。すべての号には、あなたのマジックの技術や演技を強化する助けとなるような良いアドバイスをいくつかご紹介していきたいと思っています。ここでは演じる態度を変える必要がある、ある種のマジックの現象についていくつか考えていきたいと思います。

ここでの態度とは、演技中、マジックの現象を包み込むような基調や感情を表しています。ほとんどのマジックの現象では「もしよく見ていたら、次のコインが飛んでいくのが見えますよ」とか「オバケが古いお城の壁を通り抜けるように、あなたのカードは消えていきます……」といった態度が必要になっています。しかし、マジックの現象の中にはルールに反して演じる態度を変えることでより大きな反応が得られるものがあるのです。マジックが意図せず、偶然、または必然的に起こるタイプの現象です。

ハリー・ロレインの「復活する輪ゴム（Snap!）」^(後注1)を例として取り上げてみましょう。「皆さん、よく見て。もしこの輪ゴムが切れてしまったら、両端を合わせてこうやって揉んでやれば良いだけです。そうすると、魔法のように元どおりくっつきます」と話す代わりに、このセリフを試してみてください：「デックにこれを巻き付けようと思うんですが……おっと！　ごめんなさい。別の輪ゴムが私のケースの中に入っていると思います。あ、あなたはこう考えているでしょうね。もし

私が本物のマジシャンだったら、両端をこうやって揉むだけで、魔法のように元どおりになるんじゃないかってね！（輪ゴムが復活します）」後者の姿勢は、より大きな反応を得られることでしょう。なぜなら、マジックが必要から生まれているからです。それは必要以上のものです。姿勢を変える最高な例はマーク・レフラーの「カード・ケースに戻るデック」で、あなたがデックをシャッフルした直後に、そのデックをカード・ケースから取り出すのです。他の例としては、デヴィッド・ウィリアムソンの「カードからサインを引きはがす」演技です^(後注2)。次のショウのためのきれいなデックを持っていないことにイライラして、デヴィッドは観客のサインをカードから引きはがして、それを丸めてペンのキャップの中に入れ、インクを取っておくのです！

あなたのショウの演出の裏側にある単純な寸劇のようにこういった種類の現象を考えてみてください。あなたの今のレパートリーをチェックして、態度を変えることでさらなる高みに持ち上げることができる作品かどうか確かめてください。また、態度を変えることは、観客は何が起こるか分からないので、マジックがより観客の目を欺くものになります。この種のマジックはあなたの演技にちょっとした洗練さを加えることができます。さあ……態度を変えてみましょう！

1991年6月

＊後注1：『クロースアップマジック事典』（松田道弘著、東京堂出版刊、1990年）66頁を参照。
＊後注2：『デビッド・ウィリアムソン　ウィリアムソンズ・ワンダー』119頁を参照。

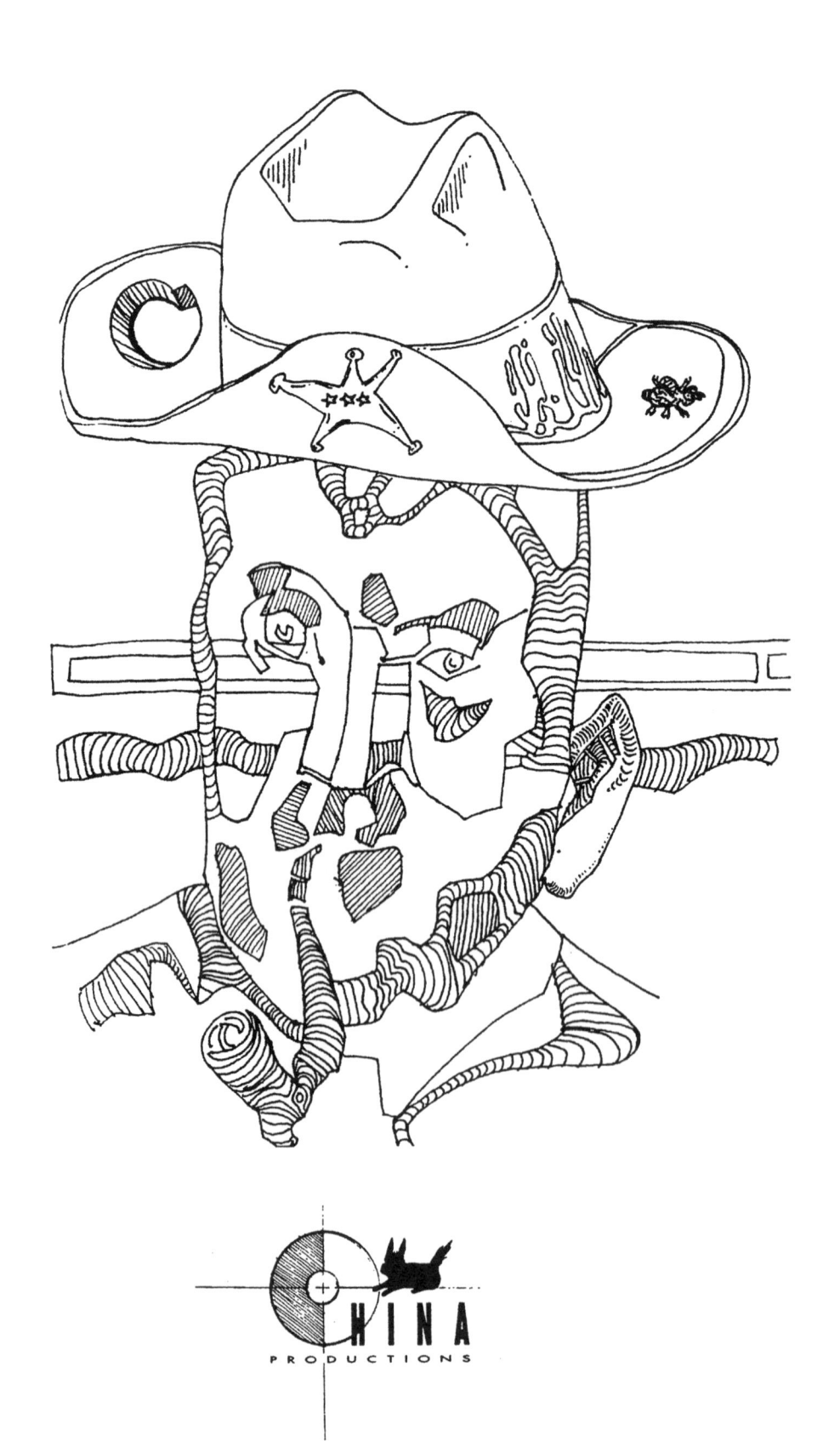

MAGIC MAN

マジック・マン・エグザミナー 3

EXAMINER

THE QUEST FOR PEACE

クリス・ケナー　エキセントリック・マジック

前書き

　この号も遅れたって分かってますから！　皆さんを本当にハラハラさせ続けたいっていうだけなんで。でも、ご心配なく。エグザミナーはまたいつも通りのとびっきりの作品と楽しさが詰まった内容満載で帰ってきました。クリスが最近行なった日本中を飛び回るレクチャーツアーとショウのために、エグザミナーのスケジュールが遅れてしまったのでした。噂によると、あの島国の人たちはクリスと彼が行なう悪ふざけが大好きで、彼を自分たちのものにしたかったようですよ。その旅はめちゃめちゃ楽しく、白昼夢のようだったみたい。もちろん、彼はこの夢の島に戻るのが待ちきれないそうです。この号に特集されているのは、少なくともこの号だけに特集されているのは、マジックの世界で一流の、国際的なスターたちが相当お気に入りの作品です。良いでしょう、少なくとも、彼らはマジックの世界で、一流の、国際的なスターたちです。良いでしょう、少なくとも彼らはマジシャンです。分かった分かった、彼らはあなたが見聞きしたことがあるマジシャンたちです。

　また、掲載されているのはロジャー・ヴァン・クラウズによるマジックです。この号には誰にでも何かを使ってもらえる作品が掲載されています。この国で一流の、指が軟体動物のような、不安定な曲芸師しか演じないようなコインマジックだけが掲載されているようなことはありません。覚えておいてください、骨の鋭い端はラジエーターを貫くことができるのです。

　クリスは土産話をたくさんあの島国から持って帰りました。クリスと彼の奥さんは日本をツアーする中で、親切なおもてなしと同じく文化の多様性も楽しみました。彼は株式会社テンヨーの社長さまと開発部の皆さんにお会いし、まだアメリカでは販売されていない新製品のいくつかを見せてもらいました。その中には素敵な製品がいくつもありました。レクチャー、テレビ番組の収録、ディナーショウを離れたところでは、クリスとクリスティーナはめちゃめちゃ買い物をしました！　日本人はディテールと完璧さが好みのように思えます。日本人はまた、世界中でも最高なおもちゃをいくつも販売しています！

　この旅のハイライトの1つは、親友のヒロ・サカイさんと東京ディズニーランドに行ったことです。真珠湾攻撃の日に日本にいることは大変興味深かったです。京都にいたクリスとクリスティーナの下に何人も学生たちがかけ寄り、集合写真を撮りました。すると男子学生が彼らのアメリカ人の友人たちに平和へのメッセージを渡しました（下にあるハガキを読んでみて）。これは日本に落とされた爆弾が今日までずっと尾を引いていることをハッキリと示しています。できるならば、私たちみんなが似たような考え方を持って、この話から、単に戦争だけじゃなくて、私たちの生き方を学べたら良いなと思います。

拝啓。

私たちは熊本農業高等学校の2年生です。1945年に最初の原子爆弾が広島と長崎に落とされました。

約20万人の人たちが一瞬にして殺されました。私たちは戦争と核兵器が大嫌いです。

世界兵はに向けて力を合わせましょう。

敬具。

（生徒の名前）

熊本農業高等学校　〒861-41 熊本市元三町285

（生徒4名の名前）

※前書きのつづきは266頁へ

ストーリー

何世紀にもわたって私たちが海上を航海し続けている限り、この広大で無慈悲な母なる海を取り巻く物語や神話は、男性と女性の精神と想像力を豊かにしていくことでしょう。世界の神話の多くは、海を生命の母とし、繁殖力、誕生と再生の象徴としています。風雨にさらされながら多くの海上を旅してきた者たちの話の中に、美しく魅惑的な物語がたくさんあります。

暗い深みの中から現れた人魚と魅惑的なセイレーンが見せる幻惑は、弱い心を激しくだまし、海で生活する孤独な男の肉体を灰にしてしまいました。

水の女神の恩恵を得るには、信仰と美徳と忍耐が必要でした。とりわけ、個人が持つ財産をある程度"犠牲"にすることが必要だったのです。

この伝説はスペインの船員の間で生まれました。長い航海に入った最初の夜、寝る前に3つのダブロン金貨を入れたポーチを枕の下に置きました。夜の間、幸運な船員は夢の中で、人によっては人魚だと言うのですが、幽霊のように美しい女性から彼女の庇護を受けるために3枚の銀貨を要求されるのです。

最初のコインはしんとして静かな水を表しています。2枚目のコインは隠された宝の発見、3枚目のコインは故郷への安全な旅を象徴していました。もし、朝目覚めた時に3枚のコインが消えていたら、人魚からの庇護という贈り物は確実なものとなりました。これらのコインを受け取ることをその女性から拒否された船員は不幸なことに……。

かつて、海での恐ろしい嵐の中で、

マーメイドの祝福
ジェイ・イングリー

スペインの船乗りはそんな幽霊のような人魚を夢見ていました。彼女がまだ嵐を治めることができると主張し、彼女が庇護するために3つの銀貨を要求しました。

女性客を呼び込み、人魚役としてお手伝いしてもらいます。演者は船乗りの役をします。1枚ずつ銀貨は船員の手から消え、人魚の手に現れます。最後のコインは観客がずっと持っていたポーチの中から出現します。

必要なもの

この手順は、ヴァン・ウォーレンが製作した純銀製のスペインのダブロン硬貨のために作り上げました[後注1]（3枚の1ドル銀貨に置き換えても構いません）。観客には3枚のコインしか見えませんが、実際には4枚目の、余分な銀貨も同じく使われています。これらのコインは小さな巾着ポーチに入って提供されますが、このポーチも演技に使用します。

コインのホールド・アウト（ホルダー）も必要になります。これは大きな長さ5センチくらいのゼムクリップに安全ピンを取り付けたものです（図1）。この大きさのクリップが必要な理由は、重いコインをしっかり保持するためです。黒いビニールテープをクリップのはさむ部分の両側の針金に巻きつけて、コインをしっかりグリップするようにします。このクリップを上着の内側に安全ピンで取り付け、クリップにはさんだコインが上着の右側の縁から1センチ上に留まるようにします。

手順

女性を助手として迎え入れます。両手

クリス・ケナー　エキセントリック・マジック

が空っぽであることを示した演者は3枚のコインが入ったポーチを取り出します。ポーチの引きひもを開き、ポーチを観客に手渡して、中身を彼女の手の上に出してもらいます。出てきた3枚のコインはすぐに興味を引きつけます。これが演者の右手を身体の脇に下ろし、余分なコインをスチールするカバーになります。

彼女がコインを調べやすくするために、ポーチを引き取ります。ポーチを伸ばした右手の上に載せますが、隠し持っている余分なコインの上に置くようにします。

ポーチを閉じる動作をする中で、演者は余分なコインをポーチの中へひそかにしまってしまいます。コインの上の縁を右人差し指と中指ではさみます。両手をポーチの上部へと動かします。コインをはさんでいる指先がポーチの上部に到着したら、両手の親指と人差し指の横側で左右の引きひもをはさみます。両手の指先がポーチの口を超えたら、引きひもを左右に引っ張って口を閉じながら、コインをポーチの中に落とします（図2）。

次のように演者はコインを取り上げながら、ポーチを観客の手のひらの上に置きます；演者は

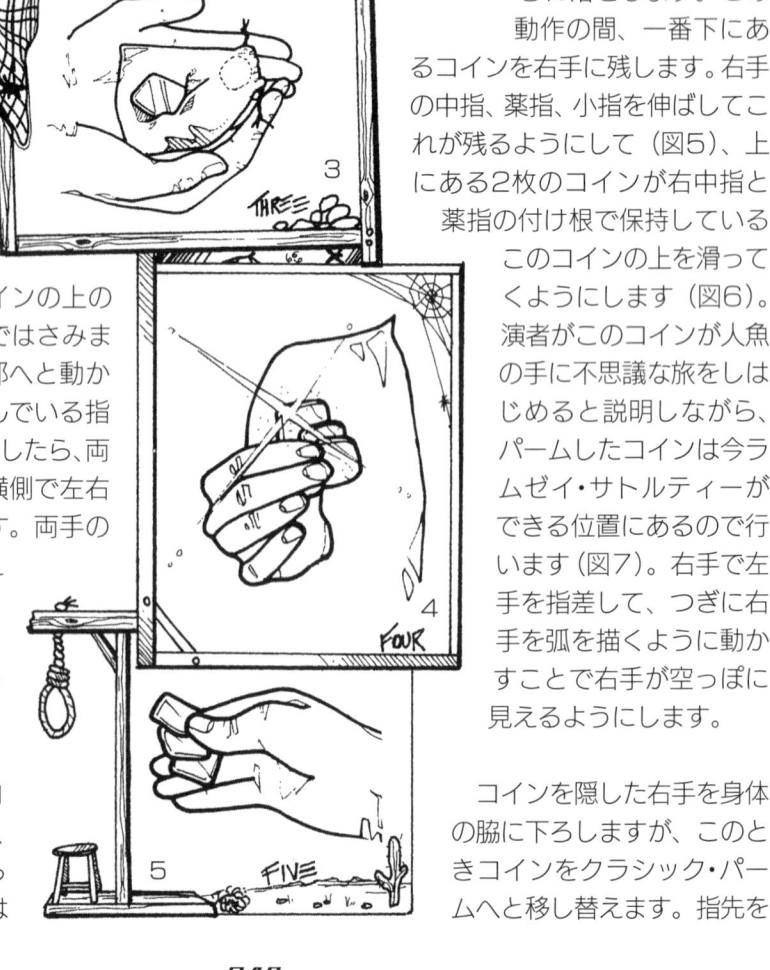

ポーチの底を持ち直し（こうすることでコインはポーチの上部へ、口の近くへと動きます）、ポーチを観客の手の上に載せますが、ポーチの口が指先に近い方に向くようにします。コインが観客の手に飛行するとき、ポーチの下の部分の上に落とすようにすれば、ひそかにしまったコインと当たって音がすることはありません（図3）。

3枚のコインを右親指と人差し指、中指でつかみ、ファン状に広げて示します（図4）。このコインをしっかり広げられた左手のひらに落とします。この動作の間、一番下にあるコインを右手に残します。右手の中指、薬指、小指を伸ばしてこれが残るようにして（図5）、上にある2枚のコインが右中指と薬指の付け根で保持しているこのコインの上を滑ってくようにします（図6）。演者がこのコインが人魚の手に不思議な旅をしはじめると説明しながら、パームしたコインは今ラムゼイ・サトルティーができる位置にあるので行います（図7）。右手で左手を指差して、つぎに右手を弧を描くように動かすことで右手が空っぽに見えるようにします。

コインを隠した右手を身体の脇に下ろしますが、このときコインをクラシック・パームへと移し替えます。指先を

少し広げた右手を観客のカップ状にしている手の上に動かします。ほど良きタイミングでクラシック・パームしているコインをポーチの下の部分に落とします。左手を開けて、2枚しかコインが残っていないことを示します。

2枚の残ったコインを右手に持ち替えますが、右親指と人差し指でつまむようにします。この2枚のコインを左手に握らせたように見せます。2枚のコインを使ってリテンション・バニッシュを行い、1枚は右手に隠し持ちます（図8、9、10）。

右手を身体の脇に下ろし、隠し持っているコインは軽く曲げた指先の上に載せています。右手を上げた時、右中指を使ってこのコインを弾き、上着の右そでの中にスリービングします（図11）。

演者は2枚目のコインが人魚の手に飛んでい

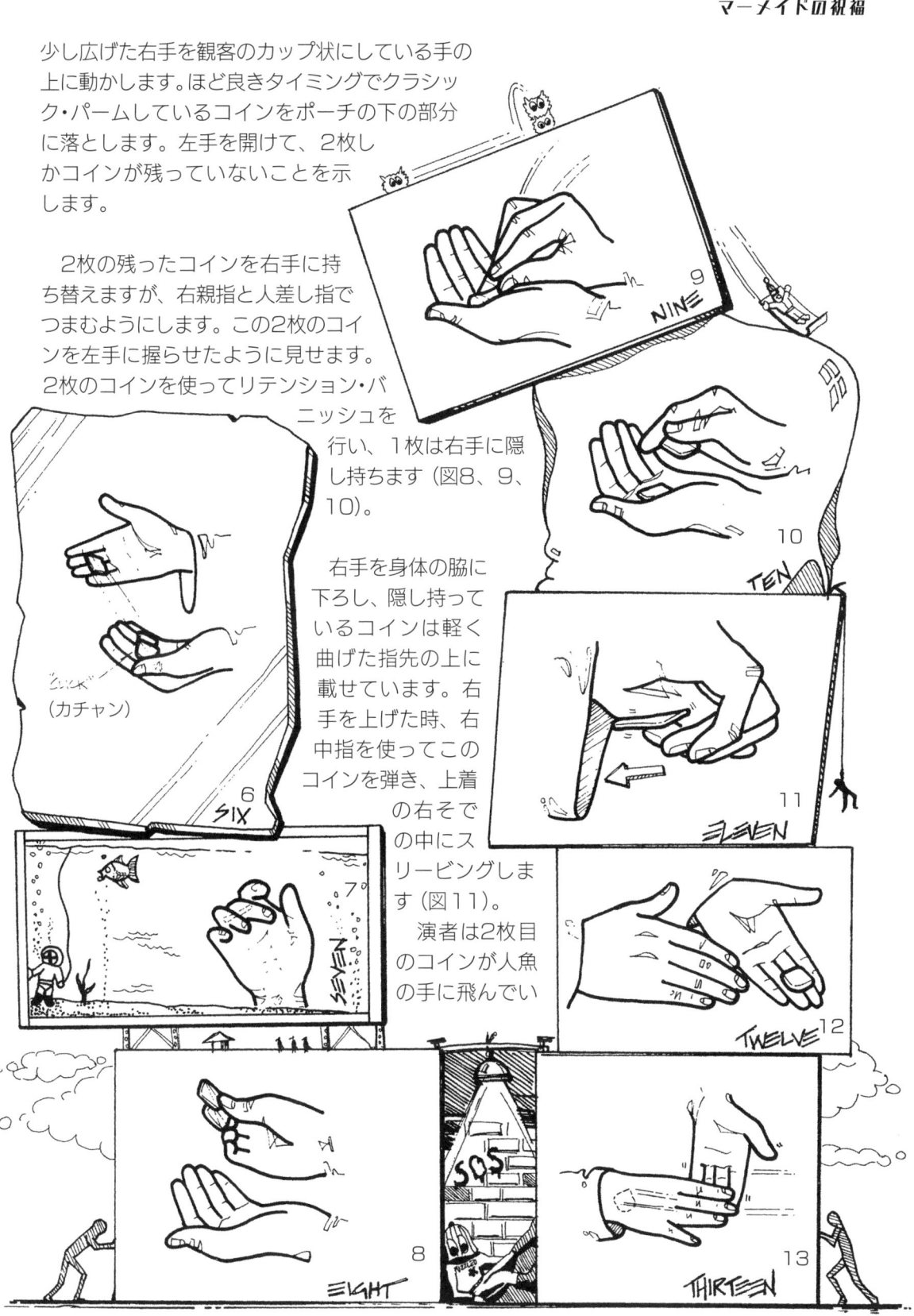

（カチャン）

249

クリス・ケナー　エキセントリック・マジック

くと話します。焦点をあなたの握った左手に向け、ゆっくり開いて1枚しかコインが見えないことを示します。このセリフを言っている間、右手は特に何も言わずに空っぽであることを示します。演者は今飛ばすけれども、見えないように飛ばそうと説明します。このセリフを話している間に、右手は左手の上から見えないコインを取り上げるパントマイムをします。そして、観客のカップ状にした手の上に堂々と見えないコインを載せます。

　右手を身体の脇に下ろし、コインをそでから取り出し、フィンガー・パームの位置に移します。右手を観客の手へと伸ばします。再びラムゼイ・サトルティーのおかげで、右手は空っぽに見えます。見えないコインを観客の手からつまみ上げるようにしてコインを出現させます。

　最後のコインは故郷への安全な旅を表していることを説明しながら、最後のコインを伸ばした左手の指先の上に載せて示します。手のひらを下に向けた右手を左手の背後から近づけ、両手が合わさったら左手をサッ！と素早く動かし、コインを水平に飛ばして右そでの中に入れてしまいます（図12、13）。

　右手はしっかり開いている左手のひらの上を円を描くように動かします。両手を離してコインが消えたことを示します。

　演者は観客の手の上に載っているポーチと2枚のコインを見ます。「コインはここにありますが」演者は話を続けます「でも見えないんです」左手で、演者は2枚のコインを観客の手から取り上げます。この2枚のコインを指先で持ち、手が空っぽであることを示します。そして、観客にポーチを開けるように言います。

　観客がそうしようとしているときに、右手を身体の脇に下ろし、スリービングしたコインを右手の指先に落とします。演者は身体を右に向け、左手で観客がポーチから取り出したコインを取り上げます。このときに、右手を下ろして余分なコインをズボンや上着の右ポケットの中に処理します。こうすると演者はクリーンな状態になり、たった3枚のコインしか持っていないように見えます。3枚のコインを観客に戻し、ポーチの中に戻してもらうようにお願いします。

＊後注1：ヴァン・ウォーレンは1980年代から1990年代初頭にかけてビザー・マジック（呪術的な演出を使ったマジックのこと）のための道具を専門に製作していて、特に純銀製の道具には定評がありました。今では入手困難だと思われます。この作品はその解説書にあったものです。

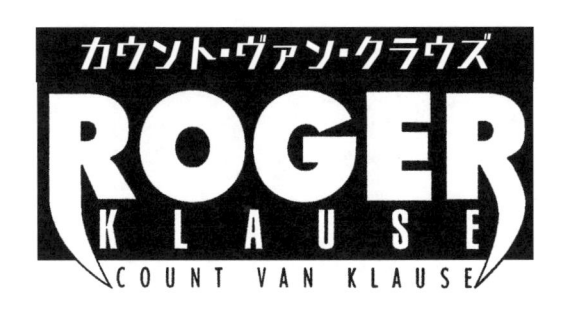

カウント・ヴァン・クラウズ、又の名を100ドル分のお札を使ったすっごいペテン。

ロジャー・クラウズを見たことがある誰もが、本物の魔法を見ることができると知っています。ロジャーは自分が演じるマジックについて考えている、この世界では数少ない人の一人です。彼はまたどんなマジックも絶対に演じない、この世界で唯一の人です。もしあなたがロジャーとセッションをしたなら、あなたがずっとマジックを演じている間、ロジャーはずっと話し続けていることを保証します。冗談はさておき、もしロジャーと午後を過ごすチャンスがあったなら、絶対に良い時間を過ごせることでしょう。

マジシャンは100ドル札を両替しようと持ちかけます。5枚の20ドル札を公正に数え、100ドル札と交換します。実際には、あなたは100ドル札を手に入れますが、カモは80ドルしか手にできません。

警告、警告！
この現象は古いギャンブルのペテンを実演するためにわざと実演するためのものです。一般人に使ってはいけません。むしろ、親しい友人に対してわざと行うものです。

ヴァン・クラウズが知る限り、これは『サイ・エンドフィールドのカード・マジック（Entertaining Card Magic）』（ルイス・ギャンソン著、ハリー・スタンレー刊、1955年。日本語版あり。高木重朗訳、金沢文庫刊、1975年）に解説されたサイ・エンドフィー

ルドの「エースが5枚ある（Five Aces）」が基になっています。表向きに重ねた4枚の20ドル札を左手に持ちます（図1）。「20ドル」と言いながら左親指で一番上のお札を押し出し、右手に取ります（図2）。この操作を2枚目のお札でも繰り返しますが、「40ドル」と言いながら2枚目のお札は最初のお札の下にこれを取るようにします（図3）。「60ドル」と数えるのですが、左親指で次のお札を押し出しながら、右手でそれを持っているお札の下に取ろうとします（図4）。しかし、左親指は押し出したお札を引き戻し、同時に右手は手のひらを下に向けるように返します（図5、6）。「80ドル」と言いながら、次のお札を普通に右手で取ります（図7）。最後のお札を重ねたお札の上に置き、「100ドル」と数えます（図8）。

このカウントは観客をすごく欺きます。これは少しキビキビしたペースで行います。名人ロジャーが言うには、「60ドル」と数えながらお札の裏面を見せることで見た目に混乱するんだ、とのことです。これは予期していない身内や愛する伴侶に対してわざと演じるためのものだということをお願いですから忘れないでください。これを地元のセブン-イレブンにいる店員のハビブに演じないでください。

FINESSE

フィネス
（小技）

　次に解説するものは完全な手順ではないのですが、マイケル・クローズによるちょっとした
フィネスや素晴らしい所作です。あなたがお好きなように手順などに組み込んでください。

ステランコ決定版

　実際に持っているカードより枚数が少ないように数えるとき、2枚重ねを1枚のように
見せているカードを最後に数えとったカードの下に隠す必要がよくあります。ステランコ
はこんな技法を開発しました。それまでのカードの数え方に似せた動作で最後の2枚重ね
を押し出したように見せることができるのです。残念なことに、ステランコの技法はすご
く簡単にはできません。これを試してみてください：ここでは5枚のカードを4枚に数え
ることにします。カードを左手メカニック・グリップに持ちます。上の3枚のカードを1枚
ずつ押し出してファン状に広げるように右手に取っていきます。最後のカードを取るため
に右手を左へ動かします。最後のカード（2枚重ね）を左親指で押し出す代わりに、カード
の外端に当てている左人差し指でこれを手前に向けて押し出して、2枚重ねが手から半分
くらいはみ出すようにします。同時に左手首を反時計回りに少し回転させて、2枚重ねの
内端が少し右に向くようにします。右手はこの2枚重ねを広げて持っているカードの下に
取り、カウントを終えます。

おでこに貼りつくカード

　「おでこに貼りつくカード」を演じ終えて、今おでこに観客のカードが貼りついています。
デックを取り上げて、トップ・カードをパームします。「おでこに貼りつくカード」ための
モルモット役を演じ続けている観客の前にデックを置きます。観客にデックを半分のとこ
ろからカットしてほしいとお願いします。観客がデックの上半分を持ち上げたら、おで
こからカードを取ったフリをします。実際には、単に右手をおでこに近づけたらパームして
いたカードを見えるように持ち、それを下げて観客の視野に入るようにします。覚えてお
いていただきたいのは、観客は下を見てデックをカットするのに忙しいのです。関係ない
カードをテーブルの上に載っているデックの下半分の上に載せ、観客に持っているデック
の上半分を元どおり重ねてもらい、両手でデックをカバーするようにお願いします。観客
にカードを再びおでこに戻せるかどうか聞きます。観客が見上げると、そこにはもうカー
ドが貼りついているのを驚きながら見つけます。手順中で、少なくとも1度はおでこから
カードを取ってデックに戻す動作を見せていたなら、このバイプレイはうってつけのもの
になります。

クリス・ケナー　エキセントリック・マジック

switchie

リッチー・スイッチー

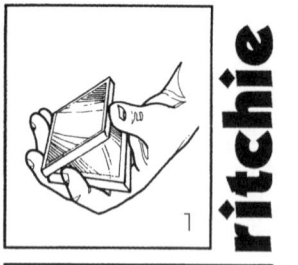

ritchie

何?

カード・コントロール

誰が?

リチャード・カウフマンには紹介は必要ないでしょう。

どうやる?

あなたの好きな4辺をもつ多角形体で、説明できないエア・クッション仕上げされたいろんなマークが印刷されている3層構造の厚紙からカードを選んでもらいます（マジック・マンは「アクロ（Acro）印」のカードは使いません）。デックを左手メカニック・グリップに持ちます。これは自動的に行わないとダメです。こういったテクニカル・タームが嫌いなので、この持ち方をオート・メカニック・グリップと呼ぶことにします。左親指でデックの上半分を持ち上げます（図1）。右手に選ばれたカードを返してもらい、このカードを分け目のところに差し込みますが半分くらい前に突き出るようにします（図2：分かりやすくするために左足は取り除いてあります）。右手を向こう側に移して、このカードを押し入れて下半分の上に重ねます（図3）。

右手は自動的にデック全体をカバーしますので、ここで一般的なシャーリエ・パスを行います（図4、5）。このカットを行うとき、両手を一緒に胸の高さまで上げます（図6、7）。まだデックを揃えないでください。両手が胸の高さに到着したら、一拍間をおいて、一思いにデックを揃えます（図8）。

（後ろからの図）

□ REAR VIEW
(NO CHARGE)
（無料）

（シャーリス・パス）

□ CHARLIER PASS

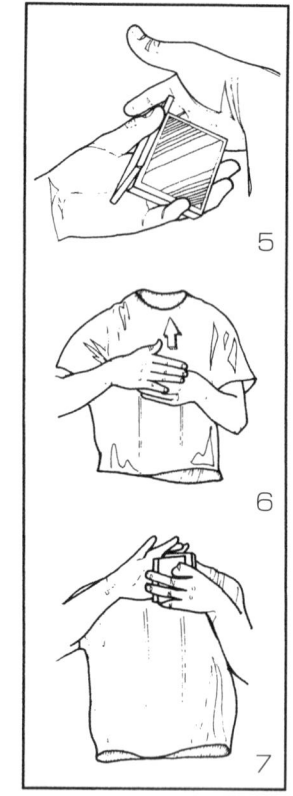

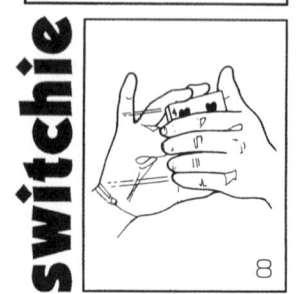

switchie

これでおしまい！　なんてカウフマンらしいんだ！　両手を上げるとき、スムーズに慌てていないペースで動かすことを覚えておいてください。最後のカードを揃える動作は、ジョン・ラッカーバウマーの『カード・フィネシーズ（Card Finnesse）』（ダニー・コーレム刊、1982年）の5ページ、図4と同じです（訳注：本当なんです！笑）。

MIDNIGHT MOVIE MAGIC REVIEWS

深夜の映画レビュー

ニワトリたちの沈黙(後注1)
(Silence of the Chickens)

これは私たちが一度もやろうとも思わなかった映画でした。住み込みのキチガイ、ハンニバル・ハーキーが重警備の刑務所から脱獄して、オレゴン州ユージーンに逃げ込みました。ハンニバルは街の広場で行っていたライブショウの間、住民たちを恐怖のどん底へと叩き込んでいました。ショウの途中、彼はニワトリの胎児を使った奇怪な儀式を始めたのです(明らかに、この男は毎日服用しないといけない抗うつ剤を飲み忘れたのです)。ニワトリの胎児を非合法的に利用することを固く禁じている各養鶏組合は団結し、ハンニバル・ハーキーの儀式をすぐに止めさせようとしました。

幸運なことに、ハンニバルのような人間は私たちが住む現実社会には存在しません。そんな輩が存在していたら、現在我々が知っている限りの人類にとって極めて激しいトラウマを植え付けることでしょう。明らかに、このような人物は想像の国の中に住んでいて、夢の中の観客に夢の中でマ

ジックを演じているのでしょう。十人十色っすなぁ……。

このダブパンから閃光が走るような作品に、その努力に対して私たちはエース1枚と評価します。

映画版
マジック・マン・エグザミナー

のちに大ヒットとなったこの作品は、フランスで開催されたカンヌ国際映画祭で最優秀クリエイティブ賞を受賞しました。半年遅れて作品が到着したにも関わらずね(信じられないです!)。

この映画の中で、監督は彼の意見や信念を遠慮せずにぶちかましました。テーマとしては、偉大さについてのヴィジョンを示すと同時に、マジック業界のスタンダードを向上させようというものです。無知で、意気地なしで、教養のないマジシャンたちをコテンパンにからかい、スタイリッシュに創造性をもった英雄にふさわしいマジシャンを育てていくのです。私たちはこの逸品に4枚のエースを与えるだけじゃなく、その創造性に対

してデュプリケートの余分なエースも1枚加えちゃいます。

この映画は出来たときに公開されます(いつになるかは神のみぞ知る)。値段は変わることがあります。

トリミネーター3
脱毛症の日(後注2)

さあ、この国際的な、タイムトラベルのような、映画ジャンキーたちの夜会に参加するならシートベルトは持参してきてくださいよ。そして、映画の話に出てくるすべての矛盾点を書き留めるスコアシートも忘れずに。もの凄く衝撃的でショッキングで変幻自在な237分間の冒険活劇です(もちろん、途中で休憩が1回あります)。

この壮大な話は西暦2043年へと続きます。反乱軍の小部隊はヘアー・ネットのコンピューター防御システムをすり抜けて殺人マシーンたちをコントロールする力を得ました。しかし、反乱軍の計画は(ほとんどがハゲたリビア人の)トピットを装着した内部の造反者たちによって間違った方向へと導かれてしまいます。造反者たちはトピットを使って盗みを働き、その後彼らの大義への資金を調達したのです。この造反者たちはヘアー・ネットを襲い、人類の利益のためではなく、その邪悪な目的を達成し、ポリフューズ・メソッドをコントロールしよ

クリス・ケナー　エキセントリック・マジック

うとしたのです。この時期、髪の毛を生やした男性はより良い政治的立場に着くことができたのですが、かわい子ちゃんたちを全部自分たちのモノにできたことは秘密にされていたことに注意してください。しかし、造反者たちがヘアー・ネットを襲う直前、反乱軍を最後の希望を見出します。反乱軍は1982年にさかのぼって調髪アンドロイドのトリミネーターを送り込み、翌年にトピットを流行らせる男を殺

そうとします。この男は、自由主義社会ではザ・ハマー（The Hammar）として知られていました。トリミネーターに組み込まれた任務プログラムは、ハマーが行う予定のアメリカ中西部でのレクチャーツアーを阻止し、無かったことにすることでした。

　もうこれ以上は言いませんっ！　このスリラーのクライマックスでの驚きをネタバレしたくないですから。この

映画はディテールに大変凝っていて、特殊効果の芸術は言うまでもありません（特にCGを使った髪の毛が生えてくる流れは素晴らしいです）。私たちはできるのは、この映画に３ 1/2エースを進呈することだけです。地元のビデオ屋さんで購入可能です。ビデオ版79.95ドル、レーザーディスク版129.25ドルです。

*後注1：もちろん、これはジョナサン・デミ監督、アンソニー・ホプキンスとジュディー・フォスター主演の名作『羊たちの沈黙』（1991年）のパロディーです。奇術専門誌『ジニー（Genii）』1991年11月号に、当時飛ぶ鳥を落とす勢いだったクリエイター、デヴィッド・ハーキー氏が「卵の中に飛行するお札」のマジックを発表しましたが、折りたたんだお札をニワトリ（めんどり）の卵管に差し込んで卵を産ませるという方法、しかもニワトリは丈夫だからこういうことをしても問題ないと言い切ってしまったため、全方面から批判され大炎上したという経緯を皮肉ったものです。

*後注2：もちろん、これはジェームス・キャメロン監督、アーノルド・シュワルツェネッガー主演の名作『ターミネーター2』（1991年）のパロディーです。マイケル・アマー氏が当時行っていたトピットのレクチャーを揶揄しています。ザ・ハマーは、ラッパーのMC・ハマーとアマーをかけています。

トイレの呪い

あるところに、自分の欠点をよく知っている自己中で強欲なレストランのオーナーがいました。自分の性格を治す代わりに、彼は楽しい、ミステリアスなマジシャンを雇って、顧客を温かく歓待し楽しませることにしました。こうすることで常連客たちに煩わされることなく、オーナーはキッチンの中で仕事を続けられました。

一方マジシャンは公共の場で楽しく働き、すべての常連客たちをまるで自分の家族のように接していました。彼のウイットと魅力は数十マイル離れたところからも来客者を引き寄せました。彼がマジックを演じるとき、レストラン中から拍手が巻き起こり、アンコールの声がかかりました。

老人がレストランに立ち寄りました。その日は大変暑く、老人は旅疲れで病気になっていました。彼は彼の年老いた妻と息子に支えられないといけないくらい弱っていました。「私の父にトイレを貸してもらえませんか？」と息子が言いました。「もちろん！」とマジシャンは答えました。この会話をオーナーが耳にして、キッチンから出てきました。

「お前は俺のトイレを使うんじゃねぇ」とオーナーは言いました。「このトイレは俺の客のためにとってあるんだ。あんたは俺の客じゃないな。どうみてもディナーに金を落とせないくらい貧乏たらしいじゃないか」

その瞬間、老人の妻は親指を舐め、オーナーのおでこにツバを塗りつけました。オーナーはおでこを拭き、このババアはきちがいだ！と叫びました。妻と息子、老人はゆっくりと歩いて去って行きました；老人はさっきよりもより苦痛を感じているようでした。オーナーは老人を手助けしようとしたマジシャンを叱りつけました。「いつかお前の家のトイレをヤツらに使わせるんだな！」

その日以降、レストランのオーナーはいつも空腹を感じるくらい食欲が出てきました。彼は日に日に太っていきました。文字通り、レストランの利益も食いつぶすようになっていきました。その年の暮れ、ついにトイレに入っても自分でお尻を拭けないほどになりました。彼は働くこともウンザリするようになりました。セールスマンたちも来店しなくなり、キッチンで働くシェフたちも彼を見放しました。なぜなら、オーナーの存在が生理的に無理になったからです。

マジシャンはこの太った男からレストランを買い取り、大金持ちになりました。前のオーナーがよたよた歩きながら夕食を食べにきたときはいつでも、敬意を持って彼を歓迎しましたとさ。

マーク・ブラッドベリー

クリス・ケナー　エキセントリック・マジック

TROY HOOSER COOL AS ACE

トロイ・フーサー　　　　　　クール・アズ・エーセス

何が？

非常に趣がある優雅な態度で、デックから4枚のエースを取り出していきます。

この手順は素早く、派手で、率直です。演じるのに20秒かかりません。これは大変難しく、スムーズに演じるまでには時間がかかるでしょう。もし派手なヴィジュアル系マジックがお好きなら、この手順はあなたのためのものです。

誰？

これはエグザミナーの袋とじにして隠しておきたいトロイ・フーサーの2つ目の手順です。トロイの手にかかると、カードは自ら動き出し、バレリーナのような優雅さで踊っているように見えます。熟達した禅の探求者が人生という砂漠の上に花を浮かべているように、トロイの両手はカードを愛でているように見えます。

どうやって？

もしあなたの手が小さくてこの手順に問題があるのなら、ブリッジ・サイズのデックを使って試してみてください。

エースその1

3枚のAを裏向きのデックのトップに、1枚のAをひっくり返して裏向きのデックのボトムにそれぞれセットするところから始めます。デックをヒンズー・シャッフルするように左手の指先で持ちます。右手でデックの内端をつかんで、デックの下半分を引き抜き始

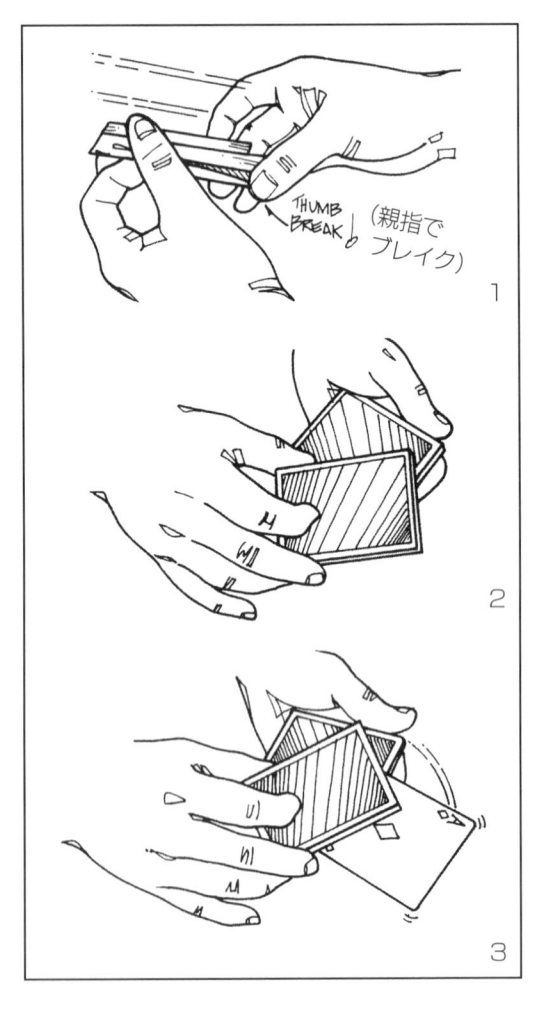

めます。この動作の途中で右親指はボトムのAと残りのカードの間にブレークを作ります（図1）。右手のパケットを左手に持っているパケットの右外隅の上で休ませてピエット・フォートンが考案したポップアップ・ムーブのちょっとした改案を行います（図2）。唯一の差は、左手のパケットはディーリング・ポジ

ションに持っているという点です。右手首を振りかぶってから前に振り、右親指で押さえているエースの力を抜いて、それが回転して前に出てくるようにします。このAを2つのパケットの間にはさみます（図3）。

エースその2と3

パケットを揃えて、すべてのAをデックのトップに戻します。スリップ・カットを行います（図4）。こうすることで左手のパケットのトップには1枚のAが、右手のパケットのトップには2枚のAがなければダメです。パケットの持ち方を変えて、修正されたディーリング・ポジションに持ちます（図5）。両手の親指は持っているパケットをまたいで反対側をつかめるようになっていないとダメです。両手の人差し指を曲げてそれぞれのパケットの下に当てます。両手の中指、薬指、小指で

持っているパケットの下3分の1を引き下げます（図6）。両手の指先を支えにして、それぞれのパケットを少しだけ表向きにするように回転させます（図7）。両手の親指で支えているパケットは、ずっと床に対して水平にし続けています。両手の親指の力を抜いてさらにパケットの3分の1を落とします（図8）。最後に最初の2つのパケットを閉じて揃え、両手の親指で支えているパケットの下に戻します（図9、10）。間をおかず、両手の親指をそれぞれのパケットの内隅にあて、トップ・カードを1枚だけ引きはがします（図11）。両手の親指を支点にして、それぞれのパケットのAを前へと回転させます（図12）。両手の親指を前へ押し、それぞれのAを縦方向にパチン！とひっくり返し、Aをそれぞれの手の親指と人差し指でつまみます（図13）。

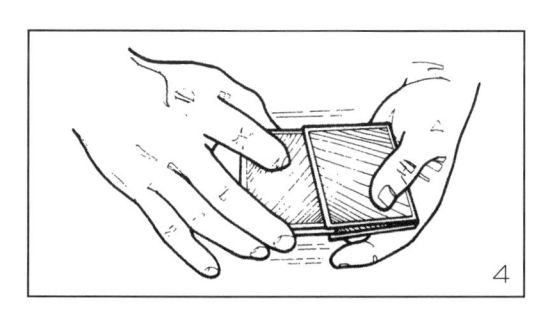

4

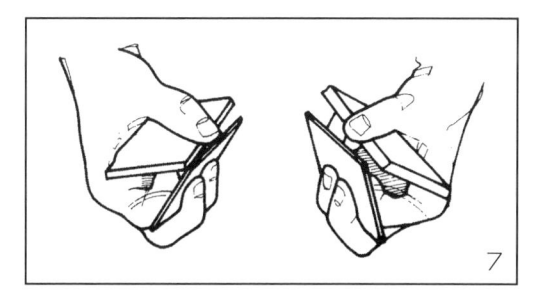

7

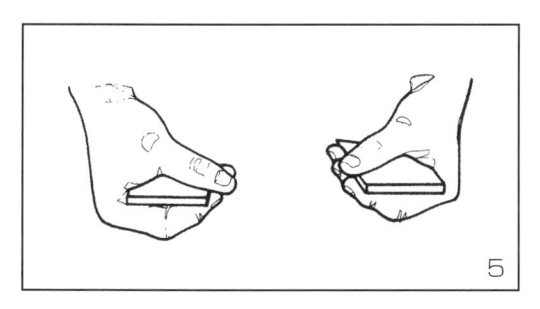

5

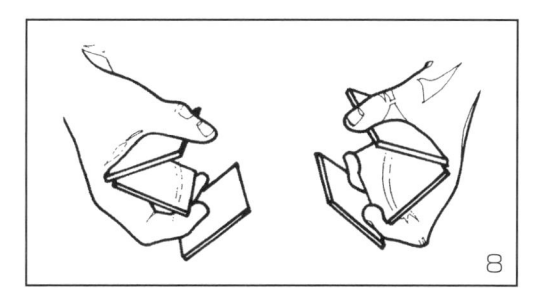

8

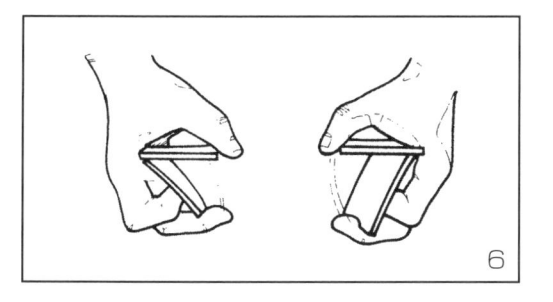

6

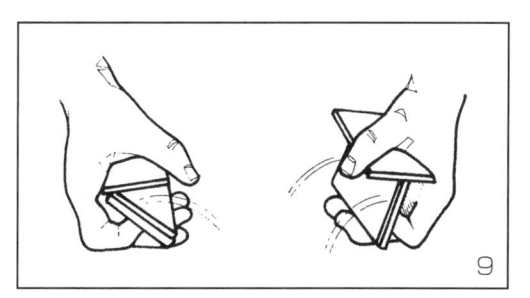

9

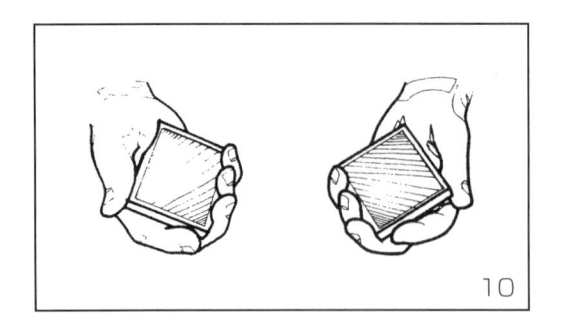

10

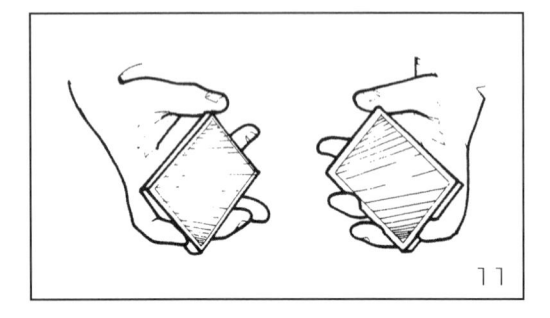

11

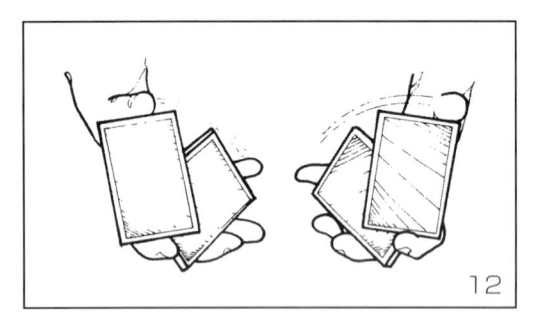

12

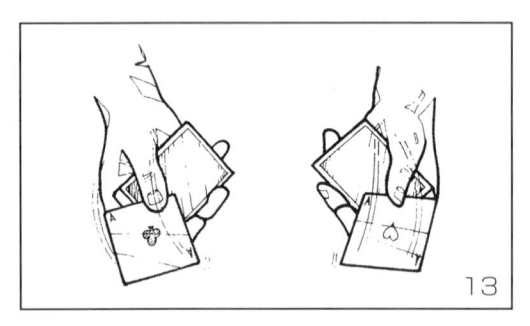

13

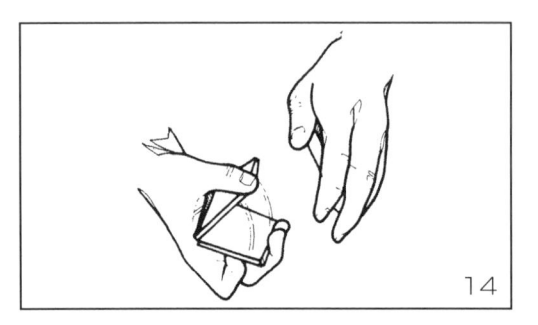

14

エースその4

　単に左手に持っているカードを右手に持っているカードの下に戻す代わりに、トロイはこうやっています。右親指を伸ばしてパケットの反対側にかけます。2枚目と3枚目のAでしたように少しだけカードをカットして下に落とします（図14）。左手は手のひらを下に向けるように返し、右手のパケットを受け取ろうと待ち構えながら右手の上に浮かばせています。落としたパケットを回転させて表向きにして、手のひらを下に向けて待ち構えている左手に持っているカードの下に持ち上げるようにして加えます（図15）。右手に持っ

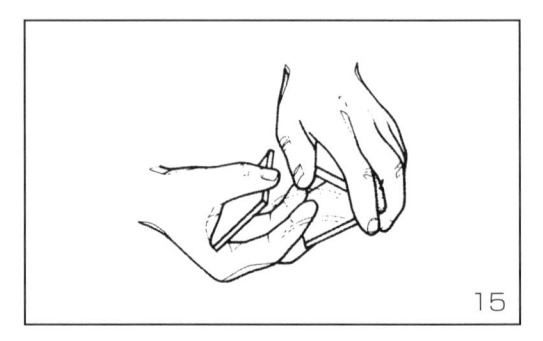

15

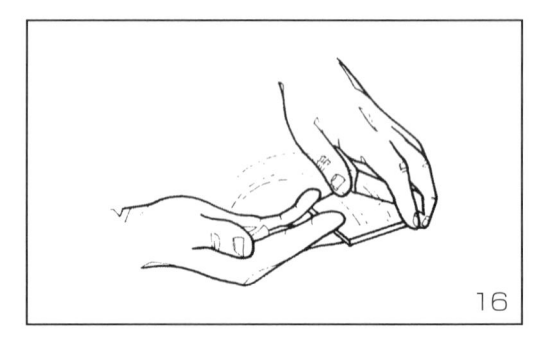

16

ているカードがなくなるまで、この操作を繰り返します（図16）。トロイが左手を右手の上に構えている理由は、落とし続けていくパケットが次々と滝のように落ちていき、回転して上に上がっていくように見せたいからです。間違いなく、繊細なタッチなのです。こうすることで最後のAがデックのトップにきます。すべてのカードが左手に渡ったら、手のひらを上に向けるように左手を返します。右手はすぐに上からデックに手をかけて、右

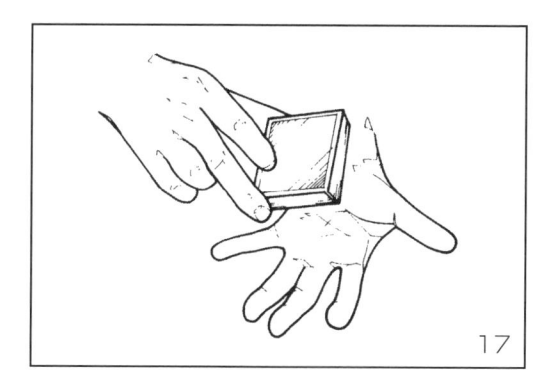

17

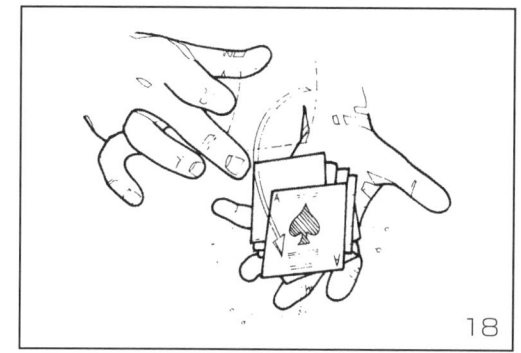

18

中指と親指でそれぞれのデックの右側の隅をつかみます（図17）。カードを左手にパラパラと弾き落としていき、最後のカードを指先から弾くようにしてひっくり返し、最後のＡを示します（図18）。これはベン・ハリスのスーパー・フリップです。もしカードを正しく持っていたら、カードをひっくり返すのは事実上自動的に行えます。

ワオ！　もしここまでついてこれたなら、4枚のＡが表向きになってテーブルに置いてあるはずです。このプロダクションを完璧にしていくための正しい道を歩んでいらっしゃいます。カットそのものは複雑すぎませんし、このカットがＡが現れるためのちょっとしたヴィネットを描いていくのです。もちろん、このプロダクションには、あなたの演技スタイルと目的に合わせるための改案を考える余地があります。もしトロイの演技を見たことがあるならば、どれだけ美しい魔法が彼の手から生まれるかご存知のはず。地獄で会おうぜ、ベイビー！

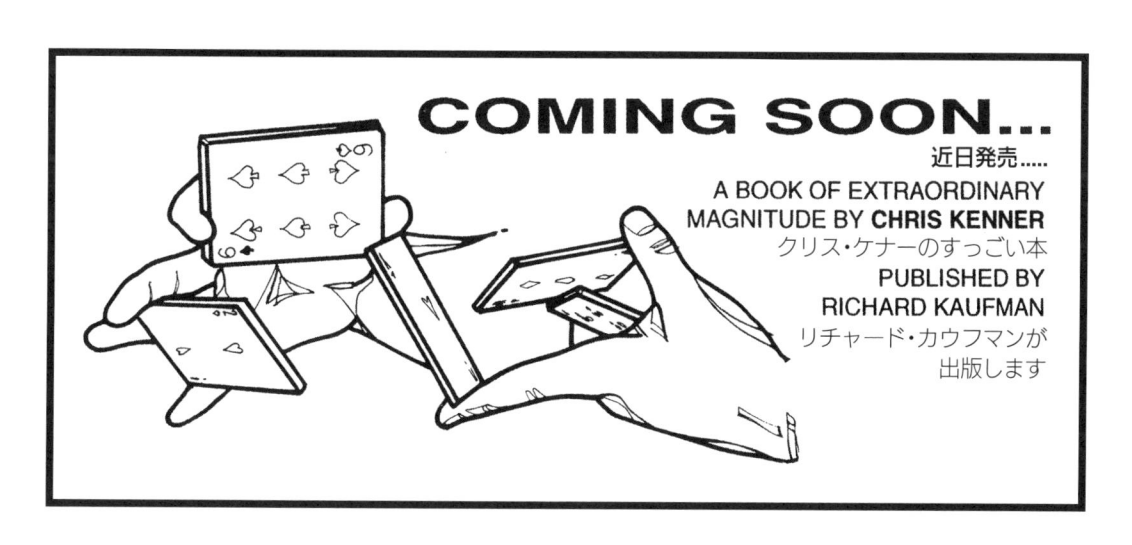

クリス・ケナー　エキセントリック・マジック

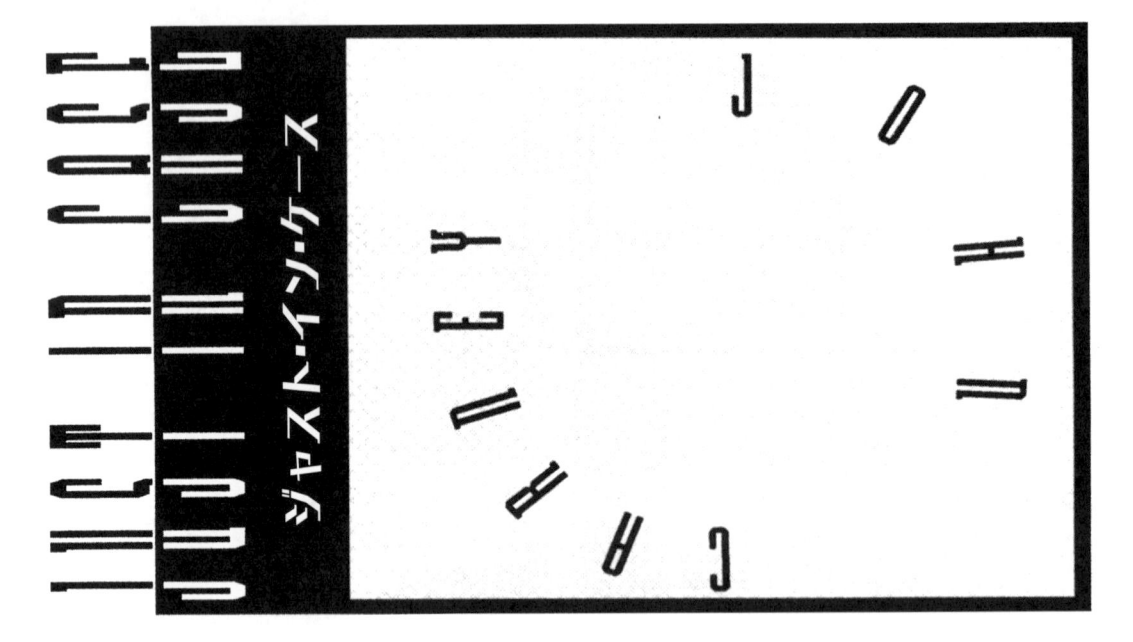

何？

　カードがヴィジュアルに溶けるようにカード・ケースの中に入ります。

誰？

　この現象は素晴らしく面白く、創造的で、腕のあるジョン・カーニーの手から生み出されました。彼の新刊『カーニーコピア (Carneycopia)』(スティーヴン・ミンチ著、L&Lパブリッシング刊、1991年。現在絶版。電子書籍版はあり) が初公開されたこともあって、エグザミナーのためのそこそこ良い残り物の作品なんか残っていないのではないかとマジック・マンは恐れていました。しかし、次の現象はなかなか素晴らしく、ビックリするほど効果的です。これを手順のつなぎとして使えるかもしれない実用的な技法だとか、全体が漠然とした現象として演じてみるとか考えてみてください。

どうやる？

　この可愛いグミのクマを演じるには1枚のカードとカード・ケースが必要です（図1）。ケースのフタがしっかり閉じているようにします（図2、3：きっちりね！）カードの表

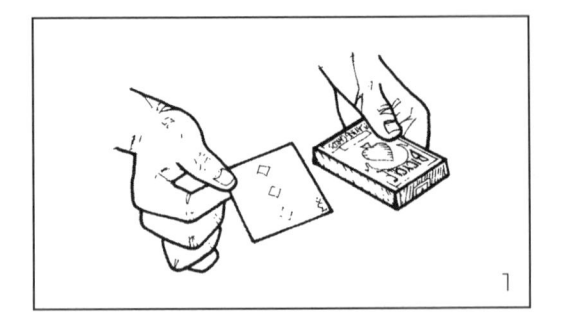

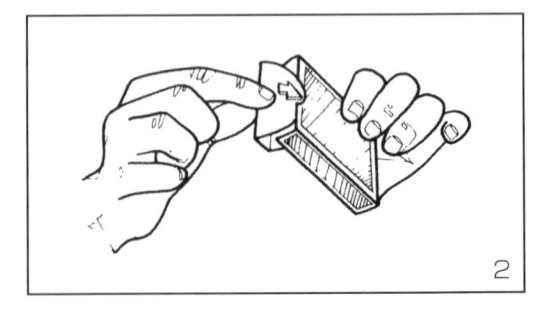

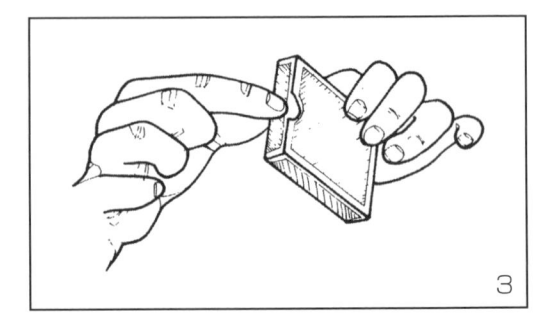

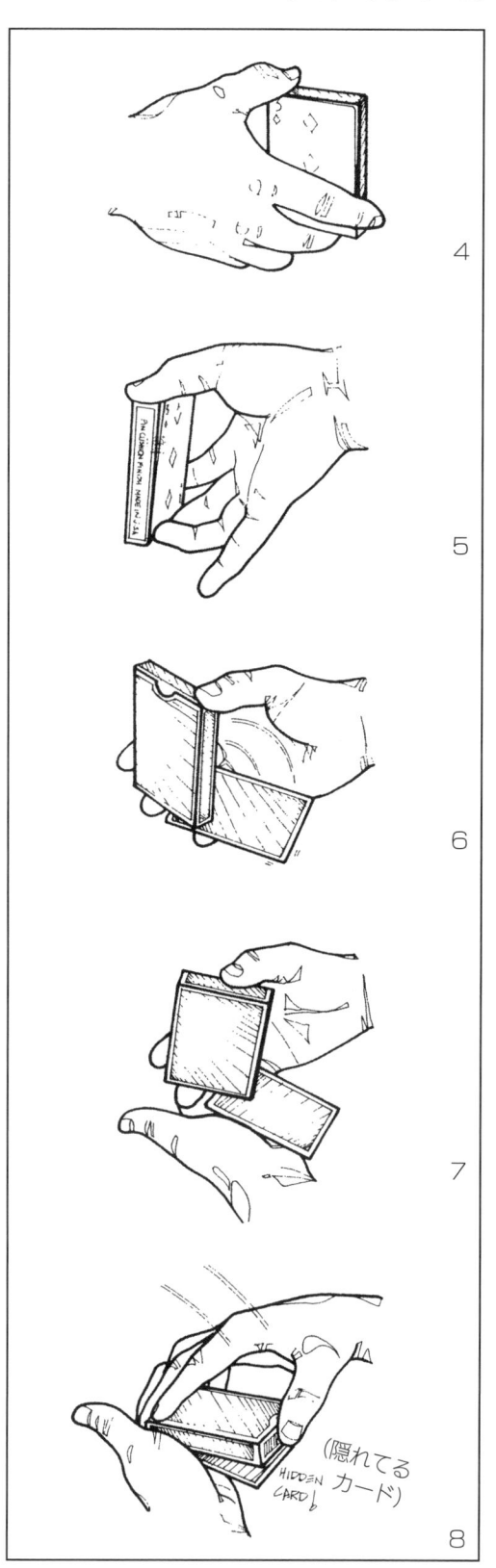

がカード・ケースの半月状の切れ込みがある面に触れないように置きます。カード・ケースを右手に持ちますが（図4）、カードが手のひら側に向くようにします。これは観客から見た図です。ケースの持ち方が大変重要です。カード・ケースの対角線上にあるそれぞれの隅をはさむように持ちますが、右親指を左上隅に当て、右人差し指と中指を右下隅に当てるようにします。右薬指の指先はカードの左下隅に当てています（図5）。右手首を少し揺らしながら、うっすらとした白いベールが取り除かれその下に生まれた透明な存在が見えるようにカードが消えてしまいます。右中指がこの動作のカギになります。右手首を軽く振る動作をカバーにして、右薬指を弾き下ろし、カード・ケースの左下隅に当てるようにします。こうすることでカードが一瞬にして回転するようにして観客の視野から見えなくなり、右手の甲によって隠れます（図6）。両手を近づけて、カードはひそかに左手ギャンブラーズ・コップの位置に預けます（図7）。ギャンブラーズ・コップをロボコップやキンダガートン・コップ、低脂肪のダノンヨーグルト・カップなどと勘違いしないように。モタモタすることなく、カード・ケースを直接カードの上に下ろし、すべてを揃えます（図8）。

　この時点で、観客は椅子からずり落ちそうになりながら、カードはル・ポールの財布から出てくるのか、レモンから出てくるのか、カード・ケース型の氷の塊の中から出てくるのか（なんて馬鹿げたアイデアなんだ！）、不思議に思っています。

　右手でケースのフタを開きます（図9）。手のひらを下に向けた右手をケースに伸ばし、人差し指をケースの中に突っ込みます。右親指を隠れているカードに当てます（図10）。サッ！と素早い動きで、右手をケースから引き、一緒に隠れていたカードを引き出します（図11）。

クリス・ケナー　エキセントリック・マジック

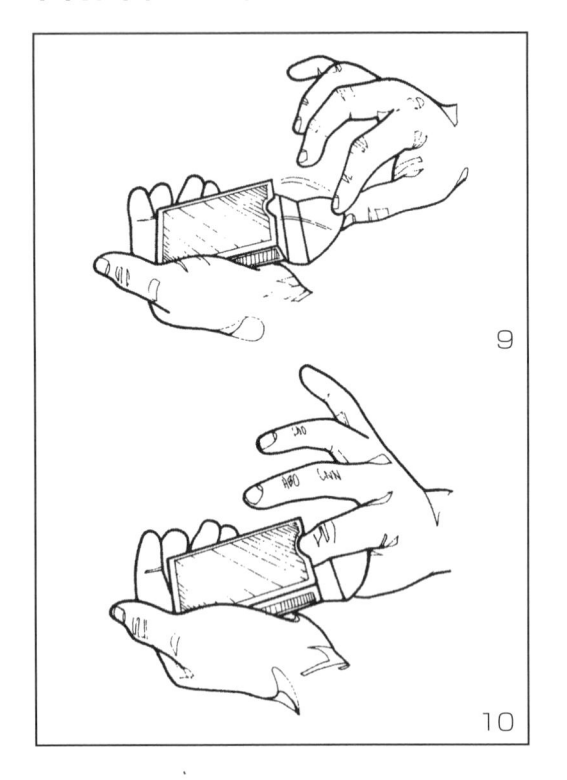

9

10

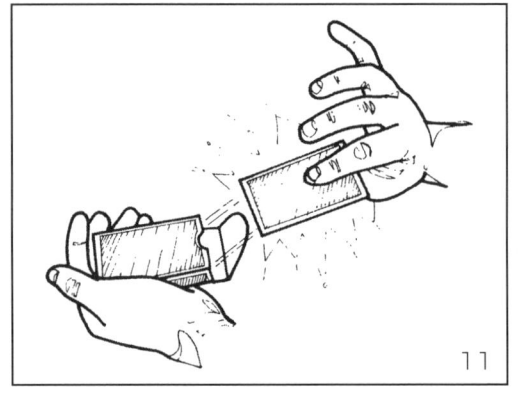

11

　この現象はケースに飛行するカードの最後の段落やアンビシャス・カードの手順の最後に素早いペースで演じないとダメです。これは、もし下手に演じると見た目が怪しげになる種類のマジックです。なので、練習、練習！

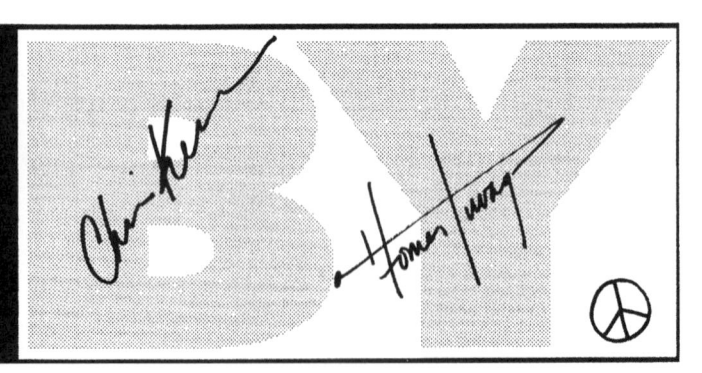

CONCEIVED
DESIGNED
WRITTEN
ILLUSTRATED

BY

NEWS
ニュース

この情報は公式のマジックニュースサービス、PMS（プロフェッショナル・マジックニュース・サービス　Professional Magic-news Service）によって集められ、リサーチされたかもです。PMSは非営利団体で知識の探求と異文化間の性質を学ぶための活動（CCCC Cultivation of Cross-Cultural Character）をしています。

私たちの情報筋から（ダグ・ヘニングのような変装をした反乱軍です──ASBRDDH：A Small Band of Rebels Disguised as Doug Henning）、リビアの街角を不安にさせているニュースが入ってきました。地元のセブン-イレブンで腐らない食品を盗んだ容疑で、2人の地元民ではない男たちが1991年12月7日に逮捕されました。アメリカ人のレジ店員はアシスタントの財布に隠されていたクレジットカードを次々と飛ばす装置（CCCD Credit Card Cascade Device）によってケガをしました。興味深いことに、あまり知られていない事実ですが、中東にあるセブン-イレブンで働く人たちの多くがアメリカ人で、様々な法律とアメリカの教育システムのせいで彼らはまだ英語が話せません。さらなる証拠とザプルーダー・フィルム（後注1）を分析したところ、二人の反乱軍の兵士はお互いに機能するトピットを着用していたことが判明しました。トピットは盗んで、万引きした商品を保管するために使われていたようです。

二人の犯罪者は正しく裁判にかけられ、地元の法律によって裁かれました。興味深いことに、公共の場で恥をかかせるために、この両者には上着の外側にトピットの着用を義務付けたといいます。また、彼らの頭頂部を剃り上げるように強制されました。これはアルフレッド・ヒッチコックの『北北西に進路を取れ』に登場する切った髪の毛をモップで掃くシーンに使われている場面に似せるためなのでしょう。

グレート・ノースウェストによると、オレゴン州在住のクリエイティブなマジシャンが部屋に引きこもって、ランス・バートンが演じている男女の浮揚（LBMWL：Lance Burton's man-woman lebitation）を考案しようとしているそうです。ランスは現在この現象をラスベガスで演じています。

＊後注1：ザプルーダー・フィルム（Zapruder Film）とは、ケネディー大統領が暗殺されたときにその瞬間を撮影した一連の映像のことです。もちろん、ここでは冗談で使っています。

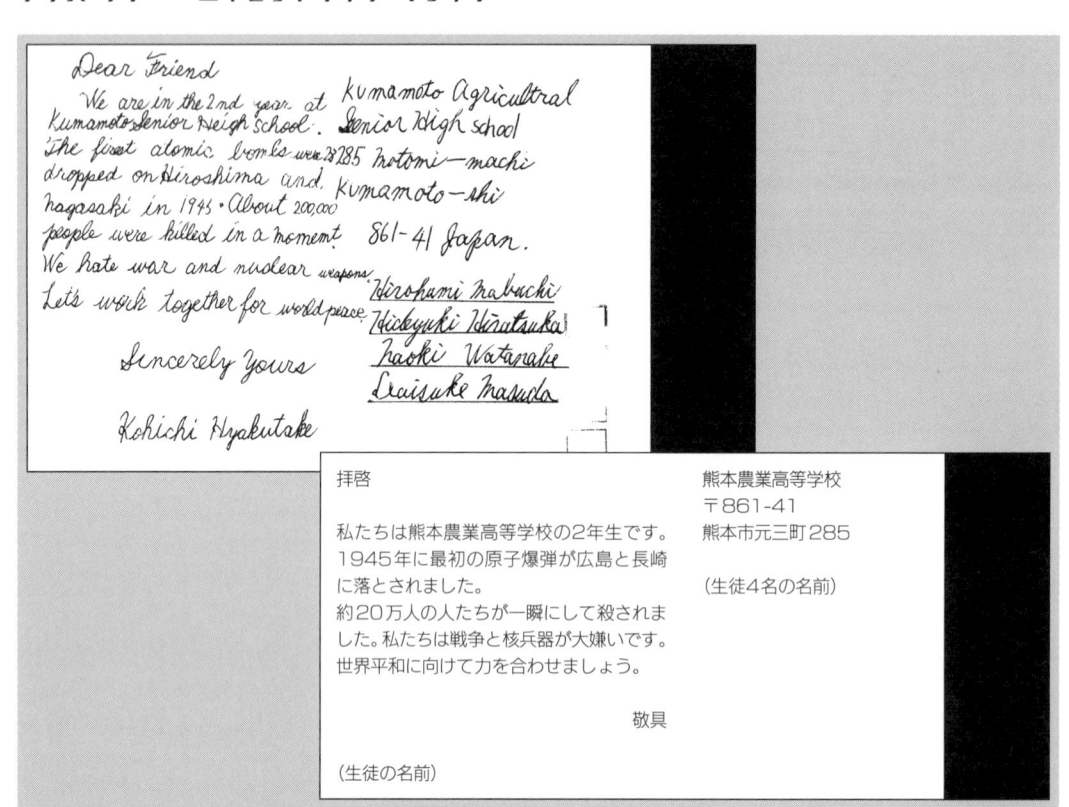

Dear Friend
We are in the 2nd year at Kumamoto Agricultral Senior High school.
Kumamoto Senior Heigh school. Senior High school
The first atomic bombs were 2285 Motomi—machi
dropped on Hiroshima and Kumamoto—shi
Nagasaki in 1945. About 200,000 861-41 Japan.
people were killed in a moment
We hate war and nuclear weapons. Hirohami Nabuchi
Let's work together for world peace. Hideyuki Hiratsuka
Naoki Watanabe
Sincerely Yours Daisuke Masuda

Kohichi Hyakutake

拝啓

私たちは熊本農業高等学校の2年生です。
1945年に最初の原子爆弾が広島と長崎
に落とされました。
約20万人の人たちが一瞬にして殺されま
した。私たちは戦争と核兵器が大嫌いです。
世界平和に向けて力を合わせましょう。

熊本農業高等学校
〒861-41
熊本市元三町285

（生徒4名の名前）

敬具

（生徒の名前）

繰り返しますが、この雑誌が遅れたこと対する、あなたがお持ちの尽きることない忍耐強さ、我慢強さ、強い意志を持った性格に対して感謝したいと思います。

エグザミナーのこの号を読むための特別な準備をお教えしましょう。これには透明のグラス、氷の塊いくつか、あなたの好きな飲み物のボトルが必要です。より効果的にする為に、グラスは少なくとも250mlはないとダメです。グラスは透明のもので、家にある食洗機の高温にも耐えられるポリプロピレン製でないとダメです。

あなた好みの読書をするときの心地いい環境に身を置きます。居心地の良い身体の位置を見つけてください。ただし、正常位とか韓国のイス前座位とかは避けてください。すべての道具をサイドテーブルやそんな感じの上が水平になっている台に載せます。あなたの好きな方法で氷を取り出します。左手でグラスを持ちますが、左親指と人差し指、中指、薬指で挟むようにしてください（図1）。左小指は自由にぶらぶらさせて、かなり過激で反抗的で古いしきたりを打破するような、誰にも従わない反抗者や暴徒やマリオブラザーズのような態度を示しま

す。またこうして二次的な意味を書き始めたら私を止めてください。

少しカップ状にしている右手の指から待ち構えている入れ物の中へ氷を優雅に落とします（再び　図1）。右手はボトルを少し改良されたピー・ウィー・ハーマンの持ち方でつかみ、中身を左手に持っているグラスの中に注ぎます（図2　この雑誌を90度回転させてください）。両手の距離を離すことで、より良く、多く、なかなか消えない泡ができます。ボトルを置いて、グラスを右手に移します。いかれた夜更かし好きのように、グラスの飲み口を唇に近づけます。グラスを傾け、液体をあなたの待ち構えている食道へと流していきます……

……身も心もうるおすリフレッシュからお帰りなさい。

この時点で、この超越的な話によって完全に元気になられたと思います。これで準備完了です。エグザミナーを読み続けて、マジックマンの方法と手段についてあなたが覚醒するように開眼してください。平和とともにあらんことを。

Grab the bottle in a slightly-modified Pee-Wee Herman grip in the right hand and pour the contents into the glass in the left hand (figure two, please rotate the magazine 90˚). Increasing the distance between the hands insures that you will get better, longer lasting head. Place the bottle down and transfer the glass to the right hand. McLean back and bring the mouth of the glass to your lips. Tilt the glass back and allow the liquids to flow forth into your awaiting esophagus..

...Welcome back from that refreshing quencher of body and soul.

At this point you should be totally invigorated from this transcendental episode. The preparation is now complete. Please continue your reading of the *Examiner* to cultivate your awareness to Magic Man's ways and means. May PEACE be with you...

MAGIC MAN

Sightings

Magic man has been popping up all over the globe in the past few months. From California to the New York Islands, from the Red wood forest to the gulf stream waters.

UNOS

...saw Roth in a DRESS. More than two card tricks in a row can be hazardous to your health. He can also be seen in the new Twin Peaks movie from David Lynch.

クリス・ケナー　エキセントリック・マジック

OVER ONE MILLION FOOLED!

100万人以上が騙された！

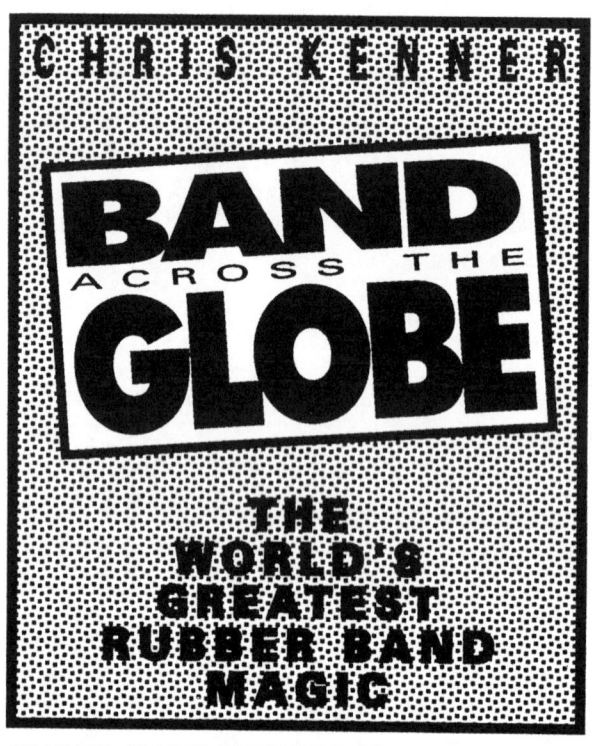

バンド・アクロス・ザ・グローブ

世界最高の輪ゴムを使ったマジック

THREE AWESOME ITEMS, INCLUDING:

IMAGINE TWO BANDS BEING VISIBLY LINKED IN THE CLEANEST POSSIBLE MANNER!

IMAGINE SHOOTING A BAND OUT FIFTEEN FEET AND HAVING IT ROLL BACK ON EDGE!

3つのすっごい作品が収録：
想像してみて。2本の輪ゴムができる限りクリーンな状態でヴィジュアルにつながる！
想像してみて。4.5メートル飛んでいった輪ゴムが、縦にコロコロ転がりながら戻ってくる！

"I WAS STUNNED. MY MOUTH WENT DRY AND MY JAW DROPPED. I WAS SO BADLY FOOLED THAT ALL I COULD DO IS PASS OVER MY CASH AND MUTTER MY MOTHER'S MAIDEN NAME. THIS IS AN AMAZINGLY PRACTICAL AND BEAUTIFUL PIECE OF MAGIC. IT JUST DOESN'T GET ANY BETTER THAN THIS!!"
— JAY SANKEY

「ビックリして口の中は乾き、あんぐり口を開けてしまいました。ひどく騙され、自分ができたのはお金を手渡すだけでした。これはビックリするほど実用的で美しいマジックです。これ以上は手に入れられないでしょう！」
ジェイ・サンキー

"THIS IS TOO GOOD FOR YOU. YOU SHOULD JUST GET OUT OF MAGIC. SO GOOD... I USED IT IN MY BOOK!!!"
— MIKE WEBER

「もったいなさすぎるだろう、君には。もうマジックの世界から出ていってくれ。永遠にな。これを俺の本に使おう!!!」
マイケル・ウェーバー

"THE MOST COPIED AND STOLEN CONCEPT OF THE YEAR!"
— MAGIC MAN

「今年いちばんコピーされ、パクられたコンセプトだ！」
マジック・マン

SEND FIFTEEN DOLLARS TO:
8412 F AUTUMN LEAF COURT
CHRIS KENNER
INDIANAPOLIS, IN 46268

PEACE MAN

マジック・マン・エグザミナー　4

MAGIC MAN
EXAMINER

マジック・マン・エグザミナー

第1巻、第4号

発行人

クリス・"シャトル・パスは使わない"・ケナーと
ホーマー・"ザ・ワーム"・リワッグ

編集者

クリス・"百万の顔を持つ男"・ケナーと
ホーマー・"西部一早いパスをする男"・リワッグ

編集主幹

クリス・"似たようなカード・マジックはいらない"・ケナーと
ホーマー・"似たようなカード・マジック大好き"・リワッグ

寄稿者

マイケル・ウェーバー

クリス・ケナー

マック・キング

マーク・ブランドベリー

フィル・ゴールドスティン

『大掛かりな嘘：誰がケネディを殺ったのか』の著者

マーク・レーン

誰がローラ・パーマーを殺したのか？

レランド・"ボブ"・パーマー

　『マジック・マン・エグザミナー』はFOMM（マジック・マンの友達　Friends of Magic Man）として知られる反乱軍の小部隊によって製作されています。FOMMは世界中のマジシャンたちに目を光らせ続けています。一見親切そうな家族が家猫の内臓を突然切り裂き始める機械を操る様子を描いたスティーブン・キングの7000ページの大著が新刊として出るのと同じくらいの間隔でエグザミナーは出版されます（だいたい年2〜3回くらいのようです）。マジックやマジシャン、ツイン・ピークス、またはケネディー大統領の暗殺に関して意見がある方は、ここまでメッセージをお送りください。

　注意深くお読みのあなたにお伝えしますが、このクソ雑誌を始めてからエグザミナーの事務所はこれで3回目の引越しをしました。もし引っ越しについて質問がある方は、クリスティーナ・ケナーまでメッセージをお送りください（上記と住所は同じです）。「次の号はいつだ？」という質問以外のすべてのコメントを歓迎します。

スポンサーからのひとこと

A WORD FROM OUR SPONSOR
スポンサーからのひとこと

　わお！　やっとエグザミナーの第1巻が完結しました。この4号が届く前に安っぽいラウンジで何度も演奏し続ける目的でビートルズが新たなアルバムのために集結するんじゃないかと思ったでしょ？　恐れることはありません……エグザミナーは今お手元にありますよ。私たちはこれからも同じ、すごく迅速なペースで出し続けていくでしょう。

　いつもながら、この号もすごいマジック、風刺、私たちの楽しみのためだけに入れたある程度の量の奇妙でよく知られていない参考文献などが詰まっています。マーク・ブランディーベリーの即席版マーク・ブランディーベリーのアルコールとカフェイン検知器には特に注目してください。これは最高に実用的で、いままでにないマジックとしてエグザミナーの頁を優雅に飾っています。このクソ雑誌に掲載されているほとんどの手順と違って、ブランディーベリーの手順はほとんどすぐに演じることができるのです……ほんの少しの練習だけで。ええ、ほんの少しの練習で済みます。

　熱狂的な読者の皆さんは雑誌のスタッフはなぜずっと忙しくし続けているのか不思議がっていらっしゃることは分かっています。ここ数ヶ月はリチャード・カウフマンが次に出版する、最高に興奮する本の執筆、イラスト、レイアウトに捧げていました；その名も『ニンジンを使ってできる10のこと』。いいえ、冗談です。この本は『トータリー・アウト・オブ・コントロール』と言います。エグザミナーのスタッフは最高におすすめします。

　エグザミナーのスタッフは、エグザミナーの本拠地であるインディアナポリスで開催されたS.A.M.国際大会で最高の時間を過ごしてきました。気前よくおもてなしをしてくれたスイートルームのC.B.さんに心から感謝します。もしこの大会に参加していらっしゃったなら、最後のショウにマジック・マンがゲスト出演したことに気づいたと思います。マジック・マンはマイケル・アマーの切手を見せて、エルヴィスの切手の伝統に則って、観客にどちらの切手が好きか投票させました。このエグザミナーに掲載した作品の実験場となったレストラン「イリュージョン」にいらっしゃった皆様にも感謝します。

チャイナ・プロダクションズは最近ジェイク＆チャイナ・プロダクションズに名称を変えました。これは最近迎え入れたふわっふわで真っ白の、ウエスト・ハイランド・ホワイト・テリア種の警察犬のためです。この助手のためにチャイナは働きづめのスケジュールになっています。アーティストによるこの子の絵は次の通りです。

注：実物大ではありません

クリス・ケナー　エキセントリック・マジック

シナリオ

今日の話は、我らが住み込みの死霊使い「マジシャン・カーズィー」がデコボコした地元のショッピング・モールを歩きながらマジックを演じていたときの話。上着のえりには「マジシャン・カーズィー……あなたの目の前で現実が崩壊する」と書かれた宣伝のバッチが付いています。このちっさいスケールの広告だけでもショッピング・モールに住み着くネズミたちの軍団の好奇心を刺激するには十分でした。ほんの数秒で、ネズミの大群は明かりに集まってくる蛾の大群のようにカーズィーを取り囲み始めました。もし、カーズィーが何も演じなかったら、落ち着かない有象無象が暴力に訴えかけかねません。Tシャツとジーンズしか着ていないカーズィーは、ケーブルテレビの潜入ドキュメンタリー番組に彼が死にゆく姿が描かれるのではと心に思いました。でも、彼は幸運でした。ダイナマイト級の現象を演じる準備をしていたことを思い出したのです。魔法使いは誰かのヒップサックからヨレヨレに折れたデックを借ります。カードが選ばれて印がつけられます。一般的な縄張りを示す色でスプレーしても良いですし、ナイフでカードを傷つけても良いですし、単にシャーピー・ペンでサインしてもらっても構いません。カードは残りのデックの中に混ぜ込まれます。魔法使いは選ばれたカードがデックから消え、自分のポケットの中に移動したと言います。マジシャンはジーンズの左ポケットに手を入れますが、中に入っていたのは飛び出しナイフだけで、それを取り出すと群衆はビックリしました。そのために、群衆の中には自分のズボンの左ポケットから大型の飛び出しナイフを取り出す者もいました。カーズィーは「ごめんなさい、ポケットが違いました」と謝罪しました。右ポケットに手を伸ばしますが、中にはカギとホコリまみれのコンドームしか入っていません。観客たちはイライラし始め、満足がいく結果を出せと要求しました。マジシャンは「またポケットが違いました！」と言います。明らかに空っぽの右手を右ポケットに付いている小さな‘小銭入れ用’ポケットに近づけ、その中に指を2本だけ差し込みました。ほとんどのジーンズに付いているこのポケットから、カーズィーはサイン付きの選ばれたカードを引っ張り出して、観衆を楽しませました。信じられないかもしれませんが、ここで友情の輪が生まれ、カーズィーは地元のゲーセンにみんなと出かけて、「スターゲート」の死の挑戦に立ち向かうのでした。

これは即席に見える状況下で観客たちをビックリさせることができる現象です。あな

たの好きなジーンズを取ってきて、"小銭入れ"用ポケットの底に切れ込みを入れます。これは大きく切って、前側にあるポケットの中に簡単にアクセスできるようになっていないとダメです。ジーンズの両側にある前側のポケットに何か小物を入れて（その小物が奇妙なモノであるほど、より面白くなります）、準備完了です。

　カードを選んでもらい、その表面にサインをしてもらいます。これは任意です。デックを両手の間に広げ、広げたカードの中央部分で2つに分けます。左手に持ったカードを揃えて持てるようにします（図1）。観客に選んだカードを左手に持っているカードの上に返してもらいます。右手に持っている広がったカードを左手の親指の付け根に押し当てて揃えます。そうしながら、左手の指先を使って選ばれたカードの上にあるカードを摩擦で右側にはみ出すようにします（図2）。カードは雑に集まった状態で持ちます。このカードを右手に持ち替え、左手で何らかのジェスチャーをします（図3）。これは観客の猜疑心をなくしてしまいます。カードを左手に再び持ち替え、両手でカードを揃えますが、左小指で選ばれたカードの上にブレークを作ります。カードにはステップが作ってありますので、これは簡単にできます。

　左手はデックの下半分の右側を強く下げ、このパケットをひっくり返して表向きになるようにしながら、右手はブレークから上にあるカード全部をビドル・グリップで持ちます（図4）。手のひらを上に向けるように右手を返しながら、右手に持っているカードをオー

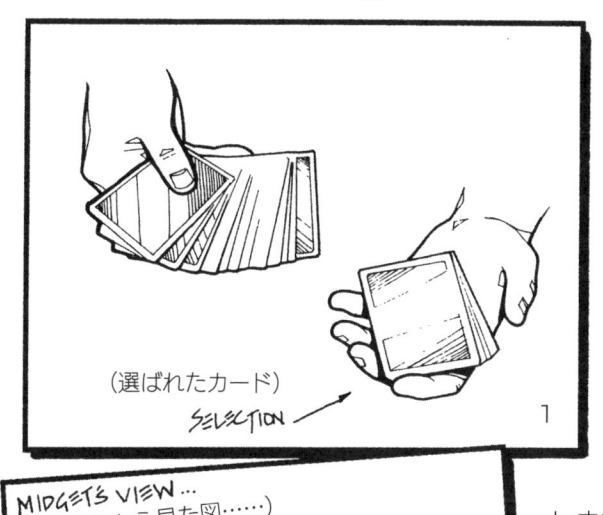

（選ばれたカード）
SELECTION

1

MIDGETS VIEW ...
（小人さんから見た図……）

2

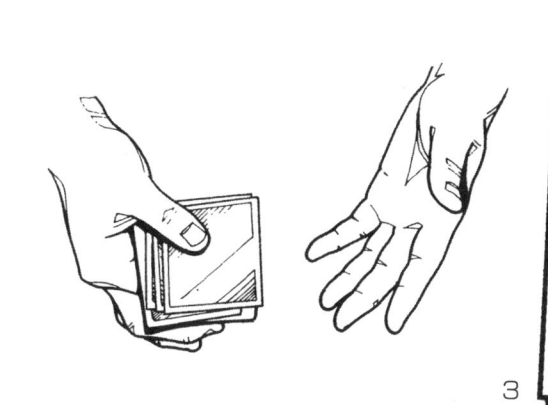

3

4

クリス・ケナー　エキセントリック・マジック

バーハンド・シャッフルで左手に持っているカードの表に切り下ろしていき、右手の回転する動きを止めます（図5）。こうすることで、カジュアルな感じで選ばれたカードをデックのトップへと移し替えることができます。デックを裏向きにして、左手ディーリング・ポジションに持ち直します。

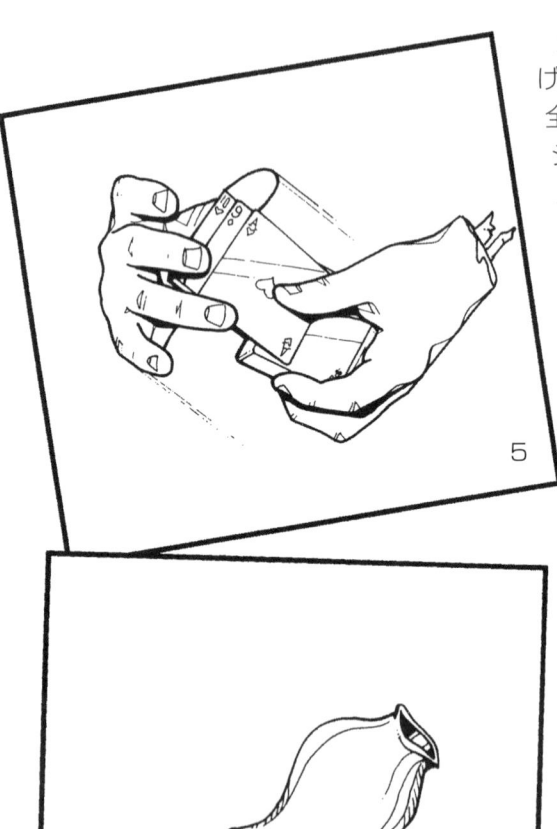

ONE
HAND
TOP
PALM
（ワンハンド・
トップ・パーム）

5

6

選ばれたカードがポケットへ飛行したと告げます。右手はデックの上からかけて、デック全体をビドル・グリップで持ちます。左手をジーンズの左前ポケットに入れて、選ばれたカードがあるか探します。その間に、右手は選ばれたカードをワンハンド・トップ・パームします（図6）。左手でポケットの中から仕込んでおいた小物をいくつか引っ張り出してテーブルに置きます。明らかに、選ばれたカードは見つかりませんでした。デックを左手に持ち替え、右手を（パームしたカードと一緒に）ジーンズの右前ポケットに突っ込みますが、ヴァーノンのテクニックを使って右親指と人差指だけをポケットに差し込みます（図7）^{（後注1）}。すべての小物を取り出しますが、選ばれたカードだけポケットに残します（図8）。

お詫びをしながら、（オイルタンクに半分だけガソリンを入れておくんじゃなくて）右手が完全に空っぽであることを示して、小さな"小銭入れ"用のポケットに右人差し指と中指だけを差し込みます（図9）。小さなポケットの底に開けたスリット越しに選

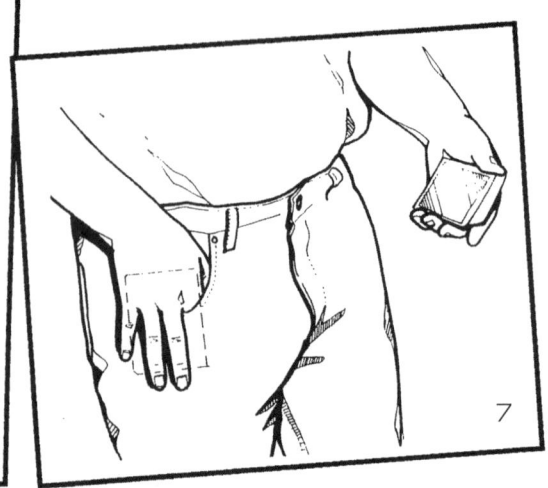

7

ばれたカードをつかむのは訳なくできます。ゆっくりと選ばれたカードを引っ張り出します（図10）。これは観客をかなりビックリさせるでしょう。

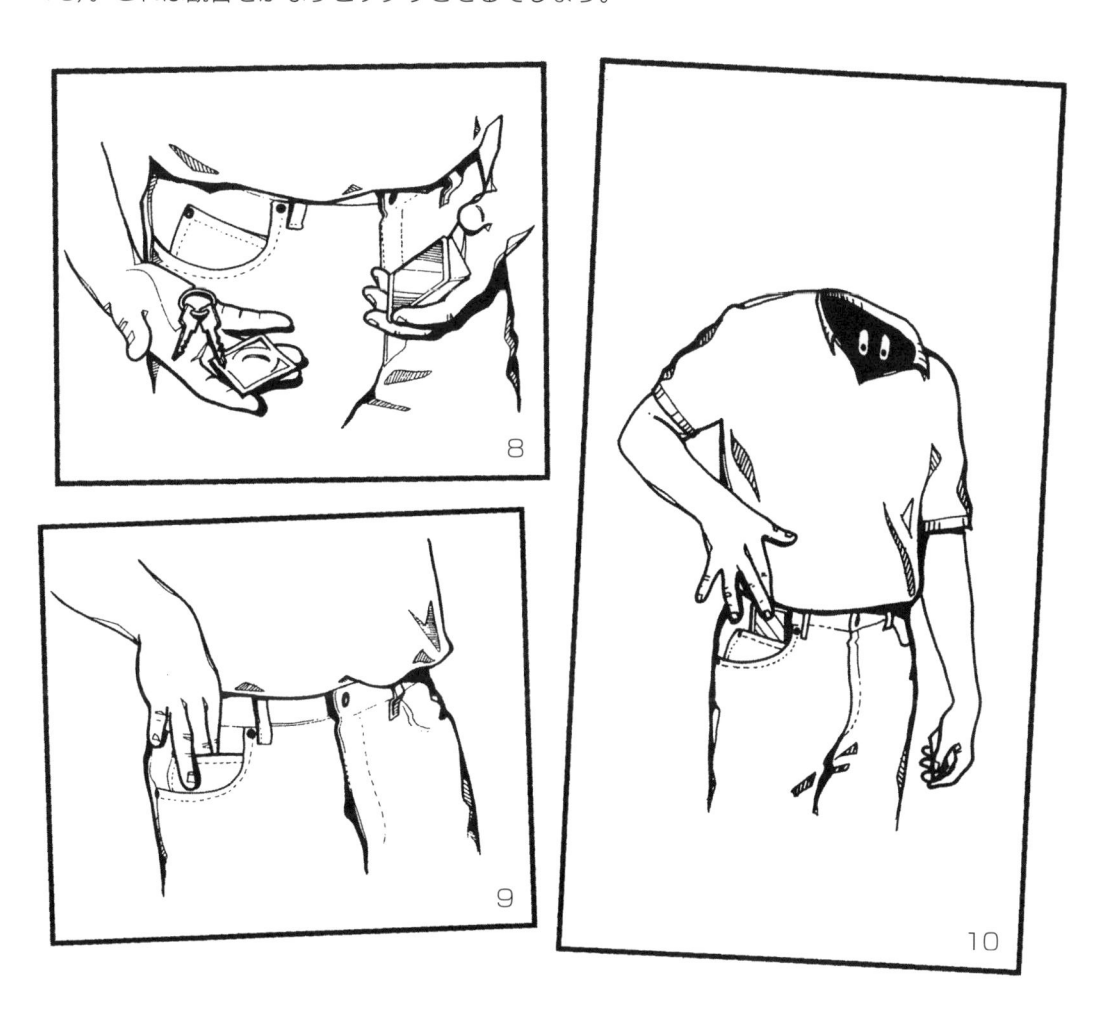

*後注１：実際はカナダのノーマン・ホートンのテクニックです。奇術専門誌『イビデム（Ibidem）』12号（1957年）が初出です。のちにゴードン・ブルースが有名にしました。詳細はロベルト・ジョビーの名著『ロベルト・ジョビーのカード・カレッジ　第3巻（原著名：Grosse Kartenschule Band 3、英語名：Card College vol.3：A Complete Course in Sleight-of-Hand Card Magic）』（原著はMagic Communication刊、英語版はスティーヴン・ミンチ共著、Hermetic Press刊、日本語版は壽里竜訳、東京堂出版刊。1992、1996、2006年）を参照してください。

クリス・ケナー　エキセントリック・マジック

MARK BRANDYBERRY

IMPROMPTU VERSION

マーク・ブランディーベリー

即席版

私はあるパドル・トリックを十数年にわたって演じ続けてきました。親友のハワード・ロビンソンがこのパドルをくれたときに、マジック・キャッスルで開催されたアンティークのオークションで2つ手に入れたと説明してくれました。彼が最初このパドルを演じてくれたとき、本当にショックを受けました。今まですべてのパドル・トリックを見てきましたが、このパドルに騙されるとは信じられなかったのです。

ハワードは古典的な形をしたマジック用のパドルを見せました。このパドルには縦に3つの穴が開けられていました。小さな棒（折ったつまようじ）をパドルの中央の穴に差し込み、手首をヒョイっと振ると、棒が別の穴へと飛び移ったように見えるのです。棒は抜き差しできて、このトリックは何度も何度も繰り返し演じることができます。棒がどの穴にも飛び移ることなんて不可能にしか思えません。ハワードは秘密を見せてくれました。私はまたショックを受けました。方法は本当に天才的で、秘密を知ることはこのマジックで騙されたことよりももっと楽しかったのです。もしハワードがこれを私に見せてくれなかったら、絶対にトリックを解明できなかったと確信しています(後注1)。

長年の間、このつまようじを使ったパドル・トリックは私のショウの

BOOZE
アルコール

AND
と

CAFFINE
カフェイン

DETECTOR
検出器

中で不可欠な演目になりました。そして、これを「アルコールとカフェイン検出器」と改名しました。最近になって、スターライト・マジックのビル・プーカがこの現象を私のために作ってくださって、独占的に私はこのパドルを使っています。

最近、私はこのトリックの即席版を開発しました。なので、私は「アルコールとカフェイン検出器」なしに「アルコールとカフェイン検出器」を演じることができるようになったのです。本当のことを言えば、即席版がオリジナルのパドルを使った演技に置き換えられるか？と言われると分からないのですが、でも、これは強力な代替手段なのです。

つまようじが1本（軸が丸くなっているものが最高です）とタバコが1本（フィルターがついていないものが最高です）が必要です。

つまようじを使ってタバコの中央に1列に並ぶように3つの穴を開けていきます。つまようじを中央の穴に差し込みます。命令すると、つまようじが別の穴へと飛び移ります。この目新しい装置は飲み物の中にアルコールまたはカフェインが入っているか探索するのに使うのだとマジシャンは説明します。

タバコを借りるか、あらかじめ準備しておいたものを取り出しま

即席版アルコールとカフェイン検出器

す。私は普通フィルターが付いていないタバコを使っていて、このマジックのためにフィルターが付いていないタバコを1箱持ち歩いています。そして、つまようじを借りるか、あらかじめ準備しておいたものを取り出します。軸が丸いつまようじが必要です。平らなつまようじですと対称な形ではないからです。セリフを話し始めながら、つまようじを使ってタバコに穴を開け始めます。最初の穴はタバコの半分まで刺しますが（図1）、しかし、タバコを突き抜けないようにします。最初の穴は単にタバコの巻き紙につまようじを突き刺し、指先でつまようじを回すように動かして穴を大きくします。2つ目の穴を開ける間もセリフを続けます。2つ目の穴は完全にタバコを貫くようにして開け、最初の穴から約6ミリ離れた場所に開けないとダメです（図2）。3つ目の穴は再び完全にタバコを貫くように、2つ目の穴から約6ミリ離れた場所に開けます。ここから4つ目、最後の穴を開けます。タバコを回転させると、タバコの反対側には本物の穴が2つ見えることに注意してください。4つ目の穴は別のニセの穴なのです。最後の本物の穴から約6ミリ離れた部分に開けます。最初のニセの穴と同じようにつまようじを回すようにして穴を大きくします。こうすることで本物の穴のように見せかけるのです。

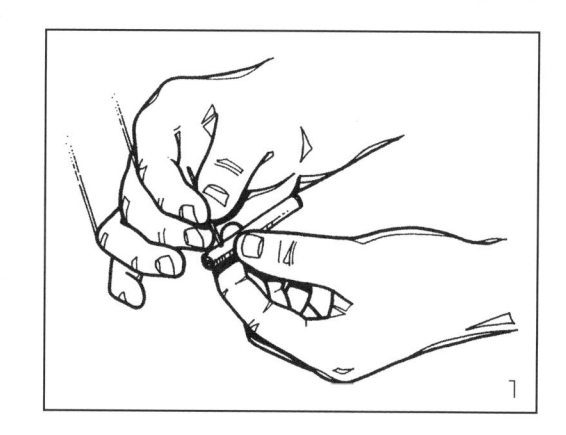

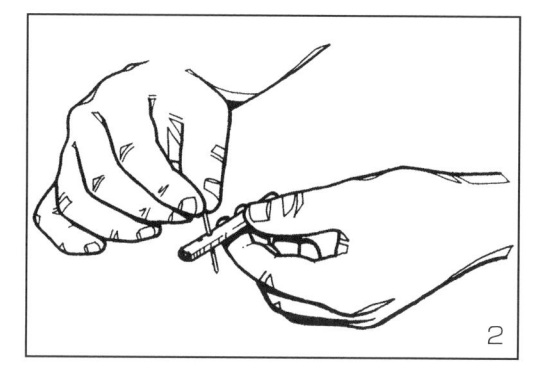

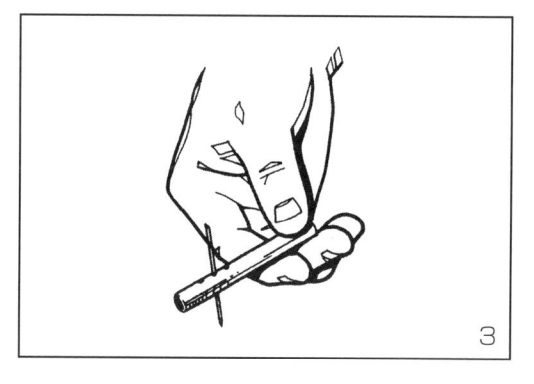

この手続きをしている間、あなたの動作について本当の説明はしません。セリフは続けますが、穴を開けていることについては告げません。観客が知っている限り、あなたはタバコに穴を何個か開けましたが、観客は実際何個の穴を開けたのか知りません。しかし、彼らはすべての穴はタバコを突き抜けていると信じていて、2つの穴が偽物であると疑わせるようにしてはダメです。観客には3つの穴以上穴があるようには決して見えません。

トリックを演じる準備ができました。つまようじを取り上げ、タバコの中央の穴に差

し込みます（タバコのどちらの面でも使えます）。つまようじは半分くらいの長さを押し込まないとダメです（図3）。タバコを親指と人差し指の間でつまんで、タバコをこの2本の指で転がして半回転させながら、同時に手のひらを下に向けるように返し、古典的なパドル・ムーブを行います（図4）。観客はつまようじが片側から反対側まで真ん中の穴に通っているのが見えます。本当は、つまようじは片面にある中央の穴に通り、反対の面にある違う穴を通っているのです。今の状態のタバ

クリス・ケナー　エキセントリック・マジック

コを調べてみると、私の言っていることがお分かりになると思います。この動作の逆を行います、つまり親指と人差し指でタバコを半回転させながら同時に手のひらが上を向くように返して元の位置に戻すのです。また、どれだけゆっくりパドル・ムーブができるのかと感心されると思います。大変ゆっくりパドル・ムーブを行うことができ、この錯覚は大変人の目を欺きます。

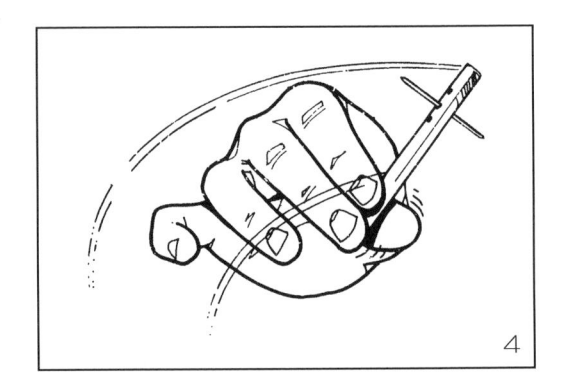

　パドル・ムーブを行い、タバコが上を向いてつまようじの端があなたの胸に向くようになったら動作を止めます（図4）。このままタバコを下げてタバコが水平になるようにしますが、パドル・ムーブはしません。観客の目の焦点が再び定まるまでに数秒かかります。この動作をしながら、タバコを少し揺らします。タバコの動きを止めると、つまようじが真ん中の穴から別の穴に飛び移ったように見えます（図5）。間をおいて、現象が観客の心に沁みこむようにします。観客は何が起こったか理解するまで少し時間が必要かもしれません。

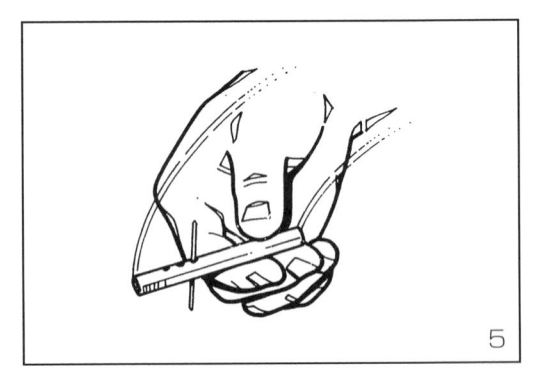

　つまようじを抜いて、再び中央の穴に差し込みますが、タバコを回転させません。ここで再びパドル・ムーブを行って、つまようじが中央の穴に通っていることを示します。上を向いているタバコを先ほどのように下に向けます。言い換えると、パドル・ムーブをせずにタバコを下ろすのです。つまようじが反対側の穴に飛び移ったように見えます（図6）。

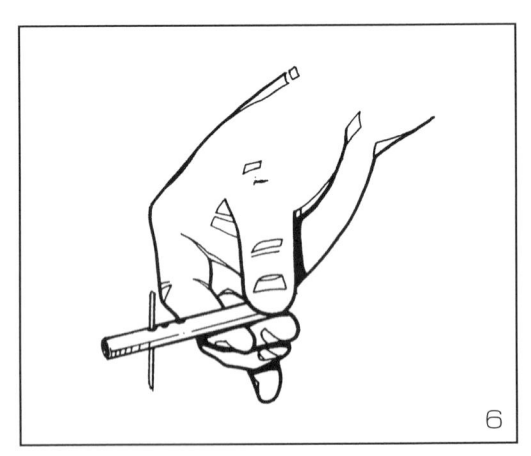

セリフのテキスト

　皆さん、これから「アルコールとカフェイン検出器」をご紹介しましょう。今、私がこれをお見せする前に、自分について少しだけお話しさせてください。私は起業家であり発明家です。妻は私を下手っぴな修理屋と呼んでいますが、こう呼ばれることで町内での私の立場は台無しになっているんだと思います。。　私はだらしない人たちの人生をより良くするために何かを発明しようと人生を捧げ

ました。もしそうでなければ、私は大金持ちになっていたでしょうね。
この思いをいつも念頭に置いて、私は「アルコールとカフェイン検出器」を研究、開発しました。タバコのように見えるこの小さな物体は、時間とお金と莫大なイライラからあなたを救うでしょう。あなたのような素人さんにはとても説明することができないプロセスを通して、この「アルコールとカフェイン検出器」は、これに付いている指針で、飲み物

のガラスの中に含まれるアルコールやカフェインのイオンを検出します。

　何が起こるかと言いますと、「アルコールとカフェイン検出器」の中央の穴に指針を差し込み（指針—つまようじです—を示してタバコに開けた中央の穴に差し込みます）、「アルコールとカフェイン検出器」を水入りのグラスの上で振った場合、何も起こりません（タバコを水入りグラスの上で振ります。針が中央の穴に刺さったままなのを示します）。

　これはダウジング用の棒でもどんな種類のダウジング用装置でもありません。　これは血に飢えたナイフみたいな武器でもありません、私はあなたに警告しましたからね。　それでも「アルコールとカフェイン検出器」をカフェインが入った飲み物の上で振ると（コーヒーの上でタバコを振り始めます）、よく見てくださいよ、指針が真ん中の穴からは端っこまで飛びます（上記で解説したように「つまようじをジャンプさせるテクニック」を行います）。　間違いなく、この飲み物にはカフェインが入っています。

　だから何？　だから何？って言いました？　良いでしょう、あなたは朝に開かれる大きな商談を目前にしていて、そのためにスッキリ目を覚ましたいと思っていたとしましょう——あなたはカフェイン抜きのコーヒーを注文します。でもね、こういった忙しいバーでは、彼らはいつもコーヒーポットをいっしょくたに使って淹れているので、カフェイン抜きのコーヒーに紛れていたカフェインのせいで目がさえ切ってしまい朝3時に不安に駆られて部屋中をウロウロと歩き回り続けてしまう羽目になってしまうのです。　だから何？って？「アルコールとカフェイン検出器」を使いさえすれば、こんな恐ろしい思いをせずに生きていくことができるんですよ。

　ならば、あなたのグループであなたがドラ

イバーに指名されてそれに同意したとしましょう。　あなたは友人たちに対して取り返しのつかないことをするなんてことは嫌でしょうが、ここみたいな忙しいバーでは、彼らはいつもアルコールで汚れた飲み物とノンアルコールのドリンクがいっしょくたにして作っていることを知っていますよね。　もう自分自身でそんな恐怖を抱え込む必要はないのです。

　よーく見ていてください：さあ、指針を中央の穴に戻しますよ（こうします。しかし、タバコを回転させてはダメです。見えている面の中央の穴につまようじを挿すのです）。そして、もし「アルコールとカフェイン検出器」をこの飲み物の上で振ると—ほら！—指針がこっちの端に飛び降りていきました！（上記で解説したように「つまようじをジャンプさせるテクニック」を行います）　お客様、明らかにお酒飲みすぎですね。おめでとうございます！（ここで「アルコールとカフェイン検出器」を2度目のリセットを行います：つまり、つまようじをタバコの今見えている面の中央の穴に挿します）

　お客様の中に混じっている懐疑的な人たちのために、この素晴らしい製品のメリットをもう一度実演したいと思います。　インジケーターの針を中央の穴に戻し、カフェインが入っているドリンクの上で振ると、よく見て！、指針がこっちの端に飛び降りて行きました。（上記の動作を繰り返します）

　しかし、まだあなたにお話ししていない何かをお見せすると私は約束しました。「アルコールとカフェイン検出器」であなたの息に含まれるアルコールを検出できるんですよ。指針を中央の穴に挿し直して、お客様、この「アルコールとカフェイン検出器」に息を吹きかけてくださいますか？（上記の動作を繰り返す。今回はタバコを観客の口に向ける。指針は再び飛び移り、観客の息にアルコールが含まれていることが検知されました）完璧っ！

クリス・ケナー　エキセントリック・マジック

インディアナ州立警察にこの素晴らしい製品を売ることもできそうですよ。 もう、ゴム製の風船に吹かなくてもすみます。「アルコールとカフェイン検出器」に息を吹きかけるだけで良いんです。 風船があなたの口に残すゴムの後味は嫌いじゃないですか? そうでしょ?

さあ、今日からあなたも「アルコールとカフェイン検出器」を手にしませんか?　私から直接でも、通販サイトのシャーパー・イメージ（注：アメリカ版の「ジャパネットたかた」だと思ってください）からでも買うことができますよ。お値段もものすごくお求めやすい2500ドルポッキリ！」

――――――

軸の丸いつまようじを使ってください。軸が四角いつまようじはまあまあ使えます。上記のように平らなつまようじは非対称なので使えません。

フィルター付きのタバコでも使うことはできますが、フィルターによって観客の視線が集まってしまいます。3つの穴もタバコの上を上ったり下がったりするのが分かってしまいます。私はこのマジックにはラッキーストライクを使っています。ラッキーストライクは目立つことがなく、穴がタバコの上をどうやって移動するのかバレることがありません。ノーブランドのタバコの中にもラベルやフィルターが付いていないものがあります。

トリックが終わった後で観客がタバコを調べたいと言うのをどうやって避けるのか?とずっと尋ねられてきました。ぶっちゃけ、気にしないでください。私は単にポケットにしまったり、投げ捨てたり、消したりしています。このマジックを楽しんでください。私が良いと言ってるのですから、私を信じてください。 試してみてください。 間違いなく、後で私に感謝するはずです。

＊後注１：『クロースアップマジック事典』（松田道弘著、東京堂出版刊、1990年）58頁を参照してください。大変古いマジックで『妖術の開示 (Discoverie of Witchcraft)』（レジナルド・スコット著、1584年）にも解説があります。
基本技法のパドル・ムーブについては『図解マジックテクニック入門』（カズ・カタヤマ著、2003年）などを参考にしてください。

ハウディ！ 僕マック・キング　あと、これ僕のカウント

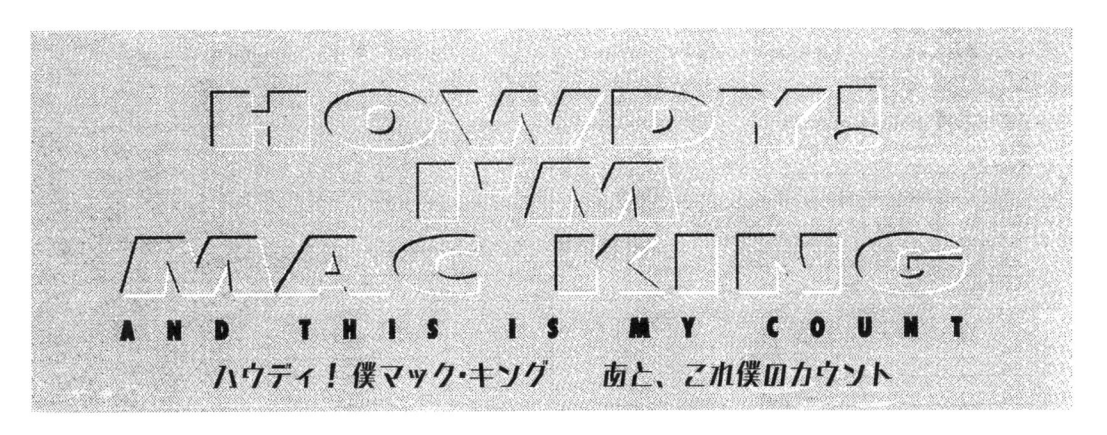

HOWDY! I'M MAC KING

AND THIS IS MY COUNT

ハウディ！僕マック・キング　あと、これ僕のカウント

紳士淑女の皆さん、マック・キングがやってきました。彼をちょっと励ませば、何か私たちに演じてくれるかもしれませんよ！！！　でも、彼が成功を収めたコメディーショウからの企業秘密を明かしてくれないでしょうから、エグザミナーは彼の右のドレスシューズの中からクロースアップのちょっとしたアイデアを見つけてきました。

　以下に解説するのは大変観客の目を欺く偽のカウントです。カードでも名刺でも同じように演じることができます。このカウントはかなりの応用が利きます。4枚のカードをつかめば、始める準備は完了です。

　4枚のカードを5枚に数えることにしましょう。4枚のカードを裏向きにして、パケットの左側の中央を左親指と残りの指先で持ちます。左手はテーブルから約5センチ浮かせ

ます。右手は左手と同じ格好で、パケットの右側をつかみますが、右親指と人差し指、中指だけでつかむようにします（図オンスキン）。

　このイラストは観客がカウントを見るべきベストな位置を示しています。右人差し指がちょうどパケットの右上隅の真下にあることに注目してください。右人差し指をこうすることで素晴らしく "パチン！" とカードを弾く音を立てることができ、これがカウントを欺くものにします。右手でパケットのトップ・カードを引き取って、左手の右真横に下ろしておきます（図デュンスキン）。右人差し指と中指がまだカードの右外隅の下にあることに注意してください。カードをテーブルに平らになるように置きながら、右人差し指と中指を内側に曲げ、右外隅が "パチン！" と音がなるようにして「1」と数えます。

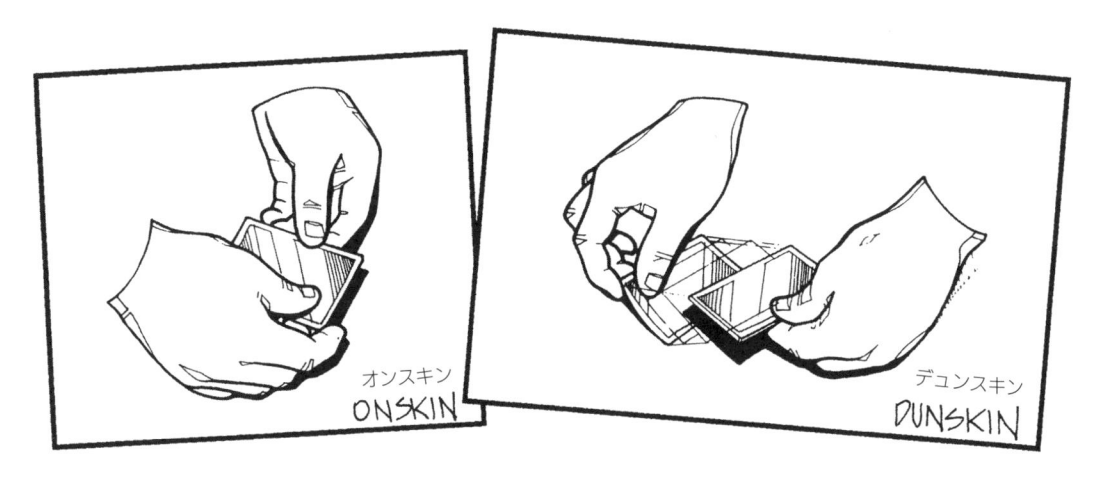

オンスキン
ONSKIN

デュンスキン
DUNSKIN

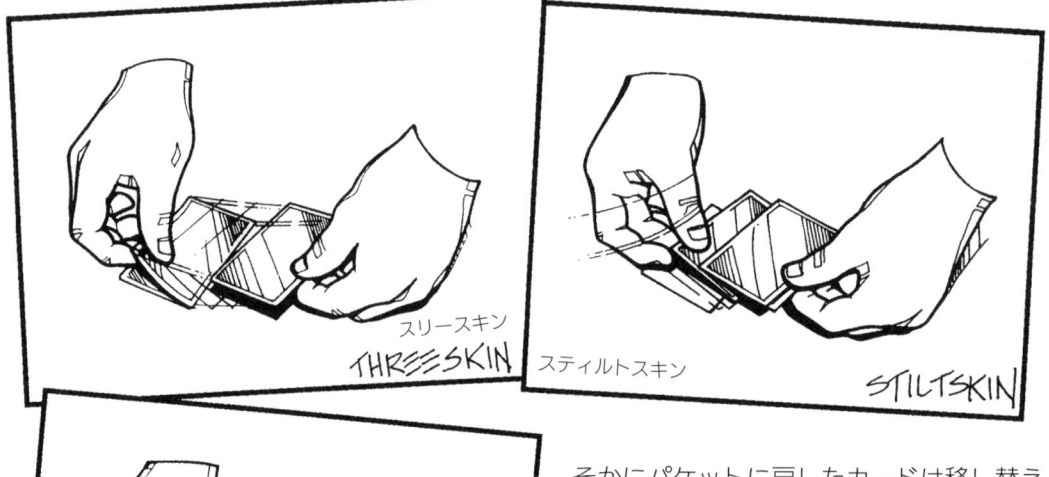

スリースキン
THREE SKIN

スティルトスキン
STILTSKIN

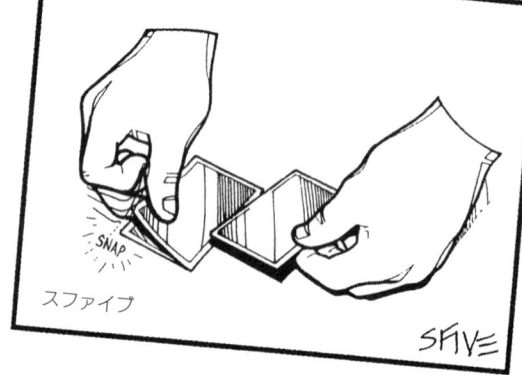

スファイブ
SAVE

間をおかず、右手を左手まで戻し、次のカードをパケットのトップから引き取ります。このカードを先ほどテーブルの上に配ったカードの上に載せますが、しかし、まだカードを放してはいけません（図スリースキン）。右人差し指と中指がまだカードの右外隅の下にはさまっていることに注意してください。右手の人差し指を内側に曲げて「パチン！」と音を立てて「2」と数えます。右親指と中指でこのカードをまだ保持しています（図スファイブ）。すぐに右手は左手に向けて動かし、今配ったカードをパケットに戻します（図スティルトスキン）。右手の指先でこのカードをパケットの下にすべり込ませながら、右親指は次のカードをトップから引き取ります（図ヴェンスキン）。このカードをテーブルに配ったカードの上に配りますが、右手の指先でカードの右外隅を"パチン！"と弾きながら「3」と数えます。ここまですべての動作はスムーズで急がないペースで行っています。ひ

そかにパケットに戻したカードは移し替えている間見えないままです。

この時点で観客たちは3枚のカードをテーブルに配ったと信じています。実際は、2枚だけしか配っていません。残りの2枚のカードを右手で配りながらカウントを1枚ずつ続けて、その都度「4」「5」と数えます。それぞれのカードを配るときにカードの右外隅をパチン！と弾いて音を立てることを忘れないでください。

基本的にはこれでおしまいです。キビキビとした途切れないようなリズムでカードをカウントしていきます。効果的に見せるカギは、それぞれのカードを数えるときにカードの右外隅をパチン！と弾くことです。観客は5回ハッキリとカードを弾く音を聞くでしょう。もしお好みなら、3枚目のカードを数えるときにフォールス・ディールをしても構いません。あなたにお任せします。

ちょっと改良すれば、マックのテクニックを使って、4枚のカードを用いたエルムズレイやジョーダン・カウントを行うこともできます。エルムズレイ・カウントには、最初のカードをスチールしてパケットに戻しながら、左親指はパケットのトップ2枚を一緒に押し出して「2」と数えます。残りの2枚のカードを「3」「4」と数えて終わります。こ

うするとトップから3枚目のカードを隠して おくことができます。ジョーダン・カウントに は、最初のカードをテーブルに配り、2枚目 のカードをスチールしてパケットのボトムに 戻します。すぐに左親指でトップ2枚を一緒 に押し出してこの2枚重ねをテーブルに配り ます。残ったカードを配りながら「4」と数え ます。こうすると4枚パケットのボトム・カー ドを隠すことができます。

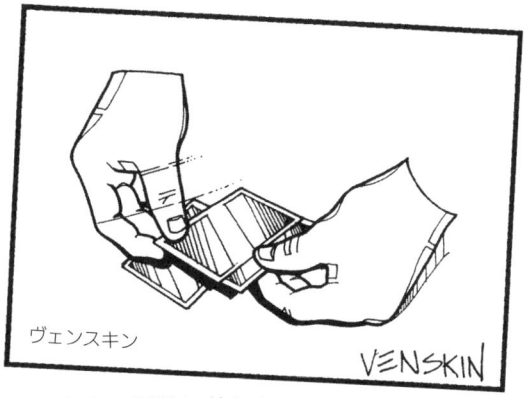

ヴェンスキン　VENSKIN

注：このテクニックを使って、3枚を4枚に 数えることも可能です。ちょっと苦心すれば、 紙幣を使って同じようにカウントすることが できます。しかしこれはよりずっと難しくな

ります。紙幣に使われて いる紙質のせいで“パチン！”という音が小 さくなってしまうからです。

Aztec

アズテック

PHIL　GOLDSTEIN

フィル・ゴールドスティン

　次の手順には『マジック・マン・エグザミ ナー』の編集スタッフたちを満足させるよう な技法は使っていないのですが、いずれにせ よ、たぶん彼らはこれを掲載するでしょう。

　演者は2つの、片方は赤裏、もう片方は青 裏のケース入りデックを取り出します。観客 はどちらかのデックを選びます（青裏デック を選んだとしましょう）。演者は後ろ向きにな り、観客はカード・ケースからデックを取り出 し、よく混ぜて、1枚のカードを選んで覚え たら、逆向きにしてデックに戻します。

　演者は正面に向き直ります。彼は青裏の デックから1枚のカードを抜き出して、赤裏 のデックに向けて投げ込むパントマイムをし ます。青裏のデックを広げると、そこには反 対向きになったカードはありません。赤裏の デックをケースからデックを取り出して、表 向きに広げていきます。すると1枚の裏向き になった青裏のカードが現れます。ここで初

めて演者は観客に選ばれたカードの名前を聞 きます。裏向きになった色違いのカードを広 げたカードから抜き出して、これが選ばれた カードであることを示します。

　両方のデックともギミック・デックです。 青裏のデックには裏面に何のカードか分かる マークが付いています。マークはカードの左 外隅と右内隅に付いていないとダメです。そ うすることで、デックをファン状に広げたと きにマークを読み取ることができます。もう 一つ、このデックには準備が必要です。すべ てのカードの表にラフスプレーを吹きかけて おくのです。このデックを青いカード・ケース の中にしまいます(後注1)。

　2つ目のデックは青裏のデックで作った 「ウルトラ・メンタル・デック」です(後注2)。ペア になったカードの内、奇数のカードがすべて 上を向いていて、偶数のカードがすべて下を 向いているようにします。そして、赤裏のブ

クリス・ケナー　エキセントリック・マジック

ランク・フェイス・カードを裏向きにしてデックのトップに、表向きにしてデックのボトムにそれぞれセットしておきます。このデックを赤いカード・ケースの中にしまいます。これで準備完了です。

　2つのデックを取り出します。観客にどちらかのデックを選んでもらいます。この選択は意味がありません；どちらが選ばれても、同じ結果になります。もし青裏のデックが指名されたら、それを観客に手渡して、「後で使います」と言いながら赤裏のデックを脇にどけます。赤裏のデックが指名されたら、このデックがクライマックスに必要なんですと言いながら脇にどけ、最初は青裏のデックを使いますと言いながら観客に手渡します。

　あなたが観客に背を向けたら、観客に青裏のデックをよくシャッフルしてもらい、1枚のカードを抜き出して覚えてもらったら、このカードを表向きにして裏向きデックの中に戻してもらいます。

　正面に向き直り、観客が何のカードを選んでそれをひっくり返して青裏のデックに戻したか知ることはどれだけ不可能であるか強調します。青裏のデックから1枚のカードを抜き出して、赤裏のデックの中に投げ込む動作をパントマイムで演じます。青裏デックを取り上げて、カードの裏面が観客の方に向くようにして持ちます。カードをファン状に広げて、ひっくり返して入れたカードが消えたこ

とを示します。

　ラフ加工のおかげで、ひっくり返して入れたカードは関係ないカードの表面とくっついて2枚重ねになっているために観客の視野からは見えません。しかし、カードのファンのあなた側の面からはひっくり返して入れたカードの裏面が見えます。マークを読み取ります；これで観客が選んだカードが何か分かります。

　赤いカード・ケースに入ったデックを取り出しますが、選ばれたカードの数字が奇数か偶数でどちらの面を上にしてデックを出すか決めます（たとえば、選ばれたカードがハートの5だったら、奇数のカードが上を向くようにしてデックを取り出します）。ケースを開き、デックを取り出しますが、ボトム・カードはケースの中に残します。これは白い面が上を向いたブランク・フェイス・カードです。もし、観客にケースの中がチラリと見えても、白い表面しか見えませんので、ケースの内部と同化してしまいます。

　ケースからデックを取り出すと、赤いカード・ケースから裏向きの赤裏デックを取り出したように見えます。普通の「ウルトラ・メンタル・デック」の手法を使って、必要なカードが表向きに広げたカードの中で唯一裏向きになっていることを示します[後注3]。観客はこのデックが赤裏のデックだと信じていますので、観客はこの裏向きになっているカード

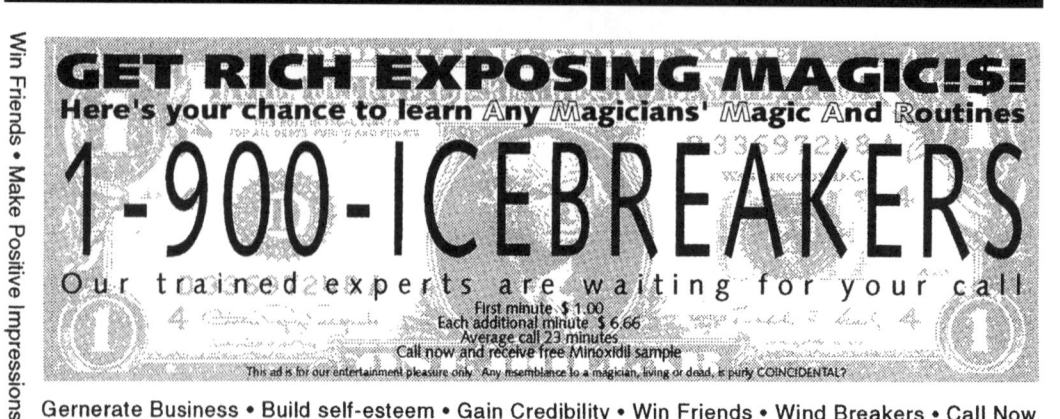

※297頁

が唯一の青裏カードだと思い込みます。したがって、魔法のように飛行してきた選ばれたカードだと思います。

　あとは観客に選ばれたカードの名前を初めて聞いて、裏向きのカードを広げたカードから抜き出して、表向きにして成功裏にマジックが終わったことを示します。

　方法がほんのわずかだけ関連していて、現象はまったく違うのですが、この手順を作る上でスチュワート・ジェームスが1940年代に作った未発表の作品「ワン・フォー・トゥー・カード (One For Two Card)」が引き金になりました。「ウルトラ・メンタル・デック」を広げる前に2枚の関係ないカードの内1枚を使って、このデックの両面を示すアイデアについては誰が最初に考えたか追うことができませんでした。もしかしたらピーター・ワーロックかもしれません。「アン・アディション・トゥー・ザ・"ブレインウェーブ・デック" (An Addiciton to the "Brainwave Deck")」(『Patterns For Psychics』(クレイドン刊、1947年) に掲載) で同じ目的のために賢いギミックのカード・ケースを使っています。知っている限り、ブランク・フェイス・カードをデック保護の手段のために使うアイデアは私のものです。

＊後注1：カードの片面に粗面加工（ラフ加工とも。カードの表面をわざとざらつかせる加工）を行って、粗面加工した面同士を合わせたときこの2枚重ねがずれないようにするのです。この加工専用のスプレーは、インターネットで「ラフスプレー」と検索をかけると購入可能です。もし入手が難しい場合は和信ペイントから出ている「ワシン　水溶性つや消しニススプレー」を使います。これですとホビーショップからホームセンターまで、多くの場所で購入が可能です。

大きな厚紙かベニヤ板に仮止め用の両面テープを貼り、そこにカードを固定します（カードを固定することでスプレーを吹き付けた後に反りにくくなります）。スプレーを少なくとも30センチ以上カードから離して、液剤を吹き付けすぎないように注意しながら薄くまんべんなくスプレーして、よく乾燥させます。加工を強力にするにはカードを完全に乾かしてから2度吹き付けてください。これはラフスプレーを使った時も同じことですが、カードが反ったり、表面が白っぽくなってしまったら、それはスプレーのかけすぎです。要らないカードで何度か試してみると、コツがつかめます。

＊後注2：カードの裏面を粗面加工したカードを裏面同士を合わせてペアにしたカード26組で構成されたデック。「インビジブル・デック」として有名。このカードのペアは表と裏が奇数と偶数で分けられており、合計数が13になるようにして組み合わされることが多い（例外のキングはキング同士をペアにします）。マークはそれぞれのペアがハートとスペード、ダイヤとクラブの組み合わせになるようにします（例えば、奇数のカードがクラブの3でしたら偶数のカードはダイヤの10で、奇数のカードがスペードのQでしたら偶数のカードはハートのAで、これらの2枚のペアが裏面同士合わさるように重なっています）。キングについては、赤いキングを奇数の面に向け、黒いキングを偶数の面に向けておきます。

＊後注3：こうします：今、赤裏のカードが一番上にある1組のデックを左手ディーリング・ポジションに持っています。デック全体を縦方向にひっくり返し、表向きにします。左親指でカードを少しずつずらしていきながら、両手の間にカードを広げていきます。ラフ加工のおかげでペアになったカードはズレにくくなっているため、表向きのカードしか観客には見えません。

この解説ですとハートの5を裏向きの状態で出現させます。このとき、ペアになっているカードを考えます。この場合ですとペアのカードはスペードの8になります。カードを広げながらスペードの8が出てきたら、その下にあるハートの5に左手の指先を当て、左親指でスペードの8を押し出してこのペアをずらします。カードを広げていくとき、一番下にあるブランク・フェイス・カードが見えないようにして注意してください。

クリス・ケナー　エキセントリック・マジック

それはみすぼらしいモーテルでの暗い夜のこと。カード・マジック専門のマジシャンたちの一団がクロースアップ・マットの周りにたむろって、尽きることのないカード・マジックを見ていました。夜は長く、マジックも長いものでした。ありがちな「1から52までの数字を言ってください」というマジックの途中で、突然モーテルの部屋のドアがバタン！と大きな音を立てて開きました。背の高い、ケープを羽織った紳士が自分のことをマジック・マンだと紹介しました。今は周りに誰もいないクロースアップ・マットへと彼は素早く向かいました。デックをカットして4つの山を作りました。それぞれの山のトップ・カードを見ると、すべてがキングでした。4枚のキングをテーブルに横一列に並べました。4枚のキングを一緒に前に滑らせると、その下からは4枚の50セント銀貨が出現したのです！

カード・マジックばかりが続くリズムは中断されました。部屋の入口には演技をしたいコインマジック専門のマジシャンたちの群れができていました。これは歴史的な夜となったのです。カード・マジック専門のマジシャンたちは近代的で、型破りなコインマジックを大層楽しんでいたので、マジック・マンがそっとその場から抜け出してモーテルの別の場所へと向かったことに誰一人気づきませんでした。これぞ本物の奇跡でした。あり得ないくらいすっごい現象です。私たちに感謝してもいいんですよ！

これは今では有名になったポール・ハリスの「シルバー・スライド（Silver Slide）」の本格派の改案です（『ラスベガス・クロースアップ（Las Vegas Close-up）』（チャック・マティネス・プロダクション刊、1978年）に初出。のちに数々のレクチャー・ビデオや『アート・オブ・アストニッシュメント　第1巻（Art of Astonishment Book1）』（ポール・ハリス、エリック・ミード共著、A-1マルチメディア社刊、1996年）にも収録）。

デックを手にしたら、ひそかにカルをして4枚のKを裏向きのデックのトップに集めます。また、右手に50セント銀貨（以下、コイン）を4枚クラシック・パームしておきます。さあ、忙しい仕事の始まりです。

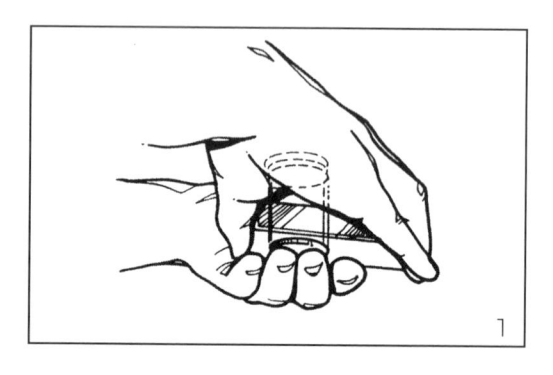

裏向きのデックを左手ディーリング・ポジションに持ちます。デックのトップには4枚のKがあることを覚えておいてください。何気なく右手をデックの上からかけてビドル・グリップで持ちます。ひそかに右手にクラシック・パームしているコインを1枚だけ左手の指先に落とします（図1）。これは右手の甲ですべて隠されています。また、トリックがすで

The PRODUCTION

ザ・プロダクション

c h r i s   k e n n e r

クリス・ケナー

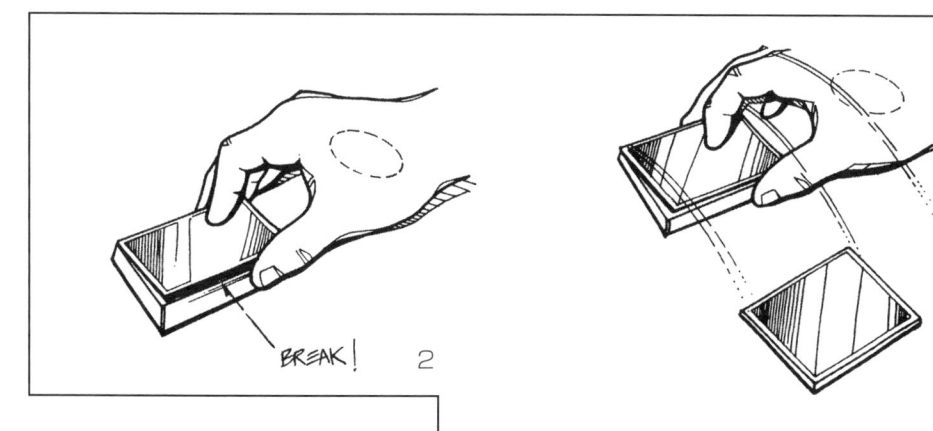

BREAK! 2

3

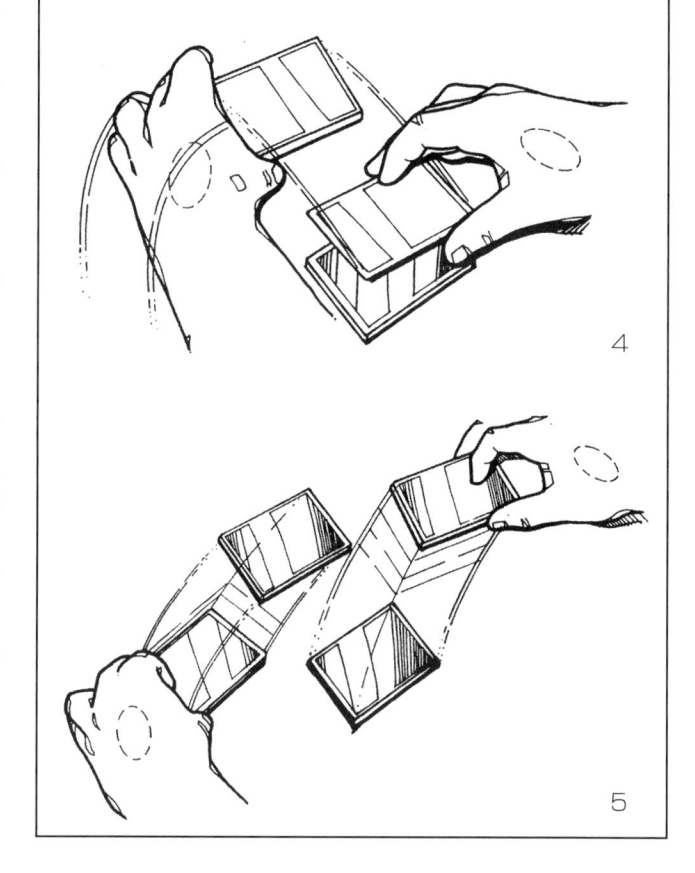

4

5

に始まっていることに観客たちが気づいていてはダメです。右手にビドル・グリップで持っているデックを取り上げながら、手のひらを下に向けるように左手を返してコインを隠します。右手に持っているデックをテーブルの上に置きますが、リフル・シャッフルを行うような位置にします。同時に、左手は隠しているコインをクラシック・パームします。右親指で、トップ2枚の手前側を持ち上げます（図2）。トップ2枚の下に右親指の腹でブレークを作ります。右親指は2枚のKの下にブレークを保持しながら、すぐにデックの上半分をカットして前に置きます（図3）。動作を続けて、右手でトップ2枚のKを持ち上げて、もともとテーブルに置いてあったデックの下半分の上に戻します（図4）。左手は同じ手の形で前側にあるパケットにかけていることに注意してください。これから両手を同時に動かします。

右手であなたに近い側にあるパケットの上半分をカットして右に動かしながら、左手で前にあるパケットの上半分をカットして左に動かします（図5）。このデックをカットする一連の流れの中で、右端と左端にあるパケットのトップにはKがそれぞれ2枚ずつある状態にします。

　両手で左側にあるパケットと右側にあるパケットのトップ・カードをパチン！と弾いて表向きにします。ぐずぐずしないで、この2枚のKを中央にある2つのパケットの上に載せます（図6）。すぐに、左右のパケットのトップ・カードをそれぞれパチン！と弾いて表向きにします。この2枚のカードをそれぞれのパケットの上に落とします。このテキパキとした一連の流れで4枚のKを

クリス・ケナー　エキセントリック・マジック

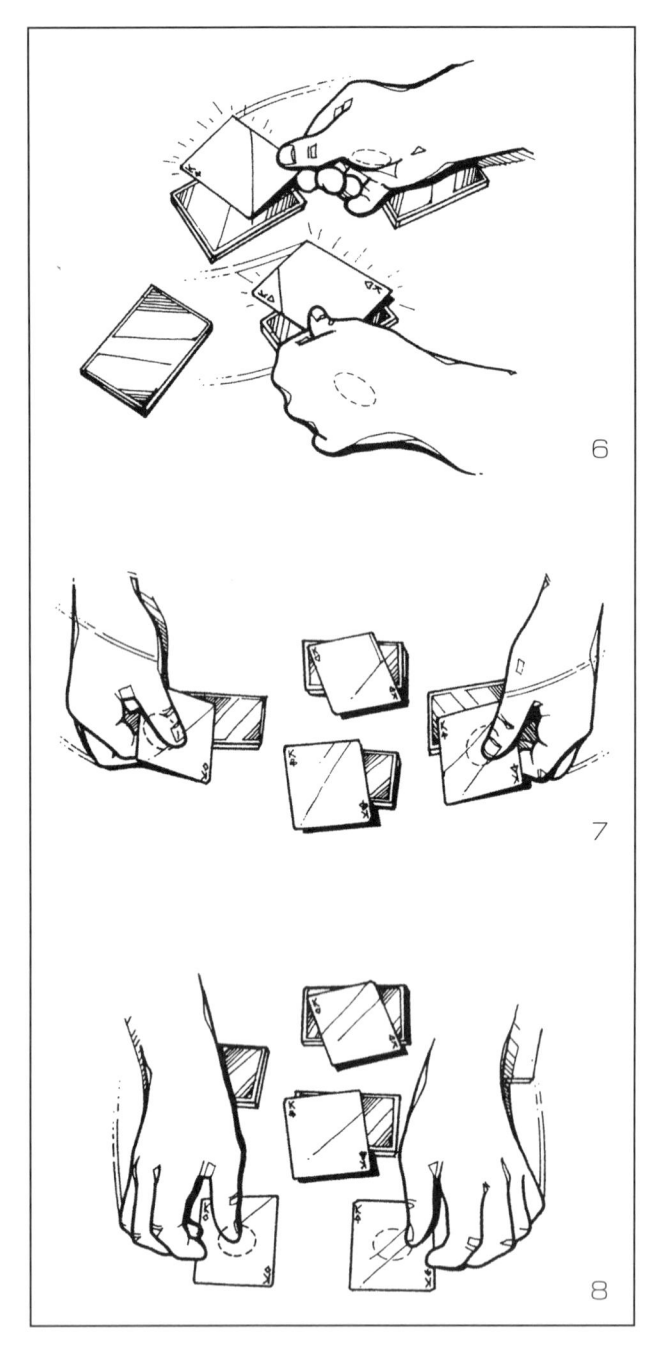

4つのパケットのトップから取り出したことになります。実際には4枚のKは2つのパケットからしか出現していませんが、気がつきません。

　間を置いて、テーブルの縁に両手を下ろして休ませます。両手はそれぞれクラシック・パームしているコインを1枚ずつそれぞれの指先の上に、フィンガーチップ・レストの位置に落とします。右手はまだ2枚のコインをクラシック・パームし続けています。

　両手を前に動かして、左右のパケットにあるKをそれぞれつかみながら、その下にコインをロードします（図7）。右手に隠れているコインはマリーニ・サトルティーのおかげでまだ隠され続けています。この2枚のKを持ち上げて、カットされたパケットの前に横並びになるように置きます（図8）。

　残った2枚のKも持ち上げてテーブルの上に置きますが、1枚は並べたKの左端に、もう1枚はその右端に置きます（図9）。これはできるだけクリーンに行います。

　今、表向きになった4枚のKがテーブル上に横一列に並んでいます。2枚目と3枚目のKの下にはそれぞれコインが隠れています。

　両手でパケットを集めて揃え、左手ディーリング・ポジションに持ちます。この手順の最初に行ったコインのスチールを繰り返します（再び図1）。左手は隠しているコインをクラシック・パームしながら、右手はデックを脇にどけます。これで今、両手に1枚ずつコインをクラシック・パームしている状態になりました。

　観客にそれぞれのカードに印刷されている「K」は何を意味しているか知っているかと尋ねます。観客たちは「キングだ」と答えるでしょう。間違いだと彼らに伝えます。「これはコイン（Koin）のKだ」と答えます。両手の指先を広く伸ばして、それぞれのKの上に指先を載せます（図10）。

両手を前へ滑らせていき、4枚のKを前に10〜12.5センチずらします。両手はテーブルの上にあるコインの両側にそれぞれコインを落とすのに完璧な位置にあることに注意してください（図11）。間をおかずに、両手にあるそれぞれのコインを落とします（落とすといっても6ミリくらいのものです）。両

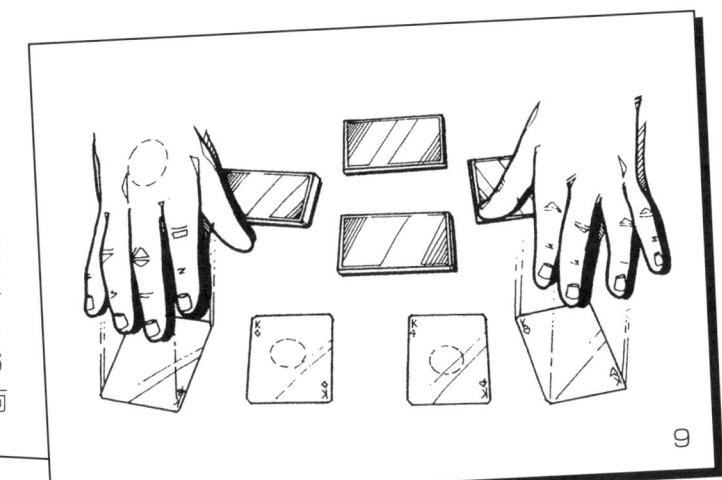

9

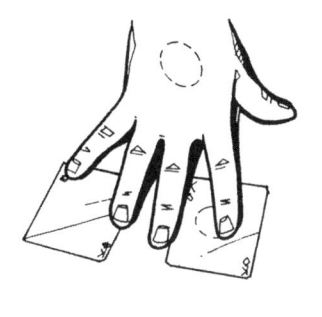

10

WORD!

（いいだろ！）

手を取り去り、4枚のコインが横一列に並んでいることを示します。まるで4枚のコインが4枚のKの下に隠れていたかのように見えます。4枚のコインの出現はかなりショッキングです。

すぐに4枚のKをデックの戻し、カードをケースにしまいます。カードをテーブルに残したままですと、誰かが"マトリックス"を演じたい衝動に駆られてしまいます。そして、それがどれだけ耐えられないことになるか、あなたはもうご存知でしょう。

11

12

MAGIC MAN EXAMINER

マジック・マン・エグザミナー 4

訳者あとがき

　本書は『Totally Out of Control—Supreme MME Edition』（by Chris Kenner, Kaufman and Company, 1992-2018）の完訳です。

　1991年に初めて著者のクリス・ケナーさんと出会いました。2冊のレクチャーノート『クリスケナー'91』と『Band Across the Globe』（拙訳、マジックランド刊、1991年）を翻訳させて頂いたことがきっかけで、通訳として10日間ご一緒する機会を得ました。
　ケナーさんとお会いする前、親しいマジシャンのダン・ギャレットさんから「クリスのコインの飛行は絶対に見た方がいい。凄いマジシャンだよ」とお話しを伺っていたのですが、ケナーさんのマジックは私の想像のはるか上を超えていました。指先に持ったコインがヴィジュアルに開いている方の手へと飛び移っていく様子は眼福以外の何物でもありませんでした。しかも演技の最後には実際に3枚のコインしか持っていないのです。奇跡としか言いようがありません（残念ながら、今もその方法は未発表になっています）。これが今も大流行している「スリー・フライ（本書では「メナージュ・エ・トロワ」）」との最初の出会いでした。

　コインマジック以外でも、すべてのマジックがヴィジュアルで衝撃的、しかも、現象そのものが面白いのです。80年代のジェイ・サンキーさんなど当時新進気鋭だった（風変わりという意味の）オフビートとして知られていたマジシャンたちの香りが立ち上る、大変野心的で新鮮なマジックでした。しかも、方法論に無理がなく、すべて実用的で実戦向けだったことにも感銘を受けました。ずっとレストラン「イリュージョンズ」で試行錯誤しながら演技をし続けてきた経験がそうさせていたのです。今の時代と違って失敗もたくさんできたからこそ、だと思います。
　また、マジックそのものの上手さにも非常に驚きました。当然上手いはずです。セントルイス出身のケナーさんは子供の頃マジックを習いたいと先生を探し、近くに住んでいた亡き名人ファーセット・ロスさん（ダイ・ヴァーノンさんの古い友人で、ルーズベルトやトルーマンといった大統領にマジックを見せたことでも知られています）からマジックを習っていらっしゃったそうです（この事実はあまり知られていないと思います）。
　日本でのレクチャーツアーが終わった後、ケナーさんの作品が徐々にデヴィッド・カッパーフィールドさんのショウで使われることになり、その後カッパーフィールドさんのブレインとして盟友のホーマー・リワッグさんとともに働きはじめ、今ではカッパーフィールドさんのショウ全般にわたる総監督となられました。それまでの創作や活躍を拝見していたら、当然の結果だと思いました。

　本書が発表されて四半世紀以上経過した今でも、本書に収録されている作品はすべて十分に通用する現象である事実に多くの読者の皆さまは驚かれたと思います。特に、奇術専門誌『マジック・マン・エグザミナー』は今までほぼ知られていませんでした。ホーウィー・リワッグさんのチンカ・チンクやトロイ・フーザーさんの3枚のコインの扱いなどは、世界中の一流マジシャンたちがこっそり「仕事」で使って、大きな効果を上げている手順です。個人的には「即席版・マーク・ブランディーベリーのアルコールとカフェイン検出器」も大好きで一時期演じていました。

クリス・ケナー　エキセントリック・マジック

　あるとき、とある研究熱心な若手マジシャンさんとお話ししていたとき、彼が「え、スリー・フライってダローの作品じゃないんですか？」と仰ってビックリしたのです。確かに、マジックの名手だったダロー・イーストン（ダロー・マティネス）さんは彼の講習会で素晴らしい改案を演じられていましたが、もう原案が知られていない状況になっていたことに衝撃を受けました。これが本書を翻訳したいと思った理由の1つでもあります。

　今や誰もが演じるようになった「スリー・フライ」、お読みになられてお分かりになられたと思いますが原案は後処理までとてもよく考えられているのです。今回は『エグザミナー』の解説もありますので、比較するとより楽しめると思っています。

　元々はジョナサン・タウンゼントさんが1970年代半ばに考案した「フィンガーチップス・コインズ・アクロス（Fingertips Coins Across）」が原案になっていますが、ここまでヴィジュアルなマジックになったのはケナーさんの功績だと思います。このマジックの歴史をさらにお知りになられたい方は、奇術専門誌『ジニー（Genii）』2006年9月号をお読みください。

　2018年現在流行中の「カーディスティ」と呼ばれるフラリッシュ的なカードの扱いを有名にしたのも本書でした。収録されている「ザ・ファイブ・フェイシーズ・オブ・シビル」の中の最後にある2枚のイラストを見て、当時は誰もが「そんなバカな！」と大笑いしてましたが、今ではほぼ同じようなことを楽々と行う若い世代が登場してきています。まさに「想像できることは実際に可能である」という言葉通りです。

　そして、2010年くらいまではどんな複雑なフラリッシュもこうして本から学ばれていた事実に驚きます。今のインターネット上にあふれる「チュートリアル」を見ると隔世の感があります。

　本書を翻訳したいと思った大きな理由は、本書が2000から2010年代のマジックシーンの原点を作った本の1つだからです。本書はマジックそのものを初めてコンセプトとともにパッケージ化して提供した初めての本ということに注目してください。

　作品のサブテクスト（著者が明示的に文字としては現していない事柄）をイラストや解説、ジョークなどで表現し、作品の題名にその世界観を示したのです。今ではダンとデイヴのバックス兄弟によって有名になった手法ですが、その手法をバックス兄弟が台頭してくる10年前に確立していたのです（また、彼らが台頭する過程で、それを手助けした人こそクリス・ケナーさんその人だったことも非常に趣があります）。これは特筆すべきことだと思っています。

　その後、本書は今大活躍中の若手マジシャンたちに大きな影響を与えていったのです（実際、バックス兄弟はマジッククラブで知り合ったマジシャンから本書収録の「シビル」と「ザ・ファイブ・フェイセス・オブ・シビル」を見せてもらったのがフラリッシュを極めていくきっかけとなったと語っています）。

　特に若い世代のマジシャンの皆さまには、本書からこのセンスを感じていただけたら良いな、と思っています。

　そして、本書にはケナーさんの「好き」がすべて詰まっています。これは非常に大切なことで、ケナーさんが何を喰らい、何を学び、何を楽しみ、何に感銘を受けてそれまで生きてこられたか、それが文章や作品からにじみ出しているのです。80年代から90年代のアメリカのカルチャーが多くてなかなか理解できないかもしれませんし、実際古くなっている部分も多いです。しかし、ケナーさんの「味」はここから滲み出てくるのだと強く信じています。

　残念ながら、25年以上前に私の世代（40歳代）が本書から感じたショックは、今の若い世

代の皆さまに伝わるとは到底思いません。しかし、本書に関しては変わらない面白さが今も多く残っていると感じますし、過去にさかのぼって歴史を見直すことで今のマジックシーンをさらに深く知ることができると私は信じています。

　特に、ケナーさんのジョークのセンスは抜群で、レクチャーツアーで全国を回りながらずっと笑い続けていたことを思い出します（もう彼は今では演じないと思いますが、彼の「赤鼻のトナカイ」のモノマネは必見なのです）。特に、当時ケナーさんの宿敵だったデヴィッド・ハーキー、マイケル・アマー、ジョニー・エース・パーマー、そしてマイケル・ウェーバーの各氏への風刺は強烈で、その容赦のなさに笑ってしまうほどです（ちなみますと、私もある方のインサイドジョークをケナーさんに話して、それが『コレなんだ？』の1つに採用されています）。

　本書はマジックの中級者以上の方を読者層としています。参考文献に関しては適宜本文中に記載しましたが、もし基本技法などが分からない場合は東京堂出版から発売されている『カード・マジック事典』（高木重朗編著、1983年）、『コインマジック事典』（高木重朗、二川滋夫編著、1986年）、『基礎からはじめるコインマジック』（二川滋夫著、2006年）、『ロベルト・ジョビーのカードカレッジ』1〜4巻（ロベルト・ジョビー著、壽里竜他訳。2018年9月現在絶版なのが残念です。第5巻に関しては原著を参照のこと）、『図解マジックテクニック入門』（カズ・カタヤマ著、2003年）、『図解マジックパフォーマンス入門』（カズ・カタヤマ著、2006年）などを参照してください。これらの本はマジックを愛するどなたの書架にもなくてはならない書籍群です。

　ケナーさんのレクチャービデオは公式にはないことになっていますが、実は存在します。日本のレクチャーのために60分のビデオを制作して販売されました。もしかすると、昔からマジックを嗜んでいらっしゃる方の中にはまだお持ちの方がいらっしゃるかもしれません。なかなか入手することは難しいかもなのですが、探す価値はあると思います（そして、海外よりも国内の方が入手しやすいと思います）。その中には、本書の中に掲載されている作品のいくつかが収録されています（レストラン「イリュージョン」で収録されているので、その雰囲気を知ることもできます）。また、アメリカのネットショップ、Theory11では彼の動画が販売されています。この中の作品のいくつかの実演をそこでも見ることができます。

　本書を訳すにあたり、若き日の思い出と共に様々なインプットをして頂いた著者のクリス・ケナーさん、お話を聞かせて頂いたリチャード・カウフマンさん、いつも叱咤激励を頂く小野坂東さん、いつも英語的な質問に答えてくれるスティーブ・コーエン、森繁優実さんご夫妻、異文化交流の研究家で准教授のショーン・テンホフさん、多くの相談にのって頂いた年に1回のお茶会グループの皆さま（ケナーさんの言葉を借りると「マイメン」ですね）、いろいろなヒントをいただいたマジック愛好家で若き名手の西川仁大さん、プロマジシャンの中島弘幸さん、奇術愛好家の森口健児さん、私にヤキモキされっぱなしの名和成人さんにも感謝致します。ありがとうございました。いつもスケジュール管理をしてくれる妻の由佳里にも感謝します。

　そして、最後に本書を手にしていただいた読者の皆様に深く感謝致します。本書が少しでも皆様のお役に立つ事が出来ましたら、これ以上の喜びはありません。

2018年9月
角矢　幸繁

クリス・ケナー　エキセントリック・マジック

追悼：
　本誌『マジック・マン・エグザミナー』と編集スタッフは、最近この世を去ったマジックのチャンピオンたちに3名に敬意を表したいと思います。スライディー―ミスディレクションの王様。アルバート・ゴッシュマン―私たちが騙され続けていたことを忘れるくらい同じく大笑いさせてくださいました。ヘバ・ハバ・アル―独自でバーマジックの歴史を変革した男。私たちは感謝します！

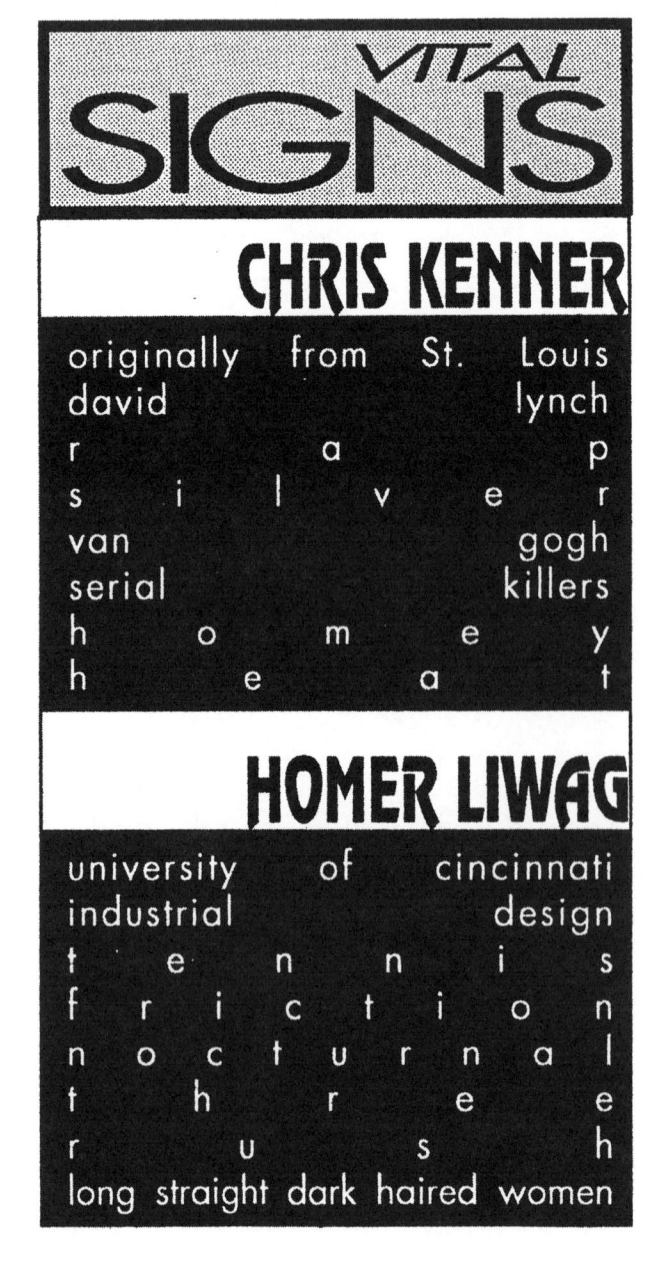

ヴァイタル・サイン（生きる目的）

クリス・ケナー

セントルイス出身

デヴィッド・リンチ

ラップ

銀製品

ゴッホ

連続殺人鬼たち

地元のマイメン

すげー美人

ホーマー・リワッグ

シンシナティ大学出身

工業デザイン

テニス

小説

夜行性

3

ラッシュ

長い黒髪の女性

『マジック・マン・エグザミナー』誌の注釈

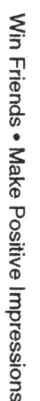
マジックの種明かしをしてお金持ちになろう！

他のマジシャンのマジックと手順（アマー　AMMER：Another Magician' s Magic And Routines）を学ぶチャンス！

1−900−アイスブレイカーズ

熟練のエキスパートがあなたのお電話をお待ちしています

最初の1分　1ドル
1分ごとに　6.66ドル
平均的な所要時間　23分
今電話をかけると、育毛剤のミノキシジルを無料プレゼントします

この広告は気晴らしのお楽しみのためのものです。生死問わず、他のマジシャンに似ていたとしてもそれは偶然です？?

友達から好かれよう・積極的な印象を与えよう・ビジネスで儲けよう・自尊心を育てよう・信頼を勝ち得よう・友達から好かれよう・ウインドーブレーカー・電話しよう

＊後注：これは1990年代初頭に発売されたマイケル・アマー氏の『アイスブレイカーズ（Icebreakers）』というVHSビデオについて揶揄しています。一般の人々に対して無差別にレクチャービデオを販売する姿勢やその自己啓発的な売り方などについて当時大きな物議を醸し出しました。この広告も雑誌広告にありがちな自己啓発系の宣伝を模しています。

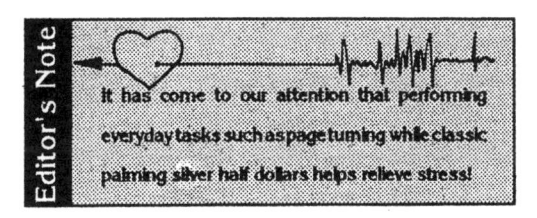

エディターより：

　私たちからご注意申し上げます。50セント銀貨をクラシック・パームしながら本のページをめくるなどの日常で必要な務めを行うとストレス軽減の助けになります。

クリス・ケナー　エキセントリック・マジック

「コレなんだ？」解答

25頁　Gaëton Bloom（ゲータン・ブルーム：フランスの天才マジシャン）
門（ゲート）に花が咲いている（英語の
Bloom）

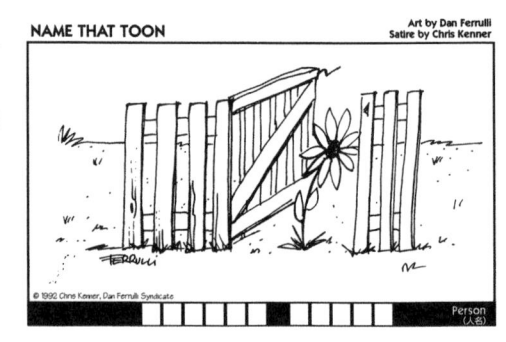

26頁　French Drop（フレンチ・ドロップ）
エア・フランス機からコインが落ちて
いる

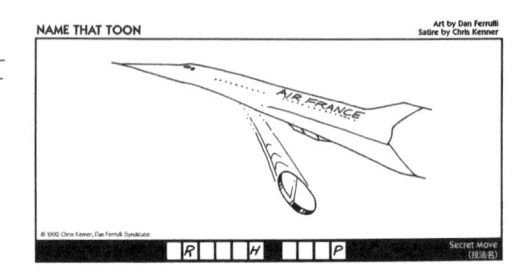

39頁　『Linking Rings』（リンキング・リン
グ誌：国際奇術家協会I.B.M.の機関
誌）
ベルがリンリンと鳴っている

49頁　Harry Blackstone Jr.（ハリー・
　　　ブラックストーン・Jr：1934年〜
　　　1997年、1970年代から80年代
　　　に一世を風靡したアメリカのイリュー
　　　ジョニスト）
　　　黒い石（ブラックストーン）に似顔絵
　　　が描かれています。

62頁　Mac King（マック・キング：アメリカ
　　　のコメディ・マジシャン）
　　　王冠にマクドナルドのロゴが付いてい
　　　ます。

67頁　TENYO（株式会社テンヨー ）
　　　ヨーヨーに10（Ten）と描かれていま
　　　す。

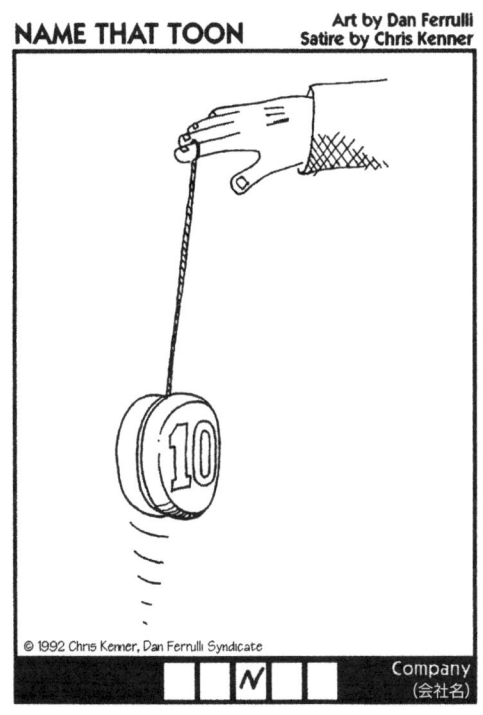

クリス・ケナー　エキセントリック・マジック

68頁　Card in Fly（カード・イン・フライ：
　　　ズボンのチャックの中から出現する
　　　カード）
　　　ハエ（Fly）の中にカードがあります。
　　　Flyは「ハエ」と「ズボンのチャック」
　　　の2つの意味があります。

73頁　Gypsy Thread（ジプシー・スレッド）
　　　ジプシーが針仕事で糸を使っています。

78頁　Tarbell（ターベル：『ターベル・コース・イン・マジック』のこと）
タールとターベルを掛けています。

80頁　Zombie Ball（ゾンビ・ボール）
ゾンビたちが社交ダンス（ボールルームダンス）をしています。

103頁　Johnny Ace Palmer（ジョニー・エース・パーマー：アメリカのクロースアップ・マジシャン）
1988年にFISMダン・ハーグ大会においてクロースアップ・マジシャンとして初めてグランプリを獲得したのですが、基本的な演技だけでFISMのグランプリになったため大きな議論が巻き起こり、そのことを揶揄しています。

131頁　Grant's Temple Screen（日本で
　　　 いう「三枚屏風」のこと）
　　　 グラント将軍が目の左右をスクリーン
　　　 でおおわれています。

131頁　Super X（スーパーX：人体浮揚の1
　　　 つ）
　　　 文字のXがスーパーマンになっていま
　　　 す。

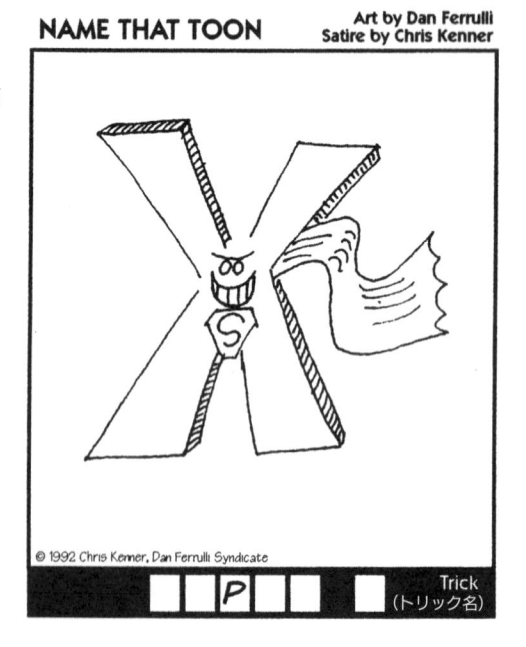

146頁　Blend-O（日本でいう「ブレンド・シルク」のこと）
　　　　文字のOがミキサーでブレンドされています。

150頁　Johnny Ace Palmer（ジョニー・エース・パーマー）
　　　　トイレ（ジョン）の中から出てきた手にエースがパームされています。

154頁　Water Torture Cell（日本でいう
　　　「支那の水牢」）
　　　牢の中で、人が水（H2O）で拷問を受
　　　けています。

155頁　Jonathan Pendragons（ジョナ
　　　サン・ペンドラゴンズ：アメリカのス
　　　テージマジシャン）
　　　竜（ドラゴン）がペンを持っています。

171頁　Snowstorm in China（日本で言う
　　　「中国の冬景色」）
　　　中国の方が吹雪の中にいます。

【著者略歴】
クリス・ケナー (Chris Kenner)
アメリカ生まれ、セントルイス出身。幼少の頃からマジックを学び、1980年代からそのオリジナリティで高い評価を受ける。その後、インディアナ州にあったレストラン『イリュージョン』を拠点にプロ活動を開始して、さらに名声が高まる。1993年から著名なイリュージョニスト、デヴィッド・カッパーフィールド氏のブレイン、さらに総合舞台監督として活躍。後進の育成にも力を注ぎ、若手マジシャンの急先鋒ダンとデイヴのバックス兄弟に力添えをしていたことでも知られる。

【訳者略歴】
角矢幸繁 (かどや・ゆきしげ)
1969年愛知県生。愛知学院大学文学部日本文化学科卒業。翻訳家。亡き父からの影響で幼少のときからマジックや演芸に親しむ。学生時代よりニューヨーク在住のプロマジシャン・文筆家・批評家のジェイミー・イアン・スイス氏などに師事。来日するマジシャンの通訳、マジック解説書などの翻訳を長く行い、また、奇術専門誌にマジックに関する文章を執筆。著書に『ホァン・タマリッツ カードマジック』(2013年)、『エリック・ミード クロースアップマジック』(2014年)、『デビッド・ウィリアムソン　Williamson's Wonder』(2015年) いずれも東京堂出版など他多数がある。

クリス・ケナー　エキセントリック・マジック

2019年1月30日　初版印刷
2019年2月10日　初版発行

著　者——クリス・ケナー
訳　者——角矢幸繁
発行者——金田　功
ＤＴＰ——小野坂聰
印刷・製本——中央精版印刷株式会社

発行所——**株式会社 東京堂出版**
　　　　〒101-0051　東京都千代田区神田神保町1-17
　　　　電話 03-3233-3741

ISBN978-4-490-21002-6　C2076　　　　©2019
Printed in Japan